13개 테마로 끝장내는
보호직 형사정책 기출사용설명서

기출문제집

Preface

2024년부터 도입된 9급 보호직 형사정책은 대체로 무난한 문제 위주로 출제되었다. 시험에 처음 도입되는 과목은 기본적이고 평이한 문제 위주로 출제되는 경향이 있는데, 이번 시험도 예상에서 크게 벗어나지 않았다. 다만 내년 시험이 어떻게 출제될 지는 쉽게 예측하기 어렵다. 어느 해에 쉽게 출제되면 그 다음 해에는 어려운 문제의 비중을 높여 출제하는 경우가 많으므로, 수험생으로서는 난이도 있는 문제의 출제를 기준으로 철저히 준비하는 것이 좋다.

이 책은 기출문제가 공개된 2007년 7급 보호직 공채부터 최근의 2024년 9급 보호직 공채까지 모든 기출문제를 철저히 분석한 교재이므로 형사정책의 기본적인 내용부터 다소 지엽적이고 난이도 있는 내용을 모두 포함하고 있다. 거기에 교정직 7급·5급 문제와 5급 승진시험 문제 중 보호직 수험생들에게 도움이 될 만한 문제를 선별하여 보충함으로써 출제 가능한 다양한 유형의 문제를 다루어 볼 수 있도록 하였다.

기출문제의 중요성은 최근에 출제된 7급, 9급의 문제만 살펴보더라도 바로 알 수 있을 정도로 자명하다. 그러면 기출문제를 어떻게 공부할 것인가? 기출문제의 학습은 단순히 문제를 한번 풀어보는 정도로는 부족하고 공부를 시작하는 시점부터 시험장에 들어가는 순간까지 늘 함께해야 할 중요한 수단이다. 새로운 문제는 대부분 기출문제와 동일하거나 유사한 경우가 많고 기존의 기출문제의 지문을 일부 변경하여 출제되는 경우가 대부분이기 때문에 우리는 늘 옆에 두고 끊임없이 반복, 또 반복하여야 한다.

이 책은 수험생들의 주교재인 이론서와의 연계성을 고려하여 연도별이 아닌 일반 이론서의 목차에 따라 테마(Theme)별로 구성하고 13개의 각 테마별로 중요부분, 학습의 길잡이가 될 수 있는 멘트를 달아 학습의 나침반 역할을 할 수 있도록 하였고, 해설을 충실히 달아 굳이 이론서를 찾아보지 않더라도 이해에 지장이 없도록 하였으며, 해설 부분에 필요한 두문자 암기사항을 제시하여 학습에 효율성을 기하였다.

법령의 출제비중이 높고 자주 개정되는 점을 고려하여 개정판을 집필함에 있어서 모든 문제를 현재의 시행법령에 맞도록 수정하여 학습에 지장이 없도록 하였다. 특히 이 책이 출간된 이후에 개정된 법령은 유의하여야 한다. 이 책이 출간된 이후에 개정된 법령의 내용은 다음(daum) 카페 바른교정학세상(http://cafe.daum.net/correctionworld/)에 자료를 올릴 예정이니, 학습하는 중간에 이곳을 방문하여 개정법령을 확인하실 것을 당부 드린다.

여러 가지로 부족한 저자에게 수많은 조언과 격려를 아끼지 않으신 김용한 대표님, 유혜종 이사님 이하 에듀에프엠 관계자 여러분께 깊은 감사의 말씀을 전한다.

2024년 7월 임현

Contents

PART I 형사정책 서론

Theme 01 형사정책의 의의 및 대상 8
Theme 02 범죄현상론 16

PART II 범죄원인론

Theme 01 범죄원인론 개관 40
Theme 02 생물학적 원인론 50
Theme 03 심리학적 원인론 54
Theme 04 사회학적 원인론 60

PART Ⅲ 범죄대책, 형사제재 및 범죄피해자 보호

Theme 01 범죄대책 ············ 122
Theme 02 형벌론 ············ 152
Theme 03 보안처분론 ············ 192
Theme 04 범죄피해자 보호 ············ 258

PART Ⅳ 소년범죄론

Theme 01 소년보호 ············ 282
Theme 02 소년법 ············ 292
Theme 03 보호소년 등의 처우에 관한 법률 및 기타 법률 ············ 340

13개 테마로 끝장내는
보호직 형사정책 기출사용설명서

형사정책
서론

Theme 01 형사정책의 의의 및 대상

Theme 02 범죄현상론

01 THEME 형사정책의 의의 및 대상

> **포인트**
>
> 형사정책의 출발점이다. 이 파트에서는 형사정책의 의의, 목적 및 특성이 자주 출제되고, 범죄의 개념, 즉 형식적 의미의 범죄와 실질적 의미의 범죄, 자연법적 범죄개념, 사회적 일탈행위의 개념 등을 구분하는 문제의 출제비중이 높다. 따라서 그 핵심개념 위주로 간단히 정리해두는 것이 좋다.

001 형사정책(학)에 대한 설명으로 옳지 않은 것은? 2014. 7급 공채

① 형사정책은 초기에는 형사입법정책이라는 좁은 의미로 사용되었으나, 점차 범죄의 실태와 원인을 규명하여 이를 방지하려는 일반대책의 개념으로 확대되었다.
② 좁은 의미의 형사정책학은 범죄와 범죄자, 사회적 일탈행위 및 이에 대한 통제방법을 연구하는 경험과학 또는 규범학이 아닌 사실학의 총체를 말한다.
③ 형사정책학은 법학은 물론 심리학, 사회학 등 다양한 주변 학문영역의 성과를 기초로 하나, 단순한 종합과학이 아니라 범죄방지를 위한 체계적인 대책수립을 목표로 하는 독립과학이다.
④ 형사정책학은 기존 형벌체계가 과연 범죄대책으로서 유효한가에 대한 검증을 함으로써 형법규정의 개정방향을 선도한다는 점에서 형법학과 형사정책학은 상호의존성을 가진다.

해설
② 좁은 의미의 형사정책학이란 범죄자 또는 범죄의 위험성이 있는 자에 대한 형벌 또는 보안처분 등의 형사제재를 통하여 범죄를 방지하기 위하여 시행하는 국가의 일체의 활동에 관하여 연구하는 학문을 말한다. <u>형사정책학은 경험과학이나 사실학에 머물지 않고 규범학적 측면도 포함된다</u>. 즉 범죄의 현상이나 원인을 파악하는 것은 사실학에 해당하나, 범죄방지대책에 관하여 연구하는 것은 규범학에 해당한다.

정답 ②

002 형사정책에 대한 설명으로 옳지 않은 것은? 2020. 7급 공채

① 형사정책을 시행함에 있어서도 죄형법정주의는 중요한 의미를 가진다.
② 형사정책을 시행함에 있어서는 공식적인 통계에 나타나지 않는 범죄도 고려의 대상이 된다.
③ 형사정책의 기본원칙으로 법치주의가 요구되는 점에서 형식적 의미의 범죄가 아닌 것은 형사정책의 대상에서 제외된다.
④ 형사정책은 사회학, 통계학 등 다양한 주변 학문의 성과를 기초로 범죄 현상을 분석함으로써 일반적인 범죄방지책을 제시한다.

해설

③ 형사정책은 국민의 자유와 권리를 제한하는 형사제재를 주된 내용으로 하는 만큼 법치주의가 요구된다. 다만 형사정책의 대상은 형식적 의미의 범죄 외에도 사회적으로 유해한 각종행위를 포괄하는 실질적 의미의 범죄가 모두 포함된다. 그것은 형식적 의미의 범죄가 아닌 사회적 유해행위라 하더라도 그것을 그대로 방치하면 향후 형식적 의미의 범죄로 발전할 가능성이 있기 때문이다.
① 형사정책을 시행함에 있어서 형벌과 보안처분 등의 형사제재가 수반되므로 법적인 근거가 필요하며, 형벌에 관하여 죄형법정주의가 적용된다면 보안처분은 보안처분법정주의가 적용된다(헌법 제12조 제1항).
② 형사정책을 시행함에 있어서 공식적인 통계에 나타나지 않는 범죄인 암수범죄도 고려의 대상이 된다. 그것은 암수범죄까지 포괄할 수 있는 형사정책이어야 다양한 유형의 범죄에 대한 대책이 될 수 있기 때문이다.
④ 형사정책의 종합과학성에 대한 설명이다.

정답 ③

PART I 형사정책 서론

003 형사정책의 의의에 대한 설명으로 옳은 것으로만 묶인 것은? 2012. 7급 공채

> ㄱ. 좁은 의미의 국가작용으로서의 형사정책은 범죄방지를 간접적·종속적 목적으로 하는 활동을 의미한다.
> ㄴ. "최선의 사회정책이 가장 좋은 형사정책이다."라는 말은 넓은 의미의 국가작용으로서의 형사정책을 의미한다.
> ㄷ. "범죄학은 영토를 가지지 않은 제왕의 학문이다."라고 한 셀린의 말은 넓은 의미의 형사정책학의 특징을 잘 표현한다.
> ㄹ. "형법은 형사정책의 뛰어 넘을 수 없는 한계이다."라고 한 리스트의 말은 형법에 대한 형사정책의 우위성을 강조한 말이다.

① ㄱ, ㄷ ② ㄱ, ㄹ
③ ㄴ, ㄷ ④ ㄴ, ㄹ

해설

ㄱ. (X) : 협의(좁은 의미)의 형사정책은 범죄자 및 범죄의 위험이 있는 자를 대상으로 형벌 및 이와 유사한 제재수단을 통하여 직접 범죄를 방지하기 위한 국가의 입법·사법 및 행정상의 활동을 말한다. 즉 <u>범죄방지를 직접적·독립적 목적으로 하는 국가의 활동</u>을 의미한다.

ㄴ. (O) : 광의(넓은 의미)의 형사정책은 범죄방지를 목적으로 하는 모든 국가적 활동을 말하는 것으로, 직접적인 강제정책뿐만 아니라 교육사업·노동정책·주택사업·사회복지정책 등 범죄방지에 간접적으로 작용하는 국가의 일체의 활동을 포함하는 개념이다. 이와 관련하여 리스트(Liszt)는 '가장 좋은 사회정책이 가장 좋은 형사정책'이라고 함으로써 형사정책에 있어서 사회정책의 중요성을 강조한 바 있다.

ㄷ. (O) : "범죄학은 영토를 가지지 않은 제왕의 학문이다."라고 한 셀린(Sellin)의 말은 형사정책학이 법학, 심리학, 인류학, 교육학, 사회학 등 다양한 주변 학문의 연구 성과를 기초로 한다는 종합과학성의 특징을 표현한 것으로, 종합과학성은 강제정책 외에도 각종 교육사업·노동정책·주택사업·사회복지정책 등을 포함하는 넓은 의미의 형사정책학의 특징과 관련된다.

ㄹ. (X) : "형법은 형사정책의 극복할 수 없는 한계이다."라고 한 리스트(Liszt)의 말은 <u>형법의 보장적 기능의 범위 내에서만 형사정책이 가능하다는 것으로, 형사정책에 대한 형법의 우위성을 강조한 말이다.</u>

정답 ③

004 형법학과 형사정책에 대한 설명으로 옳지 않은 것은?   2022. 7급 공채

① 19세기 말 리스트(Liszt)는 '형법에서의 목적사상'을 주장하여 형이상학적 형법학이 아니라 현실과 연계된 새로운 형사정책 사상을 강조하였다.
② 형법학과 형사정책학은 상호의존적이며 동시에 상호제약적인 성격을 가지며, 리스트(Liszt)는 '형법은 형사정책의 극복할 수 없는 한계'라고 주장하였다.
③ 포이에르바흐(Feuerbach)는 형사정책을 '입법을 지도하는 국가적 예지'로 이해하고, 형사정책은 정책적 목적을 유지하기 위한 형법의 보조수단으로서 의미가 있다고 주장하였다.
④ 공리주의적 형벌목적을 강조한 벤담(Bentham)에 의하면, 형벌은 특별예방목적에 의해 정당화될 수 있고, 사회방위는 형벌의 부수적 목적에 지나지 않는다.

해설

④ 공리주의적 형벌목적을 강조한 벤담(Bentham)은 "모든 처벌은 고통을 수반하는 악이므로 더 큰 악을 배제할 가능성이 있는 한도에서만 사용해야 한다."고 하였다. 그리고 형벌의 목적은 범죄의 예방과 일반인에 대한 경고에 있다고 하여, 일반예방적 목적을 강조하였다. 특별예방적 목적은 실증주의적 관점이며 고전학파인 벤담과는 관계가 없다.

정답 | ④

005 다음 설명의 내용과 형사정책학의 연구대상이 옳게 짝지어진 것은?   2016. 7급 공채

> ㄱ. 형법해석과 죄형법정주의에 의한 형법의 보장적 기능의 기준이 된다.
> ㄴ. 범죄행위뿐만 아니라 그 자체가 범죄로 되지 아니하는 알코올 중독, 자살기도, 가출 등과 같은 행위도 연구의 대상이 된다.
> ㄷ. 사회유해성 내지 법익을 침해하는 반사회적 행위를 의미하며, 범죄화와 비범죄화의 기준이 된다.
> ㄹ. 범죄 가운데 시간과 문화를 초월하여 인정되는 범죄행위가 존재한다고 보고, 이는 형법상 금지여부와 상관없이 그 자체의 반윤리성·반사회성으로 인해 비난받는 범죄행위이다.

> A. 실질적 범죄개념
> B. 자연적 범죄개념
> C. 형식적 범죄개념
> D. 사회적 일탈행위

	ㄱ	ㄴ	ㄷ	ㄹ
①	A	B	C	D
②	A	D	C	B
③	C	B	A	D
④	C	D	A	B

해설

④ 옳게 연결한 것은 ㄱ - C, ㄴ - D, ㄷ - A, ㄹ - B 이다.
ㄱ. 형법해석과 죄형법정주의에 의한 형법의 보장적 기능의 기준이 되는 것은 법에 의하여 범죄로 규정한 범죄의 개념, 즉 형식적 범죄개념이다.
ㄴ. 범죄행위 외에 범죄에 해당하지 않는 알코올 중독, 자살기도, 가출 등도 함께 연구의 대상으로 하는 개념은 사회에서 벌어지는 각종의 일탈을 포함하는 사회적 일탈행위를 말한다.
ㄷ. 실질적 범죄개념은 형식적 범죄개념과 달리 법이라는 형식 여부와 상관없이 사회유해성 내지 법익을 침해하는 반사회적 행위를 의미하며, 범죄화와 비범죄화의 기준이 된다.
ㄹ. 범죄 가운데 형법상 금지여부와 상관없이 그 자체의 반윤리성·반사회성으로 인해 비난받는 범죄행위로서 시간과 문화를 초월하여 인정되는 범죄행위를 자연적 범죄개념(자연범)이라고 한다. 이와는 달리 식품위생법 위반, 도로교통법 위반 등 행정상의 규제를 위해 마련된 형벌법규의 내용이 되는 명령 또는 금지에 의해서 비로소 법적 비난의 대상이 되는 행정범은 법정적 범죄개념(법정범)이라고 한다. 자연범·법정범을 최초로 분류한 학자는 이탈리아의 가로팔로(Garofalo)이다.

정답 ④

006
형사정책에 대한 학자들의 주장 〈보기 1〉과 이에 대한 분석 〈보기 2〉가 있다. 〈보기 2〉의 분석 중 옳은 것을 모두 고르면?

2013. 7급 공채

보기 1

A. 범죄학은 영토를 가지지 않은 제왕의 학문이다.(Sellin)
B. 범죄는 불가피하고 정상적인 사회현상이다.(Durkheim)
C. 형법은 형사정책의 극복할 수 없는 한계이다.(Liszt)
D. 피해자의 존재가 오히려 범죄자를 만들어 낸다.(Hentig)
E. 암수범죄에 대한 연구는 축소적으로 실현된 正義에 대한 기본적 비판(Kaiser)

보기 2

ㄱ. A는 범죄원인은 종합적으로 규명되어야 하기 때문에 범죄학은 범죄사회학 이외에도 범죄생물학, 범죄심리학 등 모든 관련 주변학문영역에 대해 개방적일 수밖에 없음을 표현한 것이다.
ㄴ. B는 범죄가 사회의 규범유지를 강화시켜주는 필수적이고 유익한 기능을 한다는 설명이다.
ㄷ. C는 형법의 보호적 기능이 형사정책을 제한하는 점에 대한 설명이다.
ㄹ. D는 범죄피해자는 단순한 수동적 객체에 불과한 것이 아니라 범죄화과정에 있어서 적극적인 주체라는 점을 부각시킨 설명이다.
ㅁ. E는 숨은 범죄의 존재로 인해 범죄에 대한 대책을 수립하는 데 범죄통계가 충분한 출발점이 될 수 없음을 나타낸 표현이다.

① ㄱ, ㄴ, ㄹ, ㅁ
② ㄱ, ㄴ, ㅁ
③ ㄴ, ㄷ, ㄹ, ㅁ
④ ㄷ, ㄹ, ㅁ

해설

① 옳은 것은 'ㄱ, ㄴ, ㄹ, ㅁ'이다.
ㄱ. (O) : 형사정책의 종합과학성에 대한 설명이다.
ㄴ. (O) : 뒤르껭의 범죄정상설에 대한 설명이다.
ㄷ. (×) : C는 형법의 '보장적 기능'(구체적으로는 책임주의원칙)이 형사정책을 제한한다는 측면을 말한 것이다.
ㄹ. (O) : 헨티히는 1941년 "행위자와 피해자 사이의 상호작용에 관한 연구"라는 논문에서 동적 관점에 근거하여 범죄자와 피해자의 상호작용에 의하여 범죄가 발생한다고 주장하였다. 즉 범죄의 피해자를 수동적인 관점이 아닌 범죄화과정의 적극적 주체라는 동적인 관점에서 설명하였다.
ㅁ. (O) : 독일의 카이저(G.Kaiser)는 '프라이브르크 프로젝트'라고 알려진 일련의 연구활동을 통하여 피해조사 방법을 통한 피해자 연구를 수행하였고, 암수범죄에 대한 연구를 통하여 현실에서는 정의가 제대로 구현되지 못하고 있다는 점을 지적하였다. 이는 암수범죄로 인하여 주어진 범죄통계가 범죄에 대한 대책수립에 불충분하다는 것을 시사한다.

정답 ①

007 형사정책학의 연구대상과 연구방법에 대한 설명으로 옳지 않은 것은? 2022. 7급 공채

① 범죄학이나 사회학에서 말하는 일탈행위의 개념은 형법에서 말하는 범죄개념보다 더 넓다.
② 사회에 새롭게 등장한 법익침해행위를 형법전에 편입해야 할 필요성을 인정함에 사용되는 범죄개념은 형식적 범죄개념이다.
③ 헌법재판소의 위헌결정으로 폐지된 간통죄와 같이 기존 형법전의 범죄를 삭제해야 할 필요성을 인정함에 사용되는 범죄개념은 실질적 범죄개념이다.
④ 공식적 범죄통계를 이용하는 연구방법은 두 변수 사이의 2차원 관계 수준의 연구를 넘어서기 어렵다는 비판이 가능하다.

해설

② 사회에 새롭게 등장한 법익침해행위를 형법전(刑法典)에 편입해야 할 필요성을 인정함에 사용되는 범죄개념은 <u>실질적 범죄개념</u>이다. 실질적 범죄개념이란 법질서가 어떤 행위를 형벌에 의하여 처벌할 수 있는가, 즉 범죄의 실질적 요건이 무엇인가를 밝히는 것을 말하고, 실질적 범죄개념에서는 범죄란 형벌을 과할 필요가 있는 불법일 것을 요하며, 그것은 사회적 유해성 내지 법익을 침해하는 반사회적 행위를 의미한다고 해석한다. 실질적 범죄개념은 입법자에게 어떤 행위를 범죄로 할 것이며 범죄의 한계가 무엇인가에 대한 기준을 제시한다. 형식적 범죄개념은 형법해석과 죄형법정주의에 의한 형법의 보장적 기능의 기준이 되는 범죄개념이다. 다만 형식적 범죄개념은 어떤 행위를 범죄로 해야 할 것인가에 대하여 아무런 기준을 제시하지 못한다는 단점이 지적된다.

정답 ②

008 범죄에 대한 설명으로 옳지 않은 것은?
2015. 9급 교정직 공채

① 비범죄화란 지금까지 형법에 범죄로 규정되어 있던 것을 폐지하여 범죄목록에서 삭제하거나 형사처벌의 범위를 축소하는 것으로 그 대상범죄로는 단순도박죄, 낙태죄 등이 제시된다.
② 형식적 의미의 범죄는 법규정과 관계없이 반사회적인 법익침해행위이고, 실질적 의미의 범죄는 형법상 범죄구성요건으로 규정된 행위이다.
③ 신범죄화(신규 범죄화)란 지금까지 존재하지 않던 새로운 형벌구성요건을 창설하는 것으로 환경범죄, 경제범죄, 컴퓨터 범죄 등이 여기에 해당한다.
④ 암수 범죄(숨은 범죄)는 실제로 범죄가 발생하였으나 범죄통계에 나타나지 않는 범죄를 의미한다.

해설
② 형식적 의미의 범죄는 형법상 범죄구성요건으로 규정된 행위를 말하고, 실질적 의미의 범죄는 법에 규정되었는지의 여부와 관계없이 모든 반사회적인 법익침해행위를 포괄하는 개념의 범죄를 말한다.

정답 ②

009 비범죄화에 대한 설명으로 옳지 않은 것은?
2023. 7급 공채

① 비범죄화는 형법의 보충적 성격을 강조한다.
② 비범죄화는 형사처벌에 의한 낙인의 부정적 효과를 감소시킨다.
③ 「형법」상 간통죄의 폐지는 비범죄화의 예라고 할 수 없다.
④ 피해자 없는 범죄는 비범죄화의 주요 대상으로 논의된다.

해설
③ 「형법」상 간통죄의 폐지는 비범죄화의 사례이다. 2015년 2월 26일 헌법재판소의 위헌결정으로 간통죄 관련조항이 무효화하여 법률상 비범죄화가 이루어졌고, 그 후 헌법재판소의 위헌결정의 취지에 따라 형법조항에서 삭제하는 개정절차가 진행되었다.

정답 ③

02 THEME 범죄현상론

포인트

범죄의 현상을 정확히 파악하는 것은 올바른 범죄방지대책의 수립을 위한 전제가 된다. 범죄현상을 파악하기 위하여 공식 통계자료조사 방법, 실험적 방법 등 수많은 연구 방법이 있고 그 연구 방법의 내용 및 장·단점을 묻는 문제가 자주 출제된다. 그리고 공식 통계자료에 포함되지 않는 암수범죄가 올바른 범죄 방지 대책의 걸림돌이 되므로 암수범죄에 관한 내용 및 그 조사 방법이 중요하고 출제의 비중도 높다. 그리고 사회에서 일어나는 범죄현상 중 여성 범죄, 환경과 범죄, 매스컴과 범죄, 화이트칼라범죄 등이 출제되고 있고, 특히 화이트칼라범죄는 출제 비중이 높다. 기본적인 형사정책의 연구 방법별 개념과 장·단점을 정확히 알아야 하고, 암수범죄의 원인 및 조사방법과 화이트칼라범죄 등의 특징을 알고 있어야 한다.

010 형사정책학의 연구방법에 대한 설명으로 옳지 않은 것은? 2018. 7급 공채

① 참여적 관찰법은 체포되지 않은 범죄자들의 일상을 관찰할 수 있게 한다.
② 범죄통계는 범죄의 일반적인 경향과 특징을 파악할 수 있게 한다.
③ 범죄율과 범죄시계는 인구변화율을 반영하여 범죄의 심각성을 인식할 수 있게 한다.
④ 피해자조사는 암수범죄의 조사방법으로서 많이 활용되는 방법이다.

해설

③ '범죄율'이란 인구 100,000명당 범죄발생건수의 비율을 말하고, '범죄시계'란 범죄의 종류별 발생빈도를 시간단위로 분석하여 어떤 범죄가 얼마나 자주 발생하는지를 보여주는 것을 말한다. 범죄시계를 통하여 범죄유형별 시차를 알 수 있고, 시기별 범죄발생 현황을 통해 범죄의 흐름을 어느 정도 예측할 수 있다. 다만, 범죄시계의 산출방법에 인구변화율은 반영되지 않으므로 인구변화율에 따른 범죄율을 파악하기는 어렵다.
① 참여적 관찰법은 관찰자가 직접 범죄자 집단에 들어가 그들과 함께 생활하면서 그들의 생활, 심리 등을 관찰하여 범죄의 실태, 원인 등을 파악하는 조사방법이므로, 체포되지 않은 범죄자들의 일상을 관찰하는 데 유용하다.
② 범죄통계표 분석방법은 수사기관 등 정부기관이 범죄현상을 조사·집계하여 공식통계표를 작성·분석하여 사회의 대량적 현상으로서의 범죄의 내용, 규모 및 추이를 파악하는 것으로, 범죄의 일반적인 경향과 특징을 파악하는 데 유용하다.
④ 피해자조사는 암수범죄의 조사를 위한 방법 중 간접적 관찰방법의 하나로서, 자기보고조사나 정보제공자 조사에 비하여 신뢰도가 가장 높아 현재 암수범죄의 조사방법으로 가장 많이 활용되고 있다.

정답 ③

011 형사정책학의 연구방법론에 대한 설명으로 옳지 않은 것은? 2020. 7급 공채

① 일반적으로 범죄율이라 함은 범죄통계와 관련하여 인구 100,000명당 범죄발생건수의 비율을 말한다.
② 자기보고조사란 일정한 집단을 대상으로 개개인의 범죄 또는 비행을 스스로 보고하게 함으로써 암수를 측정하는 방법이다.
③ 개별적 사례조사방법이란 연구자가 직접 범죄자 집단에 들어가 함께 생활하면서 그들의 생활을 관찰하는 조사방법을 말한다.
④ 범죄통계에는 필연적으로 암수가 발생하는 바, 암수를 조사하는 방법으로는 참여적 관찰, 비참여적 관찰, 인위적 관찰방법 등이 있다.

해설

③ 연구자가 직접 범죄자 집단에 들어가 함께 생활하면서 그들의 생활을 관찰하는 조사 방법은 '참여적 관찰방법'이다. 개별적 사례조사란 개별적인 범죄자에 대하여 인격, 성장과정, 주변 환경 등 그 개인과 관련된 여러 가지 요소를 종합적으로 조사, 분석하여 각각의 요소 간의 상호 연결관계를 규명하는 방법을 말한다.

정답 ③

PART I 형사정책 서론

012 범죄측정에 대한 설명으로 옳은 것은?   2023. 7급 공채

① 참여관찰 연구는 조사자의 주관적 편견이 개입할 수 있고, 시간과 비용이 많이 들며 연구결과의 일반화가 어렵다.
② 인구대비 범죄발생건수를 의미하는 범죄율(crime rate)은 각 범죄의 가치를 서로 다르게 평가한다.
③ 자기보고식 조사(self-report survey)는 경미한 범죄보다는 살인 등 중대한 범죄를 측정하는 데 사용된다.
④ 피해 조사(victimization survey)는 개인적 보고에 기반하는 점에서 조사의 객관성과 정확성을 확보할 수 있다.

해설

① 참여관찰 연구는 범죄의 실태를 파악하기 위하여 처음부터 의도적으로 조사자가 범죄 집단에 들어가 함께 생활하며 관찰하는 방법이므로 조사자의 편견이 개입할 우려가 있고 시간과 비용이 많이 들며, 특정집단에 대한 조사 결과를 모든 집단에 일반화하기 어렵다는 단점이 있다.
② 일반적으로 범죄율(crime rate)은 인구 100,000명당 범죄발생건수의 비율을 말하는데, 범죄발생건수를 단순한 수치로 집계하는 것이므로 각각 범죄에 따른 가치의 차이를 다르게 평가할 수 없는 단점이 있다.
③ 자기보고식 조사(self-report survey)는 범죄행위자 스스로 자신의 행위를 보고하는 방식이므로 경미한 범죄는 어느 정도 조사가 가능하나, 살인 등 중대한 범죄는 조사를 기피하는 경향이 있어서 측정하기 어렵다는 단점이 있다.
④ 피해자 조사는 자기보고식 조사에 비하여 신뢰도가 높은 조사방법이기는 하나, 피해조사의 과정에서 피해자 개인의 기억이나 판단의 오류가능성, 과장된 표현 등으로 조사의 객관성과 정확성에 한계가 있다.

정답 ①

013 '범죄분석'과 같이 국가기관에서 매년 발행하는 공식통계자료의 특성으로 볼 수 없는 것은?

2007. 7급 공채

① 암수(숨은)범죄를 잘 반영하지 못한다.
② 형사사법기관의 활동에 의해 영향을 받는다.
③ 범죄피해의 구체적 상황과 개인특성을 잘 파악할 수 있다.
④ 지역별 범죄발생을 비교할 수 있다.

해설

③ 공식 범죄 통계자료를 이용하여 범죄현상을 연구하는 범죄 통계표 분석방법은 수사기관 등 공적 자료를 이용하므로 자료의 획득이 용이하고, 대량의 통계자료를 분석하는 것이므로 범죄의 양적 측면의 파악에 유용하다. 다만, 범죄자 개개인의 구체적 특성을 파악하기 어렵고, 범죄 피해의 상황 및 내용 등을 파악하는 데 한계가 있다.
① 공식 통계자료는 드러난 범죄에 의한 통계자료이므로 암수(숨은)범죄가 포함될 수 없는 단점이 있다.
② 공식 범죄 통계자료는 일선 수사기관의 사건 처리 방침이나 수사관들의 재량에 따라 범죄율이 축소되거나 왜곡될 수 있다.
④ 공식 통계자료는 지역별 범죄 발생을 비교하기에 매우 용이한 조사 방법이다.

정답 ③

014 형사정책학의 연구방법에 대한 설명으로 옳지 않은 것은?

2010. 7급 공채

① 참여적 관찰방법은 피관찰자들의 인격상태에 관한 객관적 관찰이 불가능하기 때문에 연구 관찰자의 주관적인 편견이 개입될 우려가 있다.
② 실험적 방법은 새로운 형사사법제도의 시행을 앞두고, 그 효과를 미리 점검해보고자 하는 경우에 유용하다.
③ 표본집단조사는 정상인 집단인 실험집단과 연구하고자 하는 범죄자 집단인 대조 집단을 수평적으로 비교하는 방식으로 진행된다.
④ 추행조사는 추행을 당하는 사람들의 사실관계를 정확히 밝힐 수 있어 오랜 시간의 경과 후에도 그 사실을 파악할 수 있다는 장점이 있다.

해설

③ 표본집단조사는 조사대상으로 선정된 범죄자 집단인 실험집단과 정상인 집단인 대조 집단을 수평적으로 비교하는 방식으로 진행된다. 이러한 방법을 통하여 범죄자의 일부를 표본으로 선정하여 이들을 관찰한 결과를 전체 범죄자에게 유추적용하여 범죄의 일반적 현상을 파악하는 조사 방법이다.

정답 ③

PART I 형사정책 서론

015 다음 (가)~(라)에 해당하는 범죄학 연구방법을 바르게 짝지은 것은? 2012. 7급 공채

> (가) 인류학자들이 즐겨 사용하는 연구방법이다. 조사대상자들과 인간적인 교감을 형성하면서 연구를 진행해야 하기 때문에 많은 시간이 소요된다.
> (나) 집단의 등가성 확보, 사전과 사후조사, 대상집단과 통제집단이라는 세 가지 전제조건을 특징으로 하고, 연구의 내적 타당성에 영향을 미치는 요인들을 통제하는데 유리한 연구방법이다.
> (다) 기술적 연구나 추론적 연구를 위한 양적 자료를 수집하고 인과성 문제를 다루기 위한 연구방법이며, 설문지, 면접, 전화접촉 등을 활용한다.
> (라) 미시범죄학적인 연구방법이며 하나 또는 몇 개의 대상에 대한 깊이 있는 정밀조사를 목표로 한다. 전형적인 대상이 아니면 다른 상황에 일반화할 수 없다는 단점이 있다. 대표적인 연구로는 서덜랜드(Sutherland)의 '전문 절도범(Professional Thief)'이 있다.

	(가)	(나)	(다)	(라)
①	실험연구	조사연구	사례연구	참여관찰
②	참여관찰	실험연구	조사연구	사례연구
③	사례연구	실험연구	참여관찰	조사연구
④	조사연구	참여관찰	사례연구	실험연구

해설

② '(가) - 참여관찰, (나) - 실험연구, (다) - 조사연구, (라) - 사례연구'이다.
(가) 참여적 관찰방법에 대한 설명이다. 관찰자가 직접 범죄자 집단에 들어가 그들과 함께 생활하면서 그들의 생활, 심리 등을 관찰하여 범죄의 실태, 원인 등을 파악하는 조사방법으로, 현장조사라고도 한다. 인류학자들이 즐겨 사용하는 연구방법이다.
(나) 실험적 방법에 대한 설명이다. 설정된 가정을 검증하기 위하여 일정한 조건 하에 반복적으로 이루어지는 현상을 실험하고 관찰하는 연구방법이다. 집단의 등가성 확보, 사전과 사후조사, 대상집단과 통제집단이라는 세 가지 조건을 전제로 한다.
(다) 조사연구방법에 대한 설명이다. 설문지, 면접, 전화접촉 등을 활용하여 양적 자료를 수집하고 그 자료를 토대로 기술적 연구나 추론적 연구의 인과성 문제를 다루는 연구방법이다.
(라) 개별적 사례조사에 대한 설명이다. 개별 범죄자의 인격, 성장과정, 주변 환경 등 그 개인과 관련된 요소를 종합적으로 조사·분석하여 각각의 요소 간의 상호 연결관계를 규명하는 방법으로 사례연구라고도 한다. 서덜랜드(Sutherland)의 '전문절도범(Professional Thief)' 연구는 이 연구방법을 활용한 사례이다.

정답 ②

016 형사정책의 연구방법을 양적 연구방법과 질적 연구방법으로 분류할 때 양적 연구방법에 해당하지 않는 것은?

2008. 7급 공채

① 설문조사
② 통계분석
③ 실험연구
④ 참여관찰

해설

④ 참여적 관찰방법은 관찰자가 직접 범죄자 집단에 들어가 그들과 함께 생활하면서 그들의 생활, 심리 등을 관찰하여 범죄의 실태, 원인 등을 파악하는 조사방법으로, 범죄자들의 자유로운 일상을 그대로 관찰하고 범죄인에 대한 생생한 실증자료를 얻을 수 있는 점에서 '질적 연구방법'에 속한다.

①, ②, ③ 설문조사, 통계분석, 실험연구는 다양한 대상을 양적으로 확보하고 진행하며, 충분한 양적 자료가 확보되어야만 신뢰성이 높아진다는 점에서 양적 연구방법에 해당한다.

정답 ④

PART I 형사정책 서론

017 범죄문제의 현황을 파악하는 자료로 활용되는 공식범죄통계와 범죄피해조사에 대한 설명으로 옳은 것으로만 묶인 것은?

2013. 7급 공채

ㄱ. 공식범죄통계는 일선경찰서의 사건처리방침과 경찰관들의 재량행위로 인하여 범죄율이 왜곡되고 축소될 가능성이 있다.
ㄴ. 범죄피해조사는 응답자의 기억에 오류가 있을 수 없기에 비교적 정확히 범죄의 수준을 파악할 수 있다.
ㄷ. 공식범죄통계를 통해서 범죄현상의 내재적 상관관계나 범죄원인을 밝힐 수 있다.
ㄹ. 범죄피해조사에 대해서는 범죄구성요건에 대한 응답자의 지식이 충분하지 못하고, 질문문항이 잘못 작성될 가능성이 있다는 등의 문제점이 지적된다.
ㅁ. 공식범죄통계와 범죄피해조사는 각기 나름대로의 한계가 있기 때문에 범죄의 수준을 측정하는 도구로 완벽하다고 볼 수는 없다.

① ㄱ, ㄴ, ㄷ
② ㄱ, ㄹ, ㅁ
③ ㄴ, ㄷ, ㄹ
④ ㄴ, ㄷ, ㅁ

해설

② 옳은 것은 'ㄱ, ㄹ, ㅁ'이다.
ㄱ. (O) : 공식범죄통계는 수사기관 등 정부기관이 범죄 및 조사·집계한 공식통계자료를 분석하여 범죄의 규모, 추이를 파악하는 방법으로 형사정책에서 가장 일반적으로 사용되는 방법이다. 다만 공식범죄통계는 통계산출과정에서 일선기관의 재량, 범죄율 축소 등 여러 가지 불합리한 점이 존재하여 부정확한 통계를 구성할 수 있다는 비판이 있다.
ㄴ. (×) : 범죄피해자조사는 응답자의 기억에 오류가 있을 수 있고 내용을 부풀려서 응답하거나 사실대로 응답하지 않는 등 오류가 많다는 문제점이 제기된다.
ㄷ. (×) : 공식범죄통계는 암수범죄를 파악할 수 없고, 범죄의 질적 비중파악, 범죄현상의 내재적 상관관계나 범죄원인을 밝히기 어렵고, 범죄피해의 구체적 상황이나 범죄자의 개인적 특성 등을 파악하는데 한계가 있다.
ㄹ. (O) : 범죄피해자조사는 범죄구성요건에 대한 응답자의 지식이 불충분하여 부정확한 응답의 가능성이 있으며, 질문문항이 잘못 작성될 가능성이 있다는 비판을 받는다.
ㅁ. (O) : 모든 범죄통계와 범죄피해조사는 일정한 한계가 있으며, 범죄의 수준을 측정하는 완벽한 수단은 있기 어렵다.

정답 ②

018 교정학 연구방법 중 실험연구에 대한 설명으로 옳지 않은 것은? 2020. 7급 교정직 공채

① 인과관계 검증과정을 통제하여 가설을 검증하는 데 유용한 방법이다.
② 실험집단과 통제집단에 대한 사전검사와 사후검사를 통해 종속변수에 미치는 처치의 효과를 검증한다.
③ 집단의 유사성을 확보하기 위해 무작위 할당방법이 주로 활용된다.
④ 외적 타당도에 영향을 미치는 요인들을 통제하는 데 가장 유리한 연구방법이다.

해설

④ '외적 타당도'란 어떤 연구에서 나타난 결과를 일반화할 수 있는 정도를 말하는데, 실험적 연구방법은 소수를 대상으로 한 실험의 결과를 전체에게 일반화하기 어렵다는 점에서 외적 타당도에 영향을 미치는 요인들을 통제하는 데 매우 불리한 연구방법이다. 외적 타당도에 영향을 미치는 요인들을 통제하는 데 유리한 연구방법으로는 범죄통계표 분석방법(대량관찰법)을 들 수 있다. 참고로 내적 타당도란 연구결과에서 한 변수가 다른 변수의 원인인지 여부의 정확도를 의미한다. 즉 원인과 결과의 인과관계의 정확성을 말한다. 실험적 연구방법은 내적 타당도는 높고, 외적 타당도는 낮은 연구방법이다.

정답 ④

019 암수범죄(숨은 범죄)에 대한 설명으로 옳지 않은 것은? 2021. 7급 공채

① 수사기관에 의하여 인지되었으나 해결되지 않은 경우를 상대적 암수범죄라고 한다.
② 케틀레(Quetelet) 정비례 법칙에 의하면, 공식적 범죄통계상의 범죄현상이 실제 범죄현상을 징표한다고 보기는 어렵다.
③ 피해자가 특정되지 않거나 간접적 피해자만 존재하는 경우, 암수범죄가 발생하기 쉽다.
④ 낙인이론이나 비판범죄학에 의하면 범죄화의 차별적 선별성을 암수범죄의 원인으로 설명한다.

해설

② 케틀레(Quetelet)는 암수범죄와 관련하여 공식통계와의 정비례 법칙을 주장하면서 공식 통계상의 범죄현상이 실제의 범죄현상을 대표하는 의미가 있다고 하였다. 즉 공식적으로 인지된 범죄인 명역범죄(明域犯罪)와 인지되지 않은 암역범죄(暗域犯罪) 사이에는 변함없는 고정관계가 존재한다고 보고, 명역범죄가 크면 그만큼 암역범죄도 크며 명역범죄가 작으면 그만큼 암역범죄도 작다고 하였다.

정답 ②

PART I 형사정책 서론

020 암수범죄에 대한 설명으로 옳지 않은 것은?
2018. 7급 공채

① 암수범죄란 실제로 발생하였지만 범죄통계에 포착되지 않은 범죄를 말한다.
② 신고에 따른 불편, 수사기관 출두의 번거로움, 보복의 두려움은 절대적 암수범죄의 발생원인이다.
③ 수사기관의 낮은 검거율과 채증력, 법집행기관의 자의적 판단은 상대적 암수범죄의 발생원인이다.
④ 설문조사는 정치범죄, 가정범죄 등 내밀한 관계 및 조직관계에서 일어나는 범죄의 암수를 밝히는 데에 적합하다.

해설

④ 암수범죄의 간접적 조사방법인 설문조사에는 자기보고조사, 피해자조사, 정보제공자조사 등이 있다. 이러한 조사방법으로는 정치범죄, 가정범죄 등 내밀한 관계 및 조직관계에서 일어나는 범죄의 경우에는 스스로 밝히기를 꺼려하는 경우가 많아 자기보고조사나 피해자조사로 암수범죄를 밝히기 어렵고, 은밀히 일어나는 범죄로서 제3자가 정보를 가지고 있는 경우가 드물어 정보제공자조사로 암수범죄를 조사하기 어렵다.

②, ③ 암수범죄는 절대적 암수범죄와 상대적 암수범죄로 나눌 수 있다. 절대적 암수범죄는 실제로 범죄가 발생했지만 어느 누구도 인지하지 않았거나 기억조차도 하지 못하는 경우 또는 피해자가 특정되어 있지 않거나 간접적 피해자만 존재하는 경우를 말하며, 매춘, 간통, 도박, 마약매매, 낙태, 성범죄 등을 들 수 있다. 상대적 암수범죄는 수사기관에 의하여 인지되기는 하였으나 아직 해결이 되지 않은 상태에 있는 범죄를 말하며, 수사기관과 법원 등 법집행기관의 개인적 편견, 수사기관의 낮은 검거율, 증거채취능력의 부족 등이 원인이다.

정답 ④

021 암수범죄에 대한 설명으로 옳지 않은 것은? 2024. 9급 공채

① 피해자의 개인적 사정이나 신고에 따른 불편·불이익뿐만 아니라 수사기관의 자유재량도 암수범죄의 원인이 된다.
② 암수조사의 방법 중 '자기 보고식 조사'는 중범죄보다는 경미한 범죄의 현상을 파악하는 데에 유용하다.
③ 암수조사의 방법 중 '피해자 조사'는 암수범죄에 대한 직접적 관찰방법에 해당한다.
④ 암수범죄는 피해자와 가해자의 구별이 어려운 범죄에 비교적 많이 존재한다.

해설

③ 암수조사의 방법 중 '피해자 조사'는 암수범죄에 대한 범죄의 피해자를 대상으로 설문조사를 실시하여 조사하는 <u>간접적 관찰방법</u>에 해당한다. 암수범죄의 조사방법으로는 직접적 관찰방법과 간접적 관찰방법이 있으며, 직접적 관찰방법에는 자연적 관찰, 실험적 관찰이 있고, 간접적 관찰방법에는 자기보고조사, 피해자조사 및 정보제공자 조사가 있다.

정답 ③

022 암수(숨은)범죄에 관한 설명 중 옳지 않은 것은? 2007. 7급 공채

① 암수(숨은)범죄의 발생원인으로 범죄의 미인지, 범죄의 미신고, 수사기관과 법원의 재량적 또는 자의적 사건처리 등이 있다.
② 암수(숨은)범죄가 존재한다는 것은 범죄통계의 한계를 의미하며 공식범죄통계에 바탕을 둔 형사정책의 정당성에 회의를 갖게 한다.
③ 암수(숨은)범죄의 조사방법 중 피해자조사는 경미한 피해사례까지 정확하게 조사할 수 있다는 장점을 가지고 있다.
④ 암수(숨은)범죄의 조사방법으로 가장 많이 사용되는 설문조사방법에는 자기보고, 피해자조사, 정보제공자조사 등이 있다.

해설

③ 피해자조사는 범죄의 피해자를 대상으로 함으로써 신뢰성이 가장 높은 조사방법이나, <u>주로 전통적인 중범죄 또는 재산범죄를 대상으로 하므로 경미한 범죄를 정확하게 조사할 수 없고 사회 전체의 범죄를 파악하기 곤란하다.</u>

정답 ③

023 암수범죄에 대한 설명으로 옳은 것을 모두 고른 것은?

2010. 7급 공채

ㄱ. 케틀레(A. Quetelet)는 암수범죄와 관련하여 반비례의 법칙을 주장하면서, 공식적 통계상의 범죄현상은 실제의 범죄현상을 징표하거나 대표하는 의미가 있다고 보았다.
ㄴ. 자기보고조사는 범죄자가 자기가 범한 범죄를 인식하지 못한 경우나 범죄를 범하지 않았다고 오신하는 경우에는 실태파악이 곤란하다.
ㄷ. 범죄피해자조사는 피해자가 피해를 인식하지 못한 경우나 피해자가 범죄피해가 없었다고 오신하는 경우에는 조사결과의 정확성이 결여된다.
ㄹ. 정보제공자조사는 법집행기관에 알려지지 않은 범죄 또는 비행을 알고 있는 자로 하여금 그것을 보고하게 하는 것이다.

① ㄱ, ㄴ, ㄷ, ㄹ
② ㄱ, ㄷ, ㄹ
③ ㄴ, ㄷ, ㄹ
④ ㄴ, ㄷ

해설

③ 옳은 것은 'ㄴ, ㄷ, ㄹ'이다.
ㄱ. (×) : 케틀레(Quetelet)는 암수범죄와 관련하여 공식통계와의 정비례 법칙을 주장하면서 공식적 통계상의 범죄현상이 실제의 범죄현상을 대표하는 의미가 있다고 하였다.
ㄴ. (○) : 자기보고조사는 자신이 범한 범죄의 내용을 보고하는 방식의 조사이므로, 범죄자 스스로 범한 범죄를 인식하지 못한 경우나 범죄를 범하지 않았다고 오신하는 경우에는 실태파악이 곤란하다.
ㄷ. (○) : 범죄피해자조사는 범죄의 피해자가 경험한 내용을 보고하는 방식의 조사이므로, 피해자가 피해를 인식하지 못한 경우나 피해자가 범죄피해가 없었다고 오신하는 경우에는 조사결과의 정확성이 결여된다.
ㄹ. (○) : 정보제공자 조사는 법집행기관에 알려지지 않은 범죄나 비행을 인지하고 있는 자로 하여금 이를 보고하게 하는 것을 말하며, 정보제공자 조사는 자기보고조사와 피해자조사에 의하여도 밝혀지지 않는 범죄를 파악하기 위한 보조수단으로 사용된다.

정답 ③

024 다음에서 설명하는 형사정책 연구방법은? 2016. 7급 공채

> 청소년들의 약물남용실태를 조사하기 위하여 매 2년마다 청소년 유해환경조사를 실시하고 있다. 이 조사는 매 조사연도에 3,000명의 청소년들을 새롭게 표본으로 선정하여 설문지를 통해 지난 1년 동안 어떤 약물을, 얼마나 복용하였는지를 질문하고 있다.

① 자기보고식조사
② 범죄피해조사
③ 추행조사
④ 참여관찰조사

해설

① 설문의 내용은 청소년들을 대상으로 설문지를 통해 어떤 약물을, 얼마나 복용하였는지를 질문하여 자기 스스로 보고하도록(질문에 응답하도록) 조사하는 방식이므로 자기보고식조사(Self-report Survey)에 해당한다. 자기보고식조사란 일정한 집단을 대상으로 개개인의 범죄 또는 비행을 면접이나 설문지를 통하여 스스로 보고하게 함으로써 암수범죄를 측정하는 방법을 말한다. 범죄행위자 스스로 보고하게 하는 방법이라는 점에서 행위자조사 또는 가해자조사라고도 한다. 응답자가 익명으로 자신들이 저지른 범죄를 진술하게 하거나, 표본조사 또는 집단조사의 방법이 주로 사용된다.

정답 ①

025 여성범죄에 대한 설명으로 옳지 않은 것은? 2016. 7급 공채

① 여성범죄는 우발적이거나 상황적인 경우가 많고 경미한 범행을 반복해서 자주 저지르는 성향이 있다.
② 폴락(Pollak)은 여성이 남성 못지않게 범죄행위를 저지르지만, 은폐 또는 편견적 선처에 의해 통계상 적게 나타나는 것일 뿐이라고 지적하였다.
③ 신여성범죄자(new female criminals) 개념은 여성의 사회적 역할변화와 그에 따른 여성범죄율의 변화와의 관계에 초점을 맞추어 등장하였다.
④ 롬브로조(Lombroso)는 범죄여성은 신체적으로는 다른 여성과 구별되는 특징이 없지만, 감정적으로는 다른 여성과 구별되는 특징이 있다고 설명하였다.

해설

④ 롬브로조(Lombroso)는 저서 「여성범죄자(The Female Offender)」에서 범죄를 범하는 여성은 몸에 털이 많이 나는 등의 신체적 특성으로 정상적인 여성과는 구별될 수 있다고 보았으며, "여성범죄자는 정상인과 다를 뿐만 아니라 일반적 여성과도 다른 특이한 존재로서의 이중적인 의미를 지닌 괴물이다."라고 한 바 있다. 이러한 롬브로조의 주장을 남성미 가설(masculinity hypothesis)이라고 한다.
① 여성범죄는 남성범죄에 비하여 계획적이지 못하고, 우발적이거나 특정한 상황에 발생하는 경우가 많고 경미한 범죄를 반복해서 저지르는 경향이 있다.
② 여성범죄가 실제로는 많이 행하여지지만, 여성에 대한 편견적인 선처에 의하여 통계상 적게 나타난다는 것을 폴락(Pollak)은 기사도정신 가설(chivalry hypothesis)로써 설명하고, 여성이 남성에 의해 이용되기 보다는 오히려 여성이 남성을 이용하여 범죄를 저지른다고 보고 있다.
③ 아들러(Adler)는 전통적으로 여성범죄율이 낮은 이유는 여성의 사회경제적 지위가 낮기 때문이라고 보고, 여성의 사회적 역할이 변하고 생활형태가 남성의 생활상과 유사해지면서 여성의 범죄활동도 남성의 그것과 닮아간다고 주장하였다. 이러한 주장을 '신여성범죄자(new female criminal)'라고 한다.

정답 ④

026 환경과 범죄현상에 대한 설명으로 가장 적절하지 않은 것은? 2010. 7급 공채

① 급격한 도시화는 인구의 이동이나 집중으로 인해 그 지역의 사회관계의 혼란을 초래하고, 지역사회의 연대를 어렵게 하여 범죄의 증가를 초래할 수 있다고 한다.
② 케틀레(A. Quetelet)는 인신범죄는 따뜻한 지방에서, 재산범죄는 추운 지방에서 상대적으로 많이 발생한다고 한다.
③ 경기와 범죄는 상관관계가 없다는 주장도 있지만, 일반적으로 불황기에는 호황기에 비해 재산범죄가 많이 발생한다고 한다.
④ 전체주의 사회에서는 소수집단의 공격성 때문에 다수집단의 구성원이 대량 희생되어 모든 범죄가 전체적으로 감소하게 된다고 한다.

해설

④ 전체주의 사회에서는 공동체, 국가, 이념을 개인보다 우위에 두고 개인을 전체의 존립과 발전을 위한 수단으로 여기므로, 다수집단의 이익을 위하여 소수집단이 희생되는 사회이다. 따라서 전체주의 사회에서는 전체집단의 이익을 위하여 소수집단의 저항행위나 공격행위를 범죄로 간주하게 된다.

정답 ④

PART I 형사정책 서론

027 환경과 범죄원인에 대한 설명으로 옳지 않은 것은?
2016. 7급 공채

① 물가와 범죄의 관계에 대한 경험적 연구는 주로 곡물류 가격과 범죄의 관계를 대상으로 하였다.
② 계절과 범죄의 관계에 대한 연구에 의하면 성범죄와 폭력범죄는 추울 때보다 더울 때에 더 많이 발생한다고 알려져 있다.
③ 범죄인자 접촉빈도와 범죄발생과의 관계에 대한 이론인 습관성가설은 마약범죄 발생의 원인규명에 주로 활용되었다.
④ 엑스너(Exner)는 전쟁을 진행 단계별로 나누어 전쟁과 범죄의 관련성을 설명하였다.

> **해설**
> ③ 습관성가설은 폭력범죄 발생과 관련이 있다. 습관성가설은 슈람(Schramm)이 주장한 것으로 매스컴의 폭력장면에 장기간 노출이 되다보면 자신도 모르게 폭력에 길들여질 가능성이 높아진다는 이론으로, 장기효과이론이라고도 한다. 매스컴의 폭력장면에 장기적으로 노출되다 보면 폭력에 무감각해지고 범죄를 미화하는 가치관이 형성되므로 범죄가 유발된다고 본다.
> ① 곡물가격과 범죄와의 관계에 관한 연구에 의하면 식량비의 변동은 재산범죄에 정비례하고 임금변동과 재산범은 반비례한다고 본다.
> ② 계절과 범죄의 관계에 대한 케틀레(Quetelet)의 연구에 의하면 성범죄와 폭력범죄 등 인신범죄는 따뜻한 지방에서, 재산범죄는 추운지방에서 상대적으로 많이 발생한다고 한다.
> ④ 엑스너(Exner)는 전쟁의 진행단계와 범죄와의 관련성을 감격기, 의무이행기, 피로기, 붕괴기로 나누어 설명하였다.
>
> 정답 | ③

028 사회·문화적 환경과 범죄에 대한 설명으로 옳지 않은 것은? 2022. 7급 공채

① 체스니-린드(Chesney-Lind)는 여성범죄자가 남성범죄자보다 더 엄격하게 처벌받으며, 특히 성(性)과 관련된 범죄에서는 더욱 그렇다고 주장하였다.
② 스토우퍼(Stouffer), 머튼(Merton) 등은 상대적 빈곤론을 주장하면서 범죄발생에 있어 빈곤의 영향은 단지 빈곤계층에 국한된 현상이 아니라고 지적하였다.
③ 매스컴과 범죄에 대하여 '카타르시스 가설'과 '억제가설'은 매스컴의 역기능성을 강조하는 이론이다.
④ 서덜랜드(Sutherland)는 화이트칼라 범죄를 직업활동과 관련하여 존경과 높은 지위를 가지고 있는 사람이 저지르는 범죄라고 정의했다.

해설

③ '카타르시스 가설'과 '억제가설'은 매스컴이 범죄와 무관하며 순기능을 가진다는 이론이다. 카타르시스가설(정화이론)은 영화 속의 폭력장면을 보고 자기 스스로 하지 못하는 폭력행위에 대해 대리만족을 얻으며 정서적 이완을 통하여 자신의 공격적 성향을 감소시켜 일반인들에게 유사한 범죄가 발생하는 것을 막는 기능을 한다는 주장이고, 억제가설은 매스컴의 범죄묘사나 범죄자공개는 폭력피해에 대한 책임감과 보복에 대한 공포심을 불러일으켜 일반인들의 공격적 성향이나 범죄의 충동을 억제한다고 보는 주장이다. 매스컴이 범죄와 상관관계가 있으며 역기능을 가진다는 이론으로는 자극성가설(단기효과이론), 습관성가설(장기효과이론), 학습이론적 시각 등이 있다.
① 체스니-린드(Chesney-Lind)의 페미니스트 범죄이론이다. 이 이론에서는 범죄의 원인에 있어서의 성적 차이뿐만 아니라 형사사법시스템 내에서의 성적 차이도 고려해야 한다고 한다. 즉, 경찰을 비롯해 형사사법시스템에 종사하는 대부분의 사람들은 남성이며 이들이 남성 범죄자와 여성 범죄자를 대하는 태도 및 방식에 있어서 차이가 존재한다고 본다. 특히 전통적인 성역할을 벗어나는 범죄의 경우 여성 범죄자를 남성범죄자보다 더 가혹하게 처우한다고 주장하였다.
② 스토우퍼(Stouffer)와 머튼(Merton)은 범죄원인에 있어서 상대적 박탈 내지 상대적 빈곤을 강조하였다. 불만을 일으키는 동기는 절대적 박탈을 경험하는 빈곤 그 자체보다는 그 빈곤에 대한 주관적인 인식을 말하며, 절대적 박탈의 경우는 오히려 부족 혹은 결핍 자체를 수용하는 경향을 보이지만 상대적 박탈의 경우는 절대적 박탈 상태인 빈곤을 불평등한 가치배분 때문인 것으로 간주하여 빈곤을 부당한 것으로 인식하고 분노하는 경향이 있다고 한다.
④ 서덜랜드(Sutherland)는 화이트칼라 범죄에 대하여 높은 사회적 지위와 직업 활동 관련 범죄를 핵심개념으로 정의를 내리고 있다.

정답 ③

029

TV에서 방영되는 '범죄자 수배 프로그램'이 범죄의 수법과 잔인성을 여과 없이 시청자들에게 전달한다는 비판에 따라 종영되는 경우가 종종 발생한다. 그러나 이러한 프로그램이 오히려 시청자의 공격적 성향을 자제시켜 범죄를 억제하는 기능을 한다고 주장하는 이론은?

2008. 7급 공채

① 카타르시스가설
② 자극성가설
③ 관습성가설
④ 차별적 기회구조가설

해설

① 설문의 내용은 카타르시스가설(정화이론)에 해당한다. 카타르시스가설은 영화 속의 폭력장면을 보고 자기 스스로 하지 못하는 폭력행위에 대해 대리만족을 얻으며 정서적 이완을 통하여 자신의 공격적 성향을 감소시켜 일반인들에게 유사한 범죄가 발생하는 것을 막는 기능을 한다는 주장이다.
② 자극성가설(단기효과이론)은 베르코비츠(L. Berkowitz), 캇츠(E. Katz), 윌슨(B. Wilson) 등의 주장으로, 매스컴이 묘사하는 범죄 실행 장면이 폭력을 우상화하거나 미화시키고, 그것이 모방심리를 자극함으로써 범죄를 유발한다고 보는 이론이다.
③ 습관성(관습성)가설(장기효과이론)은 슈람(W. Schramm)의 주장으로, 매스컴의 폭력장면에 장기적으로 노출되다보면 폭력에 무감각해지고 취미생활의 변화를 조장하며 범죄를 미화하는 가치관이 형성되어 범죄가 유발된다고 보는 이론이다.

정답 ①

030 범죄에 관한 〈보기 1〉의 이론과 〈보기 2〉의 내용이 바르게 연결된 것은? 2010. 7급 공채

보기1

ㄱ. 표류이론
ㄴ. 정화(Catharsis)가설
ㄷ. 차별적(분화적) 동일화이론
ㄹ. 습관성가설

보기2

A. 사람은 범죄적 행동양식과 직접 접촉하지 않더라도 TV나 영화 속에 등장하는 주인공과 자신의 이상형을 일치시키면 관념적 동일화를 거쳐 범죄를 학습할 수 있다.
B. 비행소년은 일반사회로부터 상대적으로 밖에 자립할 수 없는 중간적이고 표류하는 존재로, 사회의 전통적 가치에 동조를 나타내면서 비행을 저지르게 된다.
C. 매스컴에서 폭력장면을 오랜 기간 시청하면 범죄행위에 대해 무감각하게 되고, 범죄를 미화하는 가치관이 형성되어 범죄유발요인이 된다.
D. 매스컴의 폭력은 자기가 직접 할 수 없는 폭력행위에 대해 대리만족을 시켜 시청자의 내면에 내재된 폭력욕구를 자제시킨다.

	ㄱ	ㄴ	ㄷ	ㄹ
①	B	C	A	D
②	B	D	A	C
③	B	C	D	A
④	B	A	C	D

해설

② 'ㄱ - B, ㄴ - D, ㄷ - A, ㄹ - C'이다.
A. 글래저(Glaser)의 차별적 동일화(동일시)이론의 내용이다.
B. 맛차와 사이크스(Matza & Sykes)의 표류이론의 내용이다.
C. 슈람(W. Schramm)의 습관성가설(장기효과이론)의 내용이다.
D. 프로이트(Freud)의 카타르시스가설(정화이론)의 내용이다.

정답 ②

PART I 형사정책 서론

031 아바딘스키(Abadinsky)가 제시한 조직범죄의 특성에 대한 설명으로 옳지 않은 것은?

2023. 7급 공채

① 정치적 목적이나 이해관계가 개입되지 않는 점에서 비이념적이다.
② 내부 구성원이 따라야 할 규칙을 갖고 있고, 이를 위반한 경우에는 상응한 응징이 뒤따른다.
③ 조직의 활동이나 구성원의 참여가 일정 정도 영속적이다.
④ 조직의 지속적 확장을 위하여, 조직구성원이 제한되지 않고 배타적이지 않다.

해설

④ 아바딘스키(Abadinsky)에 의하면 조직범죄집단은 <u>조직구성원이 매우 제한적이며 배타적이다.</u>

> **참고** 아바딘스키(Abadinsky)가 제시한 조직범죄의 특징
>
> 1. 비이념적 성격을 가진다. 즉 정치적 이득보다는 경제적 이득 추구에 집중하는 경향이 있다.
> 2. 계층적인 성격을 가진다.
> 3. 조직구성원이 매우 제한적이며 배타적이다.
> 4. 조직의 활동이나 그에 대한 구성원의 참여가 어느 정도 영속성을 가진다.
> 5. 목표달성을 쉽고 빠르게 하기 위하여 폭력을 행사하거나, 공무원을 뇌물로 매수하여 단속을 피한다.
> 6. 전문성 또는 조직 내 위치에 따라 임무와 역할이 철저하게 전문화되며 분업체계를 이룬다.
> 7. 이익증대를 위하여 폭력을 사용하거나 공무원을 매수하여 특정지역이나 사업을 독점한다.
> 8. 철저한 내부 규율이 존재하며, 이를 위반할 경우 응징이 따른다.

정답 ④

032 화이트칼라범죄에 대한 설명으로 옳지 않은 것은? 2018. 7급 공채

① 서덜랜드(Sutherland)에 따르면 사회적 지위가 높은 사람이 그 직업 활동과 관련하여 행하는 범죄로 정의된다.
② 범죄로 인한 피해의 규모가 크기 때문에 행위자는 죄의식이 크고 일반인은 범죄의 유해성을 심각하게 생각하는 것이 특징이다.
③ 범죄행위의 적발이 용이하지 않고 증거수집에 어려움이 있다.
④ 암수범죄의 비율이 높고 선별적 형사소추가 문제되는 범죄유형이다.

해설

② 화이트칼라범죄는 개인 보다는 사회나 국가 전체에 광범위한 피해를 야기하나, 행위자는 자신의 직무와 관련하여 행하는 범죄이므로 죄의식이 없는 경우가 많고 자신의 범죄를 정당화하려는 경향이 있다. 그리고 이러한 범죄에 대한 사회의 반응 또한 피해인식이 결여되거나 미온적이어서 일반인이 그 유해성을 느끼지 못하는 경우가 많다.

①, ③, ④ 화이트칼라범죄는 사회적 지위가 높은 자가 이욕적 동기에서 그 직업 활동과 관련하여 행하는 범죄로서, 범죄행위가 직업 활동에 섞여서 행하여지므로 적발이 용이하지 않고 증거수집에 어려움이 있으며 암수범죄의 비율이 높다. 그리고 화이트칼라범죄에 대한 수사기관의 미온적 처리 또는 사법기관의 관대한 처리에 따른 선별적 형사소추가 문제된다.

정답 | ②

033 화이트칼라 범죄에 대한 설명으로 옳지 않은 것으로만 묶인 것은?   2013. 7급 공채

ㄱ. 화이트칼라 범죄는 사회지도층에 대한 신뢰를 파괴하고, 불신을 초래할 수 있다.
ㄴ. 화이트칼라 범죄는 청소년비행이나 하류계층 범인성의 표본이나 본보기가 될 수 있다.
ㄷ. 화이트칼라 범죄는 폭력성이 전혀 없다는 점에서 전통적인 범죄유형과 구별된다.
ㄹ. 화이트칼라 범죄는 업무활동에 섞여 일어나기 때문에 적발이 용이하지 않고 증거수집이 어려운 특성이 있다.
ㅁ. 경제발전과 소득증대로 화이트칼라 범죄를 범하는 계층은 점차 확대되어가는 경향이 있다.
ㅂ. 서덜랜드는 사회적 지위와 직업활동이라는 요소로 화이트칼라 범죄를 개념정의한다.
ㅅ. 화이트칼라 범죄는 직접적인 피해자를 제외하고는 다른 사람들에게 영향을 미치지 않는다.
ㅇ. 화이트칼라 범죄는 전문적 지식이나 기법을 기반으로 행해지기 때문에 대체로 위법성의 인식이 분명한 특성이 있다.

① ㄱ, ㄹ, ㅇ
② ㄴ, ㅅ
③ ㄷ, ㅇ
④ ㅁ, ㅂ, ㅅ

해설

③ 옳지 않은 것은 'ㄷ, ㅅ, ㅇ'이다.
ㄱ. (O) : 화이트칼라 범죄는 사회의 지도적·관리적 위치에 있는 사람이 직무상 지위를 이용하여 저지르는 범죄로서 사회지도층에 대한 신뢰를 파괴하고, 불신을 초래할 수 있다.
ㄴ. (O) : 화이트칼라 범죄는 청소년비행이나 하류계층의 모방범죄로 범인성의 표본이나 본보기가 될 수가 있다.
ㄷ. (X) : 화이트칼라 범죄는 폭력성이 전혀 없는 것이 아니라, 폭력성이 약하고 복잡하다는 특징을 가진다.
ㄹ. (O) : 화이트칼라 범죄는 직업활동과 관련하여 행하는 범죄이므로 자신의 업무활동에 섞여 일어나기 때문에 적발이 용이하지 않고 증거수집이 어려운 특성이 있다.
ㅁ. (O) : 경제규모가 커지고 소득이 증대됨에 따라 화이트칼라 범죄를 범하는 계층이 점차 확대되어 현대의 사회문제의 하나가 되고 있다.
ㅂ. (O) : 서덜랜드는 화이트칼라범죄를 "경영인 등 높은 사회적 지위를 가진 자들이 이욕적인 동기에서 자신의 직업활동과 관련하여 행하는 범죄"라고 정의하여, 사회적 지위와 직업활동이라는 요소로 화이트칼라 범죄를 설명한다.
ㅅ. (X) : 화이트칼라 범죄는 살인, 강도, 폭행과 같이 개인을 직접적인 피해자로 하기보다는 사회 전체에 광범위한 피해를 야기하는 점에서 일반 범죄와 구분된다.
ㅇ. (X) : 화이트칼라 범죄는 전문적 지식이나 기법을 기반으로 늘 행하던 일과 연관되기 때문에 대체로 위법성의 인식이 낮은 경향이 있다.

정답 ③

034 다음 설명 중 옳은 것을 모두 고르면?

2007. 7급 공채

가. 화이트칼라 범죄의 개념은 서덜랜드(Edwin H. Sutherland)가 처음으로 도입하였으며, 정치·경제적으로 명망이 높은 지위에 속하는 사람들의 직업상 범죄를 말한다. 따라서 사회적으로 명망이 없는 암흑가의 두목이 범한 범죄나 직무와 관련성이 없는 살인, 상해 등 전통적인 범죄는 그 대상에서 제외한다.

나. 화이트칼라 범죄는 경제적 발전과 소득증대로 중산층이 두터워지면서 매우 빠른 속도로 확산되고 있는 추세이다. 국민경제와 법의식·윤리의식에 미치는 영향이 크고, 따라서 중요한 형사정책 문제의 하나로 대두되고 있다.

다. 화이트칼라 범죄의 비율은 대개 전체 범죄의 3~5%가 되는 것이 보통이다. 우리나라의 경우(2002년) 상류층 출신의 범죄자는 2.5%로 집계되고 있다. 여기에는 구체적인 직업의 종류, 예를 들면 회사임원, 공무원, 정치인, 의사, 교수, 변호사, 검사, 판사, 건축가, 사업가 등의 차이는 큰 의미가 없다. 선택적 형사소추가 가장 문제되는 범죄유형이다.

라. 화이트칼라 범죄는 관료적이고, 지능적이며, 권력적 특성을 지니고 있고, 전통적인 범죄에 비하여 그 피해나 손해가 크고, 범죄로 인해 얻는 이익도 크다. 인·허가 내지 세금징수와 관련한 공무원범죄, 정경유착에서 드러나는 매우 지능적인 뇌물수수와 돈세탁행위, 금융사고에서 나타나는 교묘한 사기·위조·횡령행위 등이 전형적인 화이트칼라 범죄에 속한다.

마. 화이트칼라 범죄의 경우 암수(숨은)범죄가 많은 이유는 비밀리에 지능적으로 행해지고, 범죄의 특성상 적법과 위법의 한계가 불분명하며, 증거인멸이 교묘하게 이루어지고, 지위를 이용한 로비(변호사 기타 정치적으로 영향력이 있는 사람들의 조력) 등으로 증거확보가 어렵다는 점이다. 화이트칼라 범죄의 경우 일반인은 화이트칼라 범죄를 중대한 범죄로 보는 경향이 있지만, 행위자는 규범의식이 없는 경우가 많다.

① 가, 나, 라
② 가, 나, 다, 마
③ 가, 다, 라, 마
④ 나, 다, 라, 마

해설

① 옳은 것은 '가, 나, 라'이다.
가. (O) : 서덜랜드가 정의한 화이트칼라 범죄는 높은 사회적 지위와 직업 활동 관련 범죄를 특징으로 한다.
나. (O) : 경제적 발전과 소득증대에 따라 화이트칼라 범죄의 비율은 증가하고 있다.
다. (X) : 화이트칼라 범죄에서 구체적인 직업의 종류의 차이는 큰 의미가 있다. 왜냐하면 범죄자가 어떤 직업이냐에 따라 선택적 형사소추의 여부가 문제되기 때문이다. 예를 들어 정치인이나 기업가들에 대한 형사소추의 비율이 낮다면 형사사법기관의 불공평의 문제가 제기될 수 있기 때문이다.
라. (O) : 화이트칼라 범죄의 개념인 높은 사회적 지위와 직업 활동 관련 범죄로부터 연유되는 문제점들이다.
마. (X) : 화이트칼라 범죄의 경우 행위자는 규범의식이 없는 경우가 많고, 일반인도 그 유해성을 느끼지 못하는 경우가 많다.

정답 ①

13개 테마로 끝장내는
보호직 형사정책 기출사용설명서

범죄원인론

Theme 01 범죄원인론 개관
Theme 02 생물학적 원인론
Theme 03 심리학적 원인론
Theme 04 사회학적 원인론

01 범죄원인론 개관

포인트

'범죄의 원인이 무엇인가'에 대해서 정확한 파악이 이루어져야만 그에 대한 적절한 범죄방지대책을 수립하고 시행할 수 있다. 수많은 범죄원인론이 전개되어왔으며 일정한 시대적 흐름을 가지고 있다. 고전주의(비결정론)와 실증주의(결정론)의 주요 특징에 대한 이해가 필요하며, 범죄학자별 핵심 주장내용을 연결하는 문제가 많이 출제되고 있으므로 이에 대한 대비가 필요하다.

035 범죄원인론에 관한 고전학파의 입장으로 옳지 않은 것은? 2008. 7급 공채

① 사람들은 자신의 욕구를 충족시키거나 문제를 해결하기 위하여 준법적 방법과 범죄적 방법 중 어느 하나를 선택할 자유의사를 지닌 존재이다.
② 범죄적 방법의 선호는 그러한 행위에 대한 사회적 제재의 두려움에 의해서 통제될 수 있다.
③ 가장 효과적인 범죄예방대책은 처벌이 아니라 개별적 처우와 교화개선이다.
④ 범죄에 대한 처벌이 신속하고 확실하며 엄격할수록 더욱 잘 통제될 수 있다.

해설

③ 고전학파는 인간을 자유의지를 가진 합리적·이성적 존재로 보고, 자유의지에 따라 범죄를 선택한 것이며, 범죄통제는 범죄의 선택에 두려움을 갖도록 하는 것이 최상의 방법이므로 형벌을 가장 효과적인 범죄예방책으로 보았다. 개별적 처우와 교화개선을 가장 효과적인 범죄예방대책으로 본 것은 구체적인 범죄자의 개별적인 특성에 따른 처우를 강조하는 실증주의 학파이다.

정답 ③

036 고전학파 범죄이론에 대한 설명으로 옳지 않은 것은?

2021. 7급 공채

① 사회계약설에 입각한 성문형법전의 제정이 필요하다고 주장하였다.
② 파놉티콘(Panopticon) 교도소를 구상하여 이상적인 교도행정을 추구하였다.
③ 인간의 합리적인 이성을 신뢰하지 않고 범죄원인을 개인의 소질과 환경에 있다고 하는 결정론을 주장하였다.
④ 심리에 미치는 강제로서 형벌을 부과해야 한다고 하는 심리강제설을 주장하였다.

해설

③ 인간의 합리적인 이성을 신뢰하지 않고 범죄원인을 개인의 소질과 환경에 있다고 하는 결정론을 주장한 것은 실증주의 학파이다. 고전학파 범죄이론은 자유의지에 따라 선택하는 합리적이고 이성적인 인간상을 전제로 하는 비결정론적 입장이다.
① 죄형법정주의를 강조한 베카리아(Beccaria)의 주장이다.
② 벤담(Bentham)의 파놉티콘(Panopticon) 교도소 건립계획에 대한 설명이다.
④ 포이에르바하(Feuerbach)의 견해로, 범죄행위로부터 얻어지는 쾌락보다 형벌로 인한 고통이 더 크다는 것을 알게 하면 심리적으로 범죄를 억제할 수 있다는 학설이다.

정답 ③

PART II 범죄원인론

037 범죄원인론 중 고전주의학파에 대한 설명으로 옳은 것만을 모두 고르면?

2019. 9급 교정직 공채

> ㄱ. 인간은 자유의사를 가진 합리적인 존재이다.
> ㄴ. 인간은 처벌에 대한 두려움 때문에 범죄를 선택하는 것이 억제된다.
> ㄷ. 범죄는 주로 생물학적·심리학적·환경적 원인에 의해 일어난다.
> ㄹ. 범죄를 효과적으로 제지하기 위해서는 처벌이 엄격·확실하고, 집행이 신속해야 한다.
> ㅁ. 인간에 대한 과학적 분석을 통해 범죄원인을 규명하고자 하였다.

① ㄱ, ㄴ, ㄷ
② ㄱ, ㄴ, ㄹ
③ ㄴ, ㄷ, ㄹ
④ ㄷ, ㄹ, ㅁ

해설

② 옳은 것은 ㄱ, ㄴ, ㄹ이다.
ㄱ. (O) 고전학파에서는 인간은 자유의사를 가진 합리적인 존재임을 전제로 하여, 자유의지에 따른 선택에 상응하는 책임과 처벌을 강조한다.
ㄴ. (O) 고전학파의 억제이론에 따르면 범죄에 대한 엄중한 처벌이 뒤따르게 되면 사람들은 처벌에 대한 두려움으로 범죄를 저지르지 않게 되어 범죄가 예방될 수 있다고 본다.
ㄷ. (X) 범죄가 주로 생물학적·심리학적·환경적 원인에 의해 일어난다고 보는 것은 실증주의학파이다.
ㄹ. (O) 고전학파에서는 범죄를 효과적으로 제지하기 위한 방법으로 처벌의 엄중성, 확실성, 신속성을 든다.
ㅁ. (X) 인간에 대한 과학적 분석을 통해 범죄원인을 규명하고자 하였던 것은 실증주의학파이다.

정답 ②

038
범죄에 관하여 고전주의 학파와 실증주의 학파로 나눌 때, 다음 설명 중 동일한 학파의 주장으로만 묶은 것은?

2015. 7급 교정직 공채

> ㄱ. 효과적인 범죄예방은 형벌을 통해 사람들이 범죄를 포기하게 만드는 것이다.
> ㄴ. 법·제도적 문제 대신에 범죄인의 개선 자체에 중점을 둔 교정이 있어야 범죄예방이 가능하다.
> ㄷ. 형이상학적인 설명보다는 체계화된 인과관계 검증 과정과 과거 경험이 더 중요하다.
> ㄹ. 형벌은 계몽주의, 공리주의에 사상적 기초를 두고 이루어져야 한다.
> ㅁ. 인간은 기본적으로 자유의지를 가진 합리적·이성적 존재이다.

① ㄱ, ㄴ, ㅁ
② ㄱ, ㄹ, ㅁ
③ ㄴ, ㄷ, ㄹ
④ ㄴ, ㄷ, ㅁ

해설

② 고전주의 학파의 주장은 ㄱ, ㄹ, ㅁ이고, 실증주의 학파의 주장은 ㄴ, ㄷ이다.
고전주의 학파는 계몽주의, 이성주의, 공리주의 사상을 기초로 하여, 인간은 기본적으로 자유의지를 가진 합리적·이성적 존재이며 자신의 자유의지에 따라 저지른 범죄에 대한 책임을 강조하고 그에 상응하는 형벌을 부과하여야 한다는 입장으로, 죄형법정주의, 일반예방적 기능을 강조하였다.
실증주의 학파는 19세기말 자연과학의 발달을 기초로 하여 범죄의 원인을 실증적으로 규명하려고 하였고, 고전학파가 추상적이고 형이상학적인 설명을 하는 점을 비판하고, 실증적이고 체계화된 인과관계 검증 과정을 중시하였다. 또한 고전주의가 범죄, 행위, 결과에 관심을 두고 법·제도적 문제를 해결하고자 하였던 점에 반하여, 실증주의는 행위자에 관심을 두고 범죄인의 치료, 개선을 위한 교정의 필요성을 강조하였다.

정답 ②

PART II 범죄원인론

039 범죄 문제에 대한 고전학파의 특징에 대비되는 실증주의 학파의 특징으로 옳지 않은 것은?

2018. 7급 교정직 공채

① 범죄행위를 연구하는데 있어서 경험적이고 과학적인 접근을 강조한다.
② 범죄행위는 인간이 통제할 수 없는 영향력에 의해서 결정된다고 주장한다.
③ 범죄행위의 사회적 책임보다는 위법행위를 한 개인의 책임을 강조한다.
④ 범죄행위를 유발하는 범죄원인을 제거하는 것이 범죄통제에 효과적이라고 본다.

해설
③ 범죄행위의 사회적 책임보다 위법행위를 한 개인의 책임을 강조하는 것은 고전학파이다. 즉 고전학파는 자유의지에 따른 범죄행위에 대한 책임 및 처벌을 강조한다. 실증주의에서는 개인은 소질이나 환경에 의해서 어쩔 수 없이 범죄를 저지를 수밖에 없는 존재로 보므로, 개인의 책임보다는 사회적 책임을 강조한다.

정답 ③

040 다음에 제시된 〈보기 1〉의 설명과 〈보기 2〉의 학자가 바르게 연결된 것은? 2008. 7급 공채

보기 1

A. 감옥개량의 선구자로 인도적이고 합리적인 감옥개혁을 주장하였다.
B. 계몽시대를 대표하는 형법학자로 '범죄와 형벌'을 집필하여 죄형법정주의를 강조하였다.
C. '최대다수의 최대행복'을 주장한 공리주의의 대표적 사상가이다.
D. 자연법론에 기초하여 법률위반에 대해서 심리강제를 통한 통제를 주장하였다.

보기 2

ㄱ. 베까리아(Beccaria) ㄴ. 하워드(Howard)
ㄷ. 벤담(Bentham) ㄹ. 포이어바흐(Feuerbach)

	A	B	C	D
①	ㄱ	ㄴ	ㄷ	ㄹ
②	ㄴ	ㄱ	ㄷ	ㄹ
③	ㄴ	ㄱ	ㄹ	ㄷ
④	ㄷ	ㄱ	ㄴ	ㄹ

해설

② 'A - ㄴ, B - ㄱ, C - ㄷ, D - ㄹ'이다.
A. 존 하워드(Howard)의 감옥개량운동에 대한 설명이다.
B. 고전주의 학파로서 죄형법정주의를 강조한 베까리아(Beccaria)에 대한 설명이다.
C. 고전주의 학파인 공리주의 사상가 벤담(Bentham)에 대한 설명이다.
D. 포이에르바하(Feuerbach)의 심리강제설에 대한 설명이다.

정답 ②

PART II 범죄원인론

041 베까리아(C. Beccaria)의 형사사법제도 개혁에 대한 주장으로 옳지 않은 것만을 모두 고르면?

2019. 7급 교정직 공채

> ㄱ. 형벌은 성문의 법률에 의해 규정되어야 하고, 법조문은 누구나 알 수 있게 쉬운 말로 작성되어야 한다.
> ㄴ. 범죄는 사회에 대한 침해이며, 침해의 정도와 형벌 간에는 적절한 비례관계가 유지되어야 한다.
> ㄷ. 처벌의 공정성과 확실성이 요구되며, 범죄행위와 처벌 간의 시간적 근접성은 중요하지 않다.
> ㄹ. 형벌의 목적은 범죄예방을 통한 사회안전의 확보가 아니라 범죄자에 대한 엄중한 처벌에 있다.

① ㄱ, ㄴ
② ㄱ, ㄹ
③ ㄴ, ㄷ
④ ㄷ, ㄹ

해설

④ 옳지 않은 것은 ㄷ, ㄹ이다.
ㄱ. (O) 베까리아가 강조한 죄형법정주의의 내용이다.
ㄴ. (O) 베까리아의 죄형균형론의 내용이다.
ㄷ. (X) 베까리아는 <u>범죄를 예방하기 위해서는 처벌의 확실성, 엄중성, 신속성(= 시간적 근접성)이 필요</u>하다고 주장하여, 이 세 가지 모두를 중시하였다.
ㄹ. (X) 베까리아는 <u>범죄를 처벌하는 것보다 예방하는 것이 더욱 바람직</u>하며 처벌은 범죄예방에 도움이 된다고 판단될 때 정당화된다고 하였다. 베까리아의 범죄예방주의의 내용이다.

정답 ④

042 베카리아(Beccaria)의 주장으로 옳지 않은 것은? 2024. 9급 공채

① 형벌의 목적은 범죄를 억제하는 것이다.
② 범죄를 억제하는 효과를 높이기 위해서는 처벌의 신속성뿐만 아니라 처벌의 확실성도 필요하다.
③ 형벌이 그 목적을 달성하기 위해서는 형벌로 인한 고통이 범죄로부터 얻는 이익을 약간 넘어서는 정도가 되어야 한다.
④ 인도주의의 실천을 위하여 사형제도는 폐지되어야 하고 사면제도가 활용되어야 한다.

해설
④ 베카리아(Beccaria)는 범죄의 심각성과 형벌의 강도는 합리적인 연관성이 없으며, 사형은 예방 목적의 필요한 한도를 넘는 불필요한 제도로서 폐지되어야 한다고 주장하였다. 사면에 대해서는 형사제도의 무질서와 법에 대한 존중심의 훼손을 초래하므로 자비라는 얼굴을 한 가면이라고 혹평하고 사면제도의 폐지를 주장하였다.

정답 ④

043 범죄인류학파(이탈리아 실증주의학파)에 대한 설명으로 옳지 않은 것은? 2018. 7급 공채

① 롬브로조(Lombroso)는 자유의지에 따라 이성적으로 행동하는 인간을 전제로 하여 범죄의 원인을 자연과학적 방법으로 분석하였다.
② 페리(Ferri)는 범죄포화의 법칙을 주장하였으며 사회적·경제적·정치적 요소도 범죄의 원인이라고 주장하였다.
③ 가로팔로(Garofalo)는 범죄의 원인으로 심리적 측면을 중시하여 이타적 정서가 미발달한 사람일수록 범죄를 저지르는 경향이 있다고 하였다.
④ 생래적 범죄인에 대한 대책으로 롬브로조(Lombroso)는 사형을 찬성하였지만 페리(Ferri)는 사형을 반대하였다.

해설
① 롬브로조는 범죄학에 실증주의적 방법론을 도입한 범죄인류학의 창시자로서 생래적 범죄인론을 주장하였다. 자유의지에 따라 이성적으로 행동하는 인간을 전제로 하여 범죄를 분석한 것은 실증주의가 나타나기 전인 17~18세기의 고전주의학파이다.

정답 ①

PART II 범죄원인론

044 다음 설명 중 옳지 않은 것은?

2014. 7급 공채

① 롬브로조(Lombroso)는 범죄인류학적 입장에서 범죄인을 분류하였으나, 페리(Ferri)는 롬브로조가 생물학적 범죄원인에 집중한 나머지 범죄인의 사회적 영향을 무시한다고 비판하고 범죄사회학적 요인을 고려하여 범죄인을 분류하였다.
② 가로팔로(Garofalo)는 생물학적 요소에 사회심리학적 요소를 덧붙여 범죄인을 자연범과 법정범으로 구분하고, 과실범은 처벌하지 말 것을 주장하였다.
③ 아샤펜부르크(Aschaffenburg)는 개인적 요인과 환경적 요인을 결합하여 범죄인으로부터 생겨나는 법적 위험성을 기준으로 범죄인을 분류하였다.
④ 리스트(Liszt)는 형벌의 목적을 개선, 위하, 무해화로 나누고 선천적으로 범죄성향이 있으나 개선이 가능한 자에 대해서는 개선을 위한 형벌을 부과해야 한다고 하면서, 이러한 자에 대해서는 단기 자유형이 효과적이라고 주장하였다.

해설

④ 리스트(Liszt)는 행위자 유형을 개선불가능자, 개선가능자, 기회범으로 나누고, 개선불가능자에게는 종신형에 의한 무해화 조치를, 개선가능자에게는 개선을 위한 형벌의 부과를, 기회범에게는 벌금형 정도의 위하 조치를 하여야 한다고 주장하였고, 개선가능자에 대한 개선을 위한 형벌을 부과할 때 단기자유형은 피해야 한다고 하였다. 리스트는 "단기자유형은 형사정책상 무용할 뿐만 아니라 해롭기까지 한 형벌이다."라고 하여 단기자유형의 폐해를 강조한 바 있다.
① 롬브로조(Lombroso)는 범죄인을 생래적 범죄인, 정신병범죄인, 격정(우발)범죄인, 기회범죄인, 관습범죄인, 잠재적 범죄인으로 분류하였으며, 페리(Ferri)는 범죄인을 생래적 범죄인, 정신병범죄인, 격정(우발)범죄인, 기회범죄인, 관습(상습)범죄인으로 분류하였다. 여기서 페리는 범죄사회학적 요인을 고려하여 기회범죄인을 중시하였다.
② 가로팔로(Garofalo)는 범죄인을 자연범과 법정범 및 과실범으로 구별하였으며, 과실범은 처벌하여서는 아니 된다고 주장한 바 있다.
③ 아샤펜부르크(Aschaffenburg)는 범죄인 분류는 심리학적 입장에서 하여야 한다고 보고, 범죄인의 개인적 요인과 환경적 요인을 결합하여 행동양식에 따라 범죄인을 분류하였다. 아샤펜부르크의 범죄인 분류에는 우발범죄인, 격정범죄인, 기회범죄인, 예모범죄인, 누범범죄인, 관습범죄인, 직업범죄인 등이 있다.

정답 ④

02 생물학적 원인론

> **포인트**
> 생물학적 원인론은 실증주의 범죄원인론의 출발점이 된 이론으로, 인간의 신체, 유전 등 생물학적 특성에 따라 범죄의 원인을 규명할 수 있다는 주장을 말한다. 출제비중은 높지 않으며, 주요 주장자 및 주장의 특징 등을 간단히 확인해 둘 필요가 있다.

045 생물학적 범죄원인론에 대한 설명으로 옳지 않은 것은? 2016. 7급 공채

① 랑게(Lange)는 일란성 쌍둥이가 이란성 쌍둥이에 비해 쌍둥이가 함께 범죄를 저지를 가능성이 높다고 하였다.
② 허칭스(Hutchings)와 메드닉(Mednick)의 연구결과에 의하면 입양아는 생부와 양부 둘 중 한 편만 범죄인인 경우가 생부와 양부 모두가 범죄인인 경우보다 범죄인이 될 가능성이 낮다고 하였다.
③ 크레취머(Kretschmer)는 사람의 체형 중 비만형이 범죄확률이 높은데 특히 절도범이 많다고 하였다.
④ 제이콥스(Jacobs)에 의하면 XYY형의 사람은 남성성을 나타내는 염색체 이상으로 신장이 크고 지능이 낮으며 정상인들에 비하여 수용시설에 구금되는 비율이 높다고 하였다.

해설
③ 크레취머(Kretschmer)의 연구에서 범죄인 집단 중에는 투사형과 세장형이 많으며 비만형은 적다고 보았다. 크레취머는 인간의 정신적·심리적 활동 및 그 경향, 특히 성격과 그에 따라 반응하는 행동은 생물학적 조직이나 구조에 따라 설명할 수 있다고 하면서, 인간의 체형을 세장형(細長型), 투사형(鬪士型), 비만형(肥滿型)을 기본형으로 분류하였고, 아형(亞型)으로 발육부전형(發育不全型)이 있다고 하였다. 범죄인 집단 중에는 근육과 골격이 잘 발달한 투사형과 몸이 가늘고 흉곽도 좁으며 수치심이나 부끄러움이 많아 폐쇄적인 성향을 가진 세장형이 많으며, 넓은 얼굴과 짧은 목에 비만형의 체형인 비만형은 범죄율이 상대적으로 적다고 보았다. 리들(Riedl) 등의 연구에 의하면 사기범, 절도범은 세장형이 많고, 폭력성 재산범이나 폭력성 풍속범에는 투사형이 많으며, 비폭력성 풍속범에는 발육부전형이 많다.
① 독일의 심리학자 랑게(J. Lange)는 쌍생아 연구를 범죄생물학에 도입하여 쌍생아 연구를 보다 체계화하고, 1929년 저서「숙명으로서의 범죄」에서 '범죄란 개인이 타고난 유전적 소질에 의해 저질러지는 것'으로 보았으며, 13쌍의 일란성 쌍둥이와 17쌍의 이란성 쌍둥이를 비교·연구하여 쌍둥이 모두 범죄를 저지른 경우, 즉 범죄일치율을 보면 일란성 쌍둥이는 13쌍 중에서 10쌍인데 비하여 이란성 쌍둥이는 17쌍 중에서 2쌍인 것으로 밝혀냈다. 이러한 연구결과는 범죄가 타고난 유전적 소질에 의해서 저질러진다는 것을 보여준다.

② 허칭스와 매드닉(Hutchings & Mednick)은 양자로 입적되었던 4,068명을 대상으로 생부의 범죄기록, 양부의 범죄기록, 본인의 범죄기록을 모두 조사한 결과, 생부가 범죄를 저질렀을 때 양자들도 범죄를 저지른 경우는 20.2%(생부만 범죄자인 경우)와 24.5%(생부와 양부 모두 범죄자인 경우)인 반면, 생부가 범죄를 저지르지 않았을 때는 13.5%(모두 범죄자가 아닌 경우)와 14.7%(양부만 범죄자인 경우)로 나타났다. 생부의 범죄유무에 따라 양자들의 범죄성 여부에 큰 차이 있어, 범죄발생에 있어 유전성의 역할이 존재함을 나타내는 조사였다.
④ 제이콥스(Jacobs)의 연구에 의하면 염색체 이상에서 특히 문제가 되는 것은 XYY형으로, 여기서 Y는 공격성, 가학성, 근육질과 같은 남성적 기질을 나타내는 것으로, 정상의 사람에 비해 Y가 하나 더 있는 사람은 더 공격적이고 가학적인 성향을 나타내며, 이러한 성향이 범죄를 야기한다고 보아 공격적·폭력적이며 지능이 낮고 살인과 성범죄를 상습적으로 저지르고 전과자 중에 많다고 보았다.

정답 ③

046 범죄와 생물학적 특성 연구에 대한 학자들의 주장으로 옳지 않은 것은?

2021. 9급 교정직 공채

① 덕데일(Dugdale)은 범죄는 유전의 결과라는 견해를 밝힌 대표적인 학자이다.
② 랑게(Lange)는 일란성쌍생아가 이란성쌍생아보다 유사한 행동경향을 보인다고 하였다.
③ 달가드(Dalgard)와 크링그렌(Kringlen)은 쌍생아 연구에서 환경적 요인이 고려될 때도 유전적 요인의 중요성은 변함없다고 하였다.
④ 허칭스(Hutchings)와 메드닉(Mednick)은 입양아 연구에서 양부모보다 생부모의 범죄성이 아이의 범죄성에 더 큰 영향을 준다고 하였다.

해설

③ 달가드와 크링렌(Dalgard & Kringlen)은 쌍둥이 연구에서 유전적 요인 이외에 양육 과정의 차이 등 환경적 요인을 고려하여 연구하고, 실제 양육과정에 따라 일정한 범죄일치율이 존재하는 점을 밝혀내고 '범죄발생에 있어서 유전적인 요소의 중요성이란 존재하지 않는 것'으로 보았다. 즉 쌍둥이 연구의 결과가 유전적 영향을 지지하는 것이라고 하더라도 엄밀히 유전적 요인이라고 말하기 어려운 부분이 많으며, 유전적 요인 보다는 환경적 요인이 범죄발생의 중요한 요인이 된다고 보았다.
① 미국의 사회학자 덕데일(R. Dugdale)은 1877년에 아담 듀크(Duke)의 가계(家系)를 연구하였다. 아담 듀크의 두 아들이 불량가계의 두 자매와 결혼하였고 이 부부의 자손이 듀크가를 형성하였으며, 아담 듀크의 7대에 걸친 후손 1,000여명을 조사한 결과 280명의 걸인, 60의 절도범, 7명의 살인범, 140명의 잡범, 40명의 성병 사망자, 50명의 매춘부 등을 확인하였다. 범죄성의 유전을 인정하는 조사로 평가되었다.
② 독일의 심리학자인 랑게(J. Lange)는 쌍생아 연구를 범죄생물학에 도입하여 쌍생아 연구를 보다 체계화하였고, 쌍둥이 모두 범죄를 저지른 경우인 범죄일치율이 이란성 쌍둥이에 비하여 일란성 쌍둥이의 경우가 높다는 점을 밝혀냈다.
④ 허칭스와 매드닉(Hutchings & Mednick)은 입양자를 대상으로 생부의 범죄기록, 양부의 범죄기록, 본인의 범죄기록을 모두 조사한 결과, 양부의 범죄유무보다는 생부의 범죄유무가 양자들의 범죄성 여부에 큰 영향을 주는 점을 밝혀냈다.

정답 ③

047 생물학적 범죄이론에 대한 설명으로 옳지 않은 것은? 2023. 7급 공채

① 입양아 연구는 쌍생아 연구를 보충하여 범죄에 대한 유전의 영향을 조사할 수 있지만, 입양 환경의 유사성을 보장할 수 없기 때문에 연구결과를 일반화하기 어렵다.
② 가계연구는 범죄에 대한 유전과 환경의 영향을 분리할 수 없는 단점을 갖는다.
③ 롬브로조(Lombroso)는 격세유전이라는 생물학적 퇴행성에 근거하여 생래성 범죄인을 설명하였다.
④ 셸던(Sheldon)은 크고 근육질의 체형을 가진 자를 외배엽형(ectomorph)으로 분류하고 비행행위에 더 많이 관여하는 경향이 있다고 주장하였다.

해설

④ 셸던은 뼈와 근육이 발달하여 크고 근육질의 체형을 가진 자를 중배엽형으로 분류하였다. 외배엽형은 피부와 신경체계가 발달하였으며 여위고 섬세하며 작은 몸집으로, 성격은 예민하고 내향적인 기질을 가지고 있는 경우이다. 그 외에 내배엽형은 비만형으로 소화기관이 발달되어 있으며 살이 찌고 전신이 둥글고 부드러운 편으로, 끝이 가늘고 짧은 사지를 가지고 있고 성격은 부드럽고 온화하며 외향적인 기질을 가진 경우이다.

정답 ④

03 심리학적 원인론

포인트

실증주의적 범죄원인론의 하나인 심리학적 원인론은 인간의 심리상태, 성격, 정신병질 등이 범죄에 영향을 끼치게 된다는 이론을 말한다. 출제비중은 높지 않은 편이며, 주요 주장의 특징을 간단히 정리하되, 슈나이더(Schneider)의 정신병질 10분법은 각각의 정신병질의 내용의 핵심을 파악하고 있어야 한다.

048 다음 이론이 설명하는 내용과 가장 관련이 적은 것은?
2010. 7급 교정직 공채

> 범죄는 내적 장애의 표출이다. 범죄자에게는 충동성, 공격성, 도덕성 부족, 낮은 자존감 등과 같은 특성을 발견할 수 있다.

① 심리학적 성격이론, 자기통제이론 등이 이에 해당한다.
② 범죄행위에 대한 개인의 자유의지를 부정하는 편이다.
③ 범죄인 교정을 위해 범인성에 대한 치료적 접근이 필요하다.
④ 범죄 원인 규명을 위해 개개인의 특성보다 범죄자가 처한 사회적 상황에 관심을 갖는다.

해설

①, ②, ③ 지문의 내용은 범죄발생의 성격적 요인에 대한 설명으로 심리학적 범죄원인론 내지 통제력의 결핍으로 인한 범죄의 관점이라고 할 수 있다. 심리학적 성격이론, 자기통제이론 등이 포함되며, 결정론적 시각에서 범죄행위에 대한 개인의 자유의지를 부정하고, 범죄행위에 대한 책임보다는 범인성에 대한 치료적 접근이 필요하다고 보고 있다.
④ 범죄 원인 규명을 위해 개개인의 특성보다 범죄자가 처한 사회적 상황에 관심을 갖는다는 것은 사회학적 범죄원인론을 말하므로 심리학적 범죄원인론이나 통제력의 결핍으로 인한 범죄의 관점과는 거리가 멀다.

정답 ④

049 프로이드(Freud)의 정신분석학적 범죄이론에 대한 설명으로 옳지 않은 것은?

2024. 9급 공채

① 일탈행위의 원인은 유아기의 발달단계와 관련이 있다.
② 인간의 무의식은 에고(ego)와 슈퍼에고(superego)로 구분된다.
③ 이드(id)는 생물학적 충동, 심리적 욕구, 본능적 욕망 등을 요소로 하는 것이다.
④ 슈퍼에고는 도덕적 원칙을 따르고 이드의 충동을 억제한다.

해설

② 프로이드(Freud)의 정신분석학에서 인간의 무의식의 세계는 무의식적 본능 또는 충동의 세계인 이드(id)와 무의식적 통제 또는 양심의 세계인 슈퍼에고(superego)이다. 에고(ego)는 이와 달리 현실인식의 세계이다.
① 프로이드에 의하면 사람의 기본적인 갈등은 성장단계별로 서로 다른 형태로 출현한다. 그가 특히 중요시한 것은 성적 욕망 즉 리비도이며, 그에 대한 유아기의 경험이다. 그는 인간 정신구조의 성장과정을 구순기, 항문기, 남근기(유아성기기), 잠복기, 성기기의 5단계로 나누고, 이 때 유아기의 발달단계에 문제가 있을 때 일탈행위의 원인이 될 수 있다고 보았다.

정답 | ②

PART II 범죄원인론

050 심리학적 범죄이론에 대한 설명으로 옳지 않은 것은?
2023. 7급 공채

① 프로이트(Freud) 이론에 의하면, 성 심리의 단계적 발전 중에 필요한 욕구가 충족되지 못함으로써 야기된 긴장이 사회적으로 수용되지 못할 때 범죄행위를 유발하는 것으로 설명할 수 있다.
② 아이젠크(Eysenck)는 저지능이 저조한 학업성취를 가져오고, 학업에서의 실패와 무능은 비행 및 범죄와 높은 관련성을 갖는다고 하였다.
③ 고다드(Goddard)는 적어도 비행청소년의 50 %가 정신적 결함을 갖고 있다고 하였다.
④ 콜버그(Kohlberg)의 도덕발달이론에 의하면, 인간의 도덕발달과정은 전관습적(pre-conventional), 관습적(conventional), 후관습적(post-conventional)이라는 3개의 수준으로 구분되고, 각 수준은 2개의 단계로 나뉜다.

해설

② 낮은 지능이 저조한 학업성취를 가져오고, 학업에서의 실패와 무능은 비행 및 범죄와 높은 관련성을 갖는다고 본 사람은 허쉬(Travis Hirschi)와 힌델랑(Michael Hindelang)이다. 즉 허쉬와 힌델랑은 낮은 지능지수는 공식적인 비행 예측에 있어서 사회계급이나 인종만큼이나 중요한 변수로 작용한다고 보고, 비행은 인종과 사회계층 내에서 일관되게 낮은 지능지수와 일정한 관계를 보인다고 하였다. 아이젠크(Eysenck)는 성격이론에서 범죄행동과 성격특성 간의 관련성을 외향성(extraversion), 신경증(neuroticism), 정신병적 경향성(psychoticism)으로 나누어 설명하고 범죄자들에게는 정신병적 경향성과 외향성이 두드러지게 나타난다고 한 사람이다.
④ 콜버그(Kohlberg)는 도덕발달이론에서, 관습이전단계(preconventional)를 1단계(처벌을 피하기 위해 규칙에 따르는 단계), 2단계(보상 또는 강화를 받기 위해 규칙에 따르는 단계)로 나누고, 관습단계(conventional)를 3단계(주위의 기대에 부합하기 위해 규칙에 따르는 단계), 4단계(자신의 의무를 다하고 규칙을 준수하는 것이 옳다고 판단하고 규칙에 따르는 단계)로 나누며, 관습이후단계(postconventional)를 5단계(개개인의 권리를 존중하고 상대성을 이해하는 단계), 6단계(자신이 선택한 도덕원리에 따라 행하는 행동이 옳은 행동이라고 판단하는 단계)로 나누었다. 그리고 대부분의 일반청소년들은 3~4단계에 속하는 반면, 대부분의 비행청소년들은 1~2단계에 속한다고 보고 있으며, 더 높은 도덕적 판단수준이 내재화되도록 성장한 청소년은 비행행위를 저지르지 않게 된다고 주장하였다.

정답 ②

051

다음은 슈나이더(Schneider)가 분류한 정신병질의 특징과 범죄의 관련성에 대해 설명한 것이다. 괄호 안에 들어갈 말이 바르게 짝지어진 것은?

2013. 7급 공채

- (㉠) 정신병질자는 인간이 보편적으로 갖는 고등감정이 결핍되어 있으며, 냉혹하고 잔인한 범죄를 저지르는 경우가 많다.
- (㉡) 정신병질자는 환경의 영향을 많이 받으며, 누범의 위험이 높다.
- (㉢) 정신병질자는 심신의 부조화 상태를 늘 호소하면서 타인의 동정을 바라는 성격을 가지며, 일반적으로 범죄와는 관계가 적다.
- (㉣) 정신병질자는 낙천적이고 경솔한 성격을 가지고 있으며, 상습사기범이 되기 쉽다.

	㉠	㉡	㉢	㉣
①	광신성	의지박약성	우울성	발양성
②	무정성	의지박약성	무력성	발양성
③	광신성	자신결핍성	우울성	기분이변성
④	무정성	자신결핍성	무력성	기분이변성

해설

② '㉠ – 무정성, ㉡ – 의지박약성, ㉢ – 무력성, ㉣ – 발양성'이다. 슈나이더(Schneider)는 정신병리적 결함과 범죄와의 상관관계를 발양성(과도한 낙관, 경솔 – 상습누범, 상습사기), 우울성(염세, 회의 – 자살, 범죄관련성 적음), 의지박약성(환경에 대한 저항력 상실, 낮은 지능 – 상습누범, 성매매, 중독자), 무정성(감정결여, 냉혹 – 사이코패스, 흉악범), 폭발성(자극에 민감, 병적 흥분 – 충동범죄, 살상, 폭행), 기분이변성(기분에 따른 동요 – 방화, 도벽, 과음, 격정범), 과장성(자기중심적, 기망적 허언 남발 – 화이트칼라 고등사기범), 자신결핍성(능력부족, 강박관념, 도덕성 – 범죄가능성이 적음), 광신성(개인적 이념에 열중, 정의감에 따른 소송 – 종교적 광신자, 확신범), 무력성(심신의 부조화 호소 – 범죄관련성 적음) 등 10가지로 분류하였다.

정답 ②

PART II 범죄원인론

052 슈나이더(K. Schneider)의 정신병질자의 유형에 관한 설명 중 옳지 않은 것은?

2007. 7급 공채

① 발양성 정신병질자는 분별력 없이 떠벌리는 성격의 소유자로서 흉악범이 되는 경우는 적고 가벼운 절도, 상습사기, 모욕죄 등의 상습범과 누범이 되는 경우는 많다.
② 무정성 정신병질자는 자신의 정신과 행동을 아무 생각 없이 끌고 가는 심신부조화의 유형으로서 비교적 범죄와 관련이 적은 유형으로 알려져 있다.
③ 자신결핍성 정신병질자는 내적 열등감과 불확실성을 특징으로 하는 유형으로서 내적 갈등으로 인하여 살인, 방화, 상해 등의 범죄를 저지르는 경우도 있으나 그 가능성은 낮다.
④ 자기현시성(과장성) 정신병질자는 자신을 과대평가하면서 자기를 의미 있는 인물로 받아들이게 하기 위하여 반사회적 행위를 하는 경우가 있는 유형으로서 주로 사기성 범죄자가 이에 속한다.

해설

② 자신의 정신과 행동을 아무 생각 없이 끌고 가는 심신부조화의 유형은 <u>무력성(無力性)</u>을 말한다. 이 유형은 늘 타인에게 심신의 부조화 상태를 호소하여 타인의 관심과 동정을 바라는 성격자이고, 범죄와의 관련성은 적은 편이다. 무정성(無情性)은 인간이 고유하게 갖는 고등감정인 타인에 대한 동정심이나 연민의 정이 박약하고 수치심이나 양심의 가책, 명예심, 공동체 의식 등이 결핍되어 방자하게 행동하는 유형을 말한다. 사이코패스, 흉악범, 조직범죄과 관련된 상습범 등에 많다.

정답 ②

053 사이코패스에 대한 설명으로 옳지 않은 것은?

2023. 7급 공채

① 감정, 정서적 측면에서 타인에 대한 공감능력이 부족하며 죄의식이나 후회의 감정이 결여되어 있다.
② 헤어(Hare)의 사이코패스 체크리스트 수정본(PCL-R)은 0 ~ 2점의 3점 척도로 평가되는 총 25개 문항으로 구성된다.
③ 모든 사이코패스가 형사사법제도 안에서 범죄행위가 드러나는 형태로 걸러지는 것은 아니다.
④ 공감, 양심, 대인관계의 능력 등에 대한 전통적 치료프로그램의 효과를 거의 기대하기 어렵다.

해설

② 사이코패스 진단방법인 PCL-R은 심리학자 로버트 헤어(Robert D. Hare)가 PCL을 수정하여 개발한 것으로, 20개 항목에 40점을 최고점으로 하여 최고점에 근접할수록 사이코패스적 성향이 높다고 판단한다. 한국에서 연쇄살인을 저질러 사회적 공분을 일으킨 유영철은 이 진단법에 따라 측정한 결과 34점을 기록하여 전형적 사이코패스로 판정받았는데, 일반인의 경우에는 15 ~ 16점을 기록한다고 한다. 오늘날 PCL-R은 연구와 임상 부문에서 가장 빈번하게 사용되는 사이코패스 진단방법이다.

정답 ②

04 사회학적 원인론

포인트

범죄원인을 개인적 차원보다는 사회적 원인에서 찾고자 하는 이론으로, 범죄원인론 중 가장 출제비중이 높은 분야이다. 다양한 학자의 주장이 존재하므로 각 학자별 주장내용과 그 주장 내용별 특징을 정확히 구분하여 정리해 두어야 한다.

054 학자와 그 주장이 바르게 연결되지 않은 것은? 2008. 7급 공채

① 페리(E. Ferri) - 일정한 조건의 사회에서는 그에 상응하는 일정한 양의 범죄가 발생하는 것이 원칙이며, 그 수가 절대적으로 늘어나거나 줄어들 수 없다.
② 따르데(G. Tarde) - 사회환경은 범죄의 배양기이고 범죄자는 그 미생물에 해당하므로, 처벌해야 하는 것은 범죄자가 아니라 사회이다.
③ 뒤르껭(E. Durkheim) - 자살은 인간의 왜곡된 이성이 낳은 결과가 아니라 사회의 문화구조적 모순에서 비롯된 것이다.
④ 리스트(F. von Liszt) - 부정기형의 채택, 단기자유형의 폐지, 집행유예·벌금형·누진제도의 합리화, 소년범죄에 대한 특별처우 등을 요구하였다.

해설

② "사회환경은 범죄의 배양기이고 범죄자는 그 미생물에 해당하므로, 처벌해야 하는 것은 범죄자가 아니라 사회이다."라고 한 사람은 라까사뉴(Lacassagne)이다. 따르드(Tarde)는 "범죄인을 제외한 모든 사회에 책임이 있다."고 하여 극단적 환경결정론을 주장하였으며, 범죄의 학습이론인 모방의 법칙을 주장하였다.
① 페리의 '범죄포화의 법칙'에 대한 설명이다.
③ 뒤르껭의 자살론의 내용이다.
④ 리스트의 주장내용이다.

정답 ②

055 다음 학자와 그의 주장이 바르게 연결된 것은? 2013. 9급 교정직 공채

① 리스트(Liszt) – 죄는 범죄인을 제외한 모든 사람에게 있다.
② 케틀레(Quetelet) – 사회 환경은 범죄의 배양기이며, 범죄자는 미생물에 해당할 뿐이므로 벌해야할 것은 범죄자가 아니라 사회이다.
③ 타르드(Tarde) – 모든 사회현상이 모방이듯이 범죄행위도 모방으로 이루어진다.
④ 라카사뉴(Lacassagne) – 사회는 범죄를 예비하고, 범죄자는 그것을 실천하는 도구에 불과하다.

해설
③ 타르드(Tarde)의 모방의 법칙에 대한 설명이다.
① "죄는 범죄인을 제외한 모든 사람에게 있다."고 주장한 사람은 철저한 사회적 원인론을 주장한 타르드(Tarde)이다.
② "사회 환경은 범죄의 배양기이며, 범죄자는 미생물에 해당할 뿐이므로 벌해야할 것은 범죄자가 아니라 사회이다." 라고 한 사람은 라까사뉴(Lacassagne)이다.
④ "사회는 범죄를 예비하고, 범죄자는 그것을 실천하는 도구에 불과하다."라고 한 사람은 케틀레(Quetelet)이다.

정답 ③

056 범죄학자들과 그 주장 내용을 연결한 것으로 옳지 않은 것은? 2018. 5급 교정직 승진

① 코헨(A. Cohen) – 빈곤 계층 청소년들은 중산층의 가치나 규범을 중심으로 형성된 사회의 중심문화와 자신들이 익숙한 생활 사이에서 긴장이나 갈등을 겪게 되고, 이러한 긴장관계를 해소하려는 시도에서 비행적 대체문화가 형성된다.
② 리스트(F. Liszt) – 범죄는 범죄자의 타고난 특성과 범행 당시 그를 둘러싼 사회적 환경의 산물이다.
③ 라까사뉴(A. Lacassagne) – 사회환경은 범죄의 배양기이며, 범죄자는 미생물에 불과하므로 범죄자가 아닌 사회를 벌해야 한다.
④ 뒤르껭(E. Durkheim) – 범죄는 범죄자의 비인간성이나 성격적 불안정성에서 기인한다.
⑤ 탠넨바움(F. Tannenbaum) – 사회에서 범죄자로 규정되는 과정이 일탈강화의 악순환으로 작용하며, 이를 '악의 극화'라고 한다.

해설
④ 뒤르껭(E. Durkheim)은 범죄를 범죄자의 비인간성이나 성격적 불안정성 등 개인의 심리현상이 아니라 사회구조적인 현상으로 파악하였다. 그는 아노미 이론에서 사회적 통합력의 저하 또는 도덕적 권위의 훼손을 범죄발생의 원인으로 보았으며, 범죄란 모든 사회에서 나타나는 현상으로 병리적인 것이 아니고 사회의 구조적 모순에서 자연적으로 발생하는 정상적이고 불가피한 현상이라는 '범죄정상설'을 주장하였다.

정답 ④

PART II 범죄원인론

057 다음 설명에 해당하는 학자는?

2020. 9급 교정직 공채

- 범죄는 정상(normal)이라고 주장함
- 규범이 붕괴되어 사회 통제 또는 조절 기능이 상실된 상태를 아노미로 규정함
- 머튼(R. Merton)이 주창한 아노미 이론의 토대가 됨

① 뒤르켐(E. Durkheim)
② 베까리아(C. Beccaria)
③ 케틀레(A. Quetelet)
④ 서덜랜드(E. Sutherland)

해설

① 뒤르켐(E. Durkheim)은 집단적 비승인이 존재하는 한 범죄는 모든 사회에 어쩔 수 없이 나타나는 현상으로 병리적이기보다는 정상적인 현상이라고 하며 범죄정상설을 주장하였고, 범죄발생의 원인으로 아노미(anomie)를 설명하면서 사회적 통합력의 저하 또는 도덕적 권위의 훼손을 아노미로 규정하였다. 뒤르켐의 아노미이론은 개인의 욕망에 대한 사회의 규제가 수반되지 않는 상황을 의미함에 대하여, 머튼은 아노미를 사회의 문화적 목표와 이를 달성할 수 있는 수단 간의 불일치로 파악함으로써 뒤르켐의 이론을 보다 발전시켰다.

정답 ①

058 학습이론에 대한 설명으로 옳지 않은 것은?

2021. 7급 공채

① 타르드(Tarde)는 인간은 다른 사람들과 접촉하면서 관념을 학습하며, 행위는 자신이 학습한 관념으로부터 유래한다고 주장하였다.
② 서덜랜드(Sutherland)의 차별적 접촉이론(differential association theory)은 범죄자도 정상인과 다름없는 성격과 사고방식을 갖는다고 보는 데에서 출발한다.
③ 그레이저(Glaser)의 차별적 동일시이론(differential identification theory)은 자신과 동일시하려는 대상이나 자신의 행동을 평가하는 준거집단의 성격보다는 직접적인 대면접촉이 범죄학습 과정에서 더욱 중요하게 작용한다고 본다.
④ 조작적 조건화의 논리를 반영한 사회적 학습이론은 사회적 상호작용과 더불어 물리적 만족감(굶주림, 갈망, 성적욕구 등의 해소)과 같은 비사회적 사항에 의해서도 범죄행위가 학습될 수 있다고 본다.

해설

③ 글래저(Glaser)의 차별적 동일시이론(differential identification theory)에 의하면 사람은 누구나 자신을 누군가와 동일시하려는 경향이 있고 자신의 범죄행위를 수용할 수 있다고 생각되는 실재의 인간이나 관념상의 인간에게 자신을 동일화시키는 과정을 통해 자기 자신을 합리화하고 용납하면서 범죄를 저지른다고 본다. 따라서 가족이나 친구 등과 같은 직접적인 대면접촉보다는 자신과 동일시하려는 매스미디어 등 간접적 접촉대상이나 자신의 행동을 평가하는 준거집단의 성격이 범죄학습 과정에서 더욱 중요하게 작용한다고 본다.
④ 에이커스의 사회학습이론에 대한 설명이다.

정답 ③

PART II 범죄원인론

059 학습이론(learning theory)에 대한 설명으로 옳은 것은? 2014. 7급 공채

① 버제스(Burgess)와 에이커스(Akers)에 따르면 범죄행위를 학습하는 과정은 과거에 이러한 행위를 하였을 때에 주위로부터 칭찬, 인정, 더 나은 대우를 받는 등의 보상이 있었기 때문이다.
② 타르드(Tarde)의 모방의 법칙에 따르면 학습의 방향은 대개 우월한 사람이 열등한 사람을 모방하는 방향으로 진행된다.
③ 서덜랜드(Sutherland)에 따르면 범죄자와 비범죄자의 차이는 접촉유형의 차이가 아니라 학습과정의 차이에서 발생한다.
④ 글레이저(Glaser)에 따르면 범죄를 학습하는 과정에 있어서는 누구와 자신을 동일시하는지 또는 자기의 행동을 평가하는 준거집단의 성격이 어떠한지 보다는 직접적인 대면접촉이 더욱 중요하게 작용한다.

해설

① 버제스(Burgess)와 에이커스(Akers)는 차별적 강화이론에서 범죄행위의 결과로 보상을 얻게 되고 처벌이 회피되면 그 행위는 강화되며, 반대로 보상이 상실되고 처벌이 강화되면 그 행위는 약화된다고 보았다. 즉 범죄행위를 학습하는 과정은 과거의 범죄행위에 대하여 주위 사람들의 칭찬 또는 주위사람들로부터 인정을 받는 등의 보상이 있었기 때문이라고 하였다.
② 타르드(Tarde)의 모방의 법칙에 따르면 학습의 방향은 열등한 사람이 우월한 사람을 모방하는 방향으로 진행된다. 계층 간의 모방은 주로 하류계층이 상류계층을 모방하는 형태가 일반적이다.
③ 서덜랜드(Sutherland)는 차별적 접촉이론에서 사회조직은 범죄집단·중립집단·준법집단 등 서로 다른 특성을 가진 이질적 이익과 이질적 목표를 가진 잡다한 조직으로 분화되어 있으며, 그 가운데 어느 집단과 친밀감을 가지고 차별적 접촉을 갖느냐에 따라 특정집단의 행동양식을 배우고 익혀나간다고 보았다. 즉 범죄자는 타인과의 접촉과정에서 범죄행위를 배우게 된다고 보았으며, 최우선적인 접촉대상은 부모, 가족, 친구 등이라고 한 바 있다. 따라서 서덜랜드(Sutherland)에 따르면 범죄자와 비범죄자의 차이는 학습과정의 차이가 아니라 접촉유형의 차이에서 발생하게 된다.
④ 서덜랜드(Sutherland)는 직접적인 대면접촉에 의한 학습을 주장하였으나, 글래저(Glaser)는 대중매체로부터 보고 듣던 사람과의 동일화를 통해서 또는 범죄반대세력에 대한 부정적 반응으로서 이루어질 수도 있다는 점을 강조한 바 있다. 즉 글래저는 범죄적 행동양식과 직접 접촉하지 않더라도 TV나 영화 속에 등장하는 주인공과 자신의 이상형을 일치시키는 관념적 동일화를 거쳐 범죄를 학습할 수 있게 된다고 하였다.

정답 ①

060 서덜랜드(Sutherland)의 차별적 접촉이론과 거리가 먼 것은?
2008. 7급 공채

① 범죄행위를 학습할 때에 학습되는 내용은 범죄기술, 범죄행위에 유리한 범행동기, 충동, 합리화 방법, 태도 등이다.
② 범죄인과 비범죄인의 차이를 학습과정의 차이가 아니라 접촉유형의 차이로 보았다.
③ 범죄를 학습하는 과정에서 주로 대면접촉보다는 자신의 행동을 평가하는 준거집단의 성격이 더욱 중요하게 작용한다.
④ 인간의 범죄행위는 타인과 상호접촉을 통해 학습되는 것이고 법률위반을 긍정적으로 정의하는 정도가 부정적으로 정의하는 정도보다 커서 일탈이 일어난다.

해설

③ 서덜랜드는 차별적 접촉이론에서 범죄를 학습하는 과정에서 자신의 행동을 평가하는 준거집단의 성격보다는 대면접촉이 중요하게 작용한다고 보았다. 즉 이 이론에서 범죄는 부모, 가족, 친구 등 친밀한 집단들과의 직접적 대면접촉에 의해서 학습되며, TV·라디오·영화·신문·잡지 등과 같은 비인격적 대중매체에 의한 학습은 관련이 없다고 보았다.

정답 ③

061 서덜랜드(Sutherland)의 차별적 접촉이론에 대한 설명으로 옳지 않은 것은?
2022. 7급 공채

① 차별접촉은 빈도, 기간, 우선순위, 그리고 강도(强度) 등에 의하여 차이가 발생한다고 주장한다.
② 범죄학습이 신문·영화 등 비대면적인 접촉수단으로부터도 큰 영향을 받는다는 점을 간과하고 있다.
③ 범죄원인으로는 접촉의 경험이 가장 큰 역할을 한다고 보아, 나쁜 친구들을 사귀면 범죄를 저지를 것이라는 단순한 등식을 제시했다.
④ 범죄인과 가장 접촉이 많은 경찰·법관·형집행관들이 범죄인이 될 확률이 높지 않다는 비판이 있다.

해설

③ 차별적 접촉이론은 단순히 나쁜 친구들과 사귀면 범죄를 저지르게 된다는 것이 아니라, 불법적인 생각과 접촉한 정도와 준법적인 생각과 접촉한 정도의 차이가 범죄유발의 중요한 요인이라고 보았으며, 차별적 접촉은 접촉의 빈도·기간·시기·강도에 따라 다르다고 하였다. 즉, 접촉의 빈도가 많고 접촉의 기간이 길수록 학습의 영향은 더 커지며, 접촉의 시기가 빠르고 접촉의 강도가 클수록 더 강하게 학습된다고 보았다.

정답 ③

PART II 범죄원인론

062 차별적 접촉이론, 차별적 동일시이론 및 차별적 강화이론에 대한 설명으로 옳지 않은 것은?

2018. 7급 공채

① 서덜랜드(Sutherland)의 차별적 접촉이론은 범죄자의 학습과정과 비범죄자의 학습과정에 차이가 있다는 데에서 출발한다.
② 서덜랜드(Sutherland)의 차별적 접촉이론에 따르면 범죄행위는 타인과의 의사소통을 통한 상호작용으로 학습된다.
③ 글래저(Glaser)의 차별적 동일시이론에 따르면 범죄자와의 직접적인 접촉이 없이도 범죄행위의 학습이 가능하다.
④ 버제스(Burgess)와 에이커스(Akers)의 차별적 강화이론도 차별적 접촉이론과 마찬가지로 범죄행위의 학습에 기초하고 있다.

해설

①, ② 서덜랜드의 차별적 접촉이론은 심리학적 원인론과 달리 범죄자도 정상인과 다름없는 성격과 사고방식을 갖고 있으므로 범죄인의 행위도 일반인의 행위와 동일한 기초 위에서 설명되어야 하고 범죄자와 비범죄자의 학습과정에 차이가 없으며, 범죄행위를 사회적 상호작용을 통해서 학습되는 정상적인 것으로 보았다.
③ 서덜랜드의 차별적 접촉이론은 접촉의 대상을 부모, 가족, 친구 등 친밀한 집단에 한정함으로써 TV, 라디오, 신문, 영화 등 매스미디어에 의하여 범죄의 학습이 이루어질 수 있음을 경시한 반면, 글래저의 차별적 동일시이론에서는 사람은 누구나 자신을 누군가와 동일시하려는 경향이 있고 자신의 범죄행위를 수용할 수 있다고 생각되는 실재의 인간이나 관념상의 인간에게 자신을 동일화시키는 과정을 통해 자기 자신을 합리화하고 용납하면서 범죄를 저지른다고 보아, 범죄자와의 직접적인 접촉이 없는 TV, 영화 등 매스미디어에 의한 범죄의 학습이 가능하다고 보았다.
④ 버제스와 에이커스의 차별적 강화이론은 서덜랜드의 차별적 접촉이론과 마찬가지로 범죄행위의 학습에 기초하여 설명하되, 차별적 접촉이론을 보완하여 차별적 접촉 이후 '차별적 강화'를 통하여 범죄행위에 이르게 된다고 보았다. 즉 범죄행위를 학습하는 과정은 과거에 이러한 행위를 하였을 때에 주위로부터 칭찬, 인정, 더 나은 대우를 받는 등의 보상이 있었기 때문이라고 하고, 범죄행위의 결과로서 보상이 취득되고 처벌이 회피될 때 그 행위는 강화되는 반면, 보상이 상실되고 처벌이 강화되면 그 행위는 약화된다고 보았다.

정답 ①

063 서덜랜드(Sutherland)의 차별접촉이론을 보완하는 주장들에 대한 설명으로 옳은 것으로만 묶인 것은?

2013. 7급 공채

> ㄱ. 범위반에 우호적인 대상과 반드시 대면적 접촉을 필요로 하는 것은 아니므로 영화나 소설 등을 통한 간접적인 접촉을 통해서도 범죄행동을 모방할 수 있다.
> ㄴ. 사람들이 사회와 맺는 사회유대의 정도에 따라 범죄행동이 달라질 수 있다.
> ㄷ. 하층이나 소수민, 청소년, 여성처럼 사회적 약자에게 법은 불리하게 적용될 수 있다.
> ㄹ. 비행은 주위 사람들로부터 학습되지만 학습원리, 즉 강화의 원리에 의해 학습된다.
> ㅁ. 비합법적인 수단에 대한 접근가능성에 따라서 비행 하위문화의 성격 및 비행의 종류도 달라진다.

① ㄱ, ㄴ
② ㄱ, ㄹ
③ ㄴ, ㄷ
④ ㄴ, ㅁ

해설

② 옳은 것은 'ㄱ, ㄹ, ㅁ'이다.
ㄱ. (O) : 차별적 접촉의 방법으로 직접적인 접촉에 한정되지 않고 대중매체를 통한 간접적 접촉으로도 범죄학습이 이루어짐을 설명하고 있는 글래저의 차별적 동일시이론이다.
ㄹ. (O) : 범죄행위의 결과로서 보상이 취득되고 처벌이 회피될 때 그 행위는 강화되는 반면, 보상이 상실되고 처벌이 강화되면 그 행위는 약화된다는 버제스와 에이커스의 차별적 강화이론이다.
ㅁ. (O) : 클라워드와 올린의 차별적 기회구조이론으로 기회구조의 개념을 통하여 학습 환경에의 접근가능성의 문제를 다루고 있어 차별적 접촉이론을 확대, 발전시킨 이론이다.
그 외에 차별적 접촉이론을 보완하는 이론으로 퀴니의 기호이론(학습된 행위양식의 비율이나 접촉의 강도, 우선순위 등 측정과 검증의 곤란에 대하여 보완한 이론), 레클리스의 자아관념이론(자아관념을 통하여 차별적 접촉이 반드시 범죄의 학습으로 이어지지 않는다는 점을 설명한 이론), 맛차와 사이크스의 중화이론(범죄인이 되는 과정의 차이를 범죄의 학습이 아닌 중화의 학습으로 설명한 이론) 등이 있다.
ㄴ. (X) : 허쉬의 사회유대이론으로 차별적 접촉이론과는 관계가 없다.
ㄷ. (X) : 밀러의 하위문화이론과 관련 있는 내용으로 차별적 접촉이론과는 직접적인 관계가 없다.

정답 ②

064 에이커스(R. Akers)의 사회학습이론이 개인의 범죄행동을 설명하기 위하여 제시한 네 가지 개념이 아닌 것은?

2016. 5급 교정직 승진

① 차별접촉(differential association)
② 정의(definition)
③ 차별강화(differential reinforcement)
④ 모방(imitation)
⑤ 동일시(identification)

해설

⑤ 에이커스(R. Akers)의 사회학습이론은 차별적 강화이론을 발전시켜 차별적 접촉(differential association), 정의(definitions), 차별적 강화(differential reinforcement), 모방(imitation) 등 네 가지의 개념을 중심으로 개인의 범죄행동을 설명한 이론이다. "동일시(identification)"는 글래저(Glaser)의 차별적 동일시이론과 관련된 내용이다.

정답 ⑤

065 행태이론(behavior theory)에 대한 설명으로 옳지 않은 것은? 2023. 7급 공채

① 버제스(Burgess)와 에이커스(Akers)의 차별적 강화이론에 의하면, 범죄행동은 고전적 조건형성의 원리에 따라 학습된다.
② 범죄행위는 어떤 행위에 대한 보상 혹은 처벌의 경험에 따라 학습된 것이다.
③ 행태이론은 범죄의 원인을 설명하면서 개인의 인지능력을 과소평가한다.
④ 반두라(Bandura)는 직접적인 자극이나 상호작용이 없어도 미디어 등을 통해 간접적으로 범죄학습이 이루어질 수 있다는 이론적 근거를 제시하였다.

해설

①, ② 버제스(Burgess)와 에이커스(Akers)의 차별적 강화이론에 의하면, 범죄행동은 조작적 조건형성의 원리에 따라 학습된다. 조작적 조건형성의 원리란 행동이 먼저 수반되고, 그로 인한 자극(강화물)은 뒤에 따르게 되는 것을 말한다. 즉 여기서 행동 후에 수반하는 자극(강화물)은 어떤 행위에 대한 보상 혹은 처벌을 의미한다. 이에 반하여 고전적 조건형성은 행동을 유발시키는 자극을 제시하고 그 자극에 반응하는 행동을 관찰하는 것을 말한다. '파블로프의 개' 실험과 같은 원리이다.
③ 행태이론은 '조작적 조건형성'을 통하여 범죄의 원인을 설명하면서 관찰할 수 있는 행동만 강조하고 개인의 인지과정을 무시했다는 점, 인간의 자유의지를 무시하고 인간을 외부 통제자에 의해 조종되는 로봇으로 격하시켰다는 점에서 비판을 받는다.
④ 반두라(Bandura)는 사회적 학습 이론(social learning theory)에서 다수의 사람들 사이에서 관찰을 통해 학습이 이루어지는 과정을 강조하였다. 사람들은 동료, 부모, 미디어의 등장인물을 보면서 특정작업을 수행하고 특정행동을 채택하고 새로운 지식을 습득하는 방법을 학습하게 되는 점에서, 직접적인 자극이나 상호작용 없이 미디어 등을 통한 간접적인 범죄학습이 가능하다는 점을 제시하였다.

정답 | ①

PART Ⅱ 범죄원인론

066 애그뉴(R. Agnew)의 일반긴장이론(General Strain Theory)에 대한 설명으로 옳은 것만을 모두 고른 것은?

2017. 9급 교정직 공채

ㄱ. 머튼(R. Merton)의 아노미이론(Anomie Theory)에 그 이론적 뿌리를 두고 있다.
ㄴ. 거시적 수준의 범죄이론으로 분류된다.
ㄷ. 범죄발생의 원인으로 목표달성의 실패, 기대와 성취 사이의 괴리, 긍정적 자극의 소멸, 부정적 자극의 발생을 제시했다.
ㄹ. 긴장을 경험하는 모든 사람이 범죄를 저지른다거나 범죄에 의존하게 되는 것은 아니다.

① ㄱ, ㄹ
② ㄱ, ㄴ, ㄷ
③ ㄱ, ㄷ, ㄹ
④ ㄱ, ㄴ, ㄷ, ㄹ

해설

③ 옳은 것은 ㄱ, ㄷ, ㄹ이다.
ㄱ. (O) 애그뉴(R. Agnew)는 심리학적 요소인 긴장 또는 스트레스의 요소를 도입하여 머튼이 제시한 욕구와 욕구실현의 괴리 사이에서 발생하는 긴장 또는 스트레스가 범죄의 원인이 된다고 주장하였다. 따라서 애그뉴의 이론은 머튼(R. Merton)의 아노미이론(Anomie Theory)에 그 이론적 뿌리를 두고 있다고 할 수 있다.
ㄴ. (×) 애그뉴의 일반긴장이론(General Strain Theory)은 긴장이나 스트레스에 많이 노출된 사람들이 그 대처방법으로 범죄를 저지르게 된다는 것으로, 개인이 처한 사회환경의 차이와 개인이 겪는 사회화 과정의 영향에 중점을 두어 설명하는 방식이다. 애그뉴는 거시이론인 머튼의 아노미 이론을 미시적인 관점에서 비판하고 '긴장이론'을 대폭수정하고 확대하여 일반이론을 주장하였다.
ㄷ. (O) 애그뉴는 1992년 머튼의 아노미이론을 수정·보완하여 그 비행의 원인으로 목표달성의 실패, 기대와 성취 사이의 괴리, 긍정적 자극의 소멸, 부정적 자극의 발생을 제시하였다.
ㄹ. (O) 애그뉴의 일반긴장이론은 긴장을 겪는 횟수와 정도에 따라 비행을 저지르는 경향이 많다는 것일 뿐, 긴장을 경험하는 모든 사람이 범죄를 저지른다는 것은 아니다.

정답 ③

067 통제이론에 대한 설명으로 옳은 것은? 2020. 7급 공채

① 나이(Nye)는 범죄통제방법 중 비공식적인 직접통제가 가장 효율적인 방법이라고 주장하였다.
② 레크리스(Reckless)는 외부적 통제요소와 내부적 통제요소 중 어느 한 가지만 제대로 작동되어도 범죄는 방지될 수 있다고 보았다.
③ 맛차(Matza)와 사이크스(Sykes)가 주장한 중화기술 중 '가해의 부정'은 자신의 행위로 피해를 입은 사람은 그러한 피해를 입어도 마땅하다고 합리화하는 기술이다.
④ 통제이론은 "개인이 왜 범죄로 나아가지 않게 되는가?"의 측면이 아니라 "개인이 왜 범죄를 하게 되는가?"의 측면에 초점을 맞춘다.

해설

② 레크리스(Reckless)는 범죄는 범죄유발요인과 범죄차단요인 중 어느 것이 강하게 작용하였느냐에 따라 좌우된다고 보며, 외부적 통제요소와 내부적 통제요소는 모두 범죄 차단요인으로서 이 중 어느 한 가지만 제대로 작동하더라도 범죄유발요인보다 강하게 작용한다면 범죄는 방지될 수 있다고 본다.
① 나이(Nye)는 범죄통제방법 중 비공식적 간접통제가 가장 효율적인 방법이라고 주장하였다.
③ 맛차(Matza)와 사이크스(Sykes)가 주장한 중화기술 중 '가해의 부정'은 친구의 물건을 훔치고도 빌렸다고 하는 것과 같이 스스로 한 가해행위 자체를 부정하는 것을 말한다. 자신의 행위로 피해를 입은 사람은 그러한 피해를 입어도 마땅하다고 합리화하는 기술은 '피해자의 부정'이다.
④ 통제이론은 "개인이 왜 범죄를 저지르는가?"에 초점을 맞추어 원인을 분석했던 기존의 이론과 달리, "개인이 왜 범죄로 나아가지 않게 되는가?"의 측면에 초점을 맞추어 설명한다.

정답 ②

PART II 범죄원인론

068 통제이론에 대한 설명으로 옳지 않은 것은?   2020. 7급 교정직 공채

① 라이스(A. Reiss) - 소년비행의 원인을 낮은 자기통제력에서 찾았다.
② 레크리스(W. Reckless) - 청소년이 범죄환경의 압력을 극복한 것은 강한 자아상 때문이다.
③ 허쉬(T. Hirschi) - 범죄행위의 시작이 사회와의 유대약화에 있다고 보았다.
④ 에그뉴(R. Agnew) - 범죄는 사회적으로 용인된 기술을 학습하여 얻은 자기합리화의 결과이다.

해설

④ 범죄는 사회적으로 용인된 기술을 학습하여 얻은 자기합리화의 결과라는 주장은 맛차와 사이크스(Matza & Sykes)가 강조한 '중화기술의 이론'이다. 애그뉴(R. Agnew)는 머튼(Merton)의 아노미이론을 수정하여 일반긴장이론을 주장하였다.
① 라이스(Reiss)의 개인통제 이론의 내용이다.
② 레클리스(W. Reckless) 봉쇄이론의 내용이다.
③ 허쉬(T. Hirschi) 사회유대이론의 내용이다.

정답 ④

069 사회학적 범죄원인론 중 통제이론을 주장한 학자만을 모두 고르면?   2022. 9급 교정직 공채

> ㄱ. 서덜랜드(Sutherland)   ㄴ. 나이(Nye)
> ㄷ. 애그뉴(Agnew)   ㄹ. 라이스(Reiss)
> ㅁ. 베커(Becker)

① ㄱ, ㄷ
② ㄴ, ㄹ
③ ㄴ, ㄷ, ㄹ
④ ㄷ, ㄹ, ㅁ

해설

② 통제이론을 주장한 학자는 나이(Nye)와 라이스(Reiss)이다.
ㄴ, ㄹ. (O) 나이(Nye)는 직접통제, 간접통제, 내부적 통제 등 범죄예방대책으로서의 통제의 유형을 설명하였고, 라이스(Reiss)는 사회의 규범이나 규칙에 대한 개인의 통제력이 약화되고 학교 등의 사회화기관들이 제 기능을 수행하지 못하여 사회의 통제력이 약화되어 소년들이 비행을 저지르게 된다는 개인통제이론을 주장하였다.
ㄱ, ㄷ, ㅁ. (×) 서덜랜드(Sutherland)는 차별적 접촉이론, 애그뉴(Agnew)는 일반긴장이론, 베커(Becker)는 낙인이론의 주장자이고 통제이론과는 거리가 멀다.

정답 ②

070 사이크스(Sykes)와 맛짜(Matza)의 표류이론 중 다음에 해당하는 중화기술은?

2012. 7급 공채

> 말썽을 부려 부모로부터 꾸중을 듣게 되자 오히려 꾸짖는 부모에게 "아버지가 내게 해준 게 뭐가 있는데?"라며 항변하고, 오히려 자신의 잘못된 행동은 모두 부모의 무능 탓으로 돌리고 있다.

① 책임의 부정(denial of responsibility)
② 손상의 부정(denial of injury)
③ 비난자에 대한 비난(condemnation of the condemners)
④ 피해자의 부정(denial of victim)

해설

③ 사이크스(Sykes)와 맛차(Matza)의 이론에서 중화기술의 유형에는 책임의 부정, 가해(손상)의 부정, 피해자의 부정, 비난자에 대한 비난, 충성심 또는 상위가치에의 호소가 있다. 사례에서는 자신에게 꾸중을 하는 부모를 비난하는 태도를 보이고 있다. 이것은 자신의 비행행위를 비난하는 사람을 비난하여 비행행위를 정당화하는 기술로서, 비난자에 대한 비난에 해당한다.

정답 ③

071 사이크스(Sykes)와 맛짜(Matza)의 중화기술이론에 따르면 다음 사례가 해당하는 유형은?

2008. 7급 공채

> 고등학교 3학년인 갑은 친구들과 공모하여 대학수학능력시험에서 부정행위를 하였다. 갑은 좋은 대학을 나와야 출세 길이 열린다는 심리적 부담감으로 인해 부정행위를 하였으며, 자신은 학벌만능주의라는 시대적 상황에 따른 희생양이라고 주장하였다.

① 책임의 부정
② 피해자의 부정
③ 가해의 부정
④ 비난자에 대한 비난

해설

① 설문의 내용은 중화기술 중 '책임의 부정'에 해당한다. 책임의 부정은 자신의 비행에 대하여 사실상의 책임이 없다고 자신을 합리화시키는 기술을 말하며, 사례에서 스스로 시험에서 부정행위를 하고도 학벌만능주의라는 시대적 상황을 탓하고 있고, 이것은 자신의 잘못이 아니라 사회구조나 사회적 상황이 문제라는 주장이므로 책임의 부정에 속한다.

정답 ①

072 중화기술이론의 사례에서 '책임의 부정'에 해당하는 것은?
2022. 7급 공채 보호직, 교정직

① 기초수급자로 지정받지 못한 채 어렵게 살고 있던 중에 배가 고파서 편의점에서 빵과 우유를 훔쳤다고 주장하는 사람
② 성매수를 했지만 성인끼리 합의하여 성매매를 한 것이기 때문에 누구도 법적 책임을 질 필요가 없다고 주장하는 사람
③ 부정한 행위로 인하여 사회적 비난을 받는 사람의 차량을 파손하고 사회정의를 실현한 것이라고 주장하는 사람
④ 교통범칙금을 부과하는 경찰관에게 단속실적 때문에 함정단속을 한 것이 아니냐고 따지는 운전자

해설

① 기초수급자로 지정받지 못한 채 어렵게 살고 있던 중에 배가 고파서 편의점에서 빵과 우유를 훔쳤다고 주장하는 경우는 자신은 기초수급자로 지정을 받아야 할 사람인데 당국에서 지정하지 않아 어쩔 수 없이 범죄를 저질렀다는 것이므로 범죄의 원인을 자신의 책임이 아닌 당국의 책임으로 돌리는 '책임의 부정'에 해당한다.
② 성매수를 했지만 성인끼리 합의하여 성매매를 한 것이기 때문에 누구도 법적 책임을 질 필요가 없다고 주장하는 것은 합의에 의한 것이므로 피해를 본 사람이 없고 자신은 가해를 하지 않았다고 주장하는 가해의 부정에 해당한다.
③ 부정한 행위로 인하여 사회적 비난을 받는 사람의 차량을 파손하고 사회정의를 실현한 것이라고 주장하는 것은 부정행위로 사회적 비난을 받는 사람은 피해자로서의 자격이 없다고 주장하는 피해자의 부정에 해당한다.
④ 교통범칙금을 부과하는 경찰관에게 단속실적 때문에 함정단속을 한 것이 아니냐고 따지는 것은 실적을 위하여 함정단속을 하는 것은 정당하지 않다고 단속경찰관에게 먼저 비난을 가하는 것이므로 비난자에 대한 비난에 해당한다.

정답 ①

PART II 범죄원인론

073 사이크스(Sykes)와 맛차(Matza)는 청소년들이 표류상태에 빠지는 과정에서 '중화(neutralization)기술'을 습득함으로써 자신의 비행을 합리화한다고 하였다. 〈보기 1〉의 중화기술의 유형과 〈보기 2〉의 구체적인 사례를 바르게 연결한 것은? 2018. 7급 공채

보기 1

ㄱ. 책임의 부정(denial of responsibility)
ㄴ. 가해의 부정(denial of injury)
ㄷ. 피해(자)의 부정(denial of victim)
ㄹ. 비난자에 대한 비난(condemnation of the condemners)

보기 2

A. 甲은 경찰, 검사, 판사는 부패한 공무원들이기 때문에 자신의 비행을 비난할 자격이 없다고 합리화한다.
B. 乙은 자신이 비행을 범한 것은 열악한 가정환경과 빈곤, 불합리한 사회적 환경 탓이라고 합리화한다.
C. 丙은 마약을 사용하면서 마약은 누구에게도 피해를 주지 않는다고 합리화한다.
D. 점원 丁은 점주의 물건을 훔치면서 점주가 평소 직원들을 부당하게 대우하여 노동을 착취해왔기 때문에 그의 물건을 가져가는 것은 당연하다고 합리화한다.

	ㄱ	ㄴ	ㄷ	ㄹ
①	B	A	D	C
②	B	C	D	A
③	B	D	C	A
④	D	C	B	A

해설

② 바르게 연결된 것은 A-ㄹ, B-ㄱ, C-ㄴ, D-ㄷ이다.
  A-ㄹ: 甲이 경찰, 검사, 판사는 부패한 공무원들이기 때문에 자신의 비행을 비난할 자격이 없다고 한 것은 비난할 자격이 없는 자가 비난한다고 합리화하는 것이므로, '비난자에 대한 비난'에 해당한다.
  B-ㄱ: 乙이 자신의 비행을 열악한 가정환경이나 빈곤, 불합리한 사회적 환경 탓으로 돌리는 것은 그러한 환경 때문에 자신은 어쩔 수 없이 비행을 저지르게 된 것이라고 함으로써 책임을 사회에 돌리고 자신은 책임이 없다고 합리화하는 것이므로 "책임의 부정"에 해당한다.
  C-ㄴ: 丙이 마약을 사용하면서 마약은 누구에게도 피해를 주지 않는다고 주장하는 것은 자신이 마약을 하는 것이 그 누구에게도 가해를 하지 않는 것이라고 합리화하는 것이므로, "가해의 부정"에 해당한다.
  D-ㄷ: 점원인 丁이 점주의 물건을 훔치면서 점주가 평소 직원들을 부당하게 대우하여 노동을 착취해왔기 때문에 그의 물건을 가져가는 것은 당연하다고 합리화한 것은 점주는 평소에 노동력을 착취하는 나쁜 짓을 한 사람이므로 피해자가 될 수 없다는 주장이므로, "피해자의 부정"에 해당한다.

정답 ②

074 소년비행의 원인에 대한 설명으로 옳지 않은 것은?

2014. 7급 공채

① 맛차(Matza)와 사이크스(Sykes)에 따르면 일반소년과 달리 비행소년은 처음부터 전통적인 가치와 문화를 부정하는 성향을 가지고 있으며, 차별적 접촉과정에서 전통규범을 중화시키는 기술이나 방법을 습득한다.
② 레크리스(Reckless)에 따르면 누구든지 비행으로 이끄는 힘과 이를 차단하는 힘을 받게 되는데, 만일 비행으로 이끄는 힘이 차단하는 힘보다 강하면 범죄나 비행을 저지르게 된다.
③ 허쉬(Hirschi)에 따르면 누구든지 비행가능성이 잠재되어 있고, 이를 통제하는 요인으로 개인이 사회와 맺고 있는 일상적인 유대가 중요하다.
④ 나이(Nye)에 따르면 소년비행을 예방할 수 있는 방법 중 가장 효율적인 것은 비공식적 간접통제방법이다.

해설

① 맛차(Matza)와 사이크스(Sykes)는 저서 「비행과 표류」에서 기존의 범죄원인에 관한 이론들이 비행소년과 일반소년 간에 근본적인 차이가 있다고 본 점을 비판하고, 비행소년은 중간적이고 표류하는 존재로서, 전통적 가치와 문화에 동조를 나타내면서 비행을 저지르게 된다고 보았다. 이들은 규범위반에 대해 일련의 중화(합리화)시키는 기술을 통하여 내적 통제력이 약화되고 그것이 범죄의 원인이 된다고 보았다.

정답 | ①

PART II 범죄원인론

075 범죄원인에 대한 설명으로 옳은 것은?　　　　　　　　　　2021. 7급 공채 보호직, 교정직

① 퀴니(Quinney)는 대항범죄(crime of resistance)의 예로 살인을 들고 있다.
② 레크리스(Reckless)는 범죄를 유발하는 압력요인으로 불안감을 들고 있다.
③ 중화기술이론에서 세상은 모두 타락했고, 경찰도 부패했다고 범죄자가 말하는 것은 책임의 부정에 해당한다.
④ 부모 등 가족구성원이 실망할 것을 우려해서 비행을 그만두는 것은 사회유대의 형성 방법으로서 애착(attachment)에 의한 것으로 설명할 수 있다.

> **해설**
>
> ④ 허쉬(Hirschi)는 사회유대이론에서 비행을 저지르지 못하게 하는 요인인 사회연대의 요소로 애착(attachment), 전념(commitment), 참여(involvement), 믿음(belief)을 들고 있다. 부모 등 가족구성원이 실망할 것을 우려해서 비행을 그만두는 것은 사회연대의 요소 중 애착(attachment)에 해당한다.
> ① 살인은 적응범죄(crime of accommodation)의 유형 중 하나이다. 퀴니(Quinney)는 노동자계급의 범죄를 그 반응형태에 따라 자본주의에 대한 적응범죄(crime of accommodation)와 대항범죄(crime of resistance)로 구분하였다. 적응범죄란 자본주의에 의해 곤경에 빠진 사람들이 다른 사람의 수입과 재산을 탈취함으로써 보상받으려 하는 범죄이다. 즉 그것은 절도, 강도 등 생존을 위한 약탈범죄와 폭행, 살인 등 경제계급의 모순에 대한 난폭성의 표현으로 인한 범죄이다. 그리고 대항범죄란 노동집단이 기본모순에 저항하고 그것을 극복하는 과정에서 행하는 행위들을 국가가 범죄로 규정한 것을 말한다. 일정한 형태의 시위나 공공정책에 반대하는 행동을 범죄로 취급하는 것을 들 수 있다.
> ② 불안감은 범죄유발요인 중 '배출요인'에 해당한다. 레클리스의 봉쇄이론(Containment theory)에 의하면 사회에는 범죄유발요인과 범죄차단요인이 존재하고, 범죄유발요인이 범죄차단요인보다 클 때 범죄가 발생한다. 여기서 범죄유발요인은 사람을 범죄나 비행으로 이끄는 힘으로써 압력요인, 유인요인, 배출요인 등이 있으며, 압력요인으로는 사람을 불만스럽게 하는 조건으로 경제적 조건이나 가족 내 갈등 등이 있고, 유인요인이란 사람을 정상적 생활에서 이탈시키는 조건으로 나쁜 친구, 범죄하위문화, 불건전대중매체 등이 있으며, 배출요인이란 직접 범죄나 비행을 저지르게 하는 개인의 생물학적·심리적 요소로서 불안감, 증오심, 공격성 등이 있다.
> ③ 범죄자가 "세상은 모두 타락했고, 경찰도 부패했다."고 말하는 것은 자신의 행위에 대하여 세상 사람들이나 경찰 모두 부패하였으므로 그들은 자신을 비난할 자격이 없다고 하여, 자신의 비행행위를 비난할 사람을 먼저 자신이 비난하여 비행행위를 정당화하는 것이다. 따라서 이 경우는 맛차와 사이크스(Matza & Sykes)는 중화기술 중 비난자에 대한 비난에 해당한다.
>
> 정답 ④

076 범죄이론에 대한 설명으로 옳지 않은 것은?   2024. 9급 공채

① 에이커스(Akers)의 사회학습이론에 따르면, 비행이나 일탈은 사회 구성원 간의 상호작용을 통해 학습된다.
② 라이스(Reiss)와 나이(Nye)의 내적·외적 통제이론에 따르면, 애정·인정·안전감 및 새로운 경험에 대한 청소년의 욕구가 가족 내에서 충족될수록 범죄를 저지를 확률이 낮아진다.
③ 허쉬(Hirschi)의 사회유대이론에 따르면, 모든 사람은 잠재적 범죄자로서 자신의 행위로 인해 주변인과의 관계가 악화하는 것을 두려워하기 때문에 범죄를 저지르게 된다.
④ 사이크스(Sykes)와 맛차(Matza)의 중화(기술)이론에 따르면, 자신의 비행에 대하여 책임이 없다고 합리화하는 것도 중화기술의 하나에 해당한다.

해설

③ 인간은 누구든지 범죄의 가능성이 잠재되어 있음에도 불구하고 이를 통제하는 요인으로 허쉬(Hirschi)가 지적한 것은 개인이 사회와 맺고 있는 일상적인 유대이다. 유대의 요소 중 애착(attachment)은 애정과 관심을 통하여 개인이 사회와 맺고 있는 유대관계로, 부자지간의 정, 친구 사이의 우정, 가족끼리의 사랑, 학교 선생님에 대한 존경 등 다른 사람과 맺는 감성과 관심을 의미하는데, 이 애착이 클수록 비행을 저지를 가능성이 적어진다. 즉 애착이 큰 사람은 자신의 행위로 인해 주변인과의 관계가 악화하는 것을 두려워하기 때문에 범죄를 저지르지 않게 된다.
① 에이커스(Akers)는 차별적 강화이론을 발전시켜 차별적 교제, 정의, 차별적 강화, 모방 등 네 가지 개념을 중심으로 사회 구성원 간의 상호작용을 통해 비행이 학습된다는 사회학습이론을 주장하였다.
② 라이스(Reiss)는 개인의 통제력의 약화가 비행의 원인이라고 하는 개인통제이론을 주장하였으며, 나이(Nye)는 비행을 예방하는 통제의 유형으로 직접통제, 간접통제, 내부적 통제로 나누어 설명한다. 이들의 통제이론에 따르면, 애정·인정·안전감 또는 새로운 욕구 등이 충족될수록 통제력을 발휘하게 되어 범죄를 저지를 확률은 낮아지게 된다.
④ 사이크스(Sykes)와 맛차(Matza)는 중화기술이론에서 책임의 부정, 가해의 부정, 피해자의 부정, 비난자에 대한 비난, 상위가치에의 호소 등 다섯 가지의 중화기술을 주장하였다. 자신의 비행에 대하여 책임이 없다고 합리화하는 것은 책임의 부정에 해당한다.

정답 ③

077 다음 설명 중 옳지 않은 것을 모두 고른 것은?

2010. 7급 공채

ㄱ. 크레취머(E. Kretschmer)의 체격형 중 성범죄가 많은 유형은 세장형이다.
ㄴ. 허쉬(T. Hirschi)의 사회통제이론에 따르면 사람은 일탈의 잠재적 가능성을 가지고 있는데, 이것을 통제하는 시스템에 기능장애가 생기면 통제가 이완되고 일탈가능성이 발현되어 범죄가 발생한다고 한다.
ㄷ. 비판범죄학은 낙인이론이 제기한 문제의식에서 출발하였으나, 낙인이론과는 달리 범죄통계에 관한 공식통계의 신빙성을 문제삼지 않고 암수에 대한 인식의 중요성을 경시하고 있다.
ㄹ. 코헨(A. Cohen)의 하위문화이론과 밀러(W. Miller)의 하층계급문화이론은 다같이 하층문화의 성격을 중산층의 지배문화에 대한 반항문화라고 본다.
ㅁ. 중화이론은 중화기술의 내용으로 규범의 부정, 피해(가해)의 부정, 피해자의 부정, 피해자에 대한 비난, 고도의 충성심에 대한 부정을 제시한다.
ㅂ. 자기관념이론은 합법적 기회구조의 차단을 범죄원인으로 보지 않고, 긍정적 자아관념에 의한 통제의 결여를 가장 중요한 범죄원인으로 본다.

① ㄱ, ㄷ, ㄹ, ㅁ
② ㄱ, ㄴ, ㄹ, ㅂ
③ ㄴ, ㄷ, ㄹ, ㅁ
④ ㄴ, ㄷ, ㅁ, ㅂ

해설

① 옳지 않은 것은 'ㄱ, ㄷ, ㄹ, ㅁ'이다.
ㄱ. (×) : 리들(Riedl) 등의 연구에 의하면 크레취머(E. Kretschmer)의 체격형 중 비폭력성 풍속범 등의 성범죄가 많은 유형은 발육부전형이며, 세장형은 사기범, 절도범이 많고, 폭력성 재산범이나 폭력성 풍속범에는 투사형이 많다.
ㄴ. (○) : 허쉬(T. Hirschi)는 애착, 전념, 참여, 신뢰 등의 사회연대의 요소를 어느 정도 가지고 있느냐에 따라 잠재적 가능성의 통제여부가 달라진다고 본다.
ㄷ. (×) : 비판범죄학은 자본주의사회 체제의 문제점에서 출발하여 법 제정과 적용상의 불공평에 관심을 갖는 비판범죄학인 점에서 범죄통계에 관한 공식통계의 신빙성에도 의문을 갖는 입장이다. 낙인이론과 비판범죄학은 모두 실증주의 범죄학의 문제점을 지적한 점에서는 공통된다. 그러나 낙인이론이 미시적인 상호작용의 수준에서 접근하려고 한 반면, 비판범죄학은 사회적 반응이 일탈을 초래한다는 낙인이론의 기본전제를 수용하면서 나아가 범죄발생과 통제의 저변에 작용하고 있는 구조적 요인인 자본주의 체제 자체의 모순점을 거시적인 시각에서 분석한 점에서 차이가 있다. 낙인이론이 관심의 초점을 '범죄와 범죄자'에서 '범죄에 대한 사회적 반작용'까지 확장시켰다면 비판범죄학은 의미내용이 모호한 사회적 반작용을 범죄통제의 메커니즘으로 구체화하여 법 제정과 적용상의 불공평에 관심을 갖고 낙인이론이 제기했던 문제의식을 이어받아 '범죄와 범죄자'에서 '그것을 창출하는 사회정치적 배경'으로 옮겨놓았다고 볼 수 있다.
ㄹ. (×) : 하층문화의 성격을 중산층의 지배문화에 대한 반항문화라고 보는 것은 코헨(A. Cohen)의 비행하위문화이론이다. 밀러(W. Miller)의 하층계급문화이론은 해체된 지역사회에서 하위계층의 독자적인 문화가 발전하여 그 구성원들이 공유하는 고유한 문화 내지 가치체계를 형성하며, 그와 같은 하층문화에 동조하는 것 자체가 비행이 된다는 이론이며, 하층계급의 반항문화와는 관계가 없다.
ㅁ. (×) : 맛차와 사이크스(Matza & Sykes)의 중화기술이론에서 중화기술의 유형에는 책임의 부정, 가해의 부정, 피해자의 부정, 비난자에 대한 비난, 충성심 또는 상위가치에의 호소 등이 있다.

ㅂ. (O) : 디니츠(Dinitz)와 레클레스(Reckless)의 자아관념이론(Self-Concept Theory)은 범죄자의 개인적 특성에 중점을 두어 각 개인의 자아관념에 따라 접촉의 차단력에 차이가 생기게 되어 동일한 범죄접촉환경 속에서도 사람들이 서로 다르게 반응한다고 보는 이론이다.

정답 ①

078 허쉬(Hirschi)의 사회유대이론에 대한 설명으로 옳은 것은? 2017. 7급 교정직 공채

① 모든 사람을 잠재적 법위반자라고 가정한다.
② 인간의 자유의지와 도덕적 책임감을 강조한다.
③ 범죄율을 이웃공동체의 생태학적 특징과 결부시킨다.
④ 범죄행위는 다른 사람들과의 상호작용으로 학습된다.

해설

① 허쉬(Hirschi)의 사회유대이론은 고전주의에 영향을 받아 범죄 상황의 통제에 연구의 초점을 맞추어 발전한 실증주의(결정론) 이론으로, 인간은 누구나 법을 위반할 수 있는 잠재력을 가지고 있다는 범행잠재력을 전제로 이러한 인간의 범행잠재력은 사회의 유대 또는 통제에 의해서 억제된다고 보는 이론이다.
② 인간의 자유의지와 도덕적 책임감을 강조하는 이론은 고전주의(비결정론)이다.
③ 범죄율을 이웃공동체의 생태학적 특징과 결부시키는 것은 파크의 사회생태학 등 사회해체이론이다.
④ 범죄행위는 다른 사람들과의 상호작용으로 학습된다고 보는 이론으로는 서덜랜드의 차별적 접촉이론을 들 수 있다.

정답 ①

PART Ⅱ 범죄원인론

079 허쉬(Hirschi)의 사회유대이론에 대한 설명으로 옳지 않은 것은?   2020. 7급 공채

① '신념(belief)'은 지역사회가 청소년의 초기 비행행동에 대해 과잉반응하지 않고 꼬리표를 붙이지 않는 것을 말한다.
② '애착(attachment)'은 개인이 다른 사람과 맺는 감성과 관심으로, 이를 통해서 청소년은 범죄를 스스로 억누르게 되는 것을 말한다.
③ '관여 또는 전념(commitment)'은 관습적 활동에 소비하는 시간·에너지·노력 등으로, 시간과 노력을 투자할수록 비행을 저지름으로써 잃게 되는 손실이 커져 비행을 저지르지 않는 것을 말한다.
④ '참여(involvement)'는 관습적 활동 또는 일상적 활동에 열중하는 것으로, 참여가 높을수록 범죄에 빠질 기회와 시간이 적어져 범죄를 저지를 가능성이 감소되는 것을 말한다.

해설

① '신념(belief)'은 관습적인 규범의 내면화를 통하여 개인이 사회와 맺고 있는 유대의 형태로 관습적인 도덕적 가치에 대한 믿음을 말한다. 지역사회가 청소년의 초기 비행행동에 대해 과잉반응하지 않고 꼬리표를 붙이지 않는 것은 '낙인이론'과 관련된 내용이다.

정답 ①

080
전과자 A는 교도소에서 배운 미용기술로 미용실을 개업하여 어엿한 사회인으로 돌아오고, 범죄와의 고리를 끊었다. 다음 중 이 사례를 설명할 수 있는 것으로 가장 거리가 먼 것은?

2014. 7급 교정직 공채

① 허쉬(Hirschi)의 사회유대
② 샘슨(Sampson)과 라웁(Laub)의 사회자본
③ 베커(Becker)의 일탈자로서의 지위
④ 머튼(Merton)의 제도화된 수단

해설

③ 베커(Becker)의 '일탈자로서의 지위'란 낙인이론의 하나이다. 베커는 일탈자라는 낙인을 하나의 지위로 보고, 그러한 지위를 부여하는 청중의 역할에 주목하여 일탈자라는 지위는 청중들에 의해 받아들여지기 때문에 일탈자는 다른 영역에서 정상적인 사회생활을 하는데 매우 어렵게 되고, 일탈의 가능성이 높아진다는 것이다. 따라서 전과자 A가 사회적응을 잘하고 범죄와의 고리를 끊은 점에서 이 이론과는 무관하다.

① 허쉬(Hirschi)는 사회유대(연대)이론을 통하여 누구든지 범행 가능성이 잠재되어 있음에도 불구하고 개인이 사회와 맺고 있는 일상적인 유대에 의하여 이것이 통제된다고 보았다. 범죄는 개인과 사회와의 유대가 약화되거나 단절되었을 때 발생하며, 그것은 통제요인이 작용하지 않게 되었기 때문이라고 하였다. 여기서 통제요인으로 작용하는 사회유대, 즉 개인이 사회와 유대를 맺는 방법에는 애착, 전념, 참여, 신념이 있으며, 이들의 유대의 정도가 강할수록 범죄의 가능성이 낮아지고, 유대의 정도가 약할수록 범죄의 가능성이 높아진다고 보았다. 사례에서 전과자 A가 교도소에서 배운 미용기술로 재사회화에 성공하게 된 것은 규범준수에 따른 사회적 보상을 의미하는 전념(commitment)의 유대가 작용한 결과라고 할 수 있다.

② 샘슨(Sampson)과 라웁(Laub)은 한 개인이 다른 사람 및 사회적 제도와 가지는 적극적 관계의 정도를 '사회적 자본(Social Capital)'이라고 하였으며, 사회적 자본이 커질수록 범죄적 행동을 할 기회는 적어지며, 사회적 자본이 낮아질수록 범죄의 가능성이 커진다고 보았다. 따라서 전과자 A가 교도소에서 배운 미용기술로 미용실을 개업하여 사회인으로 정착한 것은 사회적 자본이 높아져 범죄의 가능성이 적어진 결과라고 할 수 있다.

④ 머튼(Merton)은 특정사회에서 문화적 목표에 대해서는 지나치게 강조하는 반면 사회구조적 특성에 의하여 특정집단의 사람들이 제도화된 수단으로 문화적 목표를 성취할 수 있는 기회가 제한되었을 때 사회적 긴장(Social Strain) 관계가 발생하며, 그것이 범죄로 발전하게 된다고 보았다. 따라서 문화적 목표를 성취할 수 있는 제도화된 수단이 제한된 집단의 경우에는 범죄의 가능성이 높아진다. 전과자 A의 경우 미용기술을 통해 문화적 목표를 성취할 수 있는 제도화된 수단을 갖게 되었고 따라서 범죄의 가능성이 낮아지게 되었다고 볼 수 있다. 이것은 머튼의 적응유형 중 '동조형'에 해당한다.

정답 ③

081 하층계급의 높은 범죄율을 설명하는 이론으로 가장 거리가 먼 것은? 2012. 9급 교정직 공채

① 머튼의 아노미이론
② 사회해체이론
③ 허쉬의 사회유대이론
④ 일탈하위문화이론

해설

③ 허쉬의 사회유대이론은 개인의 사회에 대한 유대의 강화 내지 약화의 정도에 따라 범죄의 발생여부가 달라진다는 이론으로, 애착, 전념, 참여, 신뢰 등 각 개인의 사회에 대한 유대관계에 따른 범죄여부를 설명하고 있어 특정 하층계급의 문화적 특성에 따른 범죄의 발생을 다루고 있는 다른 이론과는 거리가 멀다.

정답 ③

082 낙인이론에 관한 설명으로 옳지 않은 것은? 2007. 7급 공채

① 전통적·심리학적·다원적 범죄원인론을 배격하고, 법집행기관을 주요 연구대상으로 삼았다.
② 일탈행위의 분석방법으로 자기보고나 참여관찰을 병용할 필요성을 강조하였다.
③ 범죄의 원인보다 범죄자에 대한 사회적 반응을 중시하고, 사회적 금지가 일탈행위를 유발하거나 강화시킨다고 주장하였다.
④ 공식적 처벌은 특정인에게 낙인을 가함으로써 범죄를 양산하는 것보다 오히려 범죄를 억제하는 효과가 더 크다고 주장하였다.

해설

④ 낙인이론에서는 범죄원인은 범죄인과 사회의 상호작용에 의한 사회적 낙인과 반작용의 결과이며, 특히 낙인의 주체인 법집행기관의 역할에 초점을 맞추어 공적 통제작용에 대하여 회의적이다. 즉 범죄가 범죄통제를 야기하는 것이 아니라 범죄통제가 오히려 범죄를 야기한다고 하여, 공식적 처벌이 범죄를 억제하기보다는 범죄를 양산하게 된다고 보았다.

정답 ④

083 낙인이론에 대한 설명으로 옳은 것을 모두 고른 것은?   2010. 7급 공채

ㄱ. 낙인이론은 형사입법자나 법집행종사자들의 가치관과 행동양식 등을 그 연구대상으로 한다.
ㄴ. 낙인이론은 일탈이나 범죄라는 현상을 해명하는데 있어서 행위자에 대한 다른 사람의 사회적 반응을 중요한 변수로 취급한다.
ㄷ. 낙인이론은 범죄현상을 파악함에 있어서 범죄자의 입장보다 범죄피해자의 입장에서 접근한다.
ㄹ. 낙인이론은 형사정책상 비범죄화, 사법우회절차, 비형벌화, 비시설처우 등의 결론으로 표현된다.

① ㄱ, ㄴ, ㄷ
② ㄱ, ㄴ, ㄹ
③ ㄴ, ㄷ
④ ㄴ, ㄷ, ㄹ

해설

② 옳은 것은 'ㄱ, ㄴ, ㄹ'이다.
ㄱ. (O) : 낙인이론은 범죄의 원인을 연구하기보다는 범죄 자체를 연구하여 왜 사람이 범죄를 저지르는가에 대한 관심보다 왜 사람을 일탈자로 인정하고 차별하며, 평가하여 자아의 왜곡된 의식을 심어 주는지를 연구하는 이론으로 형사입법자나 법집행종사자들의 가치관과 행동양식 등을 그 연구대상으로 한다.
ㄴ. (O) : 행위자에 대한 다른 사람의 '사회적 반응'이 낙인이론의 가장 핵심적인 요소이며, 낙인이론에서는 사회적 반응에 의한 낙인을 범죄의 원인으로 본다.
ㄷ. (×) : 낙인이론에서 범죄원인은 범죄인과 사회의 상호작용에 의한 사회적 낙인과 반작용의 결과라고 보므로, 낙인이론은 범죄현상을 파악함에 있어서 사회적 상호작용에 의하여 낙인찍히게 되는 범죄자의 입장에서 접근하는 이론이다.
ㄹ. (O) : 낙인이론에서는 낙인을 범죄의 주된 원인으로 보므로, 범죄자의 재사회화를 위해서는 행위자가 낙인찍히지 않도록 형사정책상 비범죄화, 다이버전, 사법우회절차, 비형벌화, 비시설 처우 등을 강조한다.

정답 ②

084 낙인이론에 대한 설명으로 옳지 않은 것은? 2012. 7급 공채

① 낙인이론을 형성하는 기본개념으로 상징적 상호작용론, 악의 극화, 충족적 자기예언의 성취 등을 들 수 있다.
② 형사사법기관의 역할에 대해 회의적이며, 공식적 낙인은 사회적 약자에게 차별적으로 부여될 가능성이 높다고 본다.
③ 낙인이론은 주로 2차적인 일탈보다는 개인적·사회적 원인들로부터 야기되는 1차적인 일탈을 설명하는 것이 핵심이다.
④ 낙인이론에 입각한 범죄대응 정책으로는 전환제도(diversion), 비시설화, 비범죄화 그리고 적정절차(due process) 등을 들 수 있다.

해설

③ 낙인이론에서 범죄원인은 범죄인과 사회의 상호작용에 의한 사회적 낙인과 반작용의 결과라고 한다. 이 이론은 낙인에 초점을 맞추어 낙인으로 인한 일탈, 즉 2차적 일탈의 원인을 설명하고 있으나, 1차적 일탈의 원인을 제대로 설명하지 못한다는 비판을 받는다.
① 상징적 상호작용론, 악의 극화, 충족적 자기예언 등은 낙인이론의 기초적 개념들이다. 낙인이론은 상징적 상호작용론을 바탕으로 하여 일탈행위와 사회적 낙인화과정의 동적 관계를 파악한 이론이고, 악의 극화는 규범위반행위 자체보다는 사회법규와 법규위반자에 대한 사회적 반응의 성격 및 효과를 문제 삼고 일탈을 행위의 속성으로 보지 않고 사회적 규정의 결과로 보는 탄넨바움(Tannenbaum)의 주장내용이다. 충족적 자기예언의 성취란 '상황에 대해 잘못된 판단이나 정의를 내려 다음 행동들이 처음의 잘못된 생각을 현실화하는 현상'을 의미하며, 사회학자 로버트 머튼(Robert K. Merton)이 말한 내용이다.

정답 | ③

085 낙인이론에 대한 설명으로 옳지 않은 것은?

2018. 7급 공채

① 낙인이론은 범죄행위에 대하여 행해지는 부정적인 사회적 반응이 범죄의 원인이라고 보며 이를 통해 1차적 일탈과 2차적 일탈의 근본원인을 설명한다.
② 탄넨바움(Tannenbaum)에 따르면, 청소년의 사소한 비행에 대한 사회의 부정적 반응이 그 청소년으로 하여금 자신을 부정적인 사람으로 인식하게 한다.
③ 레머트(Lemert)에 따르면, 1차적 일탈에 대한 사회적 반응이 2차적 일탈을 저지르게 한다.
④ 베커(Becker)에 따르면, 일탈자라는 낙인은 그 사람의 사회적 지위와 타인과의 상호작용에 부정적인 영향을 미친다.

> 해설

① 낙인이론은 범죄행위에 대하여 행해지는 부정적인 사회적 반응이 범죄의 원인이라고 보므로, 2차적 일탈에 대하여는 그 원인을 낙인으로 적절히 설명하고 있으나, 낙인 이전의 단계에서 일어나는 1차적 일탈에 대하여는 설명을 하지 못한다는 비판을 받는다.
② 탄넨바움은 악의 각색이론을 통하여, 사회적 규정에 의한 부정적 낙인은 부정적 자아관념을 심어주게 되고 그에 따라 스스로를 일탈자로 생각하고 일탈행위를 지속하게 된다고 보았다.
③ 레머트는 사회적 낙인에 이르는 과정을 일차적 일탈과 이차적 일탈로 나누고, 일차적 일탈은 다양한 원인에 의해서 발생할 수 있으며 일시적이나, 이차적 일탈은 일차적 일탈에 대한 낙인에 의하여 발생하며 지속적인 속성이 있다고 보았다.
④ 베커는 주지위(master status)론에서 사회집단은 일정한 행위를 한 자를 일탈자로 규정하고 범죄를 저지른 자에게 그 규율을 적용하여 낙인을 하게 되며, 낙인은 사회적 상호작용에서의 '주지위(master status)'의 작용을 하여 일정한 사회적 지위를 부여하는 효과를 낳게 된다고 보았다.

정답 ①

PART II 범죄원인론

086 낙인이론에 대한 설명으로 옳지 않은 것은?
2021. 7급 공채

① 낙인이론에 따르면 범죄자에 대한 국가개입의 축소와 비공식적인 사회 내 처우가 주된 형사정책의 방향으로 제시된다.
② 슈어(Schur)는 이차적 일탈로의 발전은 정형적인 것이 아니며 사회적 반응에 대한 개인의 적응노력에 따라 달라질 수 있다고 주장하였다.
③ 레머트(Lemert)는 일탈행위에 대한 사회적 반응은 크게 사회구성원에 의한 것과 사법기관에 의한 것으로 구분할 수 있고, 현대사회에서는 사회구성원에 의한 것이 가장 권위 있고 광범위한 영향력을 행사하는 것으로 보았다.
④ 베커(Becker)는 일탈자라는 낙인은 그 사람의 지위를 대변하는 주된 지위가 되어 다른 사람들과의 상호작용에 부정적인 영향을 미치는 요인이 되는 것으로 설명하였다.

해설

③ 레머트는 이차적 일탈론에서 일차적 일탈이 타인 또는 사회통제기관에 발각되는 경우에는 낙인이 이루어지고, 낙인에 의하여 합법적·경제적 기회의 감소, 대인관계 감소 등이 수반되어 결국 자아왜곡으로 이어져 자기 스스로를 일탈자로 간주하고 이차적 일탈을 하게 되며 지속적인 범죄행위로 나아가게 된다고 본다. 여기서 그는 사회구성원에 의한 낙인보다는 공적 통제기관인 사법기관에 의한 낙인이 가장 권위 있고 광범위한 영항력을 행사하는 것으로 보았다.
② 슈어의 자아관념에 의한 일탈이론에 관한 설명이다. 즉 슈어는 사법기관의 공식적 개입은 귀속지위, 오명찍기, 눈덩이 효과로 인하여 자아관념의 부정을 초래하게 되며, 사회적 낙인보다 스스로 일탈자라고 규정함으로써 이차적 일탈에 이르는 경우도 있다는 점을 강조하고, 사회적 반응에 대한 개인의 적응노력에 따라 달라질 수 있다는 점에서 사람들을 낙인에 덜 오염되도록 범죄에 대한 국가적 개입을 삼가거나 개입이 불가피한 경우에도 낙인의 부정적 효과를 최소화하는 수단을 선택하여야 한다고 주장하였다.

정답 ③

087 낙인이론이 주장하는 형사정책적 결론에 부합하는 것만을 모두 고른 것은? 2014. 7급 공채

ㄱ. 기존 형법의 범죄목록 중에서 사회변화로 인하여 더 이상 사회위해성이 없는 행위로 평가되는 것은 범죄목록에서 삭제해야 한다.
ㄴ. 가능한 한 범죄에 대한 공식적 반작용은 비공식적 반작용으로, 중한 공식적 반작용은 경한 공식적 반작용으로 대체되어야 한다.
ㄷ. 가능한 한 범죄자를 자유로운 공동체 내에 머물게 하여 자유로운 상태에서 그를 처우하여야 한다.
ㄹ. 범죄자의 재사회화가 성공적으로 이루어진 후에는 그의 사회적 지위를 되돌려주는 탈낙인화가 뒤따라야 한다.

① ㄱ, ㄷ
② ㄴ, ㄹ
③ ㄱ, ㄴ, ㄷ
④ ㄱ, ㄴ, ㄷ, ㄹ

> 해설
>
> ④ ㄱ, ㄴ, ㄷ, ㄹ 모두 낙인이론의 주장내용에 부합한다. 낙인이론은 범죄원인을 범죄인과 사회의 상호작용에 의한 사회적 낙인과 반작용의 결과로 보았으며, 특히 법집행기관에 의한 낙인을 강조하여 범죄통제가 오히려 범죄를 야기한다고 보았다. 낙인이론에서는 이러한 문제점의 해소를 위하여 경미한 범죄의 비범죄화(ㄱ), 범죄자에 대한 공식적 행정작용의 축소 및 대체(ㄴ), 사회 내 처우의 확대(ㄷ), 범죄자의 재사회화 이후 사회적 지위의 회복을 위한 탈낙인화(ㄹ) 등의 필요성을 강조하고 있다.
>
> 정답 ④

PART II 범죄원인론

088 다음의 범죄이론과 그 내용이 바르게 짝지어진 것은?
2013. 7급 공채

ㄱ. 억제이론(deterrence theory)
ㄴ. 차별접촉이론(differential association theory)
ㄷ. 사회유대이론(social bond theory)
ㄹ. 낙인이론(labeling theory)
ㅁ. 사회해체이론(social disorganization theory)

A. 도심지역의 주민이동과 주민이질성이 범죄발생을 유도한다.
B. 지하철에 정복경찰관의 순찰을 강화하자 범죄가 감소했다.
C. 부모와의 애착이 강한 청소년일수록 비행가능성이 낮다.
D. 청소년 비행의 가장 강력한 원인은 비행친구에 있다.
E. 어려서부터 문제아로 불리던 사람은 성인이 되어서도 범죄성향이 강하게 나타난다.

	ㄱ	ㄴ	ㄷ	ㄹ	ㅁ
①	A	B	E	C	D
②	A	E	D	B	C
③	B	C	D	A	E
④	B	D	C	E	A

해설

④ 'ㄱ - B, ㄴ - D, ㄷ - C, ㄹ - E, ㅁ - A'이다.

ㄱ. 억제이론(deterrence theory) : 모든 인간은 행위로부터 얻을 수 있는 <u>잠재적 쾌락과 고통</u>을 합리적으로 계산하여 자신의 <u>자유의지로 행위를 선택</u>한다고 본다. 따라서 경찰관의 순찰이 강화되면 붙잡혀 수용될 가능성이 많아지므로 범죄가 줄어든다.

ㄴ. 차별접촉이론(differential association theory) : 사회조직은 서로 다른 특성을 가진 이질적 이익과 이질적 목표를 가진 잡다한 조직으로 분화되어 있는데, 그 가운데 어느 집단과 친밀감을 가지고 차별적 접촉을 갖느냐에 따라 백지와 같은 인간의 본성에 특정집단의 행동양식을 배우고 익혀 나간다는 이론으로, <u>최우선적 접촉대상은 부모, 가족, 친구</u> 등이라고 보았다. 따라서 비행친구와의 접촉을 통하여 청소년 비행이 전이된다고 본다.

ㄷ. 사회유대이론(social bond theory) : 누구나 반사회적 행위를 하려는 본성을 가지고 있다고 전제하고, <u>우리 사회는 비행을 저지르도록 강요하는 긴장은 없으며 오히려 범죄를 저지르지 못하게 하는 요인인 '사회연대의 요소'만이 있다</u>고 보았다. 부모와의 애착과 같은 유대관계는 비행가능성을 줄여준다.

ㄹ. 낙인이론(labeling theory) : 일탈행위에 대한 '사회적 반응'에 관심을 두고, 범죄원인은 범죄인과 사회의 상호작용에 의한 사회적 낙인과 반작용의 결과라는 이론으로, 범죄가 범죄통제를 야기하기 보다는 범죄통제가 오히려 범죄를 야기한다고 보았다. 어려서부터 문제아로 불리던 사람은 낙인 효과에 의하여 성인이 되어서도 범죄성향이 나타난다고 본다.

ㅁ. 사회해체이론(social disorganization theory) : <u>급격한 도시화, 산업화에 따라 지역사회에 기초한 통제의 붕괴, 사회해체, 구성원의 일탈</u>로 이어진다는 이론이다. 도심지역의 주민이동과 주민이질성은 지역사회의 통제력 상실을 야기하고 이에 따라 범죄가 발생된다고 본다.

정답 ④

089 사회해체론에 대한 설명으로 옳지 않은 것만을 모두 고른 것은?

2014. 7급 공채

ㄱ. 개별적으로 누가 거주하든지 관계없이 지역의 특성과 범죄발생 간에는 중요한 연관성이 있다고 본다.
ㄴ. 쇼우(Shaw)와 맥케이(Mckay)는 도심과 인접하면서 주거지역에서 상업지역으로 바뀐 이른바 전이지역(transitional zone)의 범죄발생률이 지속적으로 높다고 지적하였다.
ㄷ. 버식(Bursik)과 웹(Webb)은 지역사회가 주민들에게 공통된 가치체계를 실현하지 못하고 지역주민들이 공통적으로 겪는 문제를 해결할 수 없는 상태를 사회해체라고 정의하고, 그 원인을 주민의 비이동성과 동질성으로 보았다.
ㄹ. 버식(Bursik)과 웹(Webb)은 사회해체지역에서는 공식적인 행동지배규범(movement-governing rules)이 결핍되어 있으므로 비공식적 감시와 지역주민에 의한 직접적인 통제가 커진다고 주장하였다.
ㅁ. 사회해체지역에서는 전통적인 사회통제기관들이 규제력을 상실하면서 반가치를 옹호하는 하위문화가 형성되나, 주민이동이 많아지면서 이러한 문화는 계승되지 않고 점차 줄어들면서 범죄율이 낮아진다고 본다.

① ㄱ, ㄴ, ㄷ
② ㄴ, ㄷ, ㄹ
③ ㄴ, ㄹ, ㅁ
④ ㄷ, ㄹ, ㅁ

해설

④ 옳지 않은 것은 ㄷ, ㄹ, ㅁ이다.
ㄱ. (O) : 해체지역의 지역적 특성에 따른 높은 범죄발생률에 대한 설명이다.
ㄴ. (O) : 전이지역은 과도기 지역으로 불안정하여 범죄발생률이 높다는 설명이다.
ㄷ. (×) : 버식(Bursik)과 웹(Webb)은 지역사회해체의 원인을 주민의 이동성 및 이질성으로 보았다. 즉 지역주민의 이동이 많고 주민의 이질성이 많은 지역은 그 지역사회가 주민들에게 공통된 가치체계를 실현할 수 없는 상태가 되어 사회통제능력이 결여된 사회해체지역이 된다는 것이다.
ㄹ. (×) : 버식(Bursik)과 웹(Webb)은 사회해체지역에서는 공식적인 행동지배규범이 있더라도 제대로 기능하지 못하며, 또한 비공식적 감시나 지역주민에 의한 직접적인 통제도 약화된다고 보았다.
ㅁ. (×) : 사회해체론은 특정지역에 누가 거주하느냐와 상관없이 그 지역의 특성과 범죄발생 간에 상관관계가 있다고 보므로, 사회해체지역에서 형성된 하위문화로 인하여 구성원의 잦은 변동에도 불구하고 높은 범죄율이 나타난다고 보았다.

정답 ④

PART II 범죄원인론

090 사회해체이론에 대한 설명으로 옳지 않은 것은?   2024. 9급 공채

① 범죄를 예방하기 위해서는 도시의 지역사회를 재조직함으로써 사회통제력을 증가시키는 것이 중요하다.
② 버제스(Burgess)의 동심원 이론에 따르면, 도시 중심부로부터 멀어질수록 범죄 발생률이 높아진다.
③ 쇼우(Shaw)와 맥케이(McKay)는 사회해체가 높은 범죄율과 상관관계가 있다고 보았다.
④ 버제스의 동심원 이론은 소위 변이지역(zone in transition)의 범죄율이 거주민들의 국적이나 인종의 변화에도 불구하고 지속해서 높다는 것을 보여 준다.

해설

② 버제스는 동심원 이론에서 동심원을 '구역'이라고 표현하고 각각의 구역은 범인성의 특징이 서로 다르게 구성되어 있으므로 범죄발생률이나 범죄의 종류에 상당한 차이를 나타낸다고 주장하였다. 버제스는 구역을 중심지대(central business zone), 변이지대(transitional zone), 근로자 거주지대(working man's home zone), 주거지대(residential zone), 통근자 거주지대(commuter's zone) 등으로 나누고, 도시의 중심부에서 멀어질수록 범인성 특징의 정도가 낮으며 그에 따라 범죄문제도 점점 감소하는 경향을 보이게 된다고 하였다. 특히 제2구역인 변이지대에 범죄가 집중되는 것으로 나타났는데, 그것은 이 구역이 전통적인 사회통제기능이 약화되어 사회규범이 범죄를 억제하지 못하기 때문으로 보았다.

정답 ②

091 사회해체이론(social disorganization theory)에 대한 설명으로 옳지 않은 것은?

2020. 7급 공채

① 화이트칼라 범죄 등 기업범죄를 설명하는 데에 유용하다.
② 범죄는 개인적인 차이에 의한 것이라기보다는 환경적 요인들을 범죄의 근원적 원인으로 본다.
③ 지역사회의 생태학적 변화가 범죄의 발생에 중요한 역할을 한다고 보는 것이다.
④ 범죄의 발생이 비공식적인 감시기능의 약화에서 비롯되는 것으로 설명하기도 한다.

해설

① 사회해체이론은 급격한 도시화·산업화로 해체된 지역의 환경적 요인에 의한 하류계층의 높은 범죄율을 연구한 이론으로, 해체지역의 하위계층의 범죄현상의 해석에는 유용하나 화이트칼라 범죄, 기업범죄 또는 상류계층의 범죄의 설명에는 부적합하다.

정답 ①

092 다음 글에서 설명하는 이론은?

2023. 7급 공채 보호직, 교정직

> 공동체의 사회통제에 대한 노력이 무뎌질 때 범죄율은 상승하고 지역의 응집력은 약해진다. 이에 지역사회 범죄를 줄이기 위해서는 이웃 간의 유대 강화와 같은 비공식적 사회통제가 중요하며, 특히 주민들의 사회적 참여는 비공식적 사회통제와 밀접하게 관련되어 있다.

① 샘슨(Sampson)의 집합효율성(collective efficacy)
② 쇼(Shaw)와 맥케이(Mckay)의 사회해체(social disorganization)
③ 머튼(Merton)의 긴장(strain)
④ 뒤르켐(Durkheim)의 아노미(anomie)

해설

① 샘슨(Sampson)의 집합효율성(collective efficacy)에 관한 설명이다. 집합효율성은 지역의 무질서나 사회문제를 해결하겠다는 지역주민의 응집력 내지 비공식적 사회통제를 활성화하는 이웃 거주민의 인식능력을 말하는데, 이것은 무질서에 선행하며 결과적으로 범죄의 두려움을 낮추게 된다. 집합효율성이 높은 지역에서 범죄가 발생할 경우 주민이 비공식 통제를 하거나 공식적 통제를 요청할 가능성이 높아지므로, 집합효율성이 높을수록 범죄율은 낮아질 것으로 예측한다.

정답 ①

PART II 범죄원인론

093 다음 개념을 모두 포괄하는 범죄이론은? 2022. 7급 공채

- 울프강(Wolfgang)의 폭력사용의 정당화
- 코헨(Cohen)의 지위좌절
- 밀러(Miller)의 주요 관심(focal concerns)

① 갈등이론
② 환경범죄이론
③ 하위문화이론
④ 정신분석이론

해설

③ 울프강(Wolfgang)의 폭력하위문화이론, 코헨(Cohen)의 비행하위문화이론, 밀러(Miller)의 하위계층문화이론은 모두 '하위문화이론(Subcultural Theory)'에 해당한다. 울프강(Wolfgang)과 페라쿠티(Ferracuti)는 폭력이 적절한 행동으로 평가받는 문화 속에서 생활하는 청소년들의 폭력가능성이 높다는 폭력하위문화이론(Violent Subculture Theory)을 주장하였고, 밀러(Miller)는 해체된 지역사회에서는 하위계층의 독자적인 문화가 발전하여 그 구성원들이 공유하는 고유한 문화 내지 가치체계를 형성하며 그와 같은 하층문화에 동조하는 것 자체가 비행이 된다는 하층계급문화이론을 주장하였다. 그리고 코헨(Cohen)은 하류계층이 중류계층 위주의 사회 및 그 기준에 도달할 수 없어 실패와 좌절을 경험하게 되며, 이에 대한 거부감으로 악의성을 가진 집단적인 저항행위를 저지르게 된다는 비행하위문화이론을 주장하였다.

정답 ③

094 문화적 비행이론(cultural deviance theory)에 대한 설명으로 옳지 않은 것은?

2020. 7급 공채

① 밀러(Miller)는 권위적 존재로부터 벗어나고 다른 사람으로부터 간섭을 받는 것을 혐오하는 자율성(autonomy)이 하위계층의 주된 관심 중 하나라고 한다.
② 코헨(Cohen)은 비행하위문화가 비합리성을 추구하기 때문에 공리성, 합리성을 중요시하는 중심문화와 구별된다고 한다.
③ 코헨(Cohen)의 비행하위문화이론은 중산계층이나 상류계층 출신이 저지르는 비행이나 범죄를 설명하지 못하는 한계가 있다.
④ 클로워드(Cloward)와 오린(Ohlin)의 범죄적 하위문화는 합법적인 기회구조와 비합법적인 기회구조 모두가 차단된 상황에서 폭력을 수용한 경우에 나타나는 하위문화이다.

해설

④ 클로워드(Cloward)와 올린(Ohlin)의 범죄적 하위문화는 합법적인 기회구조가 차단되고, 비합법적인 기회구조가 존재하는 경우에 발생하는 하위문화유형이다. 즉 범죄적 하위문화는 합법적인 기회구조는 없고 범죄의 학습기회와 수행기회가 많은 지역에서 발생한다.
① 밀러(Miller)는 하층계급의 주요 관심사(focal concerns)로 말썽거리(trouble), 강인(toughness), 교활(smartness), 흥분(excitement), 운명론(fatalism), 자율성(autonomy)을 들고 있다.
② 코헨(Cohen)은 비행하위문화의 특징으로 반항성, 비공리성, 거부감, 단기적인 쾌락의 추구, 집단자율의 강조 등을 들고 있다. 그는 비행소년집단의 문화는 사회의 주도적인 중산층문화에 반항적 성격을 가지고 있으며, 사회 전체의 이익에 대한 고려가 없고 기성세대의 가치를 부정하고 장기적 목적에 대한 관심보다는 단기적인 쾌락을 추구하는 경향이 있다고 보았다.
③ 코헨(Cohen)의 비행하위문화이론은 중산층 문화에 적응하지 못한 하위계층 출신 소년들이 그에 대한 반작용으로 자신을 궁지에 빠뜨린 문화나 가치체계와는 정반대의 비행하위문화를 형성하며, 이렇게 형성된 하위문화는 이들이 이룰 수 있는 현실적이고 반항적이며 일탈적인 지위와 성취의 기준을 제공한다고 본다. 따라서 이 이론은 중산계층이나 상류계층 출신이 저지르는 비행이나 범죄를 설명하지 못하는 한계가 있다.

정답 ④

PART II 범죄원인론

095 밀러(Miller)의 하류계층 문화이론(lower class culture theory)에 대한 설명으로 옳지 않은 것은?　　2023. 7급 공채 보호직, 교정직

① 밀러는 하류계층의 문화를 고유의 전통과 역사를 가진 독자적 문화로 보았다.
② 하류계층의 여섯 가지 주요한 관심의 초점은 사고치기(trouble), 강인함(toughness), 영악함(smartness), 흥분추구(excitement), 운명(fate), 자율성(autonomy)이다.
③ 중류계층의 관점에서 볼 때, 하류계층 문화는 중류계층 문화의 가치와 갈등을 초래하여 범죄적·일탈적 행위로 간주된다.
④ 범죄와 비행은 중류계층에 대한 저항으로서 하류계층 문화 자체에서 발생한다.

해설
④ 범죄와 비행을 중류계층 문화에 대한 저항으로서 하류계층 문화 자체에서 발생한다고 본 것은 코헨(Cohen)이다. 이 점에서 해체된 지역사회에서 하위계층이 공유하는 독자적인 문화가 존재하며, 그와 같은 하층문화에 동조하는 것 자체가 비행이 된다는 밀러(W. Miller)의 하층계급문화이론과 다르다.

정답 ④

096 밀러(Miller)의 하류계층 하위문화이론에 대한 설명으로 옳지 않은 것은?　　2013. 7급 공채

① 하류계층의 비행을 '중류층에 대한 반발에서 비롯된 것'이라는 코헨(Cohen)의 주장에 반대하고 그들만의 독특한 하류계층 문화 자체가 집단비행을 발생시킨다고 보았다.
② 하류계층의 대체문화가 갖는 상이한 가치는 지배계층의 문화와 갈등을 초래하며, 지배집단의 문화와 가치에 반하는 행위들이 지배계층에 의해 범죄적·일탈적 행위로 간주된다고 주장한다.
③ 하류계층의 비행이 반항도 혁신도 아닌 그들만의 독특한 '관심의 초점'을 따르는 동조행위라고 보았다.
④ 하류계층의 문화를 범죄적 하위문화, 갈등적 하위문화, 도피적 하위문화로 분류하였다.

해설
④ 하류계층의 문화를 범죄적 하위문화, 갈등적 하위문화, 도피적 하위문화로 분류한 것은 클라워드와 올린의 차별적 기회구조이론이다. 차별적 기회구조이론에서는 비행하위문화를 촉발시키는 요인으로 하위계층 청소년들의 경우 합법적인 수단을 사용할 수 있는 기회의 불평등한 분포를 들고 있다. 즉 목표를 달성할 수 있는 가능성에 현저한 차이가 있으며, 이러한 차이로 인하여 비행하위문화가 형성된다는 것이다.
①, ②, ③ 밀러의 하류계층문화이론은 하층계급의 독자적인 문화규범에 동조하는 것 자체가 중산층문화의 범규범에 위반함으로써 범죄가 발생한다는 것으로, 중류계층의 가치를 거부하거나 반항하는 것이 아니고 그들만의 문화에 따르는 행동 자체가 중류계층의 가치나 행동패턴과 상치되어 범죄로 간주된다는 것이다.

정답 ④

097 코헨(Cohen)이 주장한 비행하위문화의 특징에 해당하지 않는 것은?　　2021. 7급 공채

① 자율성(autonomy) : 다른 사람의 간섭을 받기 싫어하는 태도나 자기 마음대로 행동하려는 태도로서 일종의 방종을 의미한다.
② 악의성(malice) : 중산층의 문화나 상징에 대한 적대적 표출로서 다른 사람에게 불편을 주는 행동, 사회에서 금지하는 행동을 하는 것을 즐긴다.
③ 부정성(negativism) : 기존의 지배문화, 인습적 가치에 반대되는 행동을 추구하며, 기존 어른들의 문화를 부정하는 성향을 갖는다.
④ 비합리성(non-utilitarianism) : 합리성의 추구라는 중산층 가치에 반대되는 것으로 합리적 계산에 의한 이익에 따라서 행동하는 것이 아니라 스릴과 흥미 등에 따른 행동을 추구한다.

해설

① '자율성(autonomy)'은 밀러(Miller)의 하층계급문화이론에서 주장한 하층계급의 주요 관심사(focal concerns)의 하나이다. 코헨(Cohen)의 비행하위문화이론과는 관계가 없다. 코헨은 비행하위문화의 특징으로 악의성, 비공리성, 부정성, 단기쾌락주의, 집단자율의 강조 등을 든다. 여기서 집단자율의 강조란 하위문화의 구성원들이 내적 단결심과 외적 적개심으로 무장되어 집단적으로 하위문화에 대한 외부의 간섭을 거부하는 성향을 말하며, 밀러가 말한 개인적인 성향으로서의 자율성(autonomy)과는 다른 개념이다.

정답 ①

098 범죄원인론에 대한 설명으로 옳지 않은 것은?   2012. 7급 공채

① 비행적 하위문화이론은 부정적인 자기관념에 입각해서 심리적인 차원에서 범죄원인을 분석하려 한다.
② 차별접촉이론은 범죄행위에 대해 우호적으로 정의하는 사람들과 비우호적으로 정의하는 사람들과의 접촉의 차이로 범죄행위를 설명한다.
③ 사회통제이론은 "사람들이 왜 범죄를 저지르는가?" 보다는 "왜 많은 사람들이 범죄를 저지르지 않는가?"를 설명하려고 한다.
④ 비판범죄학은 낙인이론에 영향을 크게 받았음에도 불구하고 낙인이론의 가치중립성과 추상성을 비판한다.

해설

① 코헨(Cohen)의 비행하위문화이론은 중산층 문화에 적응하지 못한 하위계층 출신 소년들이 그에 대한 반작용으로 자신을 궁지에 빠뜨린 문화나 가치체계와는 정반대의 비행하위문화를 형성하며, 이렇게 형성된 하위문화는 이들이 이룰 수 있는 현실적이고 반항적이며, 일탈적인 지위와 성취의 기준을 제공한다는 이론을 말한다. 이 이론은 심리적 차원의 이론이 아니고 <u>거시적 관점의 비행하위문화라는 환경을 범죄원인으로 보는 이론</u>이다.
② 서덜랜드(Sutherland)의 차별접촉이론에 대한 설명이다.
③ 허쉬(Hirschi)의 사회통제이론(사회유대이론)에 대한 설명이다.
④ 낙인이론과 비판범죄학은 모두 실증주의 범죄학의 문제점을 지적한 점에서는 공통된다. 그러나 낙인이론은 미시적인 관점에서 사회화과정을 중시하는 상호작용론을 전개하였다면 비판범죄학은 낙인이론의 단순한 가치중립성과 모호한 추상성을 비판하고, 그것을 범죄통제의 메커니즘으로 구체화하여 법 제정과 적용상의 불공평에 관심을 갖고 범죄발생과 통제의 저변에 작용하고 있는 구조적 요인인 자본주의 체제 자체의 모순점을 거시적인 시각에서 분석한 이론이다.

정답 | ①

099 다음 ㉠, ㉡에 들어갈 용어가 바르게 연결된 것은?

2016. 7급 공채

- 뒤르껭(Durkheim)에 의하면 (㉠)는 현재의 사회구조가 구성원 개인의 욕구나 욕망에 대한 통제력을 유지할 수 없을 때 발생한다고 보았으며, 머튼(Merton)에 의하면 문화적 목표와 이를 달성하기 위한 제도적 수단 사이에 간극이 있고 구조적 긴장이 생길 경우에 발생한다고 보았다.
- 밀러(Miller)에 의하면 (㉡)는 중산층과 상관없이 고유의 전통과 역사를 가진 독자적 문화로 보았으며, 코헨(Cohen)에 의하면 중산층의 보편적인 문화에 대항하고 반항하기 위해서 형성되는 것이라고 보았다.

	㉠	㉡
①	아노미	저항문화
②	아노미	하위문화
③	사회해체	저항문화
④	사회해체	하위문화

해설

② ㉠ 뒤르껭(Durkheim)과 머튼(Merton)의 <u>아노미(anomie)</u>에 대한 설명이다. 즉 뒤르껭은 아노미를 개인의 욕망에 대한 사회통제력의 결핍에서 찾은 반면, 머튼은 부의 성취라고 하는 문화적 목표와 이를 달성하기 위한 제도적 수단을 전제로 하여 둘 사이에 간극이 있을 때 아노미가 발생한다고 보았다.
㉡ 밀러(Miller)와 코헨(Cohen)의 <u>하위문화</u>에 대한 설명이다. 즉 밀러는 하위문화는 하류계층 고유의 독자적 문화에 동조하는 것 자체를 범죄로 간주한다고 보았으며, 코헨(Cohen)은 지배적인 문화에서 밀려난 하류계층이 중산층의 문화에 대항하고 저항하기 위한 행위가 범죄로 규정된다고 보았다.

정답 ②

PART II 범죄원인론

100 머튼(R. Merton)의 아노미 이론에 관한 설명으로 옳지 않은 것은?   2008. 7급 공채

① 머튼은 범죄를 개인의 속성이 아닌 일정한 사회구조에서 인정되는 목적과 그 수단과의 괴리관계에서 찾았다.
② 의례형(ritualism)은 문화적 목표를 수용하고 제도화된 수단도 수용하는 경우에 나타나는 반응으로서, 이는 문화적 목표에 대한 사회적 가치가 널리 퍼져있을 때 나타난다.
③ 문화적 목표와 제도화된 수단을 거부할 때 사회로부터 도피해버리는 퇴행형(retreatism)이 발생한다.
④ 문화적 목표는 수용하지만 제도화된 수단은 거부하는 경우 나타나는 가장 흔한 일탈유형은 혁신형(innovation)이다.

해설

② 의례형은 문화적 목표는 없고 제도화된 수단은 가지고 있는 자로서, 성공의 목표에는 관심이 없거나 거부하지만 제도화된 수단은 수용하여 순종적인 생활을 유지하는 유형을 말한다. 무사안일한 생활을 하는 관료나 중하층 봉급생활자 등이 이에 해당한다.

정답 | ②

101 머튼(Merton)이 제시한 아노미 상황에서의 적응양식 중에서 기존 사회체제를 거부하는 혁명가(A)와 알코올 중독자(B)에 해당하는 유형을 옳게 짝지은 것은? 2018. 9급 교정직 공채

적응양식의 유형	문화적 목표	제도화된 수단
㉠	+	+
㉡	+	−
㉢	−	+
㉣	−	−
㉤	±	±

※ +는 수용, −는 거부, ±는 제3의 대안을 추구하는 것을 의미

    (A) (B)
① ㉣ ㉢
② ㉡ ㉤
③ ㉤ ㉣
④ ㉤ ㉢

해설

③ 머튼(Merton)은 아노미이론(Anomie Theory)에서 개인의 적응유형 중 기존 사회체제를 거부하는 혁명가(A)의 유형은 지배적인 가치체계인 목표와 수단을 모두 거부하고 새로운 목표와 수단을 추구하며 자신의 의사가 표출될 수 있도록 범행이 공표되기를 원하는 유형으로, 반역·혁명형(rebellion)이 이에 해당한다. 그리고 알코올 중독자(B)의 유형은 용인되는 수단을 상실했거나 그것에의 접근이 극히 제한되어 있고 이와 함께 정당하지 못한 수단의 사용을 극히 꺼려 수단과 목표를 모두 상실하여 알코올이나 약물중독으로 생활하는 자로서, 도피·회피형(retreatism)이 이에 해당한다.

정답 ③

THEME 02 생물학적 원인론

102 머튼(Merton)의 아노미이론에 대한 설명으로 옳은 것으로만 묶인 것은? 2012. 7급 공채

> ㄱ. 동조형(conformity)은 안정적인 사회에서 가장 보편적인 행위유형으로서 문화적인 목표와 제도화된 수단을 부분적으로만 수용할 때 나타난다.
> ㄴ. 혁신형(innovation)은 문화적인 목표에 집착하여 부당한 수단을 통해서라도 성공을 달성하려는 행위유형으로 이욕적 범죄가 대표적이다.
> ㄷ. 의례형(ritualism)은 문화적 성공의 목표에는 관심이 없으면서도 제도화된 수단은 지키려는 유형으로 출세를 위한 경쟁을 포기한 하위직원들 사이에서 발견된다.
> ㄹ. 은둔형(retreatism)은 사회의 문화적 목표와 제도화된 수단을 모두 수용하지만 사회로부터 소외된 도피적인 유형을 말한다.
> ㅁ. 혁명형(rebellion)은 기존의 사회가 수용하는 목표와 제도화된 수단을 모두 거부하고 체제의 전복 등을 통해 새로운 것으로 대체하려는 유형이다.

① ㄱ, ㄴ, ㄷ
② ㄱ, ㄹ, ㅁ
③ ㄴ, ㄷ, ㄹ
④ ㄴ, ㄷ, ㅁ

해설

④ 옳은 것은 'ㄴ, ㄷ, ㅁ'이다.
ㄱ. (×) : 동조형(conformity)은 안정적인 사회에서 가장 보편적인 행위유형으로서 <U>문화적인 목표와 제도화된 수단을 모두 수용</U>할 때 나타나는 유형이다. 문화적인 목표에 따른 제도화된 수단이 존재하므로 범죄행위로 나아가지 않는 유형이다.
ㄴ. (○) : 혁신형(innovation)은 문화적인 목표는 있으나, 제도화된 수단이 없는 경우에 나타나는 유형으로, 부의 성취라는 문화적 목표를 위하여 불법을 저지르더라도 목표를 달성하려는 행위유형이다.
ㄷ. (○) : 의례형(ritualism)은 문화적 목표는 없고, 제도화된 수단은 존재하는 유형으로 출세나 진급에 관심이 없는 하위봉급생활자들에게서 주로 나타나는 유형이다.
ㄹ. (×) : 은둔형(retreatism)은 <U>사회의 문화적 목표와 제도화된 수단을 모두 거부</U>하고 사회로부터 소외되어 알콜중독자, 부랑자가 되는 등 도피적인 생활을 하는 유형이다.
ㅁ. (○) : 혁명형(rebellion)은 기존의 사회가 수용하는 목표와 제도화된 수단을 모두 거부하고 자신이 추구하는 이상적인 세계로 대체하려는 유형으로, 사회주의 사회의 건설을 주장하거나 각종 공공기관에서 실시하는 사업을 거부하는 시위를 주도하는 사람들에게서 많이 나타나는 유형이다.

정답 ④

103 머튼(Merton)의 아노미이론에 대한 설명으로 옳지 않은 것은? 2020. 7급 공채

① '순응(conformity)'은 문화적 목표와 제도화된 수단을 모두 승인하는 적응방식으로 반사회적인 행위유형이 아니다.
② '혁신(innovation)'은 문화적 목표는 승인하지만 제도화된 수단을 부정하는 적응방식으로 마약밀매, 강도, 절도 등이 이에 해당한다.
③ '퇴행(retreatism)'은 문화적 목표와 제도화된 수단을 모두 부정하고 사회활동을 거부하는 적응방식으로 만성적 알코올 중독자, 약물 중독자, 부랑자 등이 이에 해당한다.
④ '의식주의(ritualism)'는 문화적 목표와 제도화된 수단을 모두 부정하고 기존의 사회질서를 다른 사회질서로 대체할 것을 요구하는 적응방식으로 혁명을 시도하는 경우 등이 이에 해당한다.

해설
④ 문화적 목표와 제도화된 수단을 모두 부정하고 기존의 사회질서를 다른 사회질서로 대체할 것을 요구하는 적응방식은 혁명형(rebellion = 반역형, 전복형)이다. '의식주의(ritualism)'는 의례형이라고도 하며, 문화적 목표는 없고 제도화된 수단은 가지고 있는 자로서, 무사안일한 생활을 하는 관료나 중하층 봉급생활자 등 성공의 목표에는 관심이 없거나 거부하지만 제도화된 수단은 수용하여 순종적인 생활을 유지하는 자를 말한다.

정답 ④

104 머튼(Merton)의 아노미이론에서 제시한 개인의 적응방식 중 다음의 사례에서 찾을 수 없는 유형은?

2014. 7급 공채

- 비록 자신은 충분한 교육을 받지 못했지만 주어진 조건 내에서 돈을 많이 벌려고 노력하는 자
- 정상적인 방법으로는 부자가 될 수 없다고 판단하고 사기, 횡령 등을 행하는 자
- 사업이 수차례 실패로 끝나자 자신의 신세를 한탄하면서 부랑생활을 하는 자
- 환경보호를 이유로 공공기관이 시행하는 댐건설현장에서 공사 중단을 요구하며 시위를 하는 자

① 혁신형(innovation) ② 회피형(retreatism)
③ 의례형(ritualism) ④ 반역형(rebellion)

해설

③ 머튼(Merton)의 아노미이론에서 개인의 적응유형 중 의례형은 문화적 목표가 없고 제도화된 수단은 가지고 있는 자로서, 성공의 목표는 외면하고 제도적 수단에 충실한 순종적인 생활을 유지하는 자로서, 무사안일한 생활을 하는 관료나 중하층 봉급생활자 등이 이에 해당한다.

- 비록 자신은 충분한 교육을 받지 못했지만 주어진 조건 내에서 돈을 많이 벌려고 노력하는 자 : 주어진 조건 하에서 성공의 목표를 위해 노력하는 자이므로, 성공목표와 제도적 수단이 일치하여 정상적인 생활을 유지하는 사람으로 동조형에 해당한다.
- 정상적인 방법으로는 부자가 될 수 없다고 판단하고 사기, 횡령 등을 행하는 자 : 제도화된 수단으로는 목표를 이룰 수 없다고 판단하고 범죄를 행하는 자이므로, 성공목표를 위한 제도화된 수단이 결여된 자로서 재산범죄를 많이 일으키고 범죄학적으로 가장 문제되는 혁신형(개혁형)에 해당한다.
- 사업이 수차례 실패로 끝나자 자신의 신세를 한탄하면서 부랑생활을 하는 자 : 수차례의 실패로 목표를 상실하고 제도화된 수단도 결여된 자로서, 자포자기의 생활을 하는 자이므로 회피형(도피형)에 해당한다.
- 환경보호를 이유로 공공기관이 시행하는 댐건설현장에서 공사 중단을 요구하며 시위를 하는 자 : 공동체 사회의 목표인 공공기관의 활동을 거부하고, 사회 전체를 위한다는 생각으로 다른 시각을 가지고 자신의 활동이 외부로 표출되기를 바라며 시위를 하는 자이므로, 지배적인 가치체계를 거부하고 새로운 가치를 추구하는 자로서, 반역형(혁명형)에 해당한다.

정답 ③

105 범죄이론에 대한 설명으로 옳지 않은 것은? 2016. 7급 공채

① 서덜랜드(Sutherland)에 의하면 범죄행동은 학습되며 범죄자와 비범죄자의 차이는 학습과정의 차이가 아니라 접촉유형의 차이라고 한다.
② 글래저(Glaser)에 의하면 범죄는 행위자가 단순히 범죄적 가치와 접촉함으로써 발생하는 것이 아니라, 행위자 스스로 그것을 자기 것으로 동일시하는 단계로까지 나가야 발생한다고 한다.
③ 사이크스(Sykes)와 맛짜(Matza)에 의하면 비행소년들이 범죄자와 접촉하는 과정에서 전통의 규범을 중화시키는 기술을 습득하게 된다고 한다.
④ 머튼(Merton)에 의하면 반응양식 중 혁신(innovation)은 문화적 목표는 부정하지만 제도화된 수단은 승인하는 형태라고 한다.

해설

④ 머튼(Merton)에 의하면 혁신형(innovation)은 범죄형으로 개인은 문화적 목표를 수용하지만 제도화된 수단이 없는 유형으로, 성공을 위하여 비합법적인 방법을 사용하게 된다. 예컨대 정상적인 방법으로는 부자가 될 수 없다고 판단하고 사기, 횡령 등의 범죄를 저지르는 자가 이에 해당한다. 적응양식 가운데 머튼이 가장 관심을 둔 것 유형으로, 이 유형은 합법적인 기회가 중상류층에 비하여 차단된 하류계층의 높은 범죄율을 설명하는 논리적 근거가 되었다.

정답 ④

PART II 범죄원인론

106 다음에서 설명하는 이론을 주장한 학자는?   2023. 9급 교정직 공채

- 아메리칸 드림이라는 문화사조는 경제제도가 다른 사회제도들을 지배하는 '제도적 힘의 불균형' 상태를 초래함
- 아메리칸 드림과 같은 문화사조와 경제제도의 지배는 서로 상호작용을 하면서 미국의 심각한 범죄문제를 일으킴

① 머튼(Merton)
② 코헨과 펠슨(Cohen & Felson)
③ 코니쉬와 클라크(Cornish & Clarke)
④ 메스너와 로젠펠드(Messner & Rosenfeld)

해설

④ 메스너와 로젠펠드(Messner & Rosenfeld)의 '제도적 아노미 이론'에 대한 설명이다. 제도적 아노미 이론은 수많은 제도들이 조화를 이루어야 함에도 불구하고 각각의 제도에 힘의 불균형이 나타날 때 아노미가 발생한다고 보며, 메스너와 로젠펠드는 특히 경제제도를 강조하였다. 사회의 여러 가지 제도 중에서 경제제도는 인간의 자율적 동기, 효율성 등을 중시하는 제도이기 때문에 다른 제도에 비하여 사람들을 통제하는 기능이 약한 특성을 가지는데도 불구하고, 경제력에 따른 빈부 간 격차, 기회의 불균형으로 인하여 현대 사회에 가장 큰 영향력을 끼치는 제도가 되었다고 보았다. 그들은 개인의 가치를 물질적 성공으로 측정하고 돈을 성공을 위한 절대적인 수단으로 여기며, 황금만능주의, 이기주의적인 성향으로 발전하게 된 미국의 '아메리칸 드림(American Dream)'을 통하여 아노미를 설명한다.

정답 ④

107 클라워드(Cloward)와 올린(Ohlin)의 차별기회이론(differential opportunity theory)에 대한 설명으로 옳지 않은 것은?　　　　　　　　　　　　　　　　　2023. 9급 교정직 공채

① 합법적 수단뿐만 아니라 비합법적 수단에 대해서도 차별기회를 고려하였다.
② 도피 하위문화는 마약 소비 행태가 두드러지게 나타나는 갱에서 주로 발견된다.
③ 머튼의 아노미이론과 서덜랜드의 차별접촉이론으로 하위문화 형성을 설명하였다.
④ 비행 하위문화를 갈등하위문화(conflict subculture), 폭력하위문화(violent subculture), 도피하위문화(retreatist subculture)로 구분하였다.

해설

④ 클라워드와 올린(Cloward & Ohlin)은 기회구조의 통합정도를 기준으로 비행하위문화를 범죄적 하위문화(criminal subculture), 갈등적 하위문화(conflict subculture), 도피하위문화(retreatist subculture)로 분류하였다. 범죄적 하위문화는 범죄의 학습기회와 수행기회가 많은 지역에서 발생하며 하위문화권의 청소년은 관습적이며 비행적인 가치를 내면화하므로 경제적인 지위향상을 위하여 절도·강도 등 범죄 및 비행을 일상적으로 수행하는 경우이다. 갈등적 하위문화는 조직적인 범죄의 학습기회는 없지만 사회통제가 취약하여 폭력의 수행기회는 있는 곳에서 발생하며 비행기술을 배울 기회도 많지 않고 비행의 실행기회는 적기 때문에 비행의 성공가능성이 상대적으로 낮은 경우이다. 도피적 하위문화는 범죄의 학습기회도 수행기회도 제한된 곳에서 발생하며 합법적·비합법적 기회 모두가 단절되어 있기 때문에 이중실패자라고 부르며 이중실패자는 술·마약 등의 획득·소비에 몰두하는 활동을 하게 되는 유형이다.
③ 클라워드와 올린은 비합법적 기회구조의 분포에 따라 범죄여부가 달라진다는 점을 근거로 머튼의 아노미이론과 서덜랜드의 차별접촉이론을 확대·발전시켰다.

정답 ④

PART II 범죄원인론

108 범죄원인에 대한 설명이다. 각 설명에 해당하는 이론을 바르게 짝지은 것은?

2010. 7급 공채

> ㄱ. 사람들은 법률을 위반해도 무방하다는 관념을 학습한 정도가 법률을 위반하면 안 된다는 관념을 학습한 정도보다 클 때에 범죄를 저지르게 된다.
> ㄴ. 중산층의 가치나 규범을 중심으로 형성된 사회의 중심문화와 빈곤계층 출신 소년들에게 익숙한 생활 사이에는 긴장이나 갈등이 발생하며, 이러한 긴장관계를 해결하려는 시도에서 비행문화가 형성되어 범죄가 발생한다.
> ㄷ. 조직적인 범죄활동이 많은 지역에서는 범죄기술을 배우거나 범죄조직에 가담할 기회가 많으므로 범죄가 발생할 가능성이 큰 반면, 조직적인 범죄활동이 없는 지역에서는 비합법적인 수단을 취할 수 있는 기회가 제한되어 있으므로 범죄가 발생할 가능성이 적다.
> ㄹ. 사람들은 누구든지 비행으로 이끄는 힘과 이를 차단하는 힘을 받게 되는데, 만일 이끄는 힘이 차단하는 힘보다 강하게 되면 그 사람은 범죄나 비행을 저지르게 된다.

	ㄱ	ㄴ	ㄷ	ㄹ
①	차별적(분화적) 접촉이론	비행하위문화론	차별적(분화적) 기회구조론	억제(봉쇄)이론
②	억제(봉쇄)이론	차별적(분화적) 기회구조론	문화갈등이론	차별적(분화적) 접촉이론
③	차별적(분화적) 접촉이론	차별적(분화적) 기회구조론	비행하위문화론	억제(봉쇄)이론
④	억제(봉쇄)이론	비행하위문화론	차별적(분화적) 기회구조론	문화갈등이론

해설
① ㄱ : 서덜랜드(Sutherland)의 차별적 접촉이론의 내용이다.
ㄴ : 코헨(Cohen)의 비행하위문화이론의 내용이다.
ㄷ : 클라워드와 올린(Cloward & Ohlin)의 차별적 기회구조이론의 내용이다.
ㄹ : 레클리스(Reckless)의 봉쇄이론의 내용이다.

정답 ①

109 갈등이론에 대한 설명으로 옳지 않은 것은? 2022. 7급 공채

① 셀린(Sellin)은 이민 집단의 경우처럼 특정 문화집단의 구성원이 다른 문화의 영역으로 이동할 때에 발생할 수 있는 갈등을 이차적 문화갈등으로 보았다.
② 볼드(Vold)는 이해관계의 갈등에 기초한 집단갈등론을 주장하였으며, 특히 집단 간의 이익갈등이 가장 첨예한 상태로 대립하는 영역으로 입법정책 부문을 지적하였다.
③ 터크(Turk)는 사회를 통제할 수 있는 권력 또는 권위의 개념을 범죄원인과 대책 분야에 적용시키고자 하였다.
④ 퀴니(Quinney)는 노동자계급의 범죄를 자본주의 체제에 대한 적응범죄와 대항범죄로 구분하였다.

해설
① 셀린(Sellin)은 국가 간의 병합이나 이민 집단의 경우처럼 특정 문화집단의 구성원이 다른 문화의 영역으로 이동할 때에 발생할 수 있는 갈등을 일차적 문화갈등으로 보았다. 이차적 문화갈등은 도시·농촌 등 지역 간 갈등, 세대 간 갈등, 빈부갈등 등 동일문화 내에서 사회분화로 인하여 발생하는 갈등을 말한다.

정답 ①

PART II 범죄원인론

110 갈등이론에 대한 설명으로 옳지 않은 것은?
2010. 7급 공채

① 셀린(T. Sellin)의 문화갈등론 - 문화갈등에 따른 행위규범의 갈등은 심리적 갈등의 원인이 되고, 나아가 범죄의 원인이 된다.
② 볼드(G. Vold)의 집단갈등론 - 범죄는 집단 사이에 갈등이 일어나고 있는 상황에서 자신들의 이익과 목적을 제대로 방어하지 못한 집단의 구성원들이 자기의 이익을 추구하기 위해 표출하는 행위이다.
③ 봉거(W. Bonger)의 급진적 갈등론 - 범죄와 같은 현행 규범에서의 일탈을 이탈(離脫)로 하고, 고차원의 도덕성을 구하기 위해 현행규범에 반대하거나 어긋나는 일탈을 비동조로 구분한다.
④ 터크(A. Turk)의 범죄화론 - 사회적으로 권력이 있는 집단이 하층계급의 사람들에게 그들의 실제 행동과는 관계없이 범죄자라는 신분을 부여할 수 있다는 측면에서 피지배집단의 범죄현상을 이해한다.

해설

③ 봉거(W. Bonger)는 자본주의사회에서의 생산수단의 사적 소유와 이윤동기는 인간을 이기주의적으로 만들게 되고, 계급갈등과 경제적 불평등을 야기하고 그로 인하여 범죄가 발생하게 된다는 범죄의 경제적 결정론을 제시하였다. 사법제도는 신분이 낮고 가난한 자들을 주 대상으로 삼는 편향된 경향을 가지고 있어 사회 상층부 범죄자들은 쉽게 적발되지 않거나 적발되더라도 법망을 빠져나가 범죄통계에는 잘 잡히지 않게 되며, 이에 따라 가진 자와 못 가진 자의 갈등적 양상이 심화되면서 양자는 모두 비인간화되고 여기서 범죄생산의 비도덕성(탈도덕화)이 형성된다는 것이다.
범죄와 같은 현행 규범에서의 일탈을 이탈(離脫)로 하고, 고차원의 도덕성을 구하기 위해 현행규범에 반대하거나 어긋나는 일탈을 비동조로 구분하는 것은 아노미이론을 주장한 뒤르켐의 기능론적 시각의 일탈이론이다. 즉 사람들은 일탈자를 국외자(局外者)로 몰아붙이고 자기들끼리의 집단연대를 강화하며, 범죄자들은 이탈(離脫)자의 집단인 일종의 외집단(外集團)이 된다. 그리고 일탈행위 중 기존규범에 대한 비동조행위는 당당하게 기존규범과 법을 위반함으로써 낡은 규범을 변화시키는 기능을 담당하는 사회개혁의 기능이 있다고 한다.

정답 ③

111 갈등이론에 대한 설명으로 옳지 않은 것은?

2024. 9급 공채

① 터크(Turk)는 법제도 자체보다는 법이 집행되는 과정에서 특정 집단의 구성원이 범죄자로 규정되는 과정에 주목하였다.
② 셀린(Sellin)은 이질적인 문화 사이에서 발생하는 갈등을 일차적 문화갈등이라고 하고, 하나의 단일 문화가 각기 독특한 행위규범을 갖는 여러 개의 상이한 하위문화로 분화될 때 일어나는 갈등을 이차적 문화갈등이라고 하였다.
③ 스핏처(Spitzer)는 후기 자본주의 사회에서는 생산활동에서 소외되는 인구가 양산됨에 따라 이로 인해 많은 일탈적 행위가 야기될 것이라고 보았다.
④ 봉거(Bonger)는 법규범과 문화적·사회적 규범의 일치도, 법 집행자와 저항자 간의 힘의 차이, 법규범 집행에 대한 갈등의 존재 여부가 범죄화에 영향을 미친다고 보았다.

해설

④ 법규범과 문화적·사회적 규범이 일치하는 정도, 법집행자와 피집행자의 힘이 차이, 법규범 집행에 대한 갈등의 존재여부 등에 의해 범죄화가 결정된다는 주장은 <u>터크(A. Turk)의 범죄화론</u>이다. 터크는 문화갈등이론과 낙인이론의 영향을 받아, 범죄성과 법질서에서 범죄자의 지위를 갖게 되는 과정인 범죄화는 그 사람이 무엇을 했느냐가 아니라, 그 사람이 권위, 즉 정치적 힘에 있어 어떤 위치를 차지하느냐에 달려있다고 주장하였다. 즉 사회의 권위구조를 집단의 문화규범이나 행동양식을 다른 사람들에게 강제할 수 있는 권위를 가진 지배집단과 그렇지 못한 피지배집단으로 구분하고, 어느 집단에 속해 있느냐에 따라 범죄화의 여부가 달라진다고 보았다. 이 이론을 터크의 범죄화론 또는 권력갈등이론이라고 한다.

봉거(Bonger)는 1916년 저서「범죄성과 경제적 조건」에서 자본주의사회에서의 생산수단의 사적 소유와 이윤동기는 인간을 이기주의적으로 만들게 되고, 따라서 계급갈등과 경제적 불평등을 야기하고 그로 인하여 범죄가 발생하게 된다는 범죄의 경제적 결정론을 제시하였다.

정답 ④

112 다음 설명 중 옳지 않은 것은?
2014. 7급 공채

① 라까사뉴(Lacassagne)는 사회는 범죄의 배양기이고 범죄자는 그 미생물에 해당한다고 하여 범죄원인은 결국 사회와 환경에 있다는 점을 강조하였다.
② 셀린(Sellin)은 동일한 문화 안에서의 사회변화에 의한 갈등을 1차적 문화갈등이라고 하고, 이질적 문화 간의 충돌에 의한 갈등을 2차적 갈등이라고 설명하였다.
③ 뒤르켐(Durkheim)은 집단적 비승인이 존재하는 한 범죄는 모든 사회에 어쩔 수 없이 나타나는 현상으로 병리적이기 보다는 정상적인 현상이라고 주장하였다.
④ 코헨(Cohen)은 중산층 문화에 적응하지 못한 하위계층 출신 소년들이 자신을 궁지에 빠뜨린 문화나 가치체계와는 정반대의 비행하위문화를 형성한다고 보았다.

해설

② 셀린(Sellin)은 문화갈등이론에서 일탈은 사회의 지배적 가치체계와 다른 규범체계를 지향할 때 발생한다고 보았다. 즉 문화갈등이란 사회적 가치에 대한 이해 및 규범 등의 충돌을 의미하며, 법은 그 사회의 다양한 구성원들의 합의를 대변하는 것이 아니라 지배적인 문화의 행위규범을 반영하는 것이어서, 전체사회의 규범과 부분사회의 규범 간에 갈등이 발생하고 이러한 문화갈등이 커져 범죄를 유발시킨다고 보았다. 그는 문화갈등의 유형으로 이민, 국가 간의 병합 등에 의한 이질적 문화 간의 충돌을 의미하는 1차적(횡적) 문화갈등과 세대의 차이, 빈부의 격차, 도시와 농촌 간의 갈등 등 동일문화 내에서의 사회분화로 인한 갈등을 의미하는 2차적(종적) 문화갈등으로 구분하였다.

정답 ②

113 비판범죄학에 대한 설명으로 옳지 않은 것은?

2016. 7급 공채

① 비판범죄학의 기초가 되는 마르크스(Marx)는 범죄발생의 원인을 계급갈등과 경제적 불평등으로 설명하고, 생활에 필요한 물적 자산을 충분히 갖지 못한 피지배계급이 물적 자산 내지 지배적 지위에 기존사회가 허락하지 않는 방법으로 접근하는 행위를 범죄로 인식했다.
② 봉거(Bonger)는 사법체계가 가진 자에게는 그들의 욕망을 달성할 수 있는 합법적인 수단을 허용하는 반면, 가난한 자에게는 이러한 기회를 허용하지 않기 때문에 범죄는 하위계급에 집중된다고 주장했다.
③ 퀴니(Quinney)는 마르크스의 경제계급론을 부정하면서 사회주의사회에서의 범죄 및 범죄통제를 분석하였다.
④ 볼드(Vold)는 집단갈등이 입법정책 영역에서 가장 첨예하게 나타난다고 보았다.

해설

③ 퀴니(Quinney)는 마르크스 이후 발전된 경제계급론을 총체적으로 흡수하여 자본주의 사회에서의 범죄 및 범죄통제를 분석하고, 범죄란 자본주의의 물질적 상황에 의해 어쩔 수 없이 유발되는 반응형태라고 보았다. 그는 자본주의 사회는 불평등한 힘과 갈등에 의한 이해구조로 구성되어 있고 법도 이러한 이해구조에 의하여 생성되고 집행된다고 보았다. 즉 국가는 지배계급인 자본가계급의 이익에 봉사하기 위해 조직되었고 형법은 국가와 지배계급이 사회적·경제적 질서를 유지하거나 영속화하기 위해 사용하는 도구라고 하며, 노동자계급의 범죄는 자본주의 경제체제에 의하여 발생하게 된다고 주장하였다.

정답 ③

114

비판범죄학에 대한 설명으로 옳은 것은? 2012. 7급 공채

① 어떤 행위가 범죄로 규정되는 과정보다 범죄행위의 개별적 원인을 규명하는데 주된 관심이 있다.
② 비판범죄학에는 노동력 착취, 인종차별, 성차별 등과 같이 인권을 침해하는 사회제도가 범죄적이라고 평가하는 인도주의적 입장도 있다.
③ 자본주의 사회의 모순이 범죄원인이라는 관점에서 범죄에 대한 다양하고 구체적인 대책들을 제시하지만 급진적이라는 비판이 제기된다.
④ 형사사법기관은 행위자의 경제적·사회적 지위에 관계없이 중립적이고 공평하게 법을 집행한다는 것을 전제한다.

해설

② 쉬벤딩어(Schwendinger)는 범죄란 역사적으로 규정된 인권을 침해하는 행위라고 하여 인도주의적 범죄개념을 주장하였다.
① 기존의 주류범죄학이 범죄행위의 개별적 원인을 규명하는데 주된 관심을 가진 반면, 비판범죄학은 어떤 행위가 범죄로 규정되는 과정에 관심을 두고 거시적인 관점에서 전개하는 이론이다.
③ 비판범죄학은 자본주의 체재 자체가 범죄원인이라는 관점에서 자본주의체제를 타파하고 사회주의사회를 건설하여야만 범죄의 해결이 가능하다고 주장한다. 자본주의 체제를 전제로 자본주의 사회의 모순이 범죄원인이라는 관점에서 범죄에 대한 다양하고 구체적인 대책들을 제시하는 이론은 주류범죄학이다.
④ 비판범죄학에서는 형벌법규의 정당성 자체에 의문을 가지고, 범죄를 다루는 기관들의 행동에 대해 그 배후에 있는 진정한 동기를 묻고자 하였으며, 형사사법기관은 행위자의 경제적·사회적 지위에 따라 편파적이고 불공평하게 법을 집행한다는 점을 지적한다.

정답 ②

115 발전이론에 대한 설명으로 옳지 않은 것은?

2012. 7급 공채

① 손베리(Thornberry)는 청소년들의 발달과정에서 연령에 따라 비행의 원인이 어떻게 다르게 작용하는가에 주목하였다.
② 샘슨(Sampson)과 라웁(Laub)은 나이가 들면서 경험하는 사회적 유대와 비공식적 사회통제의 변화가 범법행위에 있어서의 차이를 야기한다고 주장하였다.
③ 모피트(Moffitt)는 어려서 가정에서의 부적절한 훈육과 신경심리계의 손상의 이유로 충동적이고 언어·학습능력이 부족한 아이들이 어려서부터 문제행동을 한다고 하면서 그러한 아이들은 성인에 이르기까지 지속적으로 비행이나 범죄를 자행하게 될 가능성이 높다고 주장하였다.
④ 갓프레드슨(Gottfredson)과 허쉬(Hirschi)는 어릴 때 형성된 자기통제력이라는 내적 성향 요소가 어려서의 다양한 문제행동을 설명할 수 있는 반면에, 청소년비행이나 성인들의 범죄는 설명하기 어렵다고 주장하였다.

해설

④ 갓프레드슨과 허쉬는 범죄성향을 인간의 자기통제 능력에서 찾고, 충동적이며 쾌락을 추구하는 기질, 고통에 대한 둔감성, 무모성 및 범죄적 성향이 낮은 자기 통제력의 원인이라고 보았다. 또한 낮은 자기 통제력의 근본적인 원인을 타고난 기질로 보지 않고 부모의 부적절한 양육에 의해 형성된다고 보았다. 즉, 낮은 자기 통제력은 부모의 부적절한 양육에 의하여 어린 시절에 형성되며 성인이 되어도 그대로 존재하여 범죄 또는 일탈행동과 결합하게 된다고 보았다.
① 손베리(Thornberry)는 비행의 상호작용이론에서 사회계층, 인종, 지역사회, 이웃의 특징이 사회유대와 사회학습 변수 모두에 영향을 미치며, 비행의 근원적 원인은 사회유대관계의 약화이고, 사회와의 유대가 약화된 청소년들이 비행의 정의, 교제, 강화 등을 통한 학습이 이루어지면 비행행위가 나타나며, 이것이 지속될수록 비행은 그 사람의 안정적인 행동패턴의 한 부분이 된다고 한다. 이러한 영향은 고정된 것이 아니며 연령과 비행의 시작, 지속, 중단의 단계에 따라서 변하고, 초기 소년기에는 부모나 가족과의 애착이 중요하고, 중기에는 가족의 영향력이 친구, 학교, 청소년문화로 대체되며, 후기에는 취업, 결혼 등 관습적인 활동에 대한 관여, 가족 내 자신의 위치에 따라 애착의 정도가 달라지고, 애착과 관여가 낮아지면 비행으로 이어질 수 있다고 보았다.
② 샘슨과 라웁(Sampson & Laub)은 생애과정 이론(Life Course Theory, 인생항로이론)에서 범죄성의 원인을 부적응적 성격, 교육실패 그리고 가족관계 등 다차원적으로 보며, 인간은 생애과정 속에서 많은 전환을 경험하고 그 결과 사람이 성장함에 따라서 다양한 요인들에 의해서 영향을 받게 되며, 하나의 단계에서 중요한 영향을 미쳤던 요인은 다음 단계에서는 거의 영향을 미치지 못하게 되고, 인생의 단계에 따라 성향이 변화하게 된다고 본다. 즉 다양한 사회적·개인적 그리고 경제적 요인들이 범죄성에 영향을 미치며, 이러한 요인들은 시간이 흐름에 따라서 변화하고 범죄성도 역시 변화한다고 보았다.
③ 모피트(Moffitt)는 이원적 경로이론(= 생애과정지속이론)에서 소년비행을 생애지속형 범죄자(life-course persistent offenders)와 청소년기 한정형 범죄자(adolescent-limited offenders)의 두 가지 경로로 나누어 설명한다. 생애지속형 범죄자는 어린 시절 가정에서의 부적절한 훈육과 신경심리계의 손상으로 충동적이고 언어·학습능력이 부족한 아이들이 어려서부터 문제행동을 하며, 이러한 아이들이 성인에 이르기까지 지속적으로 비행이나 범죄를 저지르게 될 가능성이 높은 유형을 말하고, 청소년기 한정형 범죄자는 청소년기에 약물·음주관련 범죄, 재물손괴, 절도 또는 가출·무단결석 등 부모의 통제로부터 자유롭다는 것을 표출하는 범죄행동을 시작하되, 성숙해짐에 따라 어른이 되어서도 범죄행동을 지속한다면 중요한 것을 잃게 된다는 것을 알고 보통 18세 전후에 범죄행동을 그만두고 정상적인 생활양식으로 되돌아가게 되는 유형을 말한다. 모피트는 대다수의 청소년 범죄자들은 청소년기 한정형 범죄자의 경로를 따른다고 보았다.

정답 ④

PART II 범죄원인론

116 발달이론에 관한 설명으로 옳지 않은 것은? 2023. 7급 교정직 공채

① 글룩(Glueck)부부는 반사회적인 아이들은 성인이 되어 가해 경력을 지속할 가능성이 크다고 보았다.
② 모피트(T. Moffitt)의 생애지속형(life-course-persistent) 비행청소년은 생래적인 신경심리적 결함이 주된 비행의 원인이며, 유아기의 비행은 성인기까지도 지속된다.
③ 손베리(T. Thornberry)는 후기개시형(late starters) 비행청소년 일탈의 원인을 비행친구와의 접촉으로 보았다.
④ 샘슨(R. Sampson)과 라웁(J. Laub)은 생애주기에 있어 시기에 따라 서로 다른 비공식적 사회통제가 존재하며 인생의 전환점에 의해 언제든지 변할 수 있다고 보았다.

해설

③ 비행청소년 일탈의 원인을 비행친구와의 접촉으로 본 것은 서덜랜드(Sutherland)의 차별적 접촉이론이다. 손베리(T. Thornberry)는 상호작용이론(interactional theory)에서 비행의 근원적 원인은 사회유대관계의 약화이고, 사회와의 유대가 약화된 청소년들이 비행의 정의, 교제, 강화 등을 통한 학습이 이루어지면 비행행위가 나타나며, 이것이 지속될수록 비행은 그 사람의 안정적인 행동패턴의 한 부분이 된다고 보았다. 청소년기의 사회적 유대가 왜곡되는 것으로 부모와의 취약한 애착관계, 학교에 대한 낮은 헌신, 관습적 가치에 대한 낮은 신념 등을 들고 있다. 사회적으로 해체된 지역에서 성장한 아동은 허약한 사회적 유대감을 가질 위험 소지가 크고, 그 결과 비행에 빠져들게 되며 심각한 비행을 경험하는 아동들은 자신의 일탈적 생활양식과 일치하는 신념체계를 형성한다고 본다. 또한 비행의 빈번한 경험은 사회적 유대감을 더욱 취약하게 만드는 등 비행을 촉발시키는 요인은 끝이 없는 순환과정을 통해 강화시키고, 그 결과 만성적인 범죄 경력을 유지하게 만든다고 주장하였다.
① 글룩(Glueck)부부의 500명의 비행집단과 500명의 통제집단 간의 비교연구의 내용이다.
② 모피트(Moffitt)의 이원적 경로이론 중 생애지속형 범죄자(life-course persistent offenders)에 대한 설명이다.
④ 샘슨과 라웁(Sampson & Laub)의 생애과정 이론(Life Course Theory, 인생항로이론)에 대한 설명이다.

정답 ③

117
갓프레드슨(Gottfredson)과 허쉬(Hirschi)의 낮은 자기통제(low self-control)에 대한 설명으로 옳지 않은 것은?

2023. 7급 공채

① 폭력범죄부터 화이트칼라범죄에 이르기까지 모든 범죄를 낮은 자기통제의 결과로 이해한다.
② 순간적인 쾌락과 즉각적 만족에 대한 욕구가 장기적 관심보다 클 때 범죄가 발생한다.
③ 비효율적 육아와 부적절한 사회화보다는 학습이나 문화전이와 같은 실증적 근원에서 낮은 자기통제의 원인을 찾는다.
④ 자기통제가 결여된 자도 범죄기회가 주어지지 않는 한 범죄를 저지르지 않는다.

해설

③ 갓프레드슨(Gottfredson)과 허쉬(Hirschi)의 일반이론에서는 범죄성향을 인간의 자기통제 능력에서 찾고, 충동적이며 쾌락을 추구하는 기질, 고통에 대한 둔감성, 무모성 및 범죄적 성향이 낮은 자기 통제력의 원인이라고 보았다. 낮은 자기 통제력의 근본적인 원인을 타고난 기질로 보지 않고 부모의 부적절한 양육에 의해 형성된다고 보았다. 즉 낮은 자기 통제력은 부모의 부적절한 양육에 의하여 어린 시절에 형성되며 성인이 되어도 그대로 존재하여 범죄 또는 일탈행동과 결합하게 된다고 보았다.

정답 ③

PART Ⅱ 범죄원인론

118 갓프레드슨과 허쉬(Michael R. Gottfredson and Travis Hirschi)의 일반이론의 내용으로 옳지 않은 것은?

2007. 7급 공채

① 자기통제력이 범죄의 원인이라고 본다.
② 고전주의와 실증주의 범죄학을 통합하려고 시도했다.
③ 청소년 성장기의 환경요인은 크게 중요하다고 보지 않았다.
④ 교정기관에서의 심리치료를 주요 방안으로 제시한다.

해설

④ 갓프레드슨과 허쉬는 범죄성향을 인간의 자기통제 능력에서 찾고, 낮은 자기 통제력의 근본적인 원인을 타고난 기질로 보지 않고 부모의 부적절한 양육에 의해 형성된다고 보았다. 낮은 자기 통제력은 부모의 부적절한 양육에 의하여 어린 시절에 형성되며 성인이 되어도 안정적으로 이어진다고 본 점에서 교정기관에서의 심리치료는 낮은 자기 통제력의 해소에 큰 도움이 되기 어렵다.
② 갓프레드슨과 허쉬의 일반이론은 고전주의 범죄학과 실증주의 범죄학을 통합하고자 노력하였다. 즉 쾌락을 추구하고 고통을 회피하는 이기적인 존재로서의 인간을 가정하고 대부분의 범죄는 일시적인 쾌락과 만족을 위해 발생한다고 보는 고전주의 범죄학의 입장과 일탈이나 범죄는 개인의 안정된 성향에 의해 설명될 수 있다고 보는 실증주의 범죄학의 입장을 동시에 고려하여 설명하고 있다.

정답 ④

119 발달범죄학이론에 대한 설명으로 옳지 않은 것은?

2020. 7급 교정직 공채

① 1930년대 글룩(Glueck) 부부의 종단연구는 발달범죄학이론의 토대가 되었다.
② 인생항로이론은 인간의 발달이 출생 시나 출생 직후에 나타나는 주된 속성에 따라 결정된다고 주장한다.
③ 인생항로이론은 인간이 성숙해 가면서 그들의 행위에 영향을 주는 요인도 변화한다는 사실을 인정한다.
④ 인생항로이론은 첫 비행의 시기가 빠르면 향후 심각한 범죄를 저지를 것이라고 가정한다.

해설

② 인생항로이론(Life Course Theory = 생애과정이론)은 인간의 발달과정을 전 생애의 관점에서 다루고, 인간의 발달이 출생 시나 출생 직후에 나타나는 주된 속성에 따라 결정되는 것이 아니라, 경험하는 시간과 장소, 특정 사회의 상황과 구조 속에서의 개인의 선택과 상황에 대한 개념화의 차이에 따라 사람의 발달경로는 달라질 수 있으며, 시간의 흐름에 따라 변화하고 범죄성도 변화하게 된다고 본다.

정답 ②

MEMO

13개 테마로 끝장내는
보호직 형사정책 기출사용설명서

범죄대책, 형사제재 및 범죄피해자 보호

Theme 01 범죄대책
Theme 02 형벌론
Theme 03 보안처분론
Theme 04 범죄피해자 보호

01 THEME 범죄대책

> **포인트**
>
> 범죄대책과 관련하여 범죄를 미연에 방지하기 위해서는 범죄예측과 범죄예방이 중요하다. 범죄예측 파트는 각각의 범죄예측방법 및 특징을 비교하여 정리해둘 필요가 있다. 그리고 범죄예방 파트는 주택건설설계를 통한 범죄예방 등 환경범죄학이 최근 들어 자주 출제되고 있다. 각각의 주장과 그 특징을 정확히 파악하고 있어야 한다. 그 외에 형벌과 보안처분의 관계, 사회적 처우와 사회 내 처우의 구분, 다이버전, 회복적 사법 등도 정리를 해둘 필요가 있다.

120 범죄예측에 대한 설명으로 옳지 않은 것을 모두 고른 것은?

2010. 7급 공채

> ㄱ. 워너(S. Warner)의 가석방예측은 수용자의 가석방 후 재범 여부를 연구한 것이다.
> ㄴ. 글뤽(S. Glueck & E. Glueck)부부는 범죄예측과 관련하여 가중실점방식이라는 조기 예측법을 소개하였다.
> ㄷ. 우리나라에서는 소년비행과 관련하여 비행성 예측법을 이용하고 있다.
> ㄹ. 범죄예측표는 통계학적 방법으로 개개인을 취급하므로 개개인의 특유성이 중시된다.
> ㅁ. 전체적 관찰법(임상적 예측법)은 각 개인의 특수성에 관한 관찰이 불가능한 반면, 전문적인 관찰자 간의 개인차로 객관적 기준을 확보하기가 유리하다.

① ㄱ, ㅁ
② ㄴ, ㄷ
③ ㄴ, ㄹ
④ ㄹ, ㅁ

해설

④ 옳지 않은 것은 'ㄹ, ㅁ'이다.
ㄱ. (O) : 미국의 워너(S. Warner)는 1923년 점수법을 기초로 수용자 가운데서 가석방 대상자를 가려내기 위하여 수용 중 교정·개선여부 등 약 60여개의 항목을 가지고 재범가능성을 점수화하여 범죄예측을 시행한 바 있다.
ㄴ. (O) : 글룩(Glueck)부부는 1940년대 메사추세츠주의 비행소년 500명과 보스턴의 일반소년 500명에 대하여 약 300여개의 인자를 가지고 비교 연구하여, 아버지의 훈육, 어머니의 감독, 아버지의 애정, 어머니의 애정, 가족의 결집력 등 다섯 가지 요인을 가중실점방식에 의한 조기예측법을 제시하였다.
ㄷ. (O) : 우리나라에서는 소년비행과 관련하여 비행성 예측법을 이용하고 있으며, 소년의 비행여부의 분석에 활용되는 비행성 예측자료표 등은 검찰이나 법원 단계에서 비행을 저지른 소년의 처우를 결정하는 자료로 활용되기도 한다.
ㄹ. (X) : 범죄예측표는 통계학적 방법으로 개인의 범죄가능성을 점수화하여 평가하는 방법이므로, 일반적인 경향을 파악하기에는 용이하나 <u>개개인의 개별적인 특성을 고려하지 못하는 단점</u>이 있다.

ㅁ. (×) : 전체적 관찰법에는 직관적 예측법과 임상적 예측법이 있으며, 이 중 임상적 예측법은 정신과 의사나 범죄심리학자 등 전문가에 의한 판단이므로 그들의 탁월한 식견을 전제로 각 개인의 특수성에 관한 관찰이 가능하나, 비용이 많이 들고 판단자 간의 개인차에 의한 주관적 평가로 객관적 기준을 확보하기가 곤란한 경우가 많다.

정답 ④

121 범죄예측에 대한 설명으로 옳은 것은?
2020. 7급 교정직 공채

① 전체적 평가법은 통계적 예측법에서 범하기 쉬운 객관성 문제를 개선하기 위해 개발된 방법이다.
② 통계적 예측법은 범죄자의 소질과 인격에 대한 상황을 분석하여 범죄자의 범죄성향을 임상적 경험에 의하여 예측하는 방법이다.
③ 버제스(E. W. Burgess)는 경험표(experience table)라 불렸던 예측표를 작성·활용하여 객관적인 범죄예측의 기초를 마련하였다.
④ 가석방 시의 예측은 교도소에서 가석방을 결정할 때 수용생활 중의 성적만을 고려하여 결정한다.

해설
③ 버제스(Burgess)는 1928년 일리노이주에서 3,000명의 가석방자를 대상으로 21개의 인자를 분석하여 공통점을 추출함으로써 실점부여방식에 의한 예측표를 작성하여 객관적인 범죄예측의 기초를 마련하였다.
① 전체적 평가법 내지 전체적 관찰법에는 직관적 예측법, 임상적 예측법이 있으며 이 방법은 사법기관이나 교정기관 관계자의 경험을 토대로 한 탁월한 식견 또는 심리학자, 정신과 의사 등의 전문적 판단력을 통하여 예측하는 것으로, 판단자 간의 성향이나 개인차로 인하여 객관적이지 못한 단점이 있다. 전체적 평가법의 이와 같은 단점을 보완하여 객관성을 확보하기 위하여 개발된 방법이 통계적 예측법이다.
② 범죄자의 소질과 인격에 대한 상황을 분석하여 범죄자의 범죄성향을 임상적 경험에 의하여 예측하는 방법은 정신과 의사나 범죄심리학자 등 전문가에 의하여 시행되는 것으로 '임상적 예측방법'이라고 한다. 통계적 예측법은 범죄자의 행위별 특징을 계량화·점수화하여 누적점수의 다소에 따라 향후의 범죄가능성을 예측하는 방법을 말하며, 점수법이라고도 한다.
④ 우리나라의 경우 「형의 집행 및 수용자의 처우에 관한 법률」에서는 "가석방심사위원회는 수형자의 나이, 범죄동기, 죄명, 형기, 교정성적, 건강상태, 가석방 후의 생계능력, 생활환경, 재범의 위험성, 그 밖에 필요한 사정을 고려하여 가석방의 적격 여부를 결정한다."(형의 집행 및 수용자의 처우에 관한 법률 제121조 제2항)고 규정하여 가석방을 결정할 때 수용생활 중의 성적뿐만 아니라 나이, 범죄동기, 죄명, 건강상태, 가석방 후의 생계능력 등 다양한 내용을 고려한다.

정답 ③

PART Ⅲ 범죄대책, 형사제재 및 범죄피해자 보호

122 범죄예측에 관한 설명으로 옳지 않은 것은?
2007. 7급 공채

① 범죄예측이란 예방·수사·재판·교정의 각 단계에서 개개의 사례를 통해서 잠재적 범죄자의 범행가능성이나 범죄자의 재범가능성을 판단하는 것이다.
② 통계적 예측방법은 임상적 지식이나 경험이 없는 비전문가에 의해서도 행해질 수 있다.
③ 임상적 예측방법은 의학·심리학 등을 바탕으로 대상자를 조사하고 관찰하여 범죄를 예측하기 때문에 조사자의 주관이 개입될 여지가 없다.
④ 예방단계에서의 조기예측은 주로 성인범죄보다는 소년범죄의 예측에 사용되고 있다.

해설
③ 임상적 예측방법은 정신과 의사나 범죄심리학자 등 전문가에 의한 판단이므로 그들의 탁월한 식견을 전제로 하여 적합한 예측이 가능하다. 다만 비용이 많이 소요되며, 판단자의 주관적 평가의 가능성을 배제할 수 없고, 자료에 대한 잘못된 해석의 가능성도 있다.

정답 | ③

123 범죄예측에 대한 설명으로 옳지 않은 것을 모두 고른 것은? 2016. 7급 공채

ㄱ. 글룩(Glueck) 부부는 아버지의 훈육, 어머니의 감독, 아버지의 애정, 어머니의 애정, 가족의 결집력 등 다섯 가지 요인으로 구분하여 범죄예측표를 작성하였다.
ㄴ. 통계적 예측법은 많은 사례를 중심으로 개발된 것이기 때문에 개별 범죄자의 고유한 특성이나 편차를 충분히 반영할 수 있다는 장점이 있다.
ㄷ. 직관적 예측법은 실무에서 자주 사용되는 방법이지만, 이는 판단자의 주관적 입장에 의존한다는 점에서 비판을 받는다.
ㄹ. 예방단계의 예측은 주로 소년범죄 예측에 사용되는데 잠재적인 비행소년을 식별함으로써 비행을 미연에 방지하고자 하는 방법이다.
ㅁ. 재판단계에서 행해지는 예측은 주로 가석방결정에 필요한 예측이다.

① ㄱ, ㄷ ② ㄱ, ㄹ
③ ㄴ, ㄷ ④ ㄴ, ㅁ

해설

④ 옳지 않은 것은 ㄴ, ㅁ이다.
ㄴ. 통계적 예측법은 범죄자의 행위별 특징을 계량화·점수화하여 누적점수에 따라 향후의 범죄가능성을 예측하는 방법으로, 예측표를 작성하여 판단한다. 점수법이라고도 한다. 이 예측법은 객관적 기준에 의해 실효성·공평성이 높고 누구나 쉽게 사용할 수 있으며 비용도 적게 드는 장점이 있다. 그러나 <u>범죄자의 일반적인 경향만을 반영할 수 있을 뿐, 개별 범죄자의 고유한 특성이나 편차를 충분히 반영할 수 없고</u>, 또한 예측표 목록은 개별연구자에 따라 다르게 되므로 보편타당한 예측표를 작성하기 어렵다는 단점이 있다.
ㅁ. 재판단계에서 행해지는 예측은 주로 범죄자의 양형을 결정하는 데 필요한 예측이다. 가석방결정에 필요한 예측은 교정단계에서의 예측이다.

정답 ④

124 범죄예측에 대한 설명으로 옳지 않은 것은? 2018. 7급 공채

① 수사단계에서의 범죄예측은 수사를 종결하면서 범죄자에 대한 처분을 내리는 데에 중요한 역할을 할 수 있다.
② 범죄예측은 재판단계 및 교정단계에서도 행해지지만 교정시설의 과밀화 현상을 해소하는 데는 기여할 수 없다.
③ 범죄예측의 방법 중 '임상적 예측법(경험적 예측법)'은 대상자의 범죄성향을 임상전문가가 종합 분석하여 대상자의 범죄가능성을 판단하는 것이므로 대상자의 특성을 집중 관찰할 수 있는 장점이 있다.
④ 범죄예측의 방법 중 '통계적 예측법'은 여러 자료를 통하여 범죄예측요인을 수량화함으로써 점수의 비중에 따라 범죄 또는 비행을 예측하는 것으로 점수법이라고도 한다.

해설

② 범죄예측은 수사단계, 재판단계 및 교정단계에서도 널리 행해지며, 범죄가능성이 낮은 것으로 예측되는 사람에 대한 검사의 기소유예, 법원의 선고유예, 집행유예 또는 벌금형의 선고, 교정기관에서의 가석방 등을 통하여 교정시설에 구금되는 사람의 수를 줄일 수 있으므로, 교정시설의 과밀화 현상을 해소하는 데 기여할 수 있다.

정답 | ②

125 범죄예측방법에 대한 설명으로 옳지 않은 것은?
2012. 7급 공채

① 직관적 예측방법은 실무경험이 많은 판사, 검사, 교도관 등이 실무에서 애용하고 있는 방법으로 교육과 훈련을 통해 주관적 자의를 통제할 수 있기에 신뢰성이 높다.
② 통계적 예측방법은 범죄자의 특징을 계량화하여 객관적 기준에 의존하기 때문에 실효성과 공정성을 확보할 수 있지만 범죄요인의 상이한 선별기준에 대한 대책이 없다.
③ 임상적 예측방법은 정신과의사나 범죄학 교육을 받은 심리학자가 행위자의 성격분석을 토대로 내리는 예측으로 판단자의 주관적 평가를 통제할 수 없고 많은 시간과 비용이 소요된다.
④ 통합적 예측방법은 직관적 예측, 통계적 예측 및 임상적 예측방법을 절충함으로써 각각의 단점을 보완하고자 하는 예측방법으로 다양한 예측방법의 단점을 어느 정도는 극복할 수 있다.

해설

① 직관적 예측방법은 예측자의 직관적 예측능력을 토대로 하는 예측방법으로, 사법기관 또는 교정기관의 직업적 경험에 의하여 직관적으로 예측하는 것을 말한다. 이 예측방법은 많은 직업적 경험과 탁월한 판단능력을 가진 판사, 검사, 교도관 등의 직관에 의하므로 개별 범죄자에 대하여 가장 적합한 예측이 가능할 수 있다. 그러나 판단하는 자의 주관이나 지식 또는 경험에 의존하게 되므로, 주관적 편견이나 자의에 의하여 판단되는 경우에는 객관적 신뢰성이 결여될 수 있다.

정답 ①

126 범죄예방모델에 대한 설명으로 옳지 않은 것은? 2018. 7급 공채

① 범죄억제모델은 고전주의의 형벌위하적 효과를 중요시하며 이를 위하여 처벌의 신속성, 확실성, 엄격성을 요구한다.
② 사회복귀모델은 범죄자의 재사회화와 갱생에 중점을 둔다.
③ 제프리(Jeffery)는 사회환경개선을 통한 범죄예방모델로 환경설계를 통한 범죄예방(Crime Prevention Through Environmental Design : CPTED)을 제시하였다.
④ 상황적 범죄예방모델은 한 지역의 범죄가 예방되면 다른 지역에도 긍정적 영향이 전해진다는 소위 범죄의 전이효과(displacement effect)를 주장한다.

> 해설
> ④ 범죄의 전이효과(displacement effect)란 상황적 범죄예방모델의 효과를 부정하는 견해로서, 어느 한 지역의 범죄기회의 차단은 결국 범죄행위를 다른 장소, 다른 시간으로 이전시키는 전이효과만을 발생할 뿐이어서 전체적으로 볼 때 범죄감소의 효과가 없다는 주장을 말한다.
> 상황적 범죄예방모델의 효과에 대하여는 긍정론과 부정론의 논쟁이 있다. 긍정론은 지역의 상황적 범죄예방활동의 효과는 다른 지역으로 확산되어 다른 지역에서도 범죄기회가 줄어들게 되어 결국 전체적으로 범죄예방의 효과를 얻을 수 있다는 주장이다. 즉 이익의 확산효과를 강조하는 견해이다. 부정론은 어느 한 지역의 범죄기회의 차단은 결국 범죄행위를 다른 장소, 다른 시간으로 이전시키는 전이효과만을 발생할 뿐이어서 상황적 범죄예방은 전체적으로 볼 때 범죄감소의 효과가 없다는 주장이다. 전이효과는 지역적 전이, 시간적 전이, 목표물의 전이, 전술적 전이, 기능적 전이 등 다양한 방법으로 나타난다.

정답 | ④

127 범죄예방에 대한 설명으로 옳지 않은 것은? 2024. 9급 공채

① 적극적 일반예방 이론은 형벌이 사회의 규범의식을 강화해 주는 효과를 가짐으로써 범죄가 예방된다고 보는 것이다.
② 브랜팅햄(Brantingham)과 파우스트(Faust)가 제시한 범죄예방 구조모델에 따르면, 사회환경 가운데 범죄의 원인이 될 수 있는 것을 정화하는 것은 3차 예방에 해당한다.
③ 환경설계를 통한 범죄예방(CPTED)모델은 사전적 범죄예방을 지향한다.
④ 일상활동이론(routine activity theory)에서는, 범죄예방에 관하여 범죄자의 범죄 성향이나 동기를 감소시키는 것보다는 범행 기회를 축소하는 것이 강조된다.

해설

② 브랜팅햄(Brantingham)과 파우스트(Faust)의 범죄예방모델 중 사회환경 가운데 범죄의 원인이 될 수 있는 것을 정화하는 것은 범죄를 야기할 가능성이 있는 문제점을 미연에 방지할 목적으로 범죄의 기회를 제공하거나 범죄를 촉진하는 물리적·사회적 환경조건을 변화시키는 것으로서 1차적 범죄예방에 해당한다. 1차적 범죄예방에는 조명·시건장치·접근통제 등과 같은 환경설비, 감시·시민의 순찰 등과 같은 이웃감시, 경찰방범활동, 민간경비, 범죄예방교육 등이 있다. 2차적 범죄예방은 범죄의 가능성이 있는 잠재적 범죄자를 조기에 발견하고 그를 감시·교육함으로써 반사회적 행위에 이르기 전에 미리 예방하는 것을 말하고, 3차적 범죄예방은 범죄자를 대상으로 하는 범죄예방조치를 통하여 재범을 방지할 수 있도록 하는 것을 말한다.

정답 ②

PART III 범죄대책, 형사제재 및 범죄피해자 보호

128 뉴먼(Newman)과 레피토(Reppetto)의 범죄예방모델에 대한 설명으로 옳지 않은 것은?

2022. 7급 공채

① 뉴먼은 주택건축과정에서 공동체의 익명성을 줄이고 순찰·감시가 용이하도록 구성하여 범죄예방을 도모해야 한다는 방어공간의 개념을 사용하였다.
② 범죄행위에 대한 위험과 어려움을 높여 범죄기회를 줄임으로써 범죄예방을 도모하려는 방법을 '상황적 범죄예방모델'이라고 한다.
③ 레피토는 범죄의 전이양상을 시간적 전이, 전술적 전이, 목표물 전이, 지역적 전이, 기능적 전이의 5가지로 분류하였다.
④ 상황적 범죄예방활동에 대해서는 '이익의 확산효과'로 인해 사회 전체적인 측면에서는 범죄를 줄일 수 없게 된다는 비판이 있다.

해설

④ 상황적 범죄예방활동에 대해서는 사회 전체적인 측면에서는 범죄를 줄일 수 없게 된다고 비판하는 것은 '전이효과'이다. 즉 범죄자들은 상황적 범죄예방활동으로 범죄를 저지르기 어려운 지역을 떠나 상황적 범죄예방활동이 없는 지역에서 동일한 범죄를 저지르게 되므로 사회 전체적 범죄는 줄어들지 않는다는 주장이다. '이익의 확산효과'는 상황적 범죄예방활동이 다른 지역에까지 확장되어 사회 전체의 범죄가 줄어들게 된다는 긍정론을 말한다.

정답 ④

129 범죄전이는 개인 또는 사회의 예방활동에 의한 범죄의 변화를 의미한다. 레페토(Reppetto)는 범죄의 전이를 다섯 가지 유형으로 분류하였는데, 다음 지문이 설명하는 전이의 유형은?

2017. 5급 교정직 승진

- 범죄자가 한 범죄를 그만두고, 다른 범죄유형으로 옮겨가는 유형
- 침입절도가 목표물을 견고화하는 장치에 의해 어려워졌을 때, 침입절도 범죄자들은 대신 강도범죄를 하기로 함

① 공간적(territorial) 전이
② 시간적(temporal) 전이
③ 전술적(tactical) 전이
④ 목표물(target) 전이
⑤ 기능적(functional) 전이

해설

⑤ 설문의 내용처럼 범죄자가 절도에서 강도로 범죄유형을 바꾸는 것은 기능적 전이(functional displacement)에 해당한다.
레페토(T. A. Reppett)는 상황적 범죄예방이론의 한계로서 범죄의 전이현상을 주장하였다. 즉 상황적 범죄예방활동은 범죄행위에 있어서의 전이현상을 통하여 공간적·시간적으로 이동하게 되어 전체의 범죄 수는 줄어들지 않는다고 보았다. 그는 범죄의 전이현상을 공간적(=지역적) 전이(territorial displacement), 시간적 전이(temporal displacement), 전술적 전이(tactical displacement), 목표물의 전이(target displacement), 기능적 전이(functional displacement) 등 다섯 가지 유형으로 분류하였다.
공간적 전이는 범죄자들이 범죄의 장소를 한 장소에서 다른 장소로 바꾸게 되는 것을 말하며, 시간적 전이는 범죄자들이 낮에 저지르던 범죄를 저녁 때로 바꾸는 것과 같이 범행의 시간대를 바꾸는 것을 말한다. 전술적 전이는 강도가 칼을 사용하다가 총을 사용하는 것처럼, 범죄자들이 기존에 사용하던 수단을 새로운 수단으로 바꾸어 같은 범죄를 저지르는 것을 말하고, 목표물의 전이는 범죄자들이 범행의 대상, 즉 피해자를 한 가지 대상에서 다른 대상으로 바꾸는 것을 말한다. 그리고 기능적 전이 절도를 범하던 범죄자들이 강도를 범하는 것처럼 범죄의 유형을 다른 범죄로 바꾸는 것을 말한다.

정답 ⑤

PART Ⅲ 범죄대책, 형사제재 및 범죄피해자 보호

130 제프리(Ray C. Jeffery)가 제시한 범죄대책에 관한 설명으로 옳지 않은 것은?

2007. 7급 공채

① 범죄억제모델은 형벌을 수단으로 범죄를 예방하려는 모델로서 처벌의 신속성, 확실성, 엄격성을 요구한다.
② 사회복귀모델은 범죄인의 복지에 대한 관심을 본격적으로 유발한 모델로서 현대 행형에서 강조되고 있다.
③ 범죄통제모델은 롬브로조(C. Lombroso)의 생물학적 결정론과 같은 이론에 근거하는 모델로서 임상적 치료를 통해 개선하는 방법을 이용한다.
④ 환경공학적 범죄통제모델은 궁극적인 범죄방지는 사회 환경의 개선을 통해 이루어질 수 있다고 주장한다.

> 해설

③ 제프리의 범죄대책모델 중 범죄통제모델은 고전학파의 비결정론적 인간관을 전제로 하여 범죄예방수단으로 형벌을 통한 범죄방지를 강조하는 모델을 말한다. 롬브로조(C. Lombroso)의 생물학적 결정론과 같은 이론에 근거하는 모델로서 임상적 치료를 통해 개선하는 방법을 이용하는 모델은 '사회복귀모델'이다.
제프리(Jeffery)는 범죄대책모델을 ⅰ) 고전학파의 비결정론적 인간관을 전제로 하여 범죄예방수단으로 형벌을 통한 범죄방지를 강조하는 범죄통제모델, ⅱ) 형사정책적 수단을 통하여 범죄인의 재범방지 및 재사회화에 중점을 두는 사회복귀모델, ⅲ) 범죄 자체의 발생을 방지하여 범죄에 대한 근본적인 대책을 강조하는 사회환경개선을 통한 범죄예방모델로 나누고, 이 중 사회환경개선을 통한 범죄예방모델은 범죄의 원인을 개인과 환경의 상호작용에서 찾음으로써 사회적 범죄환경요인의 개선 내지 제거를 통해서만 궁극적인 범죄방지가 가능하다고 보아 제프리(Jeffery)가 특히 강조한 모델이다. 범죄억제모델이나 사회복귀모델과 달리 범죄인에 대한 직접적인 통제가 아니라 도시정책, 환경정화, 인간관계 개선, 정치·경제·사회의 각 분야의 갈등해소 등 환경개혁에 의한 범죄예방을 강조하는 범죄대책 모델이다.

정답 | ③

131 형사정책은 범죄예방 및 통제에 대한 정부나 사회의 입장을 반영한다. 형사정책의 관점 및 범죄통제 유형에 대한 설명으로 옳지 않은 것은?   2013. 7급 공채

① 범죄억제모델은 처벌을 통하여 범죄자들의 잠재적 범죄를 예방하고, 이를 통하여 사회를 안전하게 보호하는데 중점을 둔다.
② 사회환경개선을 통한 범죄예방모델은 범죄의 원인을 개인과 환경과의 상호작용에서 찾음으로써 사회적 범죄환경요인을 개선 내지 제거할 것을 주장한다.
③ 적법절차관점은 형사사법절차상 범죄자의 권리와 법적 절차를 충실하게 지키도록 형사사법기관의 자유재량(discretion)을 최대한 존중해야 한다고 주장한다.
④ 치료적 사법 관점은 단순한 법적용과 기계적 처벌 위주의 전통적 형사사법의 한계를 극복하기 위해 범죄자에 내재해 있는 범죄발생요인을 근본적으로 치유하는데 중점을 둔다.

해설
③ 적법절차적 관점은 형사사법기관의 자유재량을 최소한으로 줄이고, 형사사법절차상 범죄자의 권리와 보호절차를 충실히 이행해야 한다고 본다.

정답 ③

132 환경범죄학(Environmental Criminology)에 대한 설명으로 옳지 않은 것은?

2016. 7급 교정직 공채

① 범죄사건을 가해자, 피해자, 특정 시공간상에 설정된 법체계 등의 범죄환경을 통해 설명하였다.
② 브랜팅햄(Brantingham) 부부의 범죄패턴이론(Crime Pattern Theory)에 따르면 범죄자는 일반인과 같은 정상적인 시공간적 행동패턴을 갖지 않는다.
③ 환경설계를 통한 범죄예방(CPTED)을 주장한 제프리(Jeffrey)는 "세상에는 환경적 조건에 따른 범죄행동만 있을 뿐 범죄자는 존재하지 않는다."라고 주장하였다.
④ 환경범죄학의 다양한 범죄분석 기법은 정보주도 경찰활동(Intelligence-Led Policing : ILP)에 활용되고 있다.

해설

② 브랜팅햄(Brantingham) 부부의 범죄패턴이론(Crime Pattern Theory)은 범죄가 일정한 장소적 패턴이 있으며 이는 범죄자의 일상적인 행동패턴과 유사하다는 논리로 범죄자의 여가활동장소나 이동경로·이동수단 등을 분석하여 범행지역을 예측함으로써 연쇄살인이나 연쇄강간 등의 연쇄범죄해결에 도움을 주기 위하여 고안된 범죄예방론이다. 이 이론에 따르면 범죄자는 일반인과 같은 정상적인 시공간적 행동패턴을 갖는 것을 기본전제로 한다.
①, ④ 환경범죄학(Environmental Criminology)은 캐나다 범죄학자 브랜팅햄 부부(Paul J. Brantingham & Patricia L. Brantingham)의 저서 「환경범죄학」(Environmental Criminology, 1981)에서 유래된 것으로, 건물과 지역 등 환경이 가진 범죄유발 요인을 분석하여 범죄기회를 감소시키고자 방범환경의 설계관리를 제안하는 범죄학을 말하며, 환경설계에 의한 범죄예방, 상황적 범죄예방을 포괄한다. 이러한 환경범죄학의 다양한 범죄분석 기법은 정보주도 경찰활동에 활용되고 있다.
③ 미국의 제프리(Jeffrey)는 저서 「환경설계를 통한 범죄예방(CPTED)」에서 범죄의 요소를 범죄자, 피해자, 범죄에 취약한 공간으로 나누고, 범죄자와 피해자가 존재하고 여기에 범죄가 용이한 취약공간이 있으면 범죄가 쉽게 발생한다고 보았다. 그리하여 범죄예방을 위해서 'CPTED'의 기본원리인 자연적 감시, 자연적 접근통제, 영역성의 강화, 활동성, 유지·관리 등에 입각한 설계를 통해 범죄유발요인을 감소시켜야 한다는 것을 주장하였다. 쎕테드(CPTED)는 범죄예방 환경디자인(Crime Prevention Through Environmental Design)의 약어이다.

정답 ②

133. 환경설계를 통한 범죄예방(CPTED)에 대한 설명으로 옳지 않은 것은?   2022. 7급 공채

① 자연적 감시(natural surveillance) : 건축물이나 시설을 설계함에 있어서 가시권을 최대한 확보하고, 범죄행동에 대한 감시기능을 확대함으로써 범죄발각 위험을 증가시켜 범죄기회를 감소시키거나 범죄를 포기하도록 하는 원리

② 접근통제(access control) : 일정한 지역에 접근하는 사람들을 정해진 공간으로 유도하거나 외부인의 출입을 통제하도록 설계함으로써 접근에 대한 심리적 부담을 증대시켜 범죄를 예방하는 원리

③ 영역성 강화(territorial reinforcement) : 레크레이션 시설의 설치, 산책길에의 벤치설치 등 당해 지역에 일반인의 이용을 장려하여 그들에 의한 감시기능을 강화하는 전략

④ 유지·관리(maintenance·management) : 시설물이나 장소를 처음 설계된 대로 지속해서 이용할 수 있도록 관리함으로써 범죄예방 환경설계의 장기적·지속적 효과를 유지

해설

③ CPTED는 감시와 접근통제, 공동체 강화를 기본원리로 하여 ⅰ) 자연적 감시(주변을 잘 볼 수 있고 은폐장소를 최소화시킨 설계), ⅱ) 접근통제(외부인과 부적절한 사람의 출입을 통제하는 설계), ⅲ) 영역성 강화(공간의 책임의식과 준법의식을 강화시키는 설계), ⅳ) 활동의 활성화(자연적 감시와 연계된 다양한 활동을 유도하는 설계), ⅴ) 유지·관리(지속적으로 안전한 환경 유지를 위한 계획) 등 5가지 실천전략으로 구성된다. 영역성 강화는 주민에게 영역에 대한 소속감을 제공하여 범죄에 대한 관심을 제고하고 자신의 영역 내에서 심리적 안정감을 부여하여 공적인 영역과 사적인 영역을 명확히 구분지음으로써 잠재적 범죄자에게 그러한 영역성을 인식하게 하여 범행시도를 어렵게 하는 기법을 말한다. 레크레이션 시설을 설치하거나 산책길에 벤치를 설치하는 등 그 지역에 일반인의 이용을 장려하여 그들에 의한 감시기능을 강화하는 전략은 활동의 활성화(자연적 감시와 연계된 다양한 활동을 유도하는 설계)에 해당한다.

정답 ③

134. 환경설계를 통한 범죄예방(CPTED)에 대한 설명으로 옳지 않은 것은?

2012. 7급 공채

① 상황적 범죄예방 전략과 유사한 이론적 관점을 취한다.
② 대상물 강화(target hardening) 기법을 포함한다.
③ 감시(surveillance), 접근통제(access control), 영역성(territoriality) 등을 기본요소로 한다.
④ CPTED 모델은 사회복귀 모델과 맥락을 같이 하며 특별예방적 관점이 강조된다.

해설

④ CPTED 모델(사회환경개선을 통한 범죄예방모델)은 범죄 자체의 발생을 방지하여 범죄에 대한 근본적인 대책을 강조하는 모델로서, 특별예방적 관점에서 범죄인의 생물학적·심리학적 특성 및 사회학적 원인에 따른 대책을 강조하여 범죄인의 재범방지 및 재사회화에 중점을 두는 사회복귀 모델과는 다르다.
① 상황적 범죄예방전략이란 범죄행위에 대한 위험성 및 범죄 실행의 어려움을 높여 범죄의 기회를 줄임으로서 범죄예방을 도모하려는 전략을 말한다. 과거의 이론과는 달리 범죄를 개인의 속성에서 찾지 않고, 범죄란 범죄기회(criminal opportunity)가 주어지면 누구든지 저지를 수 있는 행위로 보고 잠재적 범죄자들의 범죄의 기회를 줄임으로서 범죄예방을 하고자 하는 모델이다. 이것은 환경설계를 통한 범죄예방(CPTED)을 기초로 한다.
②, ③ 환경설계를 통한 범죄예방(Crime Prevention Through Environmental Design)은 1972년 뉴만(Newman)의 방어공간이론을 체계화하여 잠재적인 범죄인의 통제와 잠재적인 피해자의 보호를 목적으로 자연적 감시(Natural Surveillance), 자연적 접근통제(Natural Access Control), 영역성의 강화(Territorial Reinforcement), 활동성 지원(Activity support) 유지·관리(Maintenance·management) 등의 방법을 활용하는 것을 말하며, 여기에 대상물(목표물)의 강화(Target Hardening)를 포함하여 6가지의 방법을 말하기도 한다. 대상물의 강화는 다른 요소들과 달리 소유물과 직결된 내외부의 설계에 집중하여 개인의 소유물에 진입함에 있어 소유자나 사용자를 제외한 나머지 사람의 접근을 제한하는 기능을 하도록 하는 것을 말한다. 문·창문의 잠금장치, 창살의 설치, CCTV의 설치 등으로 잠재적 침입자를 저지할 뿐만 아니라 범죄의 표적이 될 수 있는 개인 소유물에 접근하기 어렵게 하는 방법이다.

정답 ④

135 깨어진 유리창 이론(broken windows theory)에 대한 설명으로 옳지 않은 것은?

2012. 7급 공채

① 종래의 형사정책이 범죄자 개인에 집중하는 개인주의적 관점을 취한다는 점을 비판하고, 공동체적 관점으로의 전환을 주장한다.
② 법률에 의한 범죄화와 범죄에 대한 대응을 중시한다.
③ 경찰의 역할로서 지역사회의 물리적·사회적 무질서를 집중적으로 다룰 것을 강조한다.
④ 개인의 자유와 권리, 법의 지배라는 기본적 가치가 상실될 수 있다는 비판의 소지가 있다.

해설

② 윌슨과 켈링(Wilson & Kelling)의 '깨진 유리창 이론'에서는 법률에 의한 범죄화와 범죄에 대한 대응보다는 <u>범죄예방을 위하여 환경적 퇴락의 방지를 강조</u>한다. 즉 이 이론에서는 지역사회 환경의 퇴락이 범죄의 증가를 초래하며 범죄예방을 위해서는 환경적 퇴락을 방지하는 것이 중요하다고 주장하였다. 쓰레기 무단투기 등 사소한 무질서가 점점 더 큰 무질서, 혹은 작은 범죄가 큰 범죄로 확산되어 간다고 보고, 환경의 퇴락방지가 범죄예방을 위해서 중요하다고 보고 있다.
③ 이 이론을 근거로 무관용(Zero Tolerance) 경찰활동이 강조된다. 1990년대 뉴욕에서는 윌슨과 켈링의 깨진 유리창 이론에 근거하여 무질서 행위에 대한 경찰의 엄격한 통제·관리를 통해서 범죄 발생을 예방하고자 관용 없는 경찰활동을 본격적으로 시행하였다. 시민들에게 파괴되었거나 더럽혀진 주변 환경에 대한 신속한 회복을 요청하고, 지역주민간의 상호협력을 통하여 범죄와 무질서를 예방하도록 노력할 것을 강조하였다.

정답 ②

136 CCTV 설치를 통한 범죄예방에 대한 설명으로 옳지 않은 것은?

2012. 7급 공채

① CCTV의 범죄예방 효과는 잠재적 범죄자에 대한 심리적 억제력이 작용하여 범죄의 기회를 줄이는 것이다.
② CCTV의 범죄예방 전략은 범죄발생 건수의 감소와 함께 시민들이 느끼는 범죄의 두려움을 줄이는 것을 목적으로 한다.
③ CCTV 설치로 인한 범죄통제이익의 확산효과가 문제점으로 지적된다.
④ CCTV 설치로 인한 범죄발생의 전이효과에 대한 우려가 제기된다.

해설

③ CCTV 설치로 인한 범죄통제이익의 확산효과는 <u>사회 전체의 범죄가 감소되는 효과를 의미하므로 문제점이 아니라 '긍정적 효과'</u>이다.

정답 ③

137 지역사회경찰활동(community policing)에 대한 설명으로 옳지 않은 것은? 2012. 7급 공채

① 발생한 범죄와 범죄자에 대한 대응활동에 중점을 둔 경찰활동을 말한다.
② 범죄와 비행의 원인이 되는 지역사회의 문제를 주민과의 연대를 통하여 해결하는 것을 지향한다.
③ 지역사회경찰활동이 성공을 거두기 위해서는 경찰조직의 중앙집권적 지휘명령체계를 변화시키는 것이 필요하다.
④ 지역사회 및 주민들의 비공식적 네트워크가 갖는 사회통제능력을 강조하는 전략이다.

> 해설
> ① 발생한 범죄와 범죄자에 대한 대응활동에 중점을 둔 경찰활동은 '전통적 경찰활동'이다. 전통적 경찰활동은 절도, 강도 등 범죄수사 및 범죄해결에 중점을 두고 있는 반면, 지역사회경찰활동은 지역사회의 다양한 문제해결에 초점을 두고 있다. 즉 지역사회경찰활동은 전통적인 경찰활동 내용 이외에 지역주민의 애로사항과 관심사항까지 포함하고 있다. 지역사회 경찰활동이란 "범죄문제의 해결을 위해 경찰과 지역사회의 협력 및 참여를 조장시키고, 지역주민의 협력 또한 이끌어낼 수 있는 경찰활동"을 말한다.
> ② 지역사회경찰활동은 지역사회의 다양한 문제해결에 초점을 두고, 공경찰, 사경찰, 지역주민 등 지역사회의 모든 구성원이 주체가 되어 범죄와 비행의 원인이 되는 지역사회의 문제를 주민과의 연대를 통하여 해결하는 것을 지향한다.
> ③ 전통적인 경찰활동은 고도로 집중화된 조직구조로 인해 중앙집권적 지휘명령체계를 가지고 있으나, 지역사회 경찰활동은 지역사회의 요구에 부응하는 분권화된 법집행에 초점을 두고 있다.
> ④ 전통적 경찰활동이 내부정책, 통계, 규칙 등 내부적 기획에 주안점을 두는데 반하여, 지역사회경찰활동은 범죄의 예방을 위한 지역사회와의 프로그램 개발 등 외부적 기획에 관심을 갖는다. 즉 지역사회경찰활동은 지역사회 및 주민들의 비공식적 네트워크가 갖는 사회통제능력에 초점을 둔다.

정답 ①

138 민간경비의 필요성에 대한 설명으로 옳지 않은 것은?
2012. 7급 공채

① 갈수록 복잡·다원화되는 사회에서 경찰 등 공권력의 공백을 메워줄 수 있다.
② 국민의 요구에 부합하는 양질의 치안서비스를 제공하고 사회형평성을 증대하는 효과가 있다.
③ 수익자부담 원칙에 따라 국가의 치안관련 예산을 절감할 수 있다.
④ 경찰력을 보다 필요한 곳에 집중 배치할 수 있게 된다.

해설
② 민간경비는 국민의 요구에 부합하는 양질의 치안서비스를 제공할 수는 있으나, 사회적 형평성은 저해할 우려가 높다. 즉 민간경비는 자본주의사회에서 수익을 얻는 자가 안전한 수익창출을 위해 소요되는 보호비용을 부담해야 한다는 수익자부담론을 바탕으로 한 것으로, 이는 빈부격차로 인하여 치안서비스의 형평성을 해칠 우려가 있다는 비판을 받는다.

정답 ②

139 형벌과 보안처분에 대한 설명으로 옳지 않은 것은? (다툼이 있는 경우 판례에 의함)
2020. 7급 공채

① 형벌은 행위자가 저지른 과거의 불법에 대한 책임을 전제로 부과되는 제재이다.
② 보안처분은 행위자의 재범의 위험성에 근거한 것으로 책임능력이 있어야 부과되는 제재이다.
③ 이원주의에 따르면 형벌은 책임을, 보안처분은 재범의 위험성을 전제로 부과되는 것으로 양자는 그 기능이 다르다고 본다.
④ 일원주의에 따르면 형벌과 보안처분이 모두 사회방위와 범죄인의 교육 및 개선을 목적으로 하므로 본질적 차이가 없다고 본다.

해설
② 행위자의 재범의 위험성에 근거한 것으로 책임능력이 있어야 부과되는 제재는 '형벌'이다. 보안처분은 장래의 반사회적 위험성을 가진 자에 대하여 사회방위와 교화를 목적으로 하는 합목적적·예방적 처분을 말하며 책임능력과는 무관하다.

정답 ②

140 교정처우 중 사회 내 처우에 해당하지 않는 것을 모두 고른 것은?   2016. 7급 공채

ㄱ. 가택구금
ㄴ. 수강명령
ㄷ. 개방교도소
ㄹ. 집중감시보호관찰(ISP)
ㅁ. 외부통근

① ㄴ, ㄹ
② ㄷ, ㅁ
③ ㄱ, ㄴ, ㄹ
④ ㄱ, ㄷ, ㅁ

해설

② ㄷ와 ㅁ은 사회적 처우의 일종이다.
ㄷ. (×) 개방교도소는 교정시설에 수용됨을 전제로 하여 모범수나 출소가 임박한 수형자를 대상으로 설비나 관리·감시의 전부 또는 일부를 하지 않는 형태로 운영되어 사회적응 훈련을 실시하는 것으로서 사회적 처우에 해당한다.
ㅁ. (×) 외부통근은 주간에는 외부기업체에 통근하며 작업을 실시하고 야간에는 교정시설로 복귀하는 방식의 처우형태로서 교정시설에 수용됨을 전제로 하여 일정한 사회화과정을 경험하도록 하는 사회적 처우의 하나이다.
ㄱ, ㄴ, ㄹ. (○) 사회 내 처우(Community Treatment)란 범죄자를 교정시설에 수용하지 않고 사회 내에서 생활하게 하면서 보호관찰관 등의 지도·감독과 원호를 통하여 그 개선 및 갱생을 도모하려는 처우제도를 말한다. 이는 시설 내 처우가 대상자를 신체적·정신적으로 고립시키고 사회와의 격리 및 낙인효과로 인하여 범죄인의 교화개선이라는 목적을 달성하는데 한계가 있고, 범죄배양효과, 교정비용의 증가 등 부정적인 결과를 초래하였다는 점을 비판하고, 진정한 자유의 학습은 자유 가운데에서 이루어져야 한다."는 이념 하에 현대의 교정에서는 사회 내 처우가 중시되고 있다. 사회 내 처우로는 가석방, 보호관찰, 갱생보호, 사회봉사명령, 수강명령, 전자감시, 가택구금, 집중감시보호관찰(ISP) 등을 들 수 있다.

정답 ②

141 다이버전(diversion)에 대한 설명으로 옳지 않은 것은? 2024. 9급 공채

① 범죄학 이론 중 낙인이론의 정책적 함의와 관련이 있다.
② 소년범에 대해 그 필요성이 강조되고 있다.
③ 검찰 단계의 대표적 다이버전으로서 훈방과 통고처분이 있다.
④ 형사사법기관의 업무량을 줄여 상대적으로 더 중요한 범죄사건에 집중할 수 있게 해 준다.

해설
③ 검찰 단계의 대표적인 다이버전은 <u>검사의 기소유예처분</u>이다. 훈방과 통고처분은 경찰단계의 처분으로 검찰과는 직접적인 관계가 없다.

정답 ③

142 다이버전(diversion)에 대한 설명으로 옳지 않은 것은? 2018. 7급 공채

① 구속적부심사제도는 법원에 의한 다이버전에 해당된다.
② 다이버전에 대해서는 형사사법의 대상조차 되지 않을 문제가 다이버전의 대상이 된다는 점에서 오히려 사회적 통제가 강화된다는 비판이 있다.
③ 다이버전의 장점은 경미범죄를 형사사법절차에 의하지 아니하고 처리함으로써 낙인효과를 줄이는 것이다.
④ 검사가 소년피의자에 대하여 선도를 받게 하면서 공소를 제기하지 아니하는 조건부 기소유예는 다이버전의 예이다.

해설
① 다이버전은 공식적 형사절차로부터의 이탈과 동시에 사회 내 처우 프로그램에 위탁하는 것을 내용으로 한다. <u>구속적부심사제도나 보석은 단지 피고인을 구속하지 않은 상태에서 수사나 재판을 진행하는 것에 불과할 뿐 사회 내 처우 등 새로운 절차로 이행하는 것이 아니므로, 다이버전이라 할 수 없다.</u> 즉 구속적부심사제도를 통하여 불구속 상태로 수사나 재판이 진행된다고 하더라도 판결은 실형이 선고될 수도 있으며, 그것 자체로는 대상자에 대하여 최종적으로 사회 내 처우를 실시하는 것이 아니므로 다이버전과 관계가 없다.

정답 ①

143. 다이버전(diversion)에 대한 설명 중 옳은 것(○)과 옳지 않은 것(×)을 순서대로 바르게 나열한 것은?

2014. 7급 공채

ㄱ. 일반적으로 공식적 형사절차로부터의 이탈과 동시에 사회 내 처우프로그램에 위탁하는 것을 내용으로 한다.
ㄴ. 형사사법기관이 통상의 형사절차를 중단하고 이를 대체하는 새로운 절차로 이행하는 것으로, 성인형사사법보다 소년형사사법에서 그 필요성이 더욱 강조된다.
ㄷ. 기존의 사회통제체계가 낙인효과로 인해 범죄문제를 해결하기보다는 오히려 악화시킨다는 가정에서 출발하고 있다.
ㄹ. 종래에 형사처벌의 대상이 되었던 문제가 다이버전의 대상이 됨으로써 형사사법의 통제망이 축소되고 나아가 형사사법의 평등을 가져온다.

	ㄱ	ㄴ	ㄷ	ㄹ
①	○	○	○	×
②	○	×	×	○
③	×	○	×	○
④	○	×	○	×

해설

① 'ㄱ, ㄴ, ㄷ'은 옳은 내용이며, 'ㄹ'은 옳지 않다.
ㄹ. (×) : 기존에는 형사사법의 대상이 되지 않았던 것이 다이버전의 등장으로 그 대상이 되어 형사사법망이 확대되는 문제가 발생할 수 있으며, 다이버전의 대상의 문제, 즉 누구에게 다이버전을 시행할 것인가와 관련하여 형사사법의 불평등을 가져올 수 있다는 단점이 있다.

정답 ①

144 전환제도(diversion)의 장점이 아닌 것은?

2021. 7급 공채 보호직, 교정직

① 형사사법대상자 확대 및 형벌 이외의 비공식적 사회통제망 확대
② 구금의 비생산성에 대한 대안적 분쟁해결방식 제공
③ 법원의 업무경감으로 형사사법제도의 능률성 및 신축성 부여
④ 범죄적 낙인과 수용자 간의 접촉으로 인한 부정적 위험 회피

> 해설
> ① 전환제도가 도입되면 기존의 제도 하에서는 형사제재를 받지 않던 사람이 전환제도의 시행으로 일정한 형사제재를 받게 되어 형사사법망이 확대된다. 이것은 전환제도의 장점이 아니라 '단점'이다.
>
> 정답 ①

145 회복적 사법에 대한 설명으로 옳지 않은 것은?

2023. 7급 공채

① 범죄로 인한 피해에는 지역사회가 겪는 피해가 포함된다.
② 시민에게 갈등과 사회문제의 해결에 참여하는 기회를 제공함으로써 공동체 의식을 강화하는 것을 목표로 한다.
③ 지역사회 내에서 범죄자와 그 피해자의 재통합을 추구한다.
④ 가해자는 배상과 교화의 대상으로서 책임을 수용하기보다는 비난을 수용하여야 한다.

> 해설
> ④ 회복적 사법은 가해자가 피해자와 지역사회에 끼친 해악에 대한 책임을 수용하고 원상회복을 하도록 노력하는 것을 말한다. 가해자가 배상과 교화의 대상으로서 책임을 수용하기보다는 비난을 수용하여야 한다는 것은 응보적 사법을 말하며 회복적 사법과는 관계가 없다.
>
> 정답 ④

146 회복적 사법에 대한 설명으로 옳지 않은 것은?   2013. 7급 공채

① 회복적 사법은 지역사회의 피해를 복구하고 사회적 화합을 도모할 수 있다.
② 회복적 사법은 가해자에게 진심으로 반성할 수 있는 기회를 제공함으로써 재사회화에도 도움이 된다.
③ 회복적 사법은 회복목표가 명확하고 재량이 광범위하여 평가기준이 가변적이라는 장점이 있다.
④ 회복적 사법은 형사화해를 통해 형벌이 감면되는 경우 낙인효과를 경감시킬 수 있다.

> **해설**
> ③ 회복적 사법은 <u>회복목표가 불명확하고 재량이 광범위하여 평가기준이 가변적이라는 단점</u>이 있다.
>
> 정답 ③

147 원상회복적 사법제도에 관한 설명 중 옳지 않은 것은?   2007. 7급 공채

① 범죄자의 원활한 사회복귀 촉진
② 범죄란 인간관계의 침해라고 인식
③ 범죄해결은 사회공동체의 책임
④ 가해자의 사회화를 우선과제로 인식

> **해설**
> ④ 회복적 사법은 가해자가 개인과 사회에 끼친 손해에 대한 책임을 부각하여 가해자에 의하여 발생한 <u>피해의 원상회복을 우선적 과제로</u> 하며, 그 과정에서 범죄로 인한 피해자와 가해자, 그 밖의 관련자 및 지역공동체가 함께 범죄로 인한 문제를 치유하고 기존의 관계를 회복하도록 유도하는 절차이다. 가해자의 사회화는 회복적 사법과정에서 얻게 되는 결과의 하나라고 할 수 있다.
>
> 정답 ④

148 회복적 사법에 대한 설명으로 옳지 않은 것은?

2012. 7급 공채

① 범죄피해자의 피해회복을 통하여 사회적 화합을 성취하고자 한다.
② 브레이스웨이트의 재통합적 수치이론(reintegrative shamingtheory)은 회복적 사법의 기본적 이론 틀이다.
③ 유엔에서 분류한 회복적 사법의 세 가지 분류는 대면개념(encounter conception), 해체적 수치개념(disintegrative shamingconception), 변환개념(transformative conception)이다.
④ 회복적 사법의 목표는 사회복귀와 더불어 재범의 감소에 있다.

해설

③ 유엔에서 분류한 회복적 사법의 세 가지 분류는 대면개념(encounter conception), 배상개념(reparative conception), 변환개념(transformative conception)이다.
대면개념은 희생자와 가해자 만남에 초점을 맞추어 범죄에 가장 직접적으로 영향을 받는 피해자, 범죄자 그리고 사회는 그 범죄의 해결에 참여할 권리를 갖는 것을 말하고, 배상개념은 범죄자와 사회가 직면하게 되는 결과적 책임에 초점을 맞추어, 가해자는 사법의 문제로서 응당 지어야 할 책임을 가지며 개선이 필요하고 사회는 범죄자가 개선할 수 있게 도와주는 책임감을 가지고 있음을 내용으로 하며, 변환개념은 가장 광범위한 개념으로 단지 어떤 보상에 멈추지 않고 개인의 온전한 회복과 관계의 변화를 추구하는 것을 말한다. 그리고 해체적 수치(disintegrative shaming)는 수치를 당한 범죄자와 공동체가 화해하려는 시도를 하지 않는 낙인을 의미하며 범죄율 감소에 도움이 되지 않는다. 범죄자의 재범확률을 낮추고 궁극적으로 사회의 범죄율을 감소시키는 효과를 기대할 수 있는 것은 '재통합적 수치(reintegrative shaming)'이다.

정답 ③

PART Ⅲ 범죄대책, 형사제재 및 범죄피해자 보호

149 회복적 사법(restorative justice)을 지지할 수 있는 이론으로 옳지 않은 것은?

2021. 7급 공채

① 코헨과 펠슨(Cohen & Felson)의 일상활동이론(routine activities theory)
② 레머트(Lemert)의 낙인이론(labeling theory)
③ 퀴니와 페핀스키(Quinney & Pepinsky)의 평화구축범죄학(peace-making criminology)
④ 브레이스웨이트(Braithwaite)의 재통합적 수치심부여이론(reintegrative shaming theory)

해설

① 코헨과 펠슨의 일상활동이론은 범죄피해발생의 원인을 설명하는 이론이므로, 회복적 사법과는 무관하다. 코헨과 펠슨은 동기를 가진 범죄자, 적당한 범행대상의 존재 및 범죄방지의 보안장치 또는 감시인의 결여 등과 같은 요소가 결집되면 범죄의 피해자가 될 수 있으며, 일상활동의 구조적 변화에 따라 위와 같은 세 가지 요소에 시간적·공간적으로 영향을 미치게 되고 그것이 결집된 경우에 범죄가 발생한다고 보았다.
② 회복적 사법은 공적 통제장치에 의한 응보적 사법을 지양하고, 범죄로 인한 피해자와 가해자, 그 밖의 관련자 및 지역공동체가 함께 범죄로 인한 문제를 치유하고 기존의 관계를 회복하도록 유도하는 절차를 말한다. 레머트의 낙인이론은 공적 통제가 사회적 낙인을 유발하므로, 낙인을 최소화 할 수 있도록 범죄자에 대한 국가개입의 축소와 비공식적인 사회 내 처우를 실시할 것을 강조한다는 점에서 회복적 사법과 맥락을 같이 한다.
③ 퀴니와 페핀스키의 평화구축범죄학(= 평화주의범죄학)에서는 "개인, 사법기관, 사회적 여건을 포함하는 우리 모두가 공범(共犯)이므로 어떻게 함께 어우러져 평화를 구현할 것인가?"에 초점을 맞추어, 일방적으로 처벌하거나 교육시키려는 규범학적 틀과 사법적 정의의 틀에서 벗어나, 반성, 용서, 배려, 회복, 중재, 평화창출과 같은 근본적 휴머니즘의 실천을 주장한다. 이러한 평화구축범죄학의 입장은 회복적 사법과 관련된다.
④ 브레이스웨이트는 재통합적 수치심부여이론에서 수치란 '수치를 당하는 사람에게 양심의 가책을 느끼게 하는 효과를 가진 사회적 불승인과 타인의 비난'이라고 정의하고, 재통합적 수치는 '용서의 단어나 몸짓 또는 일탈자라는 낙인을 벗겨주는 의식을 통하여 범법자가 법을 준수하고 존중하는 시민의 공동체로 돌아가도록 재통합시키는 노력'이라고 하여, 범죄자의 원상회복을 위한 적극적 행위, 피해자에 대한 보상, 이웃공동체·지역사회 등의 참여를 통한 관계의 회복을 의미하는 회복적 사법의 이론 틀을 제공하였다.

정답 | ①

150

브레이스웨이트(Braithwaite)의 재통합적 수치심부여이론(reintegrative shaming theory)에 대한 설명으로 옳지 않은 것은?　　2022. 7급 공채 보호직, 교정직

① 재통합적 수치심 개념은 낙인이론, 하위문화이론, 기회이론, 통제이론, 차별접촉이론, 사회학습이론 등을 기초로 하고 있다.
② 해체적 수치심(disintegrative shaming)을 이용한다면 범죄자의 재범확률을 낮출 수 있으며, 궁극적으로는 사회의 범죄율을 감소시키는 효과를 기대할 수 있다.
③ 재통합적 수치심의 궁극적인 목표는 범죄자가 자신의 잘못을 진심으로 뉘우치고 사회로 복귀할 수 있도록 그들이 수치심을 느끼게 할 방법을 찾아내는 것이다.
④ 브레이스웨이트는 형사사법기관의 공식적 개입을 지양하며 가족, 사회지도자, 피해자, 피해자 가족 등 지역사회의 공동체 강화를 중시하는 '회복적 사법(restorative justice)'에 영향을 주었다.

해설

② 범죄자의 재범확률을 낮추고 궁극적으로 사회의 범죄율을 감소시키는 효과를 기대할 수 있는 것은 재통합적 수치(reintegrative shaming)이다. 즉 재통합적 수치는 용서의 단어나 몸짓, 의식을 통해 범법자가 법을 준수하고 시민의 공동체로 돌아가도록 재통합하는 노력을 말하며, 이것은 사회의 범죄율을 낮추는 경향이 있다. 해체적 수치(disintegrative shaming)는 수치를 당한 범죄자와 공동체가 화해하려는 시도를 하지 않는 낙인을 의미하며 범죄율 감소에 도움이 되지 않는다.

정답 ②

151 교정처우모델에 대한 설명으로 옳지 않은 것은?   2010. 7급 공채

① 개선모델은 범죄자 처우에 있어서 응보형사상에 기초한 가혹한 형의 집행을 지양하고, 19세기의 교육형사상을 기초로 한다.
② 의료모델은 범죄자에 대한 처우를 환자의 치료라고 보는 입장이므로 수형자의 형기는 치료기간이 되어 부정기형제도가 유용하게 된다.
③ 정의모델(사법모델)은 범죄자의 처우문제에 대하여 범죄자의 법적 지위의 보장이라는 차원에서 접근하려는 것으로 교정제도의 개선보다 범죄자의 갱생에 목적을 두고 있다.
④ 재통합모델은 수형자의 주체성과 자율성을 인정하면서 수형자의 동의와 자발적 참여하에 교정처우프로그램을 결정·집행하려는 것이다.

해설

③ 교정제도의 개선보다 범죄자의 갱생에 목적을 두고 있는 모델은 의료모델(medical model, 치료모델, 갱생모델)이다. 즉 의료모델은 결정론적 시각에서 범죄자를 사회적응에 결함이 있는 환자로 보고 범죄의 원인은 치료의 대상이고 완치될 수 있다고 보는 모델이다. 정의모델(justice model, 공정모델, 사법모델)은 비결정론 내지 자유의사론적 시각에서 공정한 처벌을 통하여 사법정의를 확보하고 동시에 범죄자의 인권보호를 위하여 적법절차를 중시하는 모델을 말한다. 기존의 의료모델이나 개선모델이 재범방지에 그다지 효과적인 결과를 얻지 못하였으며 극단적인 의료모델이나 개선모델에 따른 인권침해의 문제점을 유발하였다는 점을 비판하고, 형사사법기관의 재량권 남용은 시민에 대한 국가권력의 남용이라고 보아 처우의 중점을 정의 내지 공정성확보에 두고 범죄자의 법적 권리보호를 보장하는 방법으로 처우하여야 한다는 주장이다.
① 개선모델(adjust model, 적응모델)은 범죄자는 결함이 있는 환자로서 치료의 대상이며 동시에 범죄자 스스로 의사결정을 하고 책임을 질 수 있다고 보는 모델이다. 19세기 후반의 진보주의 및 교육형주의 사상에 기초하여 1960년대에 의료모델을 비판하면서 등장한 이론으로, 결정론적 시각에서 범죄자는 비범죄자와 다른 환자이며 치료될 수 있다고 보는 점은 의료모형과 같으나, 범죄자를 단순한 치료의 객체로만 보는 것이 아니라 범죄자 스스로도 책임을 질 수 있고 의사결정을 할 수 있는 존재로 보는 점이 다르다. 따라서 심리상담, 종교상담, 직업훈련 등을 실시하여 범죄인의 교화·개선을 통한 사회복귀를 강조한다.
② 의료모델은 범죄자에 대한 처우를 환자의 치료이고 완치될 수 있다고 보는 모델로서, 환치가 되었다면 형기에 관계없이 석방될 수 있도록 부정기형을 부과하여야 한다는 입장이다.
④ 재통합모델(reintegration model, 재사회화모델)은 결정론에 의거하여 범죄인의 개별적 특성뿐만 아니라 사회 환경을 동시에 중시하는 모델을 말한다. 즉 범죄자의 교화·개선뿐만 아니라 사회 환경의 변화도 수반되어 재통합을 이루어야만 진정한 재사회화가 가능하다는 입장으로, 범죄자의 문제는 범죄문제가 시작된 바로 그 사회에서 해결되어야 한다는 것이다. 이 이론은 범죄자의 동의하에 처우프로그램을 결정하고 시행하는 등 수형자의 주체성과 자율성을 중시하여 수형자를 처우의 객체가 아니라 처우의 주체로 보기 때문에 처우행형과 수형자의 법적 지위확립은 조화를 이룰 수 있다고 보고 있다. 범죄자의 사회재통합을 위해서 지역사회와의 의미 있는 접촉과 유대관계를 중시하므로 지역사회 교정을 강조한다.

정답 ③

152
범죄대책의 기조를 설정함에 있어서 다음 〈보기〉의 주장과 같은 입장에 설 수 있는 설명은 어느 것인가?

2007. 7급 공채

> 보기
>
> 소수의 위험한 범죄자들이 사회의 대다수 범죄를 범하므로 그들을 선별해서 무해화시키면 범죄가 감소될 수 있다.

① 사회는 범죄의 온상이다.
② 낙인이 범죄의 원인이다.
③ 형벌은 범죄인을 선량한 국민으로 개선시키는 교육이어야 한다.
④ 삼진법(three strikes out law)이 효과적이다.

해설

④ 보기의 내용은 선별적 무능력화(selective incapacitation)에 관한 것으로 선별적 무능력화는 소수의 위험한 범죄자들을 사회로부터 장기간 격리·구금하여 사회를 안전하게 보호하려는 것을 말하므로, 소수의 위험한 범죄자들에 대한 엄중한 처벌을 강조한다. 삼진법(three strikes out law)은 엄중한 처벌을 전제로 하는 것이므로 선별적 무능력화와 같은 입장의 제도에 속한다.

정답 ④

153 미결구금에 대한 설명으로 옳지 않은 것은? (다툼이 있는 경우 판례에 의함)

2022. 7급 공채

① 미결구금의 폐해를 줄이기 위한 정책으로는 구속영장실질심사제, 신속한 재판의 원칙, 범죄피해자보상제도, 미결구금 전용수용시설의 확대 등이 있다.
② 미결구금된 사람을 위하여 변호인이 되려는 자의 접견교통권은 변호인의 조력을 받을 권리의 실질적 확보를 위해서 헌법상 기본권으로서 보장되어야 한다.
③ 판결선고 전 미결구금일수는 그 전부가 법률상 당연히 본형에 산입되므로 판결에서 별도로 미결구금일수 산입에 관한 사항을 판단할 필요가 없다.
④ 재심재판에서 무죄가 확정된 피고인이 미결구금을 당하였을 때에는 국가에 대하여 그 구금에 대한 보상을 청구할 수 있다.

해설

① 구속영장실질심사제는 미결구금의 폐해를 줄이기 위한 정책이라 할 수 있으나, 범죄피해자보상제도는 미결구금의 폐해를 줄이는 것과는 직접적인 관계가 없고, 신속한 재판의 원칙의 달성이나 미결구금 전용수용시설의 확대는 오히려 미결구금을 확대할 우려가 있다.
② 변호인 선임을 위하여 피의자·피고인이 가지는 '변호인이 되려는 자'와의 접견교통권은 헌법상 기본권으로 보호되어야 하고, '변호인이 되려는 자'의 접견교통권은 피의자 등이 변호인을 선임하여 그로부터 조력을 받을 권리를 공고히 하기 위한 것으로서, 그것이 보장되지 않으면 피의자 등이 변호인 선임을 통하여 변호인으로부터 충분한 조력을 받는다는 것이 유명무실하게 될 수밖에 없다. 이와 같이 '변호인이 되려는 자'의 접견교통권은 피의자 등을 조력하기 위한 핵심적인 부분으로서, 피의자 등이 가지는 헌법상의 기본권인 '변호인이 되려는 자'와의 접견교통권과 표리의 관계에 있다. 따라서 피의자 등이 가지는 '변호인이 되려는 자'의 조력을 받을 권리가 실질적으로 확보되기 위해서는 '변호인이 되려는 자'의 접견교통권 역시 헌법상 기본권으로서 보장되어야 한다(헌법재판소 2019.2.28. 2015헌마1204).
③ 형법 제57조 제1항(판결선고전 구금일수의 통산 : "판결선고전의 구금일수는 그 전부 또는 일부를 유기징역, 유기금고, 벌금이나 과료에 관한 유치 또는 구류에 산입한다.") 중 "또는 일부" 부분은 헌법재판소 2009. 6. 25. 선고 2007헌바25 사건의 위헌결정으로 효력이 상실되었다. 그리하여 판결선고 전 미결구금일수는 그 전부가 법률상 당연히 본형에 산입하게 되었으므로, 판결에서 별도로 미결구금일수 산입에 관한 사항을 판단할 필요가 없다고 할 것이다(대법원 2009.12.10., 2009도11448).
④ 「형사소송법」에 따른 일반 절차 또는 재심(再審)이나 비상상고(非常上告) 절차에서 무죄재판을 받아 확정된 사건의 피고인이 미결구금(未決拘禁)을 당하였을 때에는 이 법에 따라 국가에 대하여 그 구금에 대한 보상을 청구할 수 있다(형사보상 및 명예회복에 관한 법률 제2조 제1항).

정답 | ①

154 민영교도소에 대한 설명으로 옳지 않은 것은?

2012. 7급 공채

① 민영교도소는 국가예산을 절감하는데 도움이 된다.
② 이윤추구를 위한 수형자 노동착취와 인권침해 그리고 형사사법망의 지나친 확대 등에 대한 우려가 있다.
③ 민영교도소의 본질은 법률이 위임하는 범위 안에서 그 운영을 위탁하는 것이므로 국가의 형벌권 독점에 대한 예외이다.
④ 민영교도소는 처우 프로그램의 융통성과 다양성을 제공할 수 있는 장점이 있다.

해설

③ 민영교도소의 본질은 법률이 위임하는 범위 안에서 그 운영을 위탁하는 것에 불과할 뿐, 국가의 형벌권 독점에 대한 예외는 아니다. 즉 민영교도소에게 교도소의 '운영'을 위탁하는 것이지, 국가의 형벌권 자체를 이양하는 것은 아닙니다.

정답 ③

02 THEME 형벌론

포인트

형벌론은 출제 비중이 높은 부분이다. 형벌의 일반예방 및 특별예방효과에 대한 이해가 필요하며, 현행법상 징역, 금고, 구류 등 자유형 및 벌금형의 형법 규정은 철저한 정리가 필요하다. 단기 자유형의 문제점 및 대체 방안, 현행법상 선고유예·집행유예 및 가석방 제도, 노역장 유치제도 등도 출제 빈도가 높다. 그리고 최근 활성화되고 있는 벌금 미납자의 사회봉사집행에 관한 특례법의 내용도 잘 정리해놓을 필요가 있다.

155 형벌의 본질과 목적에 대한 설명으로 옳지 않은 것은? 2018. 7급 공채

① 응보형주의에 따르면 범죄는 정의에 반하는 악행이므로 범죄자에 대해서는 그 범죄에 상응하는 해악을 가함으로써 정의가 실현된다.
② 목적형주의에 따르면 형벌은 과거의 범행에 대한 응보가 아니라 장래의 범죄예방을 목적으로 한다.
③ 일반예방주의는 범죄자에게 형벌을 과함으로써 수형자에 대한 범죄예방의 효과를 기대하는 사고방식이다.
④ 특별예방주의는 형벌의 목적을 범죄자의 사회복귀에 두고 형벌을 통하여 범죄자를 교육·개선함으로써 그 범죄자의 재범을 예방하려는 사고방식이다.

해설

③ 일반예방주의는 범죄자에게 형벌을 과함으로써 일반인에 대한 범죄예방의 효과를 기대하는 사고방식이다. 즉 일반예방주의에서는 엄격한 법규정과 엄정한 법집행은 일반인들에 대하여 위하력으로 작용하게 되고, 이에 따라 범죄행위가 억제될 수 있다고 본다. 특별예방주의는 범죄자를 대상으로 처벌 또는 범죄인의 개별적 특성에 따른 처우, 교육 등에 의하여 재범을 방지할 수 있도록 하는 것을 말한다.

정답 ③

156 형벌의 목적에 대한 설명으로 옳지 않은 것은? 2021. 7급 공채 보호직, 교정직

① 응보형주의는 개인의 범죄에 대하여 보복적인 의미로 형벌을 과하는 것이다.
② 교육형주의는 범죄인의 자유박탈과 사회로부터의 격리를 교육을 위한 수단으로 본다.
③ 응보형주의에 의하면 범죄는 사람의 의지에 의하여 발생하는 것이 아니라 사회 환경 및 사람의 성격에 의하여 발생하는 것이다.
④ 현대의 교정목적은 응보형주의를 지양하고, 교육형주의의 입장에서 수형자를 교정·교화하여 사회에 복귀시키는 데에 중점을 둔다.

해설
③ 응보형주의 내지 고전주의에 의하면 범죄는 사람의 자유의지에 따른 선택에 의하여 발생하는 것으로 본다. 사람의 의지가 아닌 사회 환경 및 사람의 성격에 의하여 발생하는 것으로 보는 것은 실증주의에 입각한 사회학적 원인론 또는 심리학적 원인론이다.

정답 ③

157 양형이론에 대한 설명으로 옳지 않은 것은? 2012. 7급 공채

① 형벌책임의 근거를 비난가능성에서 구하는 것은 객관적이고 중립적이어야 할 국가형벌권의 행사가 감정에 치우칠 위험이 있다.
② 양형이론 중 범주이론 또는 재량여지이론(Spielraumtheorie)은 예방의 관점을 고려한 것으로 법관에게 일정한 형벌목적으로 고려할 수 있는 일정한 재량범위를 인정하는 장점을 가지고 있다.
③ 유일점 형벌이론(Punktstrafentheorie)에 의하면 책임은 언제나 하나의 고정된 크기를 가지므로 정당한 형벌은 언제나 하나일 수밖에 없다.
④ 양형에서는 법적 구성요건의 표지에 해당하는 사정이 다시 고려되어도 무방하다는 이중평가의 원칙이 적용된다.

해설
④ 양형에서는 법적 구성요건요소가 되는 사유는 다시 양형에 고려해서는 안 된다는 이중평가금지의 원칙이 적용된다. 하나의 행위에 대하여 이중평가를 하게 되면 중복된 평가를 통하여 행위자에게 불이익하게 작용할 수 있기 때문이다.

정답 ④

PART Ⅲ 범죄대책, 형사제재 및 범죄피해자 보호

158 재판단계의 형사정책에 대한 다음의 설명 중에서 옳은 것(○)과 옳지 않은 것(×)이 바르게 짝지어진 것은?

2013. 7급 공채

> ㄱ. 유일점 형벌이론은 형이상학적 목적형사상을 기초로 한 절대적 형벌이론이다.
> ㄴ. 공판절차이분론은 소송절차를 범죄사실의 인정절차와 양형절차로 나누자는 주장을 말한다.
> ㄷ. 판결전 조사제도는 보호관찰의 활성화에 기여할 수 있는 장점이 있다.
> ㄹ. 가석방자에 대한 보호관찰은 필요적 사법처분이므로 반드시 보호관찰을 부과하여야 한다.

	ㄱ	ㄴ	ㄷ	ㄹ
①	×	○	○	×
②	×	×	○	×
③	○	×	○	○
④	○	×	×	○

해설

① 'ㄱ - ×, ㄴ - ○, ㄷ - ○, ㄹ - ×'이다.

ㄱ. (×) : 카우프만(Kaufmann) 등이 주장한 유일점형벌이론은 책임은 언제나 하나의 한정되고 정해진 크기이며, 정당한 형벌이란 하나일 수밖에 없다는 이론이다. 다만 이 이론에서는 책임에 상응한 형벌을 찾아내는 과정에서 우리는 인식능력의 불완전성 내지 법관의 불확실성으로 인하여 산술적으로 정확히 확인할 수 없을 뿐이라고 본다. 형이상학적 목적형사상을 기초로 한 형벌이론은 형벌은 단순한 응보가 아닌 범죄자의 교화·개선을 통한 재사회화를 목적으로 한다는 이론으로 범죄자의 책임이 고정된 하나냐 아니냐를 다루는 유일점형벌이론과는 직접적인 관련이 없다.

ㄴ. (○) : 공판절차이분론은 소송절차를 범죄사실의 인정절차와 양형절차로 나누자는 주장으로, 범죄사실의 인정절차를 순화하고 양형을 과학화·합리화하여 변호권을 보장하고 피고인을 보호하여야 한다는 주장이다.

ㄷ. (○) : 판결전조사란 재판부의 요청에 따라 판결 선고 전에 보호관찰관이 피고인의 성격, 성장과정, 범행동기, 피해회복 여부 등에 대한 제반사항을 조사하여 그 결과를 형량에 참고토록 하는 제도이다. 미국에서 보호관찰제도와 밀접한 관련을 가지고 발전되어 온 제도로서, 법관의 양형의 합리화에 도움을 주며 변호인의 변호활동을 보완하고 피고인의 인권보장에 도움이 되는 제도로서, 교정시설에서 개별처우의 자료로 활용할 수 있고 지역사회에서 범죄인처우의 지침으로 활용될 수 있다. 우리나라는 보호관찰 등에 관한 법률, 소년법 등에서 제도를 두고 있다.

ㄹ. (×) : 가석방된 자는 가석방기간 중 보호관찰을 받는다. 다만, 가석방을 허가한 행정관청이 필요가 없다고 인정한 때에는 그러하지 아니하다(형법 제73조의2 제2항).

정답 ①

159 양형(量刑)의 합리화 방안과 직접적으로 관련이 없는 것은?

2007. 7급 공채

① 공판절차 이분론의 채택
② 독일의 참심제 도입
③ 미국의 sentencing guideline 도입
④ 판결전 조사제도

해설

② 독일, 프랑스, 핀란드 등 유럽에서 시행되고 있는 참심제는 형사재판에서 일반 시민 중에서 발탁된 참심원과 직업판사가 함께 평의를 실시하여 사실인정 및 양형판단을 하는 제도이다. 다만 우리나라는 헌법상 헌법과 법률이 정한 법관이 아닌 무자격 배심원이 사실심에 관여하는 배심재판은 가능하지만, 무자격자가 직업 법관과 함께 합의체를 구성하여 법률심에 관여하는 제도는 헌법 제27조 제1항("모든 국민은 헌법과 법률이 정한 법관에 의하여 법률에 의한 재판을 받을 권리를 가진다.")에 위배되므로 우리나라에서 참심제는 불가능하다.

①, ③, ④ 공판절차 이분론의 채택, 미국의 sentencing guideline(미국 연방 양형기준) 도입, 판결전 조사제도는 양형의 합리화에 도움이 될 수 있다.

정답 ②

160 대법원 양형위원회가 작성한 양형기준표에 대한 설명으로 옳지 않은 것은?

2022. 7급 공채

① 주요 범죄 대부분에 대하여 공통적, 통일적으로 적용되는 종합적 양형기준이 아닌 범죄 유형별로 적용되는 개별적 양형기준을 설정하였다.
② 양형인자는 책임을 증가시키는 가중인자인 특별양형인자와 책임을 감소시키는 감경인자인 일반양형인자로 구분된다.
③ 양형인자 평가결과에 따라 감경영역, 기본영역, 가중영역의 3가지 권고영역 중 하나를 선택하여 권고형량의 범위를 정한다.
④ 양형에 있어서 권고형량범위와 함께 실형선고를 할 것인가, 집행유예를 선고할 것인가를 판단하기 위한 기준을 두고 있다.

해설

② 양형기준은 양형인자를 먼저 감경인자와 가중인자로 구분한 다음 양형에 미치는 영향력을 고려하여 특별양형인자와 일반양형인자로 나눈다. 양형인자는 가중인자와 감경인자로 구분된다. 가중인자는 책임을 증가시키는 역할을 하는 인자를 말하고, 감경인자는 그와 반대로 책임을 감소시키는 역할을 하는 인자를 말한다. 양형인자는 특별양형인자와 일반양형인자로 구분된다. 특별양형인자는 당해 범죄유형의 형량에 큰 영향력을 갖는 인자로서 권고 영역을 결정하는 데 사용되는 인자를 말한다. 일반양형인자는 그 영향력이 특별양형인자에 미치지 못하는 인자로서 권고 영역을 결정하는 데에는 사용되지 못하고, 결정된 권고 형량범위 내에서 선고형을 정하는 데 고려되는 인자를 말한다.

정답 ②

161. 기소유예제도에 대한 설명으로 옳은 것만을 모두 고른 것은?

2014. 7급 공채

ㄱ. 초범자와 같이 개선의 여지가 큰 범죄자를 모두 기소하여 전과자를 양산시키고, 무의미한 공소제기와 무용한 재판 등으로 인하여 소송경제에 반하는 문제점이 있다.
ㄴ. 「소년법」상 검사는 피의자에 대하여 범죄예방자원봉사위원의 선도를 받게 하고 공소를 제기하지 아니할 수 있으며, 이 경우 소년과 소년의 친권자·후견인 등 법정대리인의 동의를 받아야 한다.
ㄷ. 공소권행사에 있어 법 앞의 평등을 실현하고 공소권행사에 정치적 영향을 배제할 수 있다.
ㄹ. 피의자에게 전과의 낙인 없이 기소 전 단계에서 사회복귀를 가능하게 하고, 법원 및 교정기관의 부담을 덜 수 있다.

① ㄱ, ㄷ
② ㄴ, ㄷ
③ ㄴ, ㄹ
④ ㄱ, ㄹ

해설

옳은 지문은 'ㄴ, ㄹ'이다.
ㄱ. (×) : 기소유예제도는 검사의 재량에 의하여 기소를 하지 않는 기소편의주의를 말하므로, 지문과 같은 문제점은 있을 수 없다. 지문의 내용은 기소법정주의의 문제점에 관한 설명이다.
ㄴ. (○) : 소년법 제49조의3 제1호
ㄷ. (×) : 기소유예제도가 공평하게 운영되지 않고 검사의 자의적인 판단에 따라 좌우되는 경우에는 공소권행사에 있어 불평등을 초래할 수 있으며, 또한 공소권행사에 있어서 정치적 영향에 좌우되는 등의 문제점을 배제할 수 없는 단점이 있다.
ㄹ. (○) : 형사소송법 제247조. 기소유예제도는 검사의 재량에 의하여 기소를 하지 않음으로써 기계적인 공소권행사의 문제점을 없애고 피의자에 대한 적정한 형사사법권의 행사에 기여하는 제도로서, 피의자에게 전과자라는 낙인의 문제점을 해소하고 재판 및 형 집행절차 이전에 사회복귀를 가능하게 하므로 법원 및 교정기관의 부담을 덜 수 있는 장점이 있다.

정답 | ③

162 「형법」상 형의 선고유예에 대한 설명으로 옳지 않은 것은? (다툼이 있는 경우 판례에 의함)

2023. 7급 공채

① 주형의 선고유예를 하는 경우 몰수의 요건이 있더라도 몰수형만의 선고를 할 수는 없다.
② 피고인이 범죄사실을 자백하지 않고 부인할 경우에는 언제나 선고유예를 할 수 없다고 해석할 것은 아니다.
③ 형의 선고를 유예하는 경우에 재범방지를 위하여 지도 및 원호가 필요한 때에는 보호관찰을 받을 것을 명할 수 있는데, 이에 따른 보호관찰의 기간은 1년으로 한다.
④ 형의 선고유예 판결이 확정된 후 2년을 경과한 때에는 면소된 것으로 간주하고, 그 뒤에는 실효의 대상이 되는 선고유예의 판결이 존재하지 않으므로 선고유예 실효의 결정을 할 수 없다.

해설

① 형법 제49조 본문에 의하면 몰수는 타형에 부가하여 과한다라고 하여 몰수형의 부가성을 명정하고 있으나 같은 법 조단서는 행위자에게 유죄의 재판을 아니할 때에도 몰수의 요건이 있는 때에는 몰수만을 선고할 수 있다고 규정함으로써 일정한 경우에 몰수의 부가형성에 대한 예외를 인정하고 있는 점으로 보아, 형법 제59조에 의하여 형의 선고의 유예를 하는 경우에도 몰수의 요건이 있는 때에는 몰수형만의 선고를 할 수 있다고 해석함이 상당하다(대법원 1973.12.11., 73도1133).
② 선고유예의 요건 중 '개전의 정상이 현저한 때'라고 함은, 반성의 정도를 포함하여 널리 형법 제51조가 규정하는 양형의 조건을 종합적으로 참작하여 볼 때 형을 선고하지 않더라도 피고인이 다시 범행을 저지르지 않으리라는 사정이 현저하게 기대되는 경우를 가리킨다고 해석할 것이고, 이와 달리 여기서의 '개전의 정상이 현저한 때'가 반드시 피고인이 죄를 깊이 뉘우치는 경우만을 뜻하는 것으로 제한하여 해석하거나, 피고인이 범죄사실을 자백하지 않고 부인할 경우에는 언제나 선고유예를 할 수 없다고 해석할 것은 아니다(대법원 2003.2.20., 2001도6138).
③ 형법 제59조의2 제1항·제2항
④ 형법 제60조, 제61조 제1항, 형사소송법 제335조, 제336조 제1항의 각 규정에 의하면, 형의 선고유예를 받은 자가 유예기간 중 자격정지 이상의 형에 처한 판결이 확정되더라도 검사의 청구에 의한 선고유예 실효의 결정에 의하여 비로소 선고유예가 실효되는 것이고, 또한 형의 선고유예의 판결이 확정된 후 2년을 경과한 때에는 형법 제60조가 정하는 바에 따라 면소된 것으로 간주되고, 그와 같이 유예기간이 경과함으로써 면소된 것으로 간주된 후에는 실효시킬 선고유예의 판결이 존재하지 아니하므로 선고유예 실효의 결정(선고유예된 형을 선고하는 결정)을 할 수 없으며, 이는 원결정에 대한 집행정지의 효력이 있는 즉시항고 또는 재항고로 인하여 아직 그 선고유예 실효 결정의 효력이 발생하기 전 상태에서 상소심에서 절차 진행 중에 그 유예기간이 그대로 경과한 경우에도 마찬가지이다(대법원 2007.6.28., 2007모348).

정답 | ①

163 형의 유예에 대한 설명으로 옳은 것은?
2020. 7급 공채

① 형의 선고유예를 받은 날로부터 2년을 경과한 때에는 기소유예된 것으로 간주한다.
② 형의 선고를 유예하거나 형의 집행을 유예하는 경우 보호관찰의 기간은 1년으로 한다.
③ 형의 집행유예 시 부과되는 수강명령은 집행유예기간이 완료된 이후에 이를 집행한다.
④ 형을 병과할 경우에는 그 형의 일부에 대하여 집행을 유예할 수 있다.

해설

④ 형법 제62조 제2항
① 형의 선고유예를 받은 날로부터 2년을 경과한 때에는 면소된 것으로 간주한다(동법 제60조).
② 형의 선고를 유예하는 경우 보호관찰의 기간은 1년으로 하나(동법 제59조의2 제2항), 형의 집행을 유예하는 경우의 보호관찰의 기간은 원칙적으로 집행을 유예한 기간으로 하되, 법원은 유예기간의 범위 내에서 보호관찰기간을 정할 수 있다(동법 제62조의2 제2항).
③ 사회봉사명령 또는 수강명령은 집행유예기간 내에 이를 집행한다(동법 제62조의2 제3항).

정답 ④

164 현행법상 형의 집행유예에 관한 설명으로 옳지 않은 것은?
2008. 7급 공채 수정

① 3년 이하의 징역이나 금고 또는 500만원 이하의 벌금의 형을 선고할 경우에 양형의 조건을 참작하여 그 정상에 참작할 만한 사유가 있는 때에는 1년 이상 5년 이하의 기간 형의 집행을 유예할 수 있다.
② 형을 병과할 경우에는 그 형의 일부에 대하여 집행을 유예할 수 있다.
③ 형의 집행을 유예하는 경우에는 보호관찰을 받을 것을 명하거나 사회봉사 또는 수강을 명할 수 있다.
④ 집행유예의 선고를 받은 자가 유예기간 중 고의로 범한 죄로 금고 이상의 실형을 선고받아 그 판결이 확정된 때에는 집행유예가 취소된다.

해설

④ 집행유예의 선고를 받은 자가 유예기간 중 고의로 범한 죄로 금고 이상의 실형을 선고받아 그 판결이 확정된 때에는 집행유예의 선고는 효력을 잃는다(형법 제63조). 즉 집행유예가 취소되는 것이 아니라 실효된다.
① 동법 제62조 제1항
② 동법 제62조 제2항
③ 동법 제62조의2 제1항

정답 ④

165 형과 관련된 제도와 그 효과에 대한 설명으로 옳은 것은?   2011. 7급 교정직 공채

① 집행유예 – 선고의 실효 또는 취소됨이 없이 유예기간이 경과하면 형의 선고는 효력을 잃는다.
② 선고유예 – 선고유예를 받은 날로부터 2년이 경과하면 형의선고는 취소된 것으로 간주한다.
③ 가석방 – 가석방 처분을 받은 후 처분이 실효 또는 취소되지 않고 기간이 경과하면 형의 집행이 면제된다.
④ 시효 – 시효가 완성되면 형의 집행이 종료된 것으로 본다.

해설
① 형법 제65조
② 형의 선고유예를 받은 날로부터 2년을 경과한 때에는 면소된 것으로 간주한다(동법 제60조).
③ 가석방의 처분을 받은 후 그 처분이 실효 또는 취소되지 아니하고 가석방기간을 경과한 때에는 형의 집행을 종료한 것으로 본다(동법 제76조 제1항).
④ 형의 선고를 받은 자는 시효의 완성으로 인하여 그 집행이 면제된다(동법 제77조).

정답 ①

166 「형법」상 보호관찰제도에 대한 설명으로 옳지 않은 것은?

2016. 7급 공채

① 형의 선고를 유예하는 경우에 재범방지를 위하여 지도 및 원호가 필요한 때에는 보호관찰을 받을 것을 명할 수 있으며, 이 경우 보호관찰의 기간은 1년 이내의 범위에서 법원이 정한다.
② 보호관찰을 명한 선고유예를 받은 자가 보호관찰기간 중에 준수사항을 위반하고 그 정도가 무거운 때에는 법원은 유예한 형을 선고할 수 있다.
③ 형의 집행을 유예하는 경우에 보호관찰을 받을 것을 명할 수 있으며, 이 경우 보호관찰의 기간은 원칙적으로 집행을 유예한 기간으로 하되, 다만 법원은 유예기간의 범위 내에서 보호관찰기간을 따로 정할 수 있다.
④ 가석방된 자는 가석방을 허가한 행정관청이 필요 없다고 인정한 때가 아닌 한 가석방기간 중 보호관찰을 받는다.

해설
① 형의 선고를 유예하는 경우에 재범방지를 위하여 지도 및 원호가 필요한 때에는 보호관찰을 받을 것을 명할 수 있으며, 이 경우 보호관찰의 기간은 1년으로 한다(형법 제59조의2 제1항·제2항). 즉 보호관찰기간은 1년으로 법정되어 있으며, 법원이 정하는 것이 아니다.
② 동법 제61조 제2항
③ 동법 제62조의2 제1항·제2항
④ 동법 제73조의2 제2항

정답 ①

167 보호관찰을 부과할 수 있는 경우가 아닌 것은? 〈2013. 7급 공채〉

① 절도죄에 대한 6개월의 징역형의 선고를 유예하는 경우
② 상해죄에 대한 1년의 징역형의 집행을 유예하는 경우
③ 강도죄로 3년의 징역형을 선고받고 2년이 경과한 후 가석방 처분을 받는 경우
④ 내란죄로 5년의 징역형이 확정된 후 형의 전부의 집행을 받은 경우

해설

④는 보호관찰의 부과대상이 아니다.
① 형의 선고를 유예하는 경우에 재범방지를 위하여 지도 및 원호가 필요한 때에는 보호관찰을 받을 것을 명할 수 있다(형법 제59조의2 제1항).
② 형의 집행을 유예하는 경우에는 보호관찰을 받을 것을 명하거나 사회봉사 또는 수강을 명할 수 있다(형법 제62조의2 제1항).
③ 가석방된 자는 가석방기간중 보호관찰을 받는다. 다만, 가석방을 허가한 행정관청이 필요가 없다고 인정한 때에는 그러하지 아니하다(형법 제73조의2 제2항).

정답 ④

168 다음 설명 중 옳지 않은 것은?

2014. 7급 공채

① 형의 선고유예를 받은 날로부터 2년을 경과한 때에는 면소된 것으로 간주한다.
② 형의 집행유예를 받은 후 실효 또는 취소됨이 없이 유예기간을 경과한 때에는 형의 집행이 면제된다.
③ 가석방의 처분을 받은 후 그 처분이 실효 또는 취소되지 아니하고 가석방기간을 경과한 때에는 형의 집행을 종료한 것으로 본다.
④ 일반사면을 받은 경우 특별한 규정이 있을 때를 제외하고는 형 선고의 효력이 상실되며, 형을 선고받지 아니한 자에 대해서는 공소권이 상실된다.

해설

② 집행유예의 선고를 받은 후 그 선고의 실효 또는 취소됨이 없이 유예기간을 경과한 때에는 형의 선고는 효력을 잃는다(형법 제65조). 형의 집행이 면제되는 것은 시효기간이 경과한 경우이다. 즉 형의 선고를 받은 자는 시효의 완성으로 인하여 그 집행이 면제된다(동법 제77조).
① 동법 제60조
③ 동법 제76조 제1항
④ 사면법 제5조 제1항 제1호

정답 ②

169 보호관찰, 사회봉사명령, 수강명령에 대한 설명으로 옳지 않은 것으로만 묶인 것은?

2013. 7급 공채

ㄱ. 형의 집행을 유예하는 경우, 보호관찰을 받을 것을 명하거나 사회봉사 또는 수강을 명할 수 있다. 이 경우 보호관찰, 사회봉사, 수강명령은 모두 동시에 명할 수 없다.
ㄴ. 집행유예 시 보호관찰기간은 형의 집행을 유예한 기간으로 한다. 다만, 법원은 유예기간의 범위내에서 보호관찰기간을 정할 수 있다.
ㄷ. 사회봉사명령은 500시간 범위 내에서 일정시간동안 무보수로 근로에 종사하도록 하는 제도이다. 다만, 소년의 경우 사회봉사명령은 200시간 이내이다. 사회봉사명령은 집행유예기간에 상관없이 이를 집행할 수 있다.
ㄹ. 수강명령은 200시간 이내에서 일정시간동안 지정된 장소에 출석하여 강의, 훈련 또는 상담을 받게 하는 제도이다. 소년의 경우 만 12세 이상의 소년에게만 부과할 수 있고 시간은 100시간 이내이다.
ㅁ. 사회봉사명령이나 수강명령은 원상회복과 함께 자유형에 대한 대체수단으로 우리나라에서는 형법에 먼저 도입되었고 소년법에 확대 적용되었다.

① ㄱ, ㄴ, ㄷ, ㄹ
② ㄱ, ㄷ, ㅁ
③ ㄴ, ㄹ, ㅁ
④ ㄷ, ㄹ

해설

② 옳지 않은 것은 'ㄱ, ㄷ, ㅁ'이다.
ㄱ. (×) : 형법 제62조의2 제1항은 "형의 집행을 유예하는 경우에는 보호관찰을 받을 것을 명하거나 사회봉사 또는 수강을 명할 수 있다."고 규정하고 있다. 그 문리에 따르면 보호관찰과 사회봉사는 각각 독립하여 명할 수 있다는 것이지, 반드시 그 양자를 동시에 명할 수 없다는 취지로 해석되지는 아니할 뿐더러, 소년법 제32조 제3항, 성폭력범죄의 처벌 및 피해자 보호 등에 관한 법률 제16조 제2항, 가정폭력범죄의 처벌 등에 관한 특례법 제40조 제2항 등에는 보호관찰과 사회봉사를 동시에 명할 수 있다고 명시적으로 규정하고 있는바, 일반 형법에 의하여 보호관찰과 사회봉사를 명하는 경우와 비교하여 특별히 달리 취급할 만한 이유가 없으며, 제도의 취지에 비추어 보더라도, 범죄자에 대한 사회복귀를 촉진하고 효율적인 범죄예방을 위하여 양자를 병과(倂科)할 필요성이 있는 점 등을 종합하여 볼 때, 형법 제62조에 의하여 집행유예를 선고할 경우에는 형법 제62조의2 제1항에 규정된 보호관찰과 사회봉사 또는 수강을 동시에 명할 수 있다고 해석함이 상당하다(대법원 1998.4.24., 98도98).
ㄴ. (O) : 형법 제62조의2 제2항
ㄷ. (×) : 사회봉사명령 또는 수강명령은 집행유예기간 내에 이를 집행한다(형법 제62조의2 제3항).
ㄹ. (O) : 법원은「형법」제62조의2에 따른 사회봉사를 명할 때에는 500시간, 수강을 명할 때에는 200시간의 범위에서 그 기간을 정하여야 한다. 다만, 다른 법률에 특별한 규정이 있는 경우에는 그 법률에서 정하는 바에 따른다(보호관찰 등에 관한 법률 제59조 제1항). 수강명령은 100시간을, 사회봉사명령은 200시간을 초과할 수 없으며, 보호관찰관이 그 명령을 집행할 때에는 사건 본인의 정상적인 생활을 방해하지 아니하도록 하여야 한다(소년법 제33조 제4항). 제1항 제2호(수강명령) 및 제10호(장기 소년원 송치)의 처분은 12세 이상의 소년에게만 할 수 있다(소년법 제32조 제4항).
ㅁ. (×) : 현대적 의미의 사회봉사명령제도는 영국에서 1972년도에 창안된 제도로서, 당시 영국은 교도소 수용비율이 지나치게 높아 수형자가 포화상태에 이르게 되자, 비교적 중하지 않은 범죄자를 구금하지 않고 처벌할 수 있는 새

로운 형태의 형벌로서 도입하였다. 우리나라에서는 1987년 소년법의 개정 및 1988년 보호관찰법의 제정에 따라 먼저 비행소년을 대상으로 도입되었으며, 1995년에 형법에 도입되어 그 대상을 성인에게까지 확대하였다.

정답 ②

170 선고유예 및 가석방에 대한 설명으로 옳지 않은 것은? (다툼이 있는 경우 판례에 의함)

2021. 7급 공채

① 선고유예 판결에서도 그 판결 이유에서는 선고형을 정해 놓아야 하고, 그 형이 벌금형일 경우에는 벌금액뿐만 아니라 환형유치처분까지 해두어야 한다.
② 형의 집행유예의 선고가 실효 또는 취소됨이 없이 정해진 유예기간을 경과하여 형의 선고가 효력을 잃게 되었더라도, 이는 선고유예 결격사유인 자격정지 이상의 형을 받은 전과가 있는 경우에 해당한다.
③ 형기에 산입된 판결선고전 구금일수는 가석방에 있어 집행을 경과한 기간에 산입한다.
④ 사형을 무기징역으로 특별감형한 경우, 사형집행 대기기간을 처음부터 무기징역을 받은 경우와 동일하게 가석방요건 중의 하나인 형의 집행기간에 산입할 수 있다.

해설

④ 사형집행을 위한 구금은 미결구금도 아니고 형의 집행기간도 아니며 특별감형은 형을 변경하는 효과만 있을 뿐이고 이로 인하여 형의 선고에 의한 기성의 효과는 변경되지 아니하므로 사형이 무기징역으로 특별감형된 경우 사형의 판결확정일에 소급하여 무기징역형이 확정된 것으로 보아 무기징역형의 형기 기산일을 사형의 판결 확정일로 인정할 수도 없고 사형집행대기 기간이 미결구금이나 형의 집행기간으로 변경된다고 볼 여지도 없으며, 또한 특별감형은 수형 중의 현장의 하나인 사형집행대기기간까지를 참작하여 되었다고 볼 것이므로 사형집행대기기간을 처음부터 무기징역을 받은 경우와 동일하게 가석방요건 중의 하나인 형의 집행기간에 다시 산입할 수는 없다(대법원 1991.3.4., 90모59).
① 형법 제59조에 의하여 형의 선고를 유예하는 판결을 할 경우에도 선고가 유예된 형에 대한 판단을 하여야 하므로, 선고유예 판결에서도 그 판결 이유에서는 선고형을 정해 놓아야 하고 그 형이 벌금형일 경우에는 벌금액뿐만 아니라 환형유치처분까지 해 두어야 한다(대법원 2015.1.29., 2014도15120).
② 형법 제59조 제1항은 "1년 이하의 징역이나 금고, 자격정지 또는 벌금의 형을 선고할 경우 제51조의 사항을 참작하여 개전의 정상이 현저한 때에는 그 선고를 유예할 수 있다. 단, 자격정지 이상의 형을 받은 전과가 있는 자에 대하여는 예외로 한다."고 규정하고 있는바, 위 단서에서 정한 "자격정지 이상의 형을 받은 전과"라 함은 자격정지 이상의 형을 선고받은 범죄경력 자체를 의미하는 것이고, 그 형의 효력이 상실된 여부는 묻지 않는 것으로 해석함이 상당하다. 따라서 형의 집행유예를 선고받은 자는 형법 제65조에 의하여 그 선고가 실효 또는 취소됨이 없이 정해진 을 무사히 경과하여 형의 선고가 효력을 잃게 되었다고 하더라도 형의 선고의 법률적 효과가 없어진다는 것일 뿐, 형의 선고가 있었다는 기왕의 사실 자체까지 없어지는 것은 아니므로, 형법 제59조 제1항 단서에서 정한 선고유예 결격사유인 "자격정지 이상의 형을 받은 전과가 있는 자"에 해당한다고 보아야 한다(대법원 2007.5.11., 2005도5756).
③ 형법 제73조 제1항

정답 ④

171 「형법」상 가석방제도에 대한 설명으로 옳은 것은?

2020. 7급 공채 수정

① 형기에 산입된 판결선고전 구금의 일수는 가석방에 있어서 집행을 경과한 기간에 산입하지 아니한다.
② 가석방의 기간은 무기형에 있어서는 20년으로 하고, 유기형에 있어서는 남은 형기로 하되, 그 기간은 10년을 초과할 수 없다.
③ 징역 또는 금고의 집행 중에 있는 자가 그 행상이 양호하여 뉘우침이 뚜렷한 때에는 무기에 있어서는 10년, 유기에 있어서는 형기의 2분의 1을 경과한 후 행정처분으로 가석방을 할 수 있다.
④ 가석방의 처분을 받은 자가 감시에 관한 규칙을 위배하거나, 보호관찰의 준수사항을 위반하고 그 정도가 무거운 때에는 가석방처분을 취소할 수 있다.

해설

④ 형법 제75조
① 형기에 산입된 판결선고전 구금의 일수는 가석방에 있어서 집행을 경과한 기간에 <u>산입한다</u>(동법 제73조 제1항).
② 가석방의 기간은 <u>무기형에 있어서는 10년</u>으로 하고, 유기형에 있어서는 남은 형기로 하되, 그 기간은 10년을 초과할 수 없다(동법 제73조의2 제1항).
③ 징역이나 금고의 집행 중에 있는 사람이 행상(行狀)이 양호하여 뉘우침이 뚜렷한 때에는 <u>무기형은 20년, 유기형은 형기의 3분의 1</u>이 지난 후 행정처분으로 가석방을 할 수 있다(동법 제72조 제1항).

정답 ④

172. 가석방의 실효 또는 취소의 사유에 해당하는 것으로만 묶인 것은?

2008. 7급 공채

ㄱ. 가석방 중 벌금형을 선고받아 그 판결이 확정된 때
ㄴ. 가석방 중 과실로 인한 죄로 금고 이상의 형의 선고를 받았을 때
ㄷ. 관할경찰서의 장에게 신고하지 않고 국외에 이주하거나 여행을 한 때
ㄹ. 가석방증에 적힌 기한 내에 관할경찰서에 출석하여 가석방증에 출석확인을 받지 아니한 때
ㅁ. 관할경찰서의 장에게 신고하지 않고 1개월 이상 국내 여행을 한 때

① ㄱ, ㄷ, ㄹ
② ㄱ, ㄹ, ㅁ
③ ㄴ, ㄷ, ㄹ
④ ㄷ, ㄹ, ㅁ

해설

④ 옳은 것은 'ㄷ, ㄹ, ㅁ'이다.

ㄱ. ㄴ. (X) : 가석방 기간 중 <u>고의로 지은 죄로 금고 이상의 형을 선고받아 그 판결이 확정</u>된 경우에 가석방 처분은 효력을 잃는다(형법 제74조).

ㄷ. (O) : 가석방의 처분을 받은 자가 감시에 관한 규칙을 위배하거나, 보호관찰의 준수사항을 위반하고 그 정도가 무거운 때에는 가석방처분을 취소할 수 있다(형법 제75조). 가석방자는 국외 이주 또는 1개월 이상 국외 여행을 하려는 경우 관할경찰서의 장에게 신고하여야 한다(가석방자관리규정 제13조 제1항). 이 규정을 위배한 경우에는 가석방처분을 취소할 수 있다.

ㄹ. (O) : 가석방자는 가석방증에 적힌 기한 내에 관할경찰서에 출석하여 가석방증에 출석확인을 받아야 한다(가석방자관리규정 제5조). 이 규정을 위배한 경우에는 형법 제75조에 따라 가석방처분을 취소할 수 있다.

ㅁ. (O) : 가석방자는 국내 주거지 이전(移轉) 또는 1개월 이상 국내 여행을 하려는 경우 관할경찰서의 장에게 신고하여야 한다(가석방자관리규정 제10조 제1항). 이 규정을 위배한 경우에는 형법 제75조에 따라 가석방처분을 취소할 수 있다.

정답 ④

173 사형제도에 대한 설명으로 옳은 것은?   2013. 7급 공채

① 형법상 절대적 법정형으로서 사형을 과할 수 있는 죄는 적국을 위하여 모병한 모병이적죄 뿐이다.
② 죄를 범할 당시 만 18세 미만인 소년에 대하여 사형으로 처할 경우에는 25년의 유기징역으로 한다.
③ 헌법재판소에 의하면, 사형제도를 법률상 존치시킬 것인지 또는 폐지할 것인지의 문제는 사형제도의 존치가 바람직한지에 관한 평가를 통하여 민주적 정당성을 가진 입법부가 결정할 입법정책적 문제이지 헌법재판소가 심사할 대상은 아니라고 한다.
④ 현재 우리나라는 거의 매년 사형이 집행되어 국제사면위원회(Amnesty International)가 규정한 실질적 사형존속국에 속한다.

해설

③ 헌법재판소는 "헌법이 보장한 생명권은 기본권 중의 기본권으로서 존중 받아야 마땅하다."라고 하면서도 "우리 헌법은 110조에서 사형제도를 인정하고 있으며, 특정 인간의 생명권 역시 타인의 생명권 보호나 중대한 공익을 위해 제한하는 것은 헌법의 테두리 안에서 허용될 수 있다. 사형제도가 극악한 범죄에 대한 예방과 정의의 실현, 재발 방지 등을 목적으로 하는 한 정당화될 수 있다."고 하여 합헌 결정을 내리면서, 사형제도의 존치여부는 민주적 정당성을 가진 입법부가 결정할 입법정책적 문제라고 하였다.
① 형법상 절대적 법정형으로서 사형을 과할 수 있는 죄는 여적죄(與敵罪 : 적국과 합세하여 국가에 항전하는 죄, 형법 제93조)이다. 모병이적죄의 경우는 "적국을 위하여 모병한 자는 사형 또는 무기징역에 처한다."고 규정하고 있다(형법 제94조 제1항).
② 죄를 범할 당시 18세 미만인 소년에 대하여 사형 또는 무기형(無期刑)으로 처할 경우에는 15년의 유기징역으로 한다(소년법 제59조).
④ 우리나라는 1997년 12월 30일 마지막으로 사형을 집행한 이래 현재까지 사형집행을 하지 않고 있어, 국제사면위원회(Amnesty International)는 실질적 사형폐지국가로 분류하고 있다.

정답 ③

174 사형폐지론을 주장한 학자만을 모두 고르면?

2023. 9급 교정직 공채

ㄱ. 베카리아(C. Beccaria)   ㄴ. 루소(J. Rousseau)
ㄷ. 리프만(M. Liepmann)   ㄹ. 캘버트(E. Calvert)

① ㄱ, ㄴ
② ㄱ, ㄷ
③ ㄱ, ㄷ, ㄹ
④ ㄴ, ㄷ, ㄹ

해설

③ 옳은 것은 'ㄱ, ㄷ, ㄹ'이다.

ㄱ, ㄷ, ㄹ (O) : 사형폐지론을 주장한 학자는 이탈리아의 베카리아(C. Beccaria), 독일의 리프만(M. Liepmann), 영국의 캘버트(E. Calvert)이다. 그 외에 사형폐지론자로는 존 하워드(J. Howard), 서덜랜드(E.H. Sutherland), 페스탈로찌(Pestalozzi), 나탈레(Natale) 등이 있다.

ㄴ (X) : 사회계약론을 주장한 루소(J. Rousseau)는 사형존치론자이다. 루소는 시민이 국가에 자신의 생명권을 양도하였기 때문에 국가에 의한 사형제도를 시민들이 인정한 것이라고 보았다. 또한 살인자 등 극악한 범죄를 저지른 사람은 스스로 사회계약을 파기했기 때문에 국가의 구성원이 아니게 되고 그는 공공의 적이 되며, 사형제도는 국가가 범죄예방과 사회질서의 유지에 도움이 된다고 보았다. 그 외에 사형존치론자로는 칸트(I. Kant), 비르크메이어(Birkmeyer) 등을 들 수 있다.

정답 ③

PART III 범죄대책, 형사제재 및 범죄피해자 보호

175 「형법」상 형벌의 종류와 경중에 대한 설명 중 옳은 것만을 모두 고르면?

2019. 5급 교정직 승진

ㄱ. 유기징역 또는 유기금고에 대하여 형을 가중하는 때에는 50년까지로 한다.
ㄴ. 법률이 정한 자격의 전부 또는 일부에 대한 정지는 1년 이상 20년 이하로 한다.
ㄷ. 벌금을 감경하는 경우에는 5만원 미만으로 할 수 있다.
ㄹ. 구류는 1일 이상 30일 이하로 한다.
ㅁ. 과료는 2천원 이상 5만원 미만으로 한다.

① ㄱ, ㄴ
② ㄱ, ㄷ
③ ㄱ, ㄷ, ㅁ
④ ㄴ, ㄷ, ㅁ
⑤ ㄷ, ㄹ, ㅁ

해설

③ 옳은 것은 ㄱ, ㄷ, ㅁ이다.
ㄱ. (○) 징역 또는 금고는 무기 또는 유기로 하고 유기는 1개월 이상 30년 이하로 한다. 단, 유기징역 또는 유기금고에 대하여 형을 가중하는 때에는 50년까지로 한다(형법 제42조).
ㄴ. (×) 자격의 전부 또는 일부에 대한 정지는 <u>1년 이상 15년 이하</u>로 한다(동법 제44조 제1항).
ㄷ. (○) 벌금은 5만원 이상으로 한다. 다만, 감경하는 경우에는 5만원 미만으로 할 수 있다(동법 제45조).
ㄹ. (×) 구류는 1일 이상 <u>30일 미만</u>으로 한다(동법 제46조).
ㅁ. (○) 동법 제47조

정답 ③

176 「형법」상 형벌제도에 대한 설명으로 옳지 않은 것은?
2018. 7급 공채

① 유기징역의 기간은 1개월 이상 30년 이하이지만 형을 가중하는 경우에는 50년까지 가능하다.
② 무기징역은 종신형이지만 20년이 경과하면 가석방이 가능하다.
③ 형의 선고를 유예하는 경우에 보호관찰을 받을 것을 명하거나 사회봉사 또는 수강을 명할 수 있다.
④ 벌금을 납입하지 않은 자는 1일 이상 3년 이하의 기간 노역장에 유치하여 작업에 복무하게 한다.

해설
③ 형의 선고를 유예하는 경우에 재범방지를 위하여 지도 및 원호가 필요한 때에는 보호관찰을 받을 것을 명할 수 있다(형법 제59조의2 제1항). 사회봉사나 수강명령은 집행유예의 경우에 가능하며, 선고유예의 경우에는 명할 수 없다.
① 동법 제42조
② 징역이나 금고의 집행 중에 있는 사람이 행상(行狀)이 양호하여 뉘우침이 뚜렷한 때에는 무기형은 20년, 유기형은 형기의 3분의 1이 지난 후 행정처분으로 가석방을 할 수 있다(동법 제72조 제1항).
④ 동법 제69조 제2항

정답 ③

177 「형법」상 형벌제도에 대한 설명으로 옳지 않은 것은? 2022. 7급 공채

① 유기징역 또는 유기금고는 1개월 이상 25년 이하로 하되, 형을 가중하는 때에는 50년까지로 한다.
② 유기징역 또는 유기금고에 자격정지를 병과한 때에는 징역 또는 금고의 집행을 종료하거나 면제된 날로부터 정지기간을 기산한다.
③ 벌금을 납입하지 아니한 자는 1일 이상 3년 이하, 과료를 납입하지 아니한 자는 1일 이상 30일 미만의 기간 노역장에 유치하여 작업에 복무하게 한다.
④ 벌금에 대한 노역장 유치기간을 정하는 경우, 선고하는 벌금이 1억원 이상 5억원 미만인 경우에는 300일 이상, 5억원 이상 50억원 미만인 경우에는 500일 이상, 50억원 이상인 경우에는 1천일 이상의 유치기간을 정하여야 한다.

해설
① 징역 또는 금고는 무기 또는 유기로 하고 유기는 <u>1개월 이상 30년 이하</u>로 한다. 단, 유기징역 또는 유기금고에 대하여 형을 가중하는 때에는 50년까지로 한다(형법 제42조).
② 동법 제44조 제2항
③ 동법 제69조 제2항
④ 동법 제70조 제2항

정답 | ①

178 단기자유형의 대체방안으로 적절하지 않은 것은? 2017. 9급 교정직 공채

① 주말구금제도
② 귀휴제도
③ 사회봉사명령제도
④ 벌금형제도

해설

② 귀휴제도는 교정시설에 구금된 수형자가 친상을 당하거나 외부병원에서 입원 치료가 필요한 경우 등 일정한 사유가 있을 때 일시적으로 사회에 나가 일을 치르고 교정시설에 복귀하도록 하는 사회적 처우이다. 따라서 귀휴제도는 단기자유형의 폐해를 그대로 가지고 있으므로 단기자유형의 대체방안이라고 할 수 없다.

①, ③, ④ 단기자유형은 개선이나 위하력을 발휘하기에는 부족한 기간이지만 악성감염에는 충분한 기간이며, 자유형의 집행으로 인한 구금의 충격이 크고 사회와의 단절로 인하여 직업의 상실을 초래하게 되고 가족의 생계를 유지할 수 없게 되며 사회적 낙인, 출소 후 사회적응곤란 등의 폐해가 큰 등의 문제가 있어 그 대체방안이 논의된다. 단기자유형의 대체방안으로는 ⅰ) 단기자유형 이외의 제재를 부과하는 방법으로 단기자유형 대신 벌금형이나 보호관찰, 사회봉사명령, 전자감시 가택구금, 병영식 캠프, 원상회복제도의 도입 등 각종 사회 내 처우로 전환하는 방법 등이 있고, ⅱ) 실형을 선고하지 않는 방법으로 실형을 선고하지 않는 대신 선고유예 또는 집행유예를 선고하여 그 폐해를 줄이는 방법이 있으며, ⅲ) 기존의 구금제도를 완화하는 방법으로 주말구금, 야간구금, 단속구금, 자유형의 일부에 대한 집행유예제도, 단기자유형집행 후 보호관찰을 실시하는 충격구금 등이 있다.

정답 ②

179 부정기형제도에 대한 설명으로 옳지 않은 것은? 2022. 7급 공채

① 부정기형은 범죄인의 개선에 필요한 기간을 판결 선고 시에 정확히 알 수 없기 때문에 형을 집행하는 단계에서 이를 고려한 탄력적 형 집행을 위한 제도로 평가된다.
② 부정기형은 범죄자에 대한 위하효과가 인정되고, 수형자자치제도의 효과를 높일 수 있으며, 위험한 범죄자를 장기구금하게 하여 사회방위에도 효과적이다.
③ 부정기형은 형벌개별화원칙에 반하고, 수형자의 특성에 따라서 수형기간이 달라지게 되는 문제점이 있으며, 교도관의 자의가 개입할 여지가 있고, 석방결정과정에서 적정절차의 보장이 결여될 위험이 있다.
④ 「소년법」제60조 제1항은 "소년이 법정형으로 장기 2년 이상의 유기형에 해당되는 죄를 범한 경우에는 그 형의 범위 내에서 장기와 단기를 정하여 형을 선고하되, 장기는 10년, 단기는 5년을 초과하지 못한다."고 규정하여 상대적 부정기형 제도를 채택하였다.

해설
③ 부정기형은 정기형의 문제점을 사후에 시정하여 개별범죄자의 특성에 따라 형벌을 탄력적으로 집행함으로써 형벌개별화의 원칙을 달성하는데 기여할 수 있는 제도이다.

정답 ③

180 「형법」상 벌금형에 대한 설명으로 옳지 않은 것은?

2016. 7급 공채

① 벌금을 선고할 때에는 동시에 그 금액을 완납할 때까지 노역장에 유치할 것을 명하여야 한다.
② 벌금을 납입하지 아니한 자는 1일 이상 3년 이하의 기간 노역장에 유치하여 작업에 복무하게 한다.
③ 벌금은 5만원 이상으로 한다. 다만, 감경하는 경우에는 5만원 미만으로 할 수 있다.
④ 선고하는 벌금이 1억원 이상 5억원 미만인 경우에는 300일 이상, 5억원 이상 50억원 미만인 경우에는 500일 이상, 50억원 이상인 경우에는 1,000일 이상의 노역장 유치기간을 정하여야 한다.

해설
① 벌금을 선고할 때에는 동시에 그 금액을 완납할 때까지 노역장에 유치할 것을 <u>명할 수 있다</u>(형법 제69조 제1항 단서). 즉 법원의 재량사항이다.
② 동법 제69조 제2항
③ 동법 제45조
④ 동법 제70조 제2항

정답 ①

PART III 범죄대책, 형사제재 및 범죄피해자 보호

181 「형법」상 벌금에 대한 설명으로 옳지 않은 것은? (다툼이 있는 경우 판례에 의함)

2023. 7급 공채

① 벌금을 감경하는 경우에는 5만 원 미만으로 할 수 있다.
② 벌금을 선고하는 재판이 확정된 후 그 집행을 받지 아니하고 5년이 지나면 형의 시효가 완성된다.
③ 60억 원의 벌금을 선고하면서 이를 납입하지 아니하는 경우의 노역장 유치기간을 700일로 정할 수 있다.
④ 형법 제55조 제1항 제6호의 벌금을 감경할 때의 '다액의 2분의 1'이라는 문구는 '금액의 2분의 1'을 뜻하므로 그 상한과 함께 하한도 감경되는 것으로 해석하여야 한다.

해설

③ 선고하는 벌금이 1억원 이상 5억원 미만인 경우에는 300일 이상, 5억원 이상 50억원 미만인 경우에는 500일 이상, 50억원 이상인 경우에는 1천일 이상의 노역장 유치기간을 정하여야 한다(형법 제70조 제2항). 따라서 60억 원의 벌금을 선고하면서 이를 납입하지 아니하는 경우의 노역장 유치기간은 1천일 이상으로 하여야 하며, 700일로 정할 수는 없다.
① 벌금은 5만원 이상으로 한다. 다만, 감경하는 경우에는 5만원 미만으로 할 수 있다(동법 제45조).
② 동법 제78조 제6호
④ 형법 제55조 제1항 제6호의 벌금을 감경할 때의 「다액」의 2분의 1이라는 문구는 「금액」의 2분의 1이라고 해석하여 그 상한과 함께 하한도 2분의 1로 내려가는 것으로 해석하여야 한다. 형법 제55조 제1항 제6호에는 벌금을 감경할 때에는 그 「다액」의 2분의 1로 한다고 규정되어 있어 이를 문자 그대로 해석한다면 벌금을 감경할 때에는 그 상한액만이 2분의1로 내려갈 뿐 하한액은 변동이 없게 된다고 보여진다. 그런데 그와 같이 해석한다면 재판실무상 벌금을 감경 특히 작량감경하는 경우, 각종 특별법에 규정되어 있는 벌금의 형태 등을 고려할 때 불합리한 점이 생기므로, 그 상한과 함께 하한도 2분의 1로 내려가는 것으로 해석하여야 한다(대법원 1978.4.25., 78도246).

* **형의 시효의 기간(형법 제78조)**: 시효는 형을 선고하는 재판이 확정된 후 그 집행을 받지 아니하고 다음 각 호의 구분에 따른 기간이 지나면 완성된다.
  1. 삭제 〈2023. 8. 8.〉
  2. 무기의 징역 또는 금고: 20년
  3. 10년 이상의 징역 또는 금고: 15년
  4. 3년 이상의 징역이나 금고 또는 10년 이상의 자격정지: 10년
  5. 3년 미만의 징역이나 금고 또는 5년 이상의 자격정지: 7년
  6. 5년 미만의 자격정지, 벌금, 몰수 또는 추징: 5년
  7. 구류 또는 과료: 1년

정답 ③

182 벌금형의 특성에 대한 설명으로 옳지 않은 것은?
2014. 9급 교정직 공채

① 제3자의 대납이 허용되지 않는다.
② 국가에 대한 채권과 상계가 허용된다.
③ 공동연대책임이 허용되지 않는다.
④ 벌금은 범죄인의 사망으로 소멸된다.

해설

② 벌금은 형벌의 하나로서 국가에 대한 채권과 상계할 수 없으며, 벌금납부의무자가 반드시 현실적인 납부를 하여야 한다.
①, ③, ④ 벌금형은 범죄인에 대한 개선의 기능보다는 응보와 속죄의 성격이 강한 형벌로서, 일신전속적인 성격을 가지고 있어 제3자가 대신 납부하지 못하는 대납금지, 국가에 대한 채권과 상계하지 못하는 상계금지, 공범에 있어서도 연대책임을 지지 않는 개별·독립책임, 벌금납부의무자가 사망하면 납부의무도 소멸하는 비상속성의 특징을 가지고 있다.

정답 ②

183 벌금형에 관한 설명으로 옳은 것은?
2008. 7급 공채 수정

① 벌금도 세금처럼 제3자가 대납할 수 있다.
② 벌금을 납입하지 아니한 자는 1월 이상 3년 이하의 기간 동안 노역장에 유치하여 작업에 복무하게 한다.
③ 현행 「형법」은 벌금형의 집행유예를 인정한다.
④ 법원은 벌금을 납입하지 아니한 자에 대하여 사회봉사명령을 부과할 수 있다.

해설

③ 3년 이하의 징역이나 금고 또는 500만원 이하의 벌금의 형을 선고할 경우에 제51조의 사항(양형의 조건)을 참작하여 그 정상에 참작할 만한 사유가 있는 때에는 1년 이상 5년 이하의 기간 형의 집행을 유예할 수 있다(형법 제62조 제1항).
① 벌금형의 일신전속적 성격에 의하여 제3자의 대납이 금지된다.
② 벌금을 납입하지 아니한 자는 1일 이상 3년 이하, 과료를 납입하지 아니한 자는 1일 이상 30일 미만의 기간 노역장에 유치하여 작업에 복무하게 한다(동법 제69조 제2항).
④ 벌금을 납입하지 아니한 자는 1일 이상 3년 이하의 기간 노역장에 유치하여 작업에 복무하게 한다(동법 제69조 제2항). 벌금미납자가 스스로 「벌금 미납자의 사회봉사 집행에 관한 특례법」에 따라 사회봉사명령을 신청한 경우가 아니라면 법원이 벌금을 납입하지 아니한 자에 대하여 사회봉사명령을 부과할 수는 없다.

정답 ③

184 「형법」상 벌금과 과료에 대한 설명으로 옳지 않은 것은?

2019. 9급 교정직 공채

① 벌금은 5만원 이상으로 하되 감경하는 경우에는 5만원 미만으로 할 수 있으며, 과료는 2천원 이상 5만원 미만으로 한다.
② 벌금과 과료는 판결확정일로부터 30일 내에 납입하여야 한다. 단, 벌금 또는 과료를 선고할 때에는 동시에 그 금액을 완납할 때까지 노역장에 유치할 것을 명할 수 있다.
③ 선고하는 벌금이 1억원 이상 5억원 미만인 경우에는 300일 이상, 5억원 이상 50억원 미만인 경우에는 500일 이상, 50억원 이상인 경우에는 1,000일 이상의 유치기간을 정하여야 한다.
④ 벌금을 납입하지 아니한 자는 1일 이상 3년 이하, 과료를 납입하지 아니한 자는 1일 이상 30일 미만의 기간 노역장에 유치하여 작업에 복무하게 한다.

해설

② 벌금과 과료는 판결확정일로부터 30일내에 납입하여야 한다. 단, 벌금을 선고할 때에는 동시에 그 금액을 완납할 때까지 노역장에 유치할 것을 명할 수 있다(형법 제69조 제1항). 즉 과료를 선고할 때에는 동시에 그 금액을 완납할 때까지 노역장에 유치할 것을 명할 수 없다.
① 동법 제45조
③ 동법 제70조 제2항
④ 동법 제69조 제2항

정답 ②

185 현행법상 노역장 유치제도에 관한 설명 중 옳지 않은 것은? 2007. 7급 공채

① 납입강제적 성격을 지니므로 벌금액의 일부만을 납입한 경우에는 유치기간이 줄어들지 않는다.
② 법원은 벌금형을 선고하면서 동시에 그 금액을 완납할 때까지 노역장에 유치할 것을 명할 수 있다.
③ 과료를 납입하지 않은 자도 노역장 유치가 가능하다.
④ 벌금 미납자는 1일 이상 3년 이하의 기간 동안 노역장에 유치하여 작업에 복무하게 한다.

해설
① 벌금이나 과료의 선고를 받은 사람이 그 금액의 일부를 납입한 경우에는 벌금 또는 과료액과 노역장 유치기간의 일수(日數)에 비례하여 납입금액에 해당하는 일수를 뺀다(형법 제71조).
② 동법 제69조 제1항
③, ④ 벌금을 납입하지 아니한 자는 1일 이상 3년 이하, 과료를 납입하지 아니한 자는 1일 이상 30일 미만의 기간 노역장에 유치하여 작업에 복무하게 한다(동법 제69조 제2항).

정답 ①

186 벌금형 제도에 대한 설명으로 옳지 않은 것은? (다툼이 있는 경우 판례에 의함)

2021. 7급 공채

① 벌금형의 집행을 위한 검사의 명령은 집행력 있는 채무명의와 동일한 효력이 있다.
② 500만원 이하 벌금형을 선고할 경우 피고인의 사정을 고려하여 100만원만 집행하고 400만 원은 집행을 유예할 수 있다.
③ 벌금을 납입하지 아니한 자는 1일 이상 3년 이하의 기간 노역장에 유치하여 작업에 복무하게 한다.
④ 벌금형에 따르는 노역장 유치는 실질적으로 자유형과 동일하므로, 그 집행에 대하여는 자유형의 집행에 관한 규정이 준용된다.

해설

② 집행유예의 요건에 관한 형법 제62조 제1항이 '형'의 집행을 유예할 수 있다고만 규정하고 있다고 하더라도, 이는 같은 조 제2항이 그 형의 '일부'에 대하여 집행을 유예할 수 있는 때를 형을 '병과'할 경우로 한정하고 있는 점에 비추어 보면, 조문의 체계적 해석상 하나의 형의 전부에 대한 집행유예에 관한 규정이라 할 것이고, 또한 하나의 자유형에 대한 일부집행유예에 관하여는 그 요건, 효력 및 일부 실형에 대한 집행의 시기와 절차, 방법 등을 입법에 의해 명확하게 할 필요가 있어, 그 인정을 위해서는 별도의 근거 규정이 필요하므로 하나의 자유형 중 일부에 대해서는 실형을, 나머지에 대해서는 집행유예를 선고하는 것은 허용되지 않는다(대법원 2007.2.22., 2006도8555). 이 판례의 취지에 비추어볼 때, 하나의 형으로 벌금형이 선고되는 경우, 선고하는 벌금형의 전부에 대하여 집행유예를 할 수 있을 뿐, 선고하는 벌금액 중 일부만을 집행유예할 수는 없다고 해석된다.
① 벌금, 과료, 몰수, 추징, 과태료, 소송비용, 비용배상 또는 가납의 재판의 집행을 위한 검사의 명령은 집행력 있는 채무명의와 동일한 효력이 있다(형사소송법 제477조 제2항).
③ 벌금을 납입하지 아니한 자는 1일 이상 3년 이하, 과료를 납입하지 아니한 자는 1일 이상 30일 미만의 기간 노역장에 유치하여 작업에 복무하게 한다(형법 제69조 제2항).
④ 벌금형에 따르는 노역장 유치는 실질적으로 자유형과 동일하므로, 그 집행에 대하여는 자유형의 집행에 관한 규정이 준용된다(대법원 2010.10.14., 2010도8591, 형사소송법 제492조).

정답 ②

187 벌금형에 대한 설명으로 옳은 것은?
2014. 7급 공채 수정

① 벌금은 판결확정일로부터 30일 이내에 납입하여야 하고, 벌금을 납입하지 아니한 자는 1년 이상 3년 이하의 기간 동안 노역장에 유치하여 작업에 복무하게 한다.
② 벌금은 상속이 되지 않으나 몰수 또는 조세, 전매 기타 공과에 관한 법령에 의하여 벌금의 재판을 받은 자가 재판확정 후 사망한 경우에는 그 상속재산에 관하여 집행할 수 있다.
③ 벌금형의 확정판결을 선고받은 자는 법원의 허가를 받아 벌금을 분할납부하거나 납부를 연기받을 수 있다.
④ 500만원 이하의 벌금형이 확정된 벌금 미납자는 검사의 허가를 받아 사회봉사를 할 수 있고, 이 경우 사회봉사시간에 상응하는 벌금액을 낸 것으로 본다.

> 해설

② 형사소송법 제478조
① 벌금을 납입하지 아니한 자는 <u>1일 이상 3년 이하</u>, 과료를 납입하지 아니한 자는 1일 이상 30일 미만의 기간 노역장에 유치하여 작업에 복무하게 한다(형법 제69조 제2항).
③ 납부의무자가 벌과금 등의 분할납부 또는 납부연기를 받으려면 분할납부(납부연기) 신청서를 제출하여야 한다. 이 경우 재산형 등 집행 사무 담당직원은 분할납부 또는 납부연기를 신청한 자가 분할납부대상자에 해당하는지를 조사한 후 관련 자료를 첨부하여 소속 과장을 거쳐 <u>검사의 허가를 받아야 한다</u>(재산형 등에 관한 검찰 집행사무규칙 제12조 제1항).
④ 벌금 미납자의 사회봉사는 대상자의 신청과 검사의 청구를 거쳐 <u>법원의 허가</u>를 받아야 한다(벌금 미납자의 사회봉사 집행에 관한 특례법 제5조, 제6조).

> ※ **벌과금 등의 분할납부 또는 납부연기(재산형 등에 관한 검찰 집행사무규칙 제12조 제1항)** : 납부의무자가 벌과금 등의 분할납부 또는 납부연기를 받으려면 별지 제14호 서식에 따른 분할납부(납부연기) 신청서를 제출하여야 한다. 이 경우 재산형 등 집행 사무 담당직원은 분할납부 또는 납부연기를 신청한 자가 다음 각 호의 어느 하나에 해당하는지를 조사한 후 관련 자료를 첨부하여 소속 과장을 거쳐 검사의 허가를 받아야 한다.
> 1. 「국민기초생활 보장법」에 따른 수급권자
> 2. 「국민기초생활 보장법」에 따른 차상위계층 중 다음 각 목의 대상자
>   가. 「의료급여법」에 따른 의료급여대상자
>   나. 「한부모가족 지원법」에 따른 보호대상자
>   다. 자활사업 참여자
> 3. 장애인
> 4. 본인 외에는 가족을 부양할 사람이 없는 사람
> 5. 불의의 재난으로 피해를 당한 사람
> 6. 납부의무자 또는 그 동거 가족이 질병이나 중상해로 1개월 이상의 장기 치료를 받아야 하는 경우 그 납부의무자
> 7. 「채무자 회생 및 파산에 관한 법률」에 따른 개인회생절차 개시결정자
> 8. 「고용보험법」에 따른 실업급여수급자
> 9. 그 밖의 부득이한 사유가 있는 사람

정답 ②

188 벌금형과 관련하여 현행법에 도입된 제도가 아닌 것은?
2018. 7급 공채

① 벌금형에 대한 선고유예
② 벌금의 연납·분납
③ 일수벌금제
④ 벌금미납자에 대한 사회봉사허가

해설

③ 일수벌금제도는 1910년 스웨덴의 타이렌(Thyren) 교수에 의하여 주장되고 포르투갈에서 최초로 실시된 제도이다. 일수벌금제는 행위자의 경제상태 내지 지불능력을 고려하여 벌금형을 선고하는 방식으로서, 먼저 행위자의 불법과 책임에 따라 벌금의 일수(日數)를 정한 후 행위자의 수입, 자산, 부양의무 기타 경제사정을 고려하여 1일의 벌금액을 산정한 다음, 일수와 벌금액을 곱하여 납부여야 할 벌금액을 정하는 방식이다. <u>우리나라에는 도입되지 않은 제도이다.</u>
① 형법 제59조 제1항
② 재산형 등에 관한 검찰 집행사무규칙 제12조
④ 벌금 미납자의 사회봉사 집행에 관한 특례법 제1조·제6조

정답 ③

189 벌금형에 관하여 현행법상 허용되는 것은? (다툼이 있는 경우 판례에 의함)

2024. 9급 공채

① 벌금형에 대한 선고유예
② 1000만 원의 벌금형에 대한 집행유예
③ 범죄자의 경제력을 반영한 재산비례벌금제(일수벌금제)
④ 500만 원의 벌금형을 선고하면서 300만 원에 대해서만 집행유예

해설

① 1년 이하의 징역이나 금고, 자격정지 또는 벌금의 형을 선고할 경우에 제51조의 사항을 고려하여 뉘우치는 정상이 뚜렷할 때에는 그 형의 선고를 유예할 수 있다. 다만, 자격정지 이상의 형을 받은 전과가 있는 사람에 대해서는 예외로 한다(형법 제59조 제1항). 따라서 벌금형에 대한 선고유예는 허용된다.
② 3년 이하의 징역이나 금고 또는 500만원 이하의 벌금의 형을 선고할 경우에 제51조의 사항을 참작하여 그 정상에 참작할 만한 사유가 있는 때에는 1년 이상 5년 이하의 기간 형의 집행을 유예할 수 있다. 다만, 금고 이상의 형을 선고한 판결이 확정된 때부터 그 집행을 종료하거나 면제된 후 3년까지의 기간에 범한 죄에 대하여 형을 선고하는 경우에는 그러하지 아니하다(동법 제62조 제1항). 따라서 1000만 원의 벌금형에 대한 집행유예는 허용되지 않는다.
③ 범죄자의 경제력을 반영한 재산비례벌금제인 일수벌금제는 도입논의는 많으나, 아직까지 입법화되지 않았다.
④ 집행유예의 요건에 관한 형법 제62조 제1항이 '형'의 집행을 유예할 수 있다고만 규정하고 있다고 하더라도, 이는 같은 조 제2항이 그 형의 '일부'에 대하여 집행을 유예할 수 있는 때를 형을 '병과'할 경우로 한정하고 있는 점에 비추어 보면, 조문의 체계적 해석상 하나의 형의 전부에 대한 집행유예에 관한 규정이라 할 것이고, 또한 하나의 자유형에 대한 일부집행유예에 관하여는 그 요건, 효력 및 일부 실형에 대한 집행의 시기와 절차, 방법 등을 입법에 의해 명확하게 할 필요가 있어, 그 인정을 위해서는 별도의 근거 규정이 필요하므로 하나의 자유형 중 일부에 대해서는 실형을, 나머지에 대해서는 집행유예를 선고하는 것은 허용되지 않는다(대법원 2007.2.22., 2006도8555). 이 판례에 따르면 벌금형의 경우에도 하나의 형에 대한 전부의 집행유예만 허용될 뿐, 500만 원의 벌금형을 선고하면서 300만 원에 대해서만 집행유예를 하는 것은 허용되지 않는다고 해석된다.

정답 ①

190 벌금미납자의 사회봉사 집행에 대한 설명으로 옳지 않은 것으로만 묶인 것은?

2013. 7급 교정직 공채

ㄱ. 법원으로부터 벌금선고와 동시에 벌금을 완납할 때까지 노역장에 유치할 것을 명받은 사람은 사회봉사를 신청할 수 없다.
ㄴ. 벌금미납자의 사회봉사신청에 대하여 검사는 벌금미납자의 경제적 능력, 사회봉사 이행에 필요한 신체적 능력, 주거의 안정성 등을 고려하여 사회봉사 허가여부를 결정한다.
ㄷ. 신청인이 일정한 수입원이나 재산이 있어 벌금을 낼 수 있다고 판단되는 경우에는 사회봉사를 허가하지 아니한다.
ㄹ. 사회봉사는 보호관찰관이 집행하며, 사회봉사 대상자의 성격, 사회경력, 범죄의 원인 및 개인적 특성을 고려하여 사회봉사의 집행분야를 정한다.
ㅁ. 사회봉사는 원칙적으로 1일 9시간을 넘겨 집행할 수 없지만, 보호관찰관이 사회봉사의 내용상 연속집행의 필요성이 있다고 판단하는 경우에는 최대 14시간까지 집행할 수 있다.

① ㄱ, ㄷ
② ㄴ, ㄹ
③ ㄴ, ㅁ
④ ㄷ, ㅁ

> **해설**
>
> ③ 옳지 않은 것은 'ㄴ, ㅁ'이다.
> ㄱ. (○) 벌금 미납자의 사회봉사 집행에 관한 특례법 제4조 제2항 제2호
> ㄴ. (×) 법원은 검사로부터 사회봉사 허가 청구를 받은 날부터 14일 이내에 벌금 미납자의 경제적 능력, 사회봉사 이행에 필요한 신체적 능력, 주거의 안정성 등을 고려하여 사회봉사 허가 여부를 결정한다(동법 제6조 제1항).
> ㄷ. (○) 동법 제6조 제2항 제4호
> ㄹ. (○) 동법 제10조 제1항
> ㅁ. (×) 사회봉사는 1일 9시간을 넘겨 집행할 수 없다. 다만, 사회봉사의 내용상 연속집행의 필요성이 있어 보호관찰관이 승낙하고 사회봉사 대상자가 분명히 동의한 경우에만 연장하여 집행할 수 있다(동법 제10조 제2항). 법 제10조 제2항 단서에 따라 1일 9시간을 넘겨 사회봉사를 집행하는 경우에도 1일 총 13시간을 초과할 수 없다(동법 시행령 제8조 제2항).
>
> ※ **사회봉사의 불허가사유(벌금 미납자의 사회봉사 집행에 관한 특례법 제6조 제2항)**: 다음 각 호의 어느 하나에 해당하는 경우에는 사회봉사를 허가하지 아니한다.
> 1. 제4조 제1항에 따른 벌금의 범위(500만원)를 초과하거나 신청 기간(검사의 납부명령일부터 30일)이 지난 사람이 신청을 한 경우
> 2. 제4조 제2항에 따라 사회봉사를 신청할 수 없는 사람이 신청을 한 경우
> 3. 정당한 사유 없이 제3항에 따른 법원의 출석 요구나 자료제출 요구를 거부한 경우
> 4. 신청인이 일정한 수입원이나 재산이 있어 벌금을 낼 수 있다고 판단되는 경우
> 5. 질병이나 그 밖의 사유로 사회봉사를 이행하기에 부적당하다고 판단되는 경우

* 사회봉사를 신청할 수 없는 사람(벌금 미납자의 사회봉사 집행에 관한 특례법 제4조 제2항): 다음 각 호의 어느 하나에 해당하는 사람은 사회봉사를 신청할 수 없다.
  1. 징역 또는 금고와 동시에 벌금을 선고받은 사람
  2. 「형법」 제69조 제1항 단서에 따라 법원으로부터 벌금 선고와 동시에 벌금을 완납할 때까지 노역장에 유치할 것을 명받은 사람
  3. 다른 사건으로 형 또는 구속영장이 집행되거나 노역장에 유치되어 구금 중인 사람
  4. 사회봉사를 신청하는 해당 벌금에 대하여 법원으로부터 사회봉사를 허가받지 못하거나 취소당한 사람. 다만, 사회봉사 불허가 사유가 소멸한 경우에는 그러하지 아니하다.

정답 ③

191. 「벌금 미납자의 사회봉사 집행에 관한 특례법」에 대한 설명으로 옳지 않은 것은?

2019. 7급 교정직 공채

① 대통령령으로 정한 금액 범위 내의 벌금형이 확정된 벌금미납자는 검사의 납부명령일부터 30일 이내에 주거지를 관할하는 지방검찰청(지방검찰청지청을 포함한다)의 검사에게 사회봉사를 신청할 수 있다. 다만, 검사로부터 벌금의 일부납부 또는 납부연기를 허가받은 자는 그 허가기한 내에 사회봉사를 신청할 수 있다.

② 사회봉사 대상자는 법원으로부터 사회봉사 허가의 고지를 받은 날부터 7일 이내에 사회봉사 대상자의 주거지를 관할하는 보호관찰소의 장에게 주거, 직업, 그 밖에 대통령령으로 정하는 사항을 신고하여야 한다.

③ 사회봉사는 1일 9시간을 넘겨 집행할 수 없다. 다만, 사회봉사의 내용상 연속집행의 필요성이 있어 보호관찰관이 승낙하고 사회봉사 대상자가 분명히 동의한 경우에만 연장하여 집행할 수 있다.

④ 사회봉사의 집행은 사회봉사가 허가된 날부터 6개월 이내에 마쳐야 한다. 다만, 보호관찰관은 특별한 사정이 있으면 검사의 허가를 받아 6개월의 범위에서 한 번 그 기간을 연장하여 집행할 수 있다.

해설
② 사회봉사 대상자는 법원으로부터 사회봉사 허가의 고지를 받은 날부터 10일 이내에 사회봉사 대상자의 주거지를 관할하는 보호관찰소의 장에게 주거, 직업, 그 밖에 대통령령으로 정하는 사항을 신고하여야 한다(벌금 미납자의 사회봉사 집행에 관한 특례법 제8조 제1항).
① 동법 제4조 제1항
③ 동법 제10조 제2항
④ 동법 제11조

정답 ②

192 「벌금 미납자의 사회봉사 집행에 관한 특례법 및 동법 시행령」상 벌금미납자의 사회봉사집행에 대한 설명으로 옳은 것은?

2015. 9급 교정직 공채

① 징역 또는 금고와 동시에 벌금을 선고받은 사람은 사회봉사를 신청할 수 있다.
② 법원은 사회봉사를 허가하는 경우 벌금 미납액에 의하여 계산된 노역장 유치 기간에 상응하는 사회봉사시간을 산정하여야 하나, 산정된 사회봉사시간 중 1시간 미만은 집행하지 아니한다.
③ 500만원의 벌금형이 확정된 벌금미납자는 검사의 납부명령일부터 30일 이내에 검사에게 사회봉사를 신청할 수 있다.
④ 사회봉사 대상자는 사회봉사의 이행을 마치기 전에는 벌금의 전부 또는 일부를 낼 수 없다.

해설

② 벌금 미납자의 사회봉사 집행에 관한 특례법 제6조 제4항
③ 대통령령으로 정한 금액 범위 내의 벌금형이 확정된 벌금 미납자는 검사의 납부명령일부터 30일 이내에 주거지를 관할하는 지방검찰청의 검사에게 사회봉사를 신청할 수 있다(동법 제4조 제1항). 「벌금 미납자의 사회봉사 집행에 관한 특례법」 제4조 제1항 본문에 따른 벌금형의 금액은 500만원으로 한다(동법 시행령 제2조). 따라서 500만원의 벌금형이 확정된 벌금미납자는 사회봉사를 신청할 수 있다. 출제 당시에는 벌금형의 금액이 300만원 이하였으나, 2020.1.7. 시행령 개정으로 300만원에서 500만원으로 상향 조정되었으며, 개정된 법령에 따르면 ③번도 옳은 지문이 된다.
① 징역 또는 금고와 동시에 벌금을 선고받은 사람은 사회봉사를 신청할 수 없다(동법 제4조 제2항 제1호).
④ 사회봉사 대상자는 사회봉사의 이행을 마치기 전에 벌금의 전부 또는 일부를 낼 수 있다(동법 제12조 제1항). 사회봉사를 전부 또는 일부 이행한 경우에는 집행한 사회봉사시간에 상응하는 벌금액을 낸 것으로 본다(동법 제13조).

정답 ②, ③

193. 사회봉사명령에 대한 설명으로 옳지 않은 것은? (다툼이 있는 경우 판례에 의함)

2021. 7급 공채

① 법원이 형의 집행을 유예하는 경우 명할 수 있는 사회봉사는 500시간 내에서 시간 단위로 부과될 수 있는 일 또는 근로활동을 의미하는 것으로 해석된다.
② 보호관찰관은 사회봉사명령의 집행을 국공립기관이나 그 밖의 단체에 위탁한 때에는 이를 법원 또는 법원의 장에게 통보하여야 한다.
③ 사회봉사의 도움을 필요로 하는 일반 국민들에게 직접 지원분야를 신청 받아 관할 보호관찰소에서 적절성을 심사한 후, 사회봉사명령대상자를 투입하여 무상으로 사회봉사명령을 집행할 수 있다.
④ 500만원 이하의 벌금형이 확정된 벌금 미납자는 검사의 납부명령일로부터 30일 이내에 주거지를 관할하는 보호관찰관에게 사회봉사를 신청할 수 있다.

해설

④ 대통령령으로 정한 금액(500만 원) 범위 내의 벌금형이 확정된 벌금 미납자는 검사의 납부명령일부터 30일 이내에 주거지를 관할하는 지방검찰청(지방검찰청지청을 포함한다)의 검사에게 사회봉사를 신청할 수 있다(벌금 미납자의 사회봉사 집행에 관한 특례법 제4조 제1항).
① 법원이 현행법에 의하여 형의 집행을 유예하는 경우 명할 수 있는 사회봉사는 500시간 내에서 시간 단위로 부과될 수 있는 일 또는 근로활동을 의미하는 것으로 해석된다. 따라서 법원이 형법 제62조의2의 규정에 의한 사회봉사명령으로 피고인에게 일정한 금원을 출연할 것을 명하는 것은 현행법상 허용될 수 없다(대법원 2008.4.24., 2007도8116).
② 보호관찰관은 사회봉사명령 또는 수강명령의 집행을 국공립기관이나 그 밖의 단체에 위탁한 때에는 이를 법원 또는 법원의 장에게 통보하여야 한다(보호관찰 등에 관한 법률 제61조 제2항).
③ 법무부는 국민들로부터 도움이 필요한 분야에 대한 지원 신청을 받아 관할 보호관찰소가 적절성 여부를 심사한 후 사회봉사 명령 대상자를 투입하여 무상으로 사회봉사명령을 집행하는 '사회봉사 국민공모제'를 시행하고 있다.

정답 ④

194 「형법」상 형벌에 대한 설명으로 옳지 않은 것은? 2015. 9급 교정직 공채 수정

① 과료를 납입하지 아니한 자도 노역장 유치가 가능하다.
② 유기징역 또는 유기금고에 자격정지를 병과한 때에는 징역 또는 금고의 집행을 종료하거나 면제된 날로부터 정지기간을 기산한다.
③ 벌금형의 선고유예뿐만 아니라 벌금형의 집행유예도 인정된다.
④ 행위자에게 유죄의 재판을 아니할 때에는 몰수의 요건이 있는 때에도 몰수만을 선고할 수는 없다.

해설

④ 몰수는 타형에 부가하여 과한다. 단, 행위자에게 유죄의 재판을 아니할 때에도 몰수의 요건이 있는 때에는 몰수만을 선고할 수 있다(형법 제49조).
① 벌금을 납입하지 아니한 자는 1일 이상 3년 이하, 과료를 납입하지 아니한 자는 1일 이상 30일 미만의 기간 노역장에 유치하여 작업에 복무하게 한다(동법 제69조 제2항).
② 동법 제44조 제2항
③ 1년 이하의 징역이나 금고, 자격정지 또는 벌금의 형을 선고할 경우에 선고를 유예할 수 있으며(동법 제59조 제1항), 3년 이하의 징역이나 금고 또는 500만원 이하의 벌금의 형을 선고할 경우에 1년 이상 5년 이하의 기간 형의 집행을 유예할 수 있다(동법 제62조 제1항).

정답 ④

195 현행법상 형의 실효에 대한 설명으로 옳지 않은 것은? 2017. 9급 교정직 공채

① 수형인이 3년 이하의 징역형인 경우, 자격정지 이상의 형을 받지 아니하고 형의 집행을 종료하거나 그 집행이 면제된 날부터 5년이 경과한 때에 그 형은 실효된다.
② 구류와 과료는 형의 집행을 종료하거나 그 집행이 면제된 날부터 1년이 경과한 때에 그 형은 실효된다.
③ 하나의 판결로 여러 개의 형이 선고된 경우에는 각 형의 집행을 종료하거나 그 집행이 면제된 날부터 가장 무거운 형에 대한 「형의 실효 등에 관한 법률」에서 정한 형의 실효기간이 경과한 때에 형의 선고는 효력을 잃는다. 이때 징역과 금고는 같은 종류의 형으로 보고 각 형기를 합산한다.
④ 징역 또는 금고의 집행을 종료하거나 집행이 면제된 자가 피해자의 손해를 보상하고 자격정지 이상의 형을 받음이 없이 7년을 경과한 때에는 본인 또는 검사의 신청에 의하여 법원은 그 재판의 실효를 선고할 수 있다.

> **해설**
>
> ② 구류(拘留)와 과료(科料)는 형의 집행을 종료하거나 그 집행이 면제된 때에 그 형이 실효된다(형의 실효 등에 관한 법률 제7조 제1항 단서).
> ① 동법 제7조 제1항 제2호
> ③ 동법 제7조 제2항
> ④ 형법 제81조
>
> ※ **형의 실효(형의 실효 등에 관한 법률 제7조 제1항)** : 수형인이 자격정지 이상의 형을 받지 아니하고 형의 집행을 종료하거나 그 집행이 면제된 날부터 다음 각 호의 구분에 따른 기간이 경과한 때에 그 형은 실효된다. 다만, 구류(拘留)와 과료(科料)는 형의 집행을 종료하거나 그 집행이 면제된 때에 그 형이 실효된다.
> 1. 3년을 초과하는 징역·금고 : 10년
> 2. 3년 이하의 징역·금고 : 5년
> 3. 벌금 : 2년

정답 ②

PART III 범죄대책, 형사제재 및 범죄피해자 보호

196 「사면법」상 사면에 대한 설명으로 옳지 않은 것은? 2023. 7급 공채

① 특별사면은 형을 선고받은 자를 대상으로 한다.
② 일반사면이 있으면 특별한 규정이 없는 한 형을 선고받지 아니한 자에 대하여는 공소권이 상실된다.
③ 형의 집행유예를 선고받은 자에 대하여는 형 선고의 효력을 상실하게 하는 특별사면을 할 수 없다.
④ 일반사면은 죄의 종류를 정하여 대통령령으로 한다.

해설

③ 특별사면의 효과는 형의 집행이 면제된다. 다만, <u>특별한 사정이 있을 때에는 이후 형 선고의 효력을 상실하게 할 수 있다</u>(사면법 제5조 제2호). 따라서 형의 집행유예를 선고받은 자에 대하여 형 선고의 효력을 상실하게 하는 특별사면을 할 수 있다.
① 동법 제3조 제2호
② 동법 제5조 제1항 제1호
④ 동법 제8조

* **사면 등의 대상(사면법 제3조)**: 사면, 감형 및 복권의 대상은 다음 각 호와 같다.
  1. 일반사면: 죄를 범한 자
  2. 특별사면 및 감형: 형을 선고받은 자
  3. 복권: 형의 선고로 인하여 법령에 따른 자격이 상실되거나 정지된 자

* **사면 등의 효과(사면법 제5조 제1항)**: 사면, 감형 및 복권의 효과는 다음 각 호와 같다.
  1. 일반사면: 형 선고의 효력이 상실되며, 형을 선고받지 아니한 자에 대하여는 공소권(公訴權)이 상실된다. 다만, 특별한 규정이 있을 때에는 예외로 한다.
  2. 특별사면: 형의 집행이 면제된다. 다만, 특별한 사정이 있을 때에는 이후 형 선고의 효력을 상실하게 할 수 있다.
  3. 일반(一般)에 대한 감형: 특별한 규정이 없는 경우에는 형을 변경한다.
  4. 특정한 자에 대한 감형: 형의 집행을 경감한다. 다만, 특별한 사정이 있을 때에는 형을 변경할 수 있다.
  5. 복권: 형 선고의 효력으로 인하여 상실되거나 정지된 자격을 회복한다.

정답 ③

03 보안처분론

> **포인트**
>
> 장래의 범죄의 위험성에 대한 제재수단인 보안처분에서는 형벌과 대비되는 보안처분의 법적 성격에 대한 이해가 선행되어야 하며, 현행법상 보호관찰제도는 출제의 비중이 높아 철저한 대비가 필요하고, 그 외에 치료감호 등에 관한 법률상 치료감호대상자 및 기본절차에 관한 규정에 대한 대비가 필요하며, 보호관찰을 규정하고 있는 법률의 종류도 확인해놓을 필요가 있다. 그리고 '전자장치 부착 등에 관한 법률'은 최근 많이 활용되고 있고 사회적으로도 관심이 많은 부분으로 출제의 비중도 높은 편이므로, 절차위주로 잘 정리해 놓을 필요가 있다.

197 보안처분에 대한 설명으로 옳지 않은 것은? (다툼이 있는 경우 판례에 의함)

2014. 7급 공채

① 일반적으로 보안처분은 반사회적 위험성을 가진 자에 대하여 사회방위와 교화를 목적으로 하는 예방적 처분이라는 점에서 범죄자에 대하여 응보를 주된 목적으로 하는 사후적 처분인 형벌과 그 본질을 달리한다.

② 「아동·청소년의 성보호에 관한 법률」상 신상정보 공개·고지명령은 아동·청소년대상 성폭력범죄 등을 효과적으로 예방하고 그 범죄로부터 아동·청소년을 보호함을 목적으로 하는 일종의 보안처분이다.

③ 「특정 범죄자에 대한 보호관찰 및 전자장치 부착 등에 관한 법률」상 성폭력범죄자에 대한 전자감시는 성폭력범죄자의 재범방지와 성행교정을 통한 재사회화를 위하여 위치추적 전자 장치를 신체에 부착함으로써 성폭력범죄로부터 국민을 보호함을 목적으로 하는 일종의 보안처분이다.

④ 「가정폭력범죄의 처벌 등에 관한 특례법」이 정한 사회봉사명령은 가정폭력범죄를 범한 자에 대하여 환경의 조정과 성행의 교정을 목적으로 하는 보안처분으로서, 원칙적으로 형벌불소급의 원칙이 적용되지 않는다.

해설

④ 가정폭력범죄의 처벌 등에 관한 특례법이 정한 보호처분 중의 하나인 사회봉사명령은 가정폭력범죄를 범한 자에 대하여 환경의 조정과 성행의 교정을 목적으로 하는 것으로서 형벌 그 자체가 아니라 <u>보안처분의 성격을 가지는 것이 사실이다. 그러나 한편으로 이는 가정폭력범죄행위에 대하여 형사처벌 대신 부과되는 것으로서, 가정폭력범죄를 범한 자에게 의무적 노동을 부과하고 여가시간을 박탈하여 실질적으로는 신체적 자유를 제한하게 되므로, 이에 대하여는 원칙적으로 형벌불소급의 원칙에 따라 행위시법을 적용함이 상당하다</u>(대판 2008.7.24. 2008어4).

① 일반적으로 보안처분은 반사회적 위험성을 가진 자에 대하여 사회방위와 교화를 목적으로 격리수용하는 예방적처분이라는 점에서 범죄행위를 한 자에 대하여 응보를 주된 목적으로 그 책임을 추궁하는 사후적처분인 형벌과 구별되어 그 본질을 달리하는 것으로서 형벌에 관한 죄형법정주의나 일사부재리 또는 법률불소급의 원칙은 보안처분에 그대로 적용되지 않는다(대법원 1988.11.16. 88초60).

② 아동·청소년의 성보호에 관한 법률이 정한 공개명령 절차는 아동·청소년대상 성범죄자의 신상정보를 일정기간 동안 정보통신망을 이용하여 공개하도록 하는 조치를 취함으로써 필요한 절차를 거친 사람은 누구든지 인터넷을 통해 공개명령 대상자의 공개정보를 열람할 수 있도록 하는 제도이다. 또한 위 법률이 정한 고지명령 절차는 아동·청소년대상 성폭력범죄자의 신상정보 등을 공개명령기간 동안 고지명령 대상자가 거주하는 지역의 일정한 주민 등에게 고지하도록 하는 조치를 취함으로써 일정한 지역 주민 등이 인터넷을 통해 열람하지 않고도 고지명령 대상자의 고지정보를 알 수 있게 하는 제도이다. 위와 같은 공개명령 및 고지명령 제도는 아동·청소년대상 성폭력범죄 등을 효과적으로 예방하고 그 범죄로부터 아동·청소년을 보호함을 목적으로 하는 일종의 보안처분으로서, 그 목적과 성격, 운영에 관한 법률의 규정 내용 및 취지 등을 종합해 보면, 공개명령 및 고지명령 제도는 범죄행위를 한 자에 대한 응보 등을 목적으로 그 책임을 추궁하는 사후적 처분인 형벌과 구별되어 그 본질을 달리한다(대법원 2012.5.24. 2012도2763).

③ 특정 범죄자에 대한 위치추적 전자장치 부착 등에 관한 법률에 의한 성폭력범죄자에 대한 전자감시제도는, 성폭력범죄자의 재범방지와 성행교정을 통한 재사회화를 위하여 그의 행적을 추적하여 위치를 확인할 수 있는 전자장치를 신체에 부착하게 하는 부가적인 조치를 취함으로써 성폭력범죄로부터 국민을 보호함을 목적으로 하는 일종의 보안처분이다. 이러한 전자감시제도의 목적과 성격, 운영에 관한 법률의 규정 내용 및 취지 등을 종합해 보면, 전자감시제도는 범죄행위를 한 자에 대한 응보를 주된 목적으로 책임을 추궁하는 사후적 처분인 형벌과 구별되어 본질을 달리한다(대법원 2011.7.28. 선고 2011도5813).

정답 ④

PART Ⅲ 범죄대책, 형사제재 및 범죄피해자 보호

198 보안처분에 대한 설명으로 옳지 않은 것은? (다툼이 있는 경우 판례에 의함)

2022. 7급 공채

① 성범죄 전력만으로 재범의 위험성이 있다고 간주하고 일률적으로 장애인복지시설에 10년간 취업제한을 하는 것은 헌법에 위반된다.
② 구 「특정 성폭력범죄자에 대한 위치추적 전자장치 부착에 관한 법률」상 전자감시제도는 일종의 보안처분으로서, 범죄행위를 한 자에 대한 응보를 주된 목적으로 그 책임을 추궁하는 사후적 처분인 형벌과 구별되어 그 본질을 달리하는 것이다.
③ 취업제한명령은 범죄인에 대한 사회 내 처우의 한 유형으로 형벌 그 자체가 아니라 보안처분의 성격을 가지는 것이다.
④ 「성폭력범죄자의 성충동 약물치료에 관한 법률」상 약물치료명령은 헌법이 보장하고 있는 신체의 자유와 자기결정권에 대한 침익적인 처분에 해당하지 않는다.

해설

④ '성폭력범죄자의 성충동 약물치료에 관한 법률'에 의한 약물치료명령은 사람에 대하여 성폭력범죄를 저지른 성도착증 환자로서 성폭력범죄를 다시 범할 위험성이 있다고 인정되는 19세 이상의 사람에 대하여 약물투여 및 심리치료 등의 방법으로 도착적인 성기능을 일정기간 동안 약화 또는 정상화하는 치료를 실시하는 보안처분이다. 이러한 치료명령은 성폭력범죄의 재범을 방지하고 사회복귀의 촉진 및 국민의 보호 등을 목적으로 한다는 점에서 특정 범죄자에 대한 보호관찰 및 전자장치 부착 등에 관한 법률과 치료감호법이 각 규정한 전자장치 부착명령 및 치료감호처분과 취지를 같이 하지만, 원칙적으로 형 집행 종료 이후 신체에 영구적인 변화를 초래할 수도 있는 약물의 투여를 피청구자의 동의 없이 강제적으로 상당 기간 실시하게 된다는 점에서 헌법이 보장하고 있는 신체의 자유와 자기결정권에 대한 가장 직접적이고 침익적인 처분에 해당한다고 볼 수 있다(대법원 2014.2.27., 2013도12301).
① 이 사건 법률조항은 성범죄 전력에 기초하여 어떠한 예외도 없이 그 대상자의 재범 위험성을 당연시할 뿐 아니라, 형의 집행이 종료된 때로부터 10년이 경과하기 전에는 결코 재범의 위험성이 소멸하지 않는다는 입장에 있다고 할 수 있다. 이처럼 이 사건 법률조항이 성범죄 전력만으로 재범의 위험성이 있다고 간주하고 일률적으로 장애인복지시설에 10년간 취업제한을 하는 것은 지나친 기본권 제한에 해당한다(헌법재판소 2016.7.28., 2015헌마915).
② 대법원 2011.7.28., 2011도5813, 2011전도99
③ 대법원 2019.10.17., 2019도11540

정답 | ④

199 2002년 7월 서울행정법원은 청소년에게 6만원을 건네고 성관계를 가진 혐의로 기소되어 벌금 5백만원의 형이 확정된 D모씨가 청소년보호위원회(현 국가청소년위원회)를 상대로 낸 신상공개처분 취소 청구소송에 대하여 심리하던 중 D씨의 신청을 받아들여 위헌 여부를 가려달라고 헌법재판소에 위헌심판을 제청하였다. 신상공개에 관한 헌법재판소의 합헌의견 중 옳은 내용만을 고르면?

2007. 7급 공채

> 가. 청소년의 성보호에 관한 법률 제20조 제1항은 "청소년의 성을 사는 행위 등의 범죄방지를 위한 계도"가 신상공개제도의 주된 목적임을 명시하고 있는 바, 이 제도가 당사자에게 일종의 수치심과 불명예를 줄 수 있다고 하여도, 이는 어디까지나 신상공개제도가 추구하는 입법목적에 부수적인 것이지 주된 것은 아니다.
> 나. 신상공개제도는 현존하는 성폭력위험으로부터 사회공동체를 지키려는 인식을 제고함과 동시에 범죄자 본인을 처벌하려는 것이므로 공개된 형사재판에서 밝혀진 범죄인들의 신상과 전과를 일반인이 알게 된다고 하여 그들의 인격권 내지 사생활의 비밀을 침해하는 것이라고 단정하기는 어렵다.
> 다. 청소년 대상 성범죄자 중 일부 범죄자의 신상이 공개되지 않는다 하더라도 그러한 차별입법이 자의적인 것이라거나 합리성이 없는 것이라고 단정하기 어렵다.
> 라. 신상공개가 되는 청소년 대상 성범죄를 규정한 법률조항의 의미와 목적은 성인이 대가관계를 이용하여 청소년의 성을 매수하는 등의 행위로 인하여 야기되는 피해로부터 청소년을 보호하려는데 있는 것이므로 청소년 대상 성범죄와 그 밖의 일반 범죄가 '본질적으로 동일한 것'이라고 하더라도, 이러한 차별입법이 자의적인 것이라거나 합리성이 없는 것이라고 단정하기 어렵다.
> 마. 신상공개제도가 청소년보호위원회(현 국가청소년위원회)에 의하여 이루어지므로 법관에 의한 재판을 받을 권리를 침해할 뿐만 아니라 사실상 '처벌'에 해당한다는 점에서 이중처벌 금지의 원칙에 위배되는 것은 사실이지만, '청소년의 성보호'라는 목적은 우리 사회에 있어서 가장 중요한 공익의 하나라고 할 것이므로 대상자의 인격권을 과도하게 침해했다고 볼 수 없다.

① 가, 다
② 나, 라
③ 다, 마
④ 라, 마

해설

① 청소년의 성보호에 관한법률 제20조 제2항 제1호 등의 위헌법률심판(헌법재판소 2003.6.26., 2002헌가14)의 내용에 관한 문제로 옳은 것은 '가, 다'이다.
나. (×) : 신상공개제도는 범죄자 본인을 처벌하려는 것이 아니라, 현존하는 성폭력위험으로부터 사회 공동체를 지키려는 인식을 제고함과 동시에 일반인들이 청소년 성매수 등 범죄의 충동으로부터 자신을 제어하도록 하기 위하여 도입된 것으로서, 이를 통하여 달성하고자 하는 '청소년의 성보호'라는 목적은 우리 사회에 있어서 가장 중요한 공익의 하나라고 할 것이다.

라. (×) : 신상공개가 되는 청소년 대상 성범죄를 규정한 법률조항의 의미와 목적은 성인이 대가관계를 이용하여 청소년의 성을 매수하는 등의 행위로 인하여 야기되는 피해로부터 청소년을 보호하려는데 있는 것이고, 이에 비추어 볼 때 청소년 대상 성범죄와 그 밖의 일반 범죄는 서로 비교집단을 이루는 본질적으로 동일한 것이라고 단언하기는 어려우며, 나아가 그러한 구분기준이 특별히 자의적이라고 볼 만한 사정이 없다.

마. (×) : 제청법원은 신상공개제도가 청소년보호위원회에 의하여 이루어진다는 점에서 법관에 의한 재판을 받을 권리를 침해한 것이라고 하나, 앞서 보았듯이 신상공개제도는 '처벌'에 해당한다고 할 수 없으므로 이 제도가 법관에 의한 재판을 받을 권리를 침해한 것이라 할 수 없다.

정답 ①

200 보호관찰을 부과할 수 있는 근거를 두고 있지 않는 법률은? 2008. 7급 공채

① 가정폭력방지 및 피해자보호 등에 관한 법률
② 형법
③ 소년법
④ 성폭력범죄의 처벌 등에 관한 특례법

해설

① 가정폭력방지 및 피해자보호 등에 관한 법률에는 보호관찰에 관한 규정이 없다. 보호관찰에 관한 규정을 두고 있는 법률은 보호관찰 등에 관한 법률, 형법, 소년법, 성폭력범죄의 처벌 등에 관한 특례법, 아동·청소년의 성보호에 관한 법률, 가정폭력범죄의 처벌 등에 관한 법률, 성매매알선 등 행위의 처벌에 관한 법률, 스토킹범죄의 처벌 등에 관한 법률, 치료감호 등에 관한 법률, 성폭력범죄자의 성충동 약물치료에 관한 법률, 전자장치 부착 등에 관한 법률 등이 있다.

② 형법 제59조의2, 제62조의2, 제73조의2
③ 소년법 제32조 제1항 제4호·제5호
④ 성폭력범죄의 처벌 등에 관한 특례법 제16조 제2항

암기 [보호관찰·사회봉사·수강명령을 모두 규정한 법률] 보·형·소·성·아·가·성·스(보호관찰 등에 관한 법률, 형법, 소년법, 성폭력범죄의 처벌 등에 관한 특례법, 아동·청소년의 성보호에 관한 법률, 가정폭력범죄의 처벌 등에 관한 법률, 성매매알선 등 행위의 처벌에 관한 법률, 스토킹범죄의 처벌 등에 관한 법률)

암기 [보호관찰을 규정하고 사회봉사·수강명령은 규정하지 않은 법률] 치·약·전(치료감호 등에 관한 법률, 성폭력범죄자의 성충동 약물치료에 관한 법률, 전자장치 부착 등에 관한 법률)

정답 ①

201 보호관찰을 규정하고 있지 않은 법률은?
2011. 9급 교정직 공채 수정

① 형법
② 치료감호 등에 관한 법률
③ 청소년보호법
④ 성폭력범죄의 처벌 등에 관한 특례법

해설

③ 청소년보호법에는 보호관찰에 관한 규정을 두고 있지 않다.
① 형법 제59조의2, 제62조의2, 제73조의2
② 치료감호 등에 관한 법률 제32조
④ 성폭력범죄의 처벌 등에 관한 특례법 제16조 제2항

정답 | ③

202 다음 중 수강명령의 부과 대상이 될 수 없는 자는?
2013. 9급 교정직 공채

① 「경범죄처벌법」상 과다노출이나 지속적 괴롭힘 행위를 한 자
② 「성매매 알선 등 행위의 처벌에 관한 법률」상 성매매를 한 자
③ 「가정폭력범죄의 처벌 등에 관한 특례법」상 가정폭력사범
④ 「성폭력범죄의 처벌 등에 관한 특례법」상 집행유예선고를 받은 성폭력범죄자

해설

① 「경범죄처벌법」에는 수강명령에 관한 규정이 없다.
②, ③, ④ 보호관찰 등에 관한 법률 제3조 제2항에서는 "사회봉사·수강명령 대상자"로 ⑦ 「형법」 제62조의2에 따라 사회봉사 또는 수강을 조건으로 형의 집행유예를 선고받은 사람, ⓒ 「소년법」 제32조에 따라 사회봉사명령 또는 수강명령을 받은 사람, ⓒ 다른 법률에서 이 법에 따른 사회봉사 또는 수강을 받도록 규정된 사람을 규정하고 있으며, 여기서 ⓒ의 다른 법률에는 성매매알선 등 행위의 처벌에 관한 법률, 가정폭력범죄의 처벌 등에 관한 특례법, 성폭력범죄의 처벌 등에 관한 특례법, 아동·청소년의 성보호에 관한 법률 등이 있다.

정답 | ①

203. 보호관찰심사위원회의 관장사무에 해당하지 않는 것은?   2020. 7급 공채

① 징역 또는 금고의 집행 중에 있는 성인수형자에 대한 가석방 적격 심사
② 소년원에 수용된 보호소년에 대한 임시퇴원 심사
③ 가석방 중인 사람의 부정기형의 종료에 관한 사항
④ 보호관찰대상자에 대한 보호관찰의 임시해제 취소 심사

해설

① 「형법」 제72조에 따른 가석방의 적격 여부를 심사하기 위하여 법무부장관 소속으로 가석방심사위원회를 둔다(형의 집행 및 수용자의 처우에 관한 법률 제119조). 즉 소년범에 대한 가석방과 그 취소에 관한 사항은 보호관찰심사위원회의 관장사무에 해당하나, 징역 또는 금고의 집행 중에 있는 성인수형자에 대한 가석방 적격 심사는 가석방심사위원회가 관장한다.
② 보호관찰 등에 관한 법률 제6조 제2호
③ 동법 제6조 제5호
④ 동법 제6조 제3호

> ※ 보호관찰 심사위원회의 관장사무(보호관찰 등에 관한 법률 제6조) : 보호관찰 심사위원회는 이 법에 따른 다음 각 호의 사항을 심사·결정한다.
> 1. 가석방과 그 취소에 관한 사항
> 2. 임시퇴원, 임시퇴원의 취소 및 「보호소년 등의 처우에 관한 법률」 제43조 제3항에 따른 보호소년의 퇴원에 관한 사항
> 3. 보호관찰의 임시해제와 그 취소에 관한 사항
> 4. 보호관찰의 정지와 그 취소에 관한 사항
> 5. 가석방 중인 사람의 부정기형의 종료에 관한 사항
> 6. 이 법 또는 다른 법령에서 심사위원회의 관장 사무로 규정된 사항
> 7. 제1호부터 제6호까지의 사항과 관련된 사항으로서 위원장이 회의에 부치는 사항
>
> 암기 [보호관찰 심사위원회의 관장사무] 가·임·퇴·보·부·법·장(가석방·취소, 임시퇴원·취소·퇴원, 보호관찰의 임시해제·취소·정지·취소, 부정기형의 종료, 법령규정, 위원장이 부치는 사항)

정답 ①

204 「보호관찰 등에 관한 법률」상 보호관찰 심사위원회가 심사·결정하는 사항으로 옳지 않은 것은?

2020. 9급 교정직 공채

① 가석방과 그 취소에 관한 사항
② 임시퇴원, 임시퇴원의 취소 및 보호소년 등의 처우에 관한 법률 제43조 제3항에 따른 보호소년의 퇴원에 관한 사항
③ 보호관찰의 임시해제와 그 취소에 관한 사항
④ 보호관찰을 조건으로 한 형의 선고유예의 실효

해설

④ '보호관찰을 조건으로 한 형의 선고유예의 실효'는 검사가 보호관찰소의 장의 신청을 받아 법원에 청구하고 법원이 결정한다(보호관찰 등에 관한 법률 제47조 제1항, 형법 제61조 제2항). 보호관찰 심사위원회가 심사·결정할 수 있는 사항이 아니다.
① 보호관찰 등에 관한 법률 제6조 제1호
② 동법 제6조 제2호
③ 동법 제6조 제3호

정답 ④

205
올린(L. E. Ohlin)의 관점에 따라 보호관찰관의 유형을 통제와 지원이라는 두 가지 차원에서 그림과 같이 구분할 때, ㉠~㉣에 들어갈 유형을 바르게 연결한 것은?

2018. 7급 교정직 공채

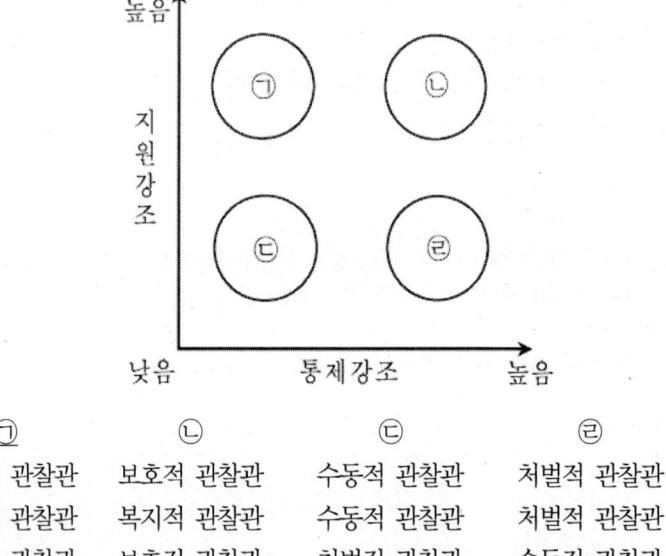

	㉠	㉡	㉢	㉣
①	복지적 관찰관	보호적 관찰관	수동적 관찰관	처벌적 관찰관
②	보호적 관찰관	복지적 관찰관	수동적 관찰관	처벌적 관찰관
③	복지적 관찰관	보호적 관찰관	처벌적 관찰관	수동적 관찰관
④	보호적 관찰관	복지적 관찰관	처벌적 관찰관	수동적 관찰관

해설

① 올린(L. E. Ohlin)은 보호관찰관의 보호관찰유형으로 ⅰ) 위협을 수단으로 대상자를 규율에 동조하도록 통제를 강조하는 처벌적(punitive) 보호관찰관, ⅱ) 자신의 목표를 대상자에 대한 복지향상에 두고 지원기능을 강조하는 복지적(welfare) 보호관찰관, ⅲ) 통제기능과 지원기능을 적절히 조화시키려는 보호적(protective) 보호관찰관, ⅳ) 통제나 지원 모두에 소극적이며 자신의 임무는 최소한의 개입이라고 믿는 수동적(passive) 보호관찰관으로 분류하였다.
㉠ 지원을 강조하고, 통제는 약화되는 유형은 복지적 보호관찰관이다.
㉡ 지원과 통제를 모두 강조하는 유형은 보호적 보호관찰관이다.
㉢ 지원과 통제가 모두 약화되는 유형은 수동적 보호관찰관이다.
㉣ 지원은 약화되고, 통제를 강조하는 유형은 처벌적 보호관찰관이다.

정답 | ①

206 다음에서 설명하는 오린(L. E. Ohlin)의 보호관찰관 유형은?

2017. 9급 교정직 공채, 2021. 7급 교정직 공채

> 이 유형의 보호관찰관은 주로 직접적인 지원이나 강연 또는 칭찬과 꾸중 등 비공식적인 방법을 이용한다. 또한 보호관찰관은 사회의 보호, 즉 사회방위와 범죄자 개인의 개선·보호를 조화시키고자 하므로 역할갈등을 크게 겪는다.

① 처벌적 보호관찰관(punitive probation officer)
② 보호적 보호관찰관(protective probation officer)
③ 복지적 보호관찰관(welfare probation officer)
④ 수동적 보호관찰관(passive probation officer)

해설

② 오린(L. E. Ohlin)은 보호관찰관의 유형으로 ⅰ) 위협을 수단으로 대상자를 규율에 동조하도록 통제를 강조하는 처벌적(punitive) 보호관찰관, ⅱ) 자신의 목표를 대상자에 대한 복지향상에 두고 지원기능을 강조하는 복지적(welfare) 보호관찰관, ⅲ) 통제기능과 지원기능을 적절히 조화시키려는 보호적(protective) 보호관찰관, ⅳ) 통제나 지원 모두에 소극적이며 자신의 임무는 최소한의 개입이라고 믿는 수동적(passive) 보호관찰관으로 분류하였다.
오린은 위의 유형 중 보호적 보호관찰관은 사회보호를 위한 통제기능과 개인 보호를 위한 지원기능을 적절히 조화시키려는 과정에서 지역사회보호와 범죄자보호 양쪽 사이에서 망설이거나 큰 갈등을 겪게 된다고 보았다.

정답 ②

207 다음 설명에 해당하는 스미크라(Smykla)의 보호관찰 모형은?
2017. 7급 교정직 공채

> 보호관찰관은 외부자원을 적극 활용하여 보호관찰대상자들이 다양하고 전문적인 사회적 서비스를 받을 수 있도록 사회기관에 위탁하는 것을 주요 일과로 삼고 있다.

① 프로그램모형(program model)
② 중재자모형(brokerage model)
③ 옹호모형(advocacy model)
④ 전통적모형(traditional model)

해설

③ 스미클라(Smykla)는 보호관찰 모형을 전통적 모형(traditional model), 프로그램모형(program model), 옹호모형(advocacy model), 중재자모형(brokerage model)으로 분류하고 각각의 특징을 설명하였다. 여기서 옹호모형(advocacy model)은 보호관찰관이 지식인(Generalist)으로서 외부자원을 적극 활용하여 보호관찰대상자에게 다양하고 전문적인 사회적 서비스를 제공받을 수 있도록 무작위로 배정된 대상자들을 사회기관에 위탁하는 것을 주요 일과로 삼는 유형을 말한다.

※ 스미클라(Smykla)의 보호관찰 모형

모 형	내 용
전통적 모형 (traditional model)	보호관찰관이 지식인(Generalist)으로서 내부자원을 이용하여 지역적으로 균등 배분된 대상자에 대하여 지도감독에서 보도원호에 이르기까지 다양한 기능을 수행하는 모형. 통제를 더 중시하는 유형.
프로그램모형 (program model)	보호관찰관이 전문가(Specialist)를 지향하나 목적 수행을 위한 자원은 내부자원으로 해결. 보호관찰관이 전문가로 기능하기 때문에 대상자를 관찰관의 전문성에 따라 분류하고 배정하게 되는 유형.
옹호모형 (advocacy model)	보호관찰관이 지식인(Generalist)으로서 외부자원을 적극 활용하여 보호관찰대상자에게 다양하고 전문적인 사회적 서비스를 제공받을 수 있도록 무작위로 배정된 대상자들을 사회기관에 위탁하는 것을 주요 일과로 삼는 유형.
중재자모형 (brokerage model)	보호관찰관이 전문가(Specialist)로서 자신의 전문성에 맞게 배정된 대상자에게 사회자원의 개발과 중개의 방법으로 외부자원을 적극 활용하여 대상자가 전문적인 보호관찰을 받을 수 있도록 하는 유형.

정답 ③

208 (가)와 (나)에 들어갈 내용을 바르게 연결한 것은?

2021. 7급 교정직 공채

> (가)는(은) 보호관찰관의 기능과 자원의 활용에 따라 보호관찰을 모형화하였는데, 이 중 (나) 모형이란 전문성을 갖춘 보호관찰관이 외부의 사회적 자원을 적극 개발하고 활용하는 유형을 말한다.

	(가)	(나)
①	Crofton	옹호(advocacy)
②	Crofton	중개(brokerage)
③	Smykla	옹호(advocacy)
④	Smykla	중개(brokerage)

해설

④ 스미클라(Smykla)는 보호관찰관의 기능과 자원의 활용에 따라 보호관찰을 모형화하였는데, 이 중 중개(brokerage) 모형이란 전문성을 갖춘 보호관찰관이 외부의 사회적 자원을 적극 개발하고 활용하는 유형을 말한다.

정답 ④

209 보호관찰소의 조사제도에 대한 설명으로 옳지 않은 것은? 2020. 7급 공채

① 「보호관찰 등에 관한 법률」 제19조에 따른 판결 전 조사는 법원이 「형법」 제59조의2 및 제62조의2에 따른 보호관찰, 사회봉사 또는 수강을 명하기 위하여 필요하다고 인정되는 경우에 조사를 요구할 수 있는 것을 말한다.
② 「보호관찰 등에 관한 법률」 제19조의2에 따른 결정 전 조사는 법원이 「소년법」 제12조에 따라 소년 보호사건뿐만 아니라 소년 형사사건에 대한 조사 또는 심리를 위하여 필요하다고 인정되는 경우에 조사를 의뢰하는 것을 말한다.
③ 「소년법」 제49조의2에 따른 검사의 결정 전 조사는 검사가 소년 피의사건에 대하여 소년부 송치, 공소제기, 기소유예 등의 처분을 결정하기 위하여 필요하다고 인정되는 경우에 조사를 요구할 수 있는 것을 말한다.
④ 「전자장치 부착 등에 관한 법률」 제6조에 따른 청구 전 조사는 검사가 전자장치 부착명령을 청구하기 위하여 필요하다고 인정하는 경우에 조사를 요청할 수 있는 것을 말한다.

해설
② 「보호관찰 등에 관한 법률」 제19조의2에 따른 결정 전 조사는 법원이 「소년법」 제12조에 따라 <u>소년 보호사건에서 '보호처분의 결정'</u>을 위하여 필요한 경우에 실시하는 것을 말한다. 소년 형사사건과는 관계가 없다. 참고로 소년보호사건에서 소년에 대한 보호처분의 부과는 '결정'이라고 하며, 소년과 성인을 포함한 형사사건에서 형벌의 부과는 '판결'이라고 한다.

정답 ②

210. 판결 전 조사제도에 대한 설명으로 옳은 것을 모두 고른 것은?

2010. 7급 공채

ㄱ. 판결 전 조사제도는 형사절차가 유무죄인부절차와 양형절차로 분리되어 있는 미국의 보호관찰제도와 밀접한 관련을 가지고 발전되어 왔다.
ㄴ. 법원은 피고인에 대하여 「형법」제59조의2 및 제62조의2에 따른 보호관찰, 사회봉사 또는 수강을 명하기 위하여 필요하다고 인정하면 범행 동기, 직업, 생활환경, 교우관계, 가족상황, 피해회복 여부 등 피고인에 관한 사항의 조사를 요구할 수 있다.
ㄷ. 판결 전 조사요구는 제1심 또는 항소심뿐만 아니라 상고심에서도 할 수 있다.
ㄹ. 판결 전 조사제도는 개별사건에 대하여 구체적이고 실제적으로 적절히 처우할 수 있도록 하는 처우의 개별화와 관련 있으며, 양형의 합리화를 기할 수 있다.
ㅁ. 현행법상 판결 전 조사의 주체는 조사를 요구하는 법원의 소재지 또는 피고인의 주거지를 관할하는 경찰서장이다.

① ㄱ, ㄴ, ㄷ
② ㄱ, ㄴ, ㄹ
③ ㄴ, ㄷ, ㄹ
④ ㄷ, ㄹ, ㅁ

해설

② 옳은 것은 'ㄱ, ㄴ, ㄹ'이다.

ㄱ. (O) : 미국에서는 공판절차 이분론(公判節次二分論)에 근거하여 사실심리절차인 유무죄인부절차와 양형절차를 분리하여 진행하는 제도가 시행되고 있고, 판결 전 조사제도는 공판절차 이분론과 밀접한 관련 하에 활용되는 제도이다.
ㄴ. (O) : 법원은 피고인에 대하여 「형법」제59조의2 및 제62조의2에 따른 보호관찰, 사회봉사 또는 수강을 명하기 위하여 필요하다고 인정하면 그 법원의 소재지(所在地) 또는 피고인의 주거지를 관할하는 보호관찰소의 장에게 범행 동기, 직업, 생활환경, 교우관계, 가족상황, 피해회복 여부 등 피고인에 관한 사항의 조사를 요구할 수 있다(보호관찰 등에 관한 법률 제19조 제1항).
ㄷ. (×) : 판결 전 조사는 법원이 피고인에 대하여 보호관찰, 사회봉사 또는 수강을 명하기 위하여 필요하다고 인정하는 경우에 범행 동기, 직업, 생활환경 등을 요구할 수 있는 것으로, 이것은 사실심에서 다룰 수 있는 내용이므로 제1심 또는 항소심에서 요구할 수 있을 뿐, 법률심인 상고심에서는 할 수 없다.
ㄹ. (O) : 판결 전 조사제도를 통하여 얻어진 결과는 개별적이고 구체적인 상황에 따른 처우의 개별화에 기여할 수 있고, 양형의 합리화에도 도움이 될 수 있다.
ㅁ. (×) : 현행법상 판결 전 조사의 주체는 조사를 요구하는 법원의 소재지(所在地) 또는 피고인의 주거지를 관할하는 보호관찰소의 장이다. 조사의 요구를 받은 보호관찰소의 장은 지체 없이 이를 조사하여 서면으로 해당 법원에 알려야 한다(보호관찰 등에 관한 법률 제19조 제1항·제2항).

정답 ②

211 「보호관찰 등에 관한 법률」상 조사제도에 대한 설명으로 옳지 않은 것은?

2023. 9급 교정직 공채

① 법원은 판결 전 조사 요구를 받은 보호관찰소의 장에게 조사진행상황에 관한 보고를 요구할 수 있다.
② 판결 전 조사 요구를 받은 보호관찰소의 장은 지체 없이 이를 조사하여 서면 또는 구두로 해당 법원에 알려야 한다.
③ 법원은 피고인에 대하여 형법 제59조의2 및 제62조의2에 따른 보호관찰을 명하기 위하여 필요하다고 인정하면 그 법원의 소재지 또는 피고인의 주거지를 관할하는 보호관찰소의 장에게 피고인에 관한 사항의 조사를 요구할 수 있다.
④ 법원은 소년법 제12조에 따라 소년 보호사건에 대한 조사 또는 심리를 위하여 필요하다고 인정하면 그 법원의 소재지 또는 소년의 주거지를 관할하는 보호관찰소의 장에게 소년의 품행, 경력, 가정상황, 그 밖의 환경 등 필요한 사항에 관한 조사를 의뢰할 수 있다.

해설

② 판결 전 조사 요구를 받은 보호관찰소의 장은 지체 없이 이를 조사하여 <u>서면으로</u> 해당 법원에 알려야 한다(보호관찰 등에 관한 법률 제19조 제2항).
① 동법 제19조 제3항
③ 법원은 피고인에 대하여 「형법」 제59조의2 및 제62조의2에 따른 보호관찰, 사회봉사 또는 수강을 명하기 위하여 필요하다고 인정하면 그 법원의 소재지(所在地) 또는 피고인의 주거지를 관할하는 보호관찰소의 장에게 범행 동기, 직업, 생활환경, 교우관계, 가족상황, 피해회복 여부 등 피고인에 관한 사항의 조사를 요구할 수 있다(동법 제19조 제1항).
④ 동법 제19조의2 제1항

정답 ②

212 「보호관찰 등에 관한 법률」상 보호관찰 기간에 대한 설명으로 옳지 않은 것은?

2024. 9급 공채

① 보호관찰을 조건으로 형의 선고유예를 받은 사람의 경우, 보호관찰 기간은 1년이다.
② 보호관찰을 조건으로 형의 집행유예를 선고받은 사람의 경우, 집행유예 기간이 보호관찰 기간이 되지만, 법원이 보호관찰 기간을 따로 정한 때에는 그 기간이 보호관찰 기간이 된다.
③ 소년 가석방자의 경우, 6개월 이상 2년 이하의 범위에서 가석방 심사위원회가 정한 기간이 보호관찰 기간이 된다.
④ 소년원 임시퇴원자의 경우, 퇴원일로부터 6개월 이상 2년 이하의 범위에서 보호관찰 심사위원회가 정한 기간이 보호관찰 기간이 된다.

해설

③ 가석방자는 가석방기간동안 보호관찰을 받으며, 소년 가석방자의 가석방기간은 '소년이 가석방된 후 그 처분이 취소되지 아니하고 가석방 전에 집행을 받은 기간과 같은 기간'이다(소년법 제66조). 따라서 소년 가석방자의 경우는 이 기간이 보호관찰 기간이 된다(보호관찰 등에 관한 법률 제30조 제3호).
① 동법 제30조 제1호
② 동법 제30조 제2호
④ 동법 제30조 제4호

* **보호관찰의 기간(보호관찰 등에 관한 법률 제30조)** : 보호관찰 대상자는 다음 각 호의 구분에 따른 기간에 보호관찰을 받는다.
  1. 보호관찰을 조건으로 형의 선고유예를 받은 사람 : 1년
  2. 보호관찰을 조건으로 형의 집행유예를 선고받은 사람 : 그 유예기간. 다만, 법원이 보호관찰 기간을 따로 정한 경우에는 그 기간
  3. 가석방자 : 「형법」 제73조의2(무기형에 있어서는 10년, 유기형에 있어서는 남은 형기로 하되, 그 기간은 10년을 초과할 수 없다) 또는 「소년법」 제66조에 규정된 기간(소년이 가석방된 후 그 처분이 취소되지 아니하고 가석방 전에 집행을 받은 기간과 같은 기간)
  4. 임시퇴원자 : 퇴원일부터 6개월 이상 2년 이하의 범위에서 심사위원회가 정한 기간
  5. 「소년법」 제32조 제1항 제4호 및 제5호의 보호처분을 받은 사람 : 그 법률에서 정한 기간
  6. 다른 법률에 따라 이 법에서 정한 보호관찰을 받는 사람 : 그 법률에서 정한 기간

정답 ③

213

「보호관찰 등에 관한 법률」상 별도의 부과절차 없이도 보호관찰대상자가 지켜야 할 준수사항(일반준수사항)에 해당하지 않는 것은? 2018. 7급 공채

① 범죄로 이어지기 쉬운 나쁜 습관을 버리고 선행을 하며 범죄를 저지를 염려가 있는 사람들과 교제하거나 어울리지 말 것
② 보호관찰관의 지도·감독에 따르고 보호관찰관이 방문하게 되면 응대할 것
③ 1개월 이상 국내외 여행을 할 때에는 미리 보호관찰관에게 신고할 것
④ 범죄행위로 발생한 손해를 회복하기 위해 노력할 것

해설

④ "범죄행위로 발생한 손해를 회복하기 위해 노력할 것"은 범죄의 내용과 종류 및 본인의 특성 등을 고려하여 필요한 경우에 따로 과(科)할 수 있는 특별준수사항이다(보호관찰 등에 관한 법률 제32조 제3항 제4호).
① 동법 제32조 제2항 제2호
② 동법 제32조 제2항 제3호
③ 동법 제32조 제2항 제4호

* 보호관찰 대상자의 일반준수사항(보호관찰 등에 관한 법률 제32조 제2항) : 보호관찰 대상자는 다음 각 호의 사항을 지켜야 한다.
  1. 주거지에 상주(常住)하고 생업에 종사할 것
  2. 범죄로 이어지기 쉬운 나쁜 습관을 버리고 선행(善行)을 하며 범죄를 저지를 염려가 있는 사람들과 교제하거나 어울리지 말 것
  3. 보호관찰관의 지도·감독에 따르고 방문하면 응대할 것
  4. 주거를 이전(移轉)하거나 1개월 이상 국내외 여행을 할 때에는 미리 보호관찰관에게 신고할 것

  암기 [보호관찰대상자의 일반준수사항] 상·선·보·이(상주, 선행, 보호관찰관 지도·감독, 이전 신고)

정답 ④

214 「보호관찰 등에 관한 법률」상 범죄의 내용과 종류 및 본인의 특성 등을 고려하여 특별준수사항으로 따로 부과할 수 있는 것은?

2015. 7급 교정직 공채

① 주거지에 상주하고 생업에 종사할 것
② 재범의 기회나 충동을 줄 수 있는 특정 지역·장소의 출입을 하지 말 것
③ 주거를 이전하거나 1개월 이상 국내외 여행을 할 때에는 미리 보호관찰관에게 신고할 것
④ 범죄로 이어지기 쉬운 나쁜 습관을 버리고 선행을 하며 범죄를 저지를 염려가 있는 사람들과 교제하거나 어울리지 말 것

해설

②번 지문이 특별준수사항이며, ①, ③, ④번 지문은 일반준수사항이다.

* **보호관찰대상자의 특별준수사항(보호관찰 등에 관한 법률 제32조 제3항)** : 법원 및 심사위원회는 판결의 선고 또는 결정의 고지를 할 때에는 제2항의 준수사항 외에 범죄의 내용과 종류 및 본인의 특성 등을 고려하여 필요하면 보호관찰 기간의 범위에서 기간을 정하여 다음 각 호의 사항을 특별히 지켜야 할 사항으로 따로 과(科)할 수 있다.
    1. 야간 등 재범의 기회나 충동을 줄 수 있는 특정 시간대의 외출 제한
    2. 재범의 기회나 충동을 줄 수 있는 특정 지역·장소의 출입 금지
    3. 피해자 등 재범의 대상이 될 우려가 있는 특정인에 대한 접근 금지
    4. 범죄행위로 인한 손해를 회복하기 위하여 노력할 것
    5. 일정한 주거가 없는 자에 대한 거주장소 제한
    6. 사행행위에 빠지지 아니할 것
    7. 일정량 이상의 음주를 하지 말 것
    8. 마약 등 중독성 있는 물질을 사용하지 아니할 것
    9. 「마약류관리에 관한 법률」상의 마약류 투약, 흡연, 섭취 여부에 관한 검사에 따를 것
    10. 그 밖에 보호관찰 대상자의 재범 방지를 위하여 필요하다고 인정되어 대통령령으로 정하는 사항

정답 ②

215 「보호관찰 등에 관한 법률」상 구인에 대한 설명으로 옳지 않은 것은? 2014. 7급 교정직 공채

① 보호관찰소의 장은 구인사유가 있는 경우 관할 지방검찰청의 검사에게 신청하여 검사의 청구로 관할 지방법원 판사의 구인장을 발부받아 보호관찰 대상자를 구인할 수 있다.
② 보호관찰소의 장은 구인사유가 있는 경우로서 긴급하여 구인장을 발부받을 수 없는 경우에는 그 사유를 알리고 구인장 없이 보호관찰 대상자를 구인할 수 있다.
③ 보호관찰소의 장은 보호관찰 대상자를 긴급구인한 경우에는 긴급구인서를 작성하여 48시간 내에 관할 지방검찰청 검사의 승인을 받아야 한다.
④ 보호관찰소의 장은 긴급구인에 대하여 관할 지방검찰청 검사의 승인을 받지 못하면 즉시 보호관찰 대상자를 석방하여야 한다.

해설

③ 보호관찰소의 장은 보호관찰 대상자를 구인한 경우에는 긴급구인서를 작성하여 <u>즉시</u> 관할 지방검찰청 검사의 승인을 받아야 한다(보호관찰 등에 관한 법률 제40조 제2항).
① 동법 제39조 제1항
② 동법 제40조 제1항
④ 동법 제40조 제3항

정답 | ③

216 「보호관찰 등에 관한 법률」상 보호관찰 대상자의 구인 및 유치에 대한 설명으로 옳은 것은?

2024. 9급 공채

① 보호관찰관은, 보호관찰 대상자가 준수사항을 위반하였다고 의심할 상당한 이유가 있고 조사에 따른 소환에 불응하는 경우, 관할 지방검찰청의 검사에게 구인장을 신청할 수 있다.
② 유치된 보호관찰 대상자에 대하여 보호관찰을 조건으로 한 형의 선고유예가 실효된 경우에 그 유치기간은 형기에 산입되지 않는다.
③ 구인한 대상자를 유치하기 위한 신청이 있는 경우, 검사는 보호관찰 대상자가 구인된 때부터 48시간 이내에 관할 지방법원 판사에게 유치 허가를 청구하여야 한다.
④ 보호관찰부 집행유예의 취소 청구를 하려는 경우, 보호관찰소의 장은 유치 허가를 받은 때부터 48시간 이내에 관할 지방검찰청의 검사에게 그 신청을 하여야 한다.

해설

③ 보호관찰 등에 관한 법률 제42조 제2항
① 보호관찰소의 장은 보호관찰 대상자가 제32조의 준수사항을 위반하였거나 위반하였다고 의심할 상당한 이유가 있고, ⅰ) 일정한 주거가 없는 경우, ⅱ) 조사를 위한 소환에 따르지 아니한 경우, ⅲ) 도주한 경우 또는 도주할 염려가 있는 경우의 어느 하나에 해당하는 사유가 있는 경우에는 관할 지방검찰청의 검사에게 신청하여 검사의 청구로 관할 지방법원 판사의 구인장을 발부받아 보호관찰 대상자를 구인(拘引)할 수 있다(동법 제39조 제1항).
② 유치된 사람에 대하여 보호관찰을 조건으로 한 형의 선고유예가 실효되거나 집행유예가 취소된 경우 또는 가석방이 취소된 경우에는 그 유치기간을 형기에 산입한다(동법 제45조).
④ 보호관찰소의 장은 유치 허가를 받은 때부터 24시간 이내에 제1항 각 호[1. 보호관찰을 조건으로 한 형(벌금형을 제외한다)의 선고유예의 실효(失效) 및 집행유예의 취소 청구의 신청, 2. 가석방 및 임시퇴원의 취소 신청, 3. 보호처분의 변경 신청]의 신청을 하여야 한다(동법 제42조 제3항).

정답 ③

217 「보호관찰 등에 관한 법률」상 구인(제39조 또는 제40조)한 보호관찰 대상자의 유치에 대한 설명으로 옳지 않은 것은?
2019. 7급 교정직 공채

① 보호관찰소의 장은 가석방 및 임시퇴원의 취소 신청이 필요하다고 인정되면 보호관찰 대상자를 수용기관 또는 소년분류심사원에 유치할 수 있다.
② 보호관찰 대상자를 유치하려는 경우에는 보호관찰소의 장이 검사에게 신청하여 검사의 청구로 관할 지방법원 판사의 허가를 받아야 하며, 이 경우 검사는 보호관찰 대상자가 구인된 때부터 48시간 이내에 유치 허가를 청구하여야 한다.
③ 유치된 사람에 대하여 보호관찰을 조건으로 한 형의 선고유예가 실효되거나 집행유예가 취소된 경우 또는 가석방이 취소된 경우에는 그 유치기간을 형기에 산입한다.
④ 유치의 기간은 구인한 날부터 20일로 한다. 다만, 보호처분의 변경 신청을 위한 유치에 있어서는 심사위원회의 심사에 필요하면 10일의 범위에서 한 차례만 유치기간을 연장할 수 있다.

> **해설**
> ④ 유치의 기간은 구인한 날부터 20일로 한다. 다만, 법원은 제42조 제1항 제1호[보호관찰을 조건으로 한 형(벌금형을 제외한다)의 선고유예의 실효 및 집행유예의 취소 청구의 신청] 또는 제3호(보호처분의 변경 신청)에 따른 신청이 있는 경우에 심리를 위하여 필요하다고 인정되면 심급마다 20일의 범위에서 한 차례만 유치기간을 연장할 수 있고, 보호관찰소의 장은 제42조 제1항 제2호(가석방 및 임시퇴원의 취소 신청)에 따른 신청이 있는 경우에 심사위원회의 심사에 필요하면 검사에게 신청하여 검사의 청구로 지방법원 판사의 허가를 받아 10일의 범위에서 한 차례만 유치기간을 연장할 수 있다(보호관찰 등에 관한 법률 제43조 제1항, 제2항, 제3항).
> ① 동법 제42조 제1항 제2호
> ② 동법 제42조 제2항
> ③ 동법 제45조

정답 ④

218 「보호관찰 등에 관한 법률」에 대한 설명으로 옳지 않은 것은? 2016. 7급 공채

① 보호관찰은 법원의 판결이나 결정이 확정된 때 또는 가석방·임시퇴원된 때부터 시작된다.
② 보호관찰은 보호관찰 대상자의 행위지, 거주지 또는 현재지를 관할하는 보호관찰소 소속 보호관찰관이 담당한다.
③ 보호관찰소의 장은 범행 내용, 재범위험성 등 보호관찰 대상자의 개별적 특성을 고려하여 그에 알맞은 지도·감독의 방법과 수준에 따라 분류처우를 하여야 한다.
④ 보호관찰소 소속 공무원은 보호관찰 대상자에 대한 정당한 직무집행 과정에서 도주 방지, 항거 억제 등을 위하여 필요하다고 인정되는 상당한 이유가 있으면 보호장구인 수갑, 포승, 전자충격기, 가스총을 사용할 수 있다.

해설

② 보호관찰은 보호관찰 대상자의 <u>주거지를 관할하는</u> 보호관찰소 소속 보호관찰관이 담당한다(보호관찰 등에 관한 법률 제31조).
① 동법 제29조 제1항
③ 동법 제33조의2 제1항
④ 동법 제45조의2 제1항

> ※ 보호관찰 대상자에 대하여 사용할 수 있는 보호장구의 종류(보호관찰 등에 관한 법률 제46조의3 제1항) : 보호장구의 종류는 다음 각 호와 같다.
> 1. 수갑
> 2. 포승
> 3. 보호대(帶)
> 4. 가스총
> 5. 전자충격기
>
> **암기** [보호관찰 대상자에게 사용할 수 있는 보호장구] 수·포·대·가·전(수갑, 포승, 보호대, 가스총, 전자충격기)

정답 ②

PART Ⅲ 범죄대책, 형사제재 및 범죄피해자 보호

219
「보호관찰 등에 관한 법률」상 보호관찰소 소속 공무원이 보호관찰대상자에 대한 정당한 직무집행 과정에서 도주방지, 항거억제, 자기 또는 타인의 생명·신체에 대한 위해방지를 위하여 필요하다고 인정되는 상당한 이유가 있을 때 사용할 수 있는 보호장구는?

2017. 7급 교정직 공채

① 보호대
② 보호복
③ 머리보호장비
④ 전자충격기

해설

①, ④ 보호관찰 등에 관한 법률상 일정한 요건 하에 보호관찰대상자에 대하여 사용할 수 있는 보호장구는 수갑, 포승, 보호대(帶), 가스총, 전자충격기이다(보호관찰 등에 관한 법률 제46조의3 제1항). 출제 당시에는 보호대는 포함되지 않았으나, 2019.4.16. 개정으로 보호대가 추가되었다.

②, ③ 보호복, 머리보호장비는 형의 집행 및 수용자의 처우에 관한 법률상 일정한 요건 하에 수용자에게 사용할 수 있는 보호장비이다.

정답 ①, ④

220 「보호관찰 등에 관한 법률」상 보호관찰의 종료와 임시해제에 대한 설명으로 옳은 것은?

2023. 7급 공채

① 보호관찰을 조건으로 한 형의 선고유예가 실효되더라도 보호관찰은 종료되지 않는다.
② 보호관찰의 임시해제 결정이 취소된 경우 그 임시해제 기간을 보호관찰 기간에 포함한다.
③ 보호관찰 대상자는 보호관찰이 임시해제된 기간 중에는 그 준수사항을 계속하여 지키지 않아도 된다.
④ 임시퇴원된 보호소년이 보호관찰이 정지된 상태에서 21세가 된 때에는 보호관찰이 종료된다.

해설

② 보호관찰 등에 관한 법률 제52조 제4항
① 「형법」 제61조에 따라 보호관찰을 조건으로 한 형의 선고유예가 실효되거나 같은 법 제63조 또는 제64조에 따라 보호관찰을 조건으로 한 집행유예가 실효되거나 취소된 때에는 보호관찰은 종료한다(동법 제51조 제1항 제2호).
③ 임시해제 중에는 보호관찰을 하지 아니한다. 다만, 보호관찰 대상자는 준수사항을 계속하여 지켜야 한다(동법 제52조 제2항).
④ '보호관찰이 정지된 임시퇴원자가 「보호소년 등의 처우에 관한 법률」 제43조 제1항의 나이(22세)가 된 때'에는 보호관찰은 종료한다(동법 제51조 제1항 제6호).

* **보호관찰의 종료(보호관찰 등에 관한 법률 제51조 제1항)** : 보호관찰은 보호관찰 대상자가 다음 각 호의 어느 하나에 해당하는 때에 종료한다.
  1. 보호관찰 기간이 지난 때
  2. 「형법」 제61조에 따라 보호관찰을 조건으로 한 형의 선고유예가 실효되거나 같은 법 제63조 또는 제64조에 따라 보호관찰을 조건으로 한 집행유예가 실효되거나 취소된 때
  3. 제48조 또는 다른 법률에 따라 가석방 또는 임시퇴원이 실효되거나 취소된 때
  4. 제49조에 따라 보호처분이 변경된 때
  5. 제50조에 따른 부정기형 종료 결정이 있는 때
  6. 제53조에 따라 보호관찰이 정지된 임시퇴원자가 「보호소년 등의 처우에 관한 법률」 제43조제1항의 나이가 된 때
  7. 다른 법률에 따라 보호관찰이 변경되거나 취소·종료된 때

정답 ②

221 보호관찰, 사회봉사, 수강(受講)에 대한 설명으로 옳지 않은 것은? 2024. 9급 공채

① 「보호관찰 등에 관한 법률」상 보호관찰은 법원의 판결이나 결정이 확정된 때 또는 가석방·임시퇴원된 때부터 시작된다.
② 사회봉사명령 대상자가 사회봉사명령 집행 중 금고 이상의 형의 집행을 받게 된 때에는 해당 형의 집행이 종료·면제되거나 사회봉사명령 대상자가 가석방된 경우 잔여 사회봉사명령을 집행한다.
③ 판례에 따르면, 형의 집행을 유예하는 경우에 명해지는 보호관찰은 장래의 위험성으로부터 행위자를 보호하고 사회를 방위하기 위한 조치이다.
④ 판례에 따르면, 「보호관찰 등에 관한 법률」 제32조 제3항이 보호관찰 대상자에게 과할 수 있는 특별준수사항으로 정한 '범죄행위로 인한 손해를 회복하기 위하여 노력할 것(제4호)'은 수강명령 대상자에 대해서도 부과할 수 있다.

> 해설

④ 보호관찰, 사회봉사명령·수강명령은 당해 대상자의 교화·개선 및 범죄예방을 위하여 필요하고도 상당한 한도 내에서 이루어져야 하고, 당해 대상자의 연령·경력·심신상태·가정환경·교우관계 기타 모든 사정을 충분히 고려하여 가장 적합한 방법으로 실시되어야 하므로, 법원은 특별준수사항을 부과하는 경우 대상자의 생활력, 심신의 상태, 범죄 또는 비행의 동기, 거주지의 환경 등 대상자의 특성을 고려하여 대상자가 준수할 수 있다고 인정되고 자유를 부당하게 제한하지 아니하는 범위 내에서 개별화하여 부과하여야 한다는 점, 보호관찰의 기간은 집행을 유예한 기간으로 하고 다만 법원은 유예기간의 범위 내에서 보호관찰기간을 정할 수 있는 반면, 사회봉사명령·수강명령은 집행유예기간 내에 이를 집행하되 일정한 시간의 범위 내에서 그 기간을 정하여야 하는 점, 보호관찰명령이 보호관찰기간 동안 바른 생활을 영위할 것을 요구하는 추상적 조건의 부과이거나 악행을 하지 말 것을 요구하는 소극적인 부작위조건의 부과인 반면, 사회봉사명령·수강명령은 특정시간 동안의 적극적인 작위의무를 부과하는 데 특징이 있다는 점 등에 비추어 보면, <u>사회봉사명령·수강명령 대상자에 대한 특별준수사항은 보호관찰 대상자에 대한 것과 같을 수 없고, 따라서 보호관찰 대상자에 대한 특별준수사항을 사회봉사명령·수강명령 대상자에게 그대로 적용하는 것은 적합하지 않다. 보호관찰법 제32조 제3항이 보호관찰 대상자에게 과할 수 있는 특별준수사항으로 정한 "범죄행위로 인한 손해를 회복하기 위하여 노력할 것(제4호)" 등 같은 항 제1호부터 제9호까지의 사항은 보호관찰 대상자에 한해 부과할 수 있을 뿐, 사회봉사명령·수강명령 대상자에 대해서는 부과할 수 없다</u>(대법원 2020.11.5., 2017도18291).
① 보호관찰 등에 관한 법률 제29조 제1항
② 사회봉사·수강명령 대상자가 사회봉사·수강명령 집행 중 금고 이상의 형의 집행을 받게 된 때에는 해당 형의 집행이 종료·면제되거나 사회봉사·수강명령 대상자가 가석방된 경우 잔여 사회봉사·수강명령을 집행한다(동법 제63조 제2항).
③ 개정 형법 제62조의2 제1항에 의하면 형의 집행을 유예를 하는 경우에는 보호관찰을 받을 것을 명할 수 있고, 같은 조 제2항에 의하면 제1항의 규정에 의한 보호관찰의 기간은 집행을 유예한 기간으로 하고, 다만 법원은 유예기간의 범위 내에서 보호관찰의 기간을 정할 수 있다고 규정되어 있는 바, 위 조항에서 말하는 보호관찰은 형벌이 아니라 보안처분의 성격을 갖는 것으로서, 과거의 불법에 대한 책임에 기초하고 있는 제재가 아니라 장래의 위험성으로부터 행위자를 보호하고 사회를 방위하기 위한 합목적적인 조치이므로, 그에 관하여 반드시 행위 이전에 규정되어 있어야 하는 것은 아니며, 재판시의 규정에 의하여 보호관찰을 받을 것을 명할 수 있다고 보아야 할 것이고, 이와 같은 해석이 형벌불소급의 원칙 내지 죄형법정주의에 위배되는 것이라고 볼 수 없다(대법원 1997.6.13., 97도703).

정답 ④

222. 사회봉사 명령 또는 허가의 대상이 될 수 없는 자를 모두 고른 것은?

2016. 7급 공채

ㄱ. 「가정폭력범죄의 처벌 등에 관한 특례법」의 가정폭력행위자 중 보호처분이 필요하다고 인정되는 자
ㄴ. 「성매매 알선 등 행위의 처벌에 관한 법률」의 성매매를 한 자 중 보호처분이 필요하다고 인정되는 자
ㄷ. 「소년법」에 따라 보호처분을 할 필요가 있다고 인정되는 만 12세의 소년
ㄹ. 「벌금 미납자의 사회봉사 집행에 관한 특례법」상 징역과 동시에 벌금을 선고받아 확정되었음에도 불구하고 벌금을 미납한 자
ㅁ. 「아동·청소년의 성보호에 관한 법률」상 집행유예를 선고받은 성범죄자

① ㄱ, ㄴ
② ㄷ, ㄹ
③ ㄱ, ㄹ, ㅁ
④ ㄴ, ㄷ, ㅁ

해설

② 사회봉사 명령 또는 허가의 대상이 될 수 없는 자는 'ㄷ, ㄹ'이다.
ㄱ. (O) 가정폭력범죄의 처벌 등에 관한 특례법 제40조 제1항 제4호
ㄴ. (O) 성매매 알선 등 행위의 처벌에 관한 법률 제14조 제1항 제3호
ㄷ. (X) 소년에 대한 사회봉사 명령의 처분은 <u>14세 이상의 소년에게만 할 수 있다</u>(소년법 제32조 제3항).
ㄹ. (X) <u>징역과 동시에 벌금을 선고받은 사람은 사회봉사를 신청할 수 없다</u>(벌금 미납자의 사회봉사 집행에 관한 특례법 제4조 제2항 제1호). <u>사회봉사를 신청할 수 없는 사람이 신청을 한 경우에는 사회봉사를 허가하지 아니한다</u>(동법 제6조 제2항 제2호).
ㅁ. (O) 아동·청소년의 성보호에 관한 법률 제21조 제4항

* **사회봉사의 불허가사유**(벌금 미납자의 사회봉사 집행에 관한 특례법 제6조 제2항) : 다음 각 호의 어느 하나에 해당하는 경우에는 사회봉사를 허가하지 아니한다.
  1. 제4조 제1항에 따른 벌금의 범위(500만원)를 초과하거나 신청 기간(검사의 납부명령일부터 30일)이 지난 사람이 신청을 한 경우
  2. 제4조 제2항에 따라 사회봉사를 신청할 수 없는 사람이 신청을 한 경우
  3. 정당한 사유 없이 제3항에 따른 법원의 출석 요구나 자료제출 요구를 거부한 경우
  4. 신청인이 일정한 수입원이나 재산이 있어 벌금을 낼 수 있다고 판단되는 경우
  5. 질병이나 그 밖의 사유로 사회봉사를 이행하기에 부적당하다고 판단되는 경우

정답 ②

223 「보호관찰 등에 관한 법률」상 사회봉사명령에 대한 설명으로 옳지 않은 것은?

2016. 9급 교정직 공채

① 보호관찰관은 국공립기관이나 그 밖의 단체에 사회봉사명령 집행의 전부 또는 일부를 위탁할 수 있다.
② 법원은 「형법」상 사회봉사를 명할 경우에 대상자가 사회봉사를 할 분야와 장소 등을 지정하여야 한다.
③ 사회봉사명령 대상자는 주거를 이전하거나 1개월 이상 국내외 여행을 할 때에는 미리 보호관찰관에게 신고하여야 한다.
④ 「형법」상 형의 집행유예 시 사회봉사를 명할 때에는 다른 법률에 특별한 규정이 없으면 500시간의 범위에서 그 기간을 정하여야 한다.

> 해설
> ② 법원은 사회봉사·수강명령 대상자가 사회봉사를 하거나 수강할 분야와 장소 등을 지정할 수 있다(보호관찰 등에 관한 법률 제59조 제2항).
> ① 동법 제61조 제1항 단서
> ③ 동법 제62조 제2항 제2호
> ④ 동법 제59조 제1항 본문

정답 ②

224 「보호관찰 등에 관한 법률」상 사회봉사명령에 대한 설명으로 옳지 않은 것은?

2022. 7급 교정직 공채

① 사회봉사명령 대상자가 그 집행 중 금고 이상의 형의 집행을 받게 된 때에는 해당 형의 집행이 종료·면제되거나 가석방된 경우 잔여 사회봉사명령을 집행하지 않는다.
② 보호관찰관은 사회봉사명령 집행의 전부 또는 일부를 국공립기관이나 그 밖의 단체에 위탁할 수 있다.
③ 법원은 형의 집행을 유예하는 경우, 500시간의 범위에서 기간을 정하여 사회봉사를 명할 수 있다.
④ 형의 집행유예 기간이 지난 때에는 사회봉사는 잔여 집행기간에도 불구하고 종료한다.

해설

① 사회봉사·수강명령 대상자가 사회봉사·수강명령 집행 중 금고 이상의 형의 집행을 받게 된 때에는 해당 형의 집행이 종료·면제되거나 사회봉사·수강명령 대상자가 가석방된 경우 잔여 사회봉사·수강명령을 집행한다(보호관찰 등에 관한 법률 제63조 제2항). 2019.4.16. 개정으로 '사회봉사·수강명령 대상자가 사회봉사·수강명령 집행 중 금고 이상의 형의 집행을 받게 된 경우'를 사회봉사·수강명령의 종료사유에서 삭제하고, 이와 같이 출소 후 잔여 사회봉사·수강명령을 집행하도록 하였다.
② 동법 제61조 제1항 단서
③ 법원은 「형법」 제62조의2(형의 집행을 유예하는 경우의 보호관찰, 사회봉사, 수강명령)에 따른 사회봉사를 명할 때에는 500시간, 수강을 명할 때에는 200시간의 범위에서 그 기간을 정하여야 한다. 다만, 다른 법률에 특별한 규정이 있는 경우에는 그 법률에서 정하는 바에 따른다(동법 제59조 제1항).
④ 동법 제63조 제1항

* **사회봉사·수강의 종료(보호관찰 등에 관한 법률 제63조 제1항)** : 사회봉사·수강은 사회봉사·수강명령 대상자가 다음 각 호의 어느 하나에 해당하는 때에 종료한다.
  1. 사회봉사명령 또는 수강명령의 집행을 완료한 때
  2. 형의 집행유예 기간이 지난 때
  3. 「형법」 제63조 또는 제64조에 따라 사회봉사·수강명령을 조건으로 한 집행유예의 선고가 실효되거나 취소된 때
  4. 다른 법률에 따라 사회봉사·수강명령이 변경되거나 취소·종료된 때

정답 ①

225 수강명령에 대한 설명으로 옳지 않은 것은? 2010. 7급 공채

① 형의 집행을 유예하는 경우에는 수강을 명할 수 있지만, 형의 선고를 유예하는 경우에는 수강을 명할 수 없다.
② 법원이 「형법」 제62조의2에 따른 수강을 명할 때에는 다른 법률에 특별한 규정이 있는 경우를 제외하고 200시간의 범위에서 수강기간을 정하여야 한다.
③ 「소년법」에서의 수강명령은 보호관찰과 독립하여 부과할 수 있다.
④ 수강명령대상자가 수강명령 집행기간 중 벌금 이상의 형의 집행을 받게 된 때에 수강은 종료한다.

해설

④ 수강명령대상자가 수강명령 집행기간 중 벌금 이상의 형의 집행을 받게 된 때에는 수강명령의 종료사유가 아니다. 참고로 2019.4.16. 이전에 사회봉사·수강명령의 종료사유였던 '사회봉사·수강명령 대상자가 사회봉사·수강명령 집행 중 금고 이상의 형의 집행을 받게 된 때'는 삭제되었다. 사회봉사·수강명령 대상자가 사회봉사·수강명령 집행 중 금고 이상의 형의 집행을 받게 된 때에는 해당 형의 집행이 종료·면제되거나 사회봉사·수강명령 대상자가 가석방된 경우 잔여 사회봉사·수강명령을 집행한다(보호관찰 등에 관한 법률 제63조 제2항).
① 형의 선고를 유예하는 경우에 재범방지를 위하여 지도 및 원호가 필요한 때에는 보호관찰을 받을 것을 명할 수 있다(형법 제59조의2 제1항). 형의 집행을 유예하는 경우에는 보호관찰을 받을 것을 명하거나 사회봉사 또는 수강을 명할 수 있다(형법 제62조의2 제1항). 즉 보호관찰은 형의 선고를 유예하는 경우와 형의 집행을 유예하는 경우에 모두 부과할 수 있으나, 사회봉사 또는 수강명령은 형의 집행을 유예하는 경우에만 부과할 수 있다.
② 법원은 「형법」 제62조의2에 따른 사회봉사를 명할 때에는 500시간, 수강을 명할 때에는 200시간의 범위에서 그 기간을 정하여야 한다. 다만, 다른 법률에 특별한 규정이 있는 경우에는 그 법률에서 정하는 바에 따른다(보호관찰 등에 관한 법률 제59조 제1항).
③ 소년부 판사는 심리 결과 보호처분을 할 필요가 있다고 인정하면 결정으로써 보호관찰과 독립하여 수강명령을 부과할 수도 있고, 병합하여 부과할 수도 있다(소년법 제32조 제2항·제2항).

정답 ④

226 「보호관찰 등에 관한 법률」상 갱생보호제도에 대한 설명으로 옳은 것은?

2015. 7급 교정직 공채

① 형사처분 또는 보호처분을 받은 자, 형 집행정지 중인 자 등이 갱생보호의 대상자이다.
② 갱생보호 대상자는 보호관찰소의 장에게만 갱생보호 신청을 할 수 있다.
③ 갱생보호사업을 하려는 자는 대통령령으로 정하는 바에 따라 지방교정청장의 허가를 받아야 한다.
④ 갱생보호의 방법에는 주거 지원, 출소예정자 사전상담, 갱생보호 대상자의 가족에 대한 지원이 포함된다.

해설

④ 보호관찰 등에 관한 법률 제65조 제1항
① 갱생보호를 받을 사람은 형사처분 또는 보호처분을 받은 사람으로서 자립갱생을 위한 숙식 제공, 주거 지원, 창업 지원, 직업훈련 및 취업 지원 등 보호의 필요성이 인정되는 사람으로 한다(동법 제3조 제3항).
② 갱생보호 대상자와 관계 기관은 보호관찰소의 장, 제67조 제1항에 따라 갱생보호사업 허가를 받은 자 또는 제71조에 따른 한국법무보호복지공단에 갱생보호 신청을 할 수 있다(동법 제66조 제1항).
③ 갱생보호사업을 하려는 자는 법무부령으로 정하는 바에 따라 법무부장관의 허가를 받아야 한다(동법 제67조 제1항).

* **갱생보호의 방법(보호관찰 등에 관한 법률 제65조 제1항)** : 갱생보호는 다음의 방법으로 한다.
  1. 숙식 제공
  2. 주거 지원
  3. 창업 지원
  4. 직업훈련 및 취업 지원
  5. 출소예정자 사전상담
  6. 갱생보호 대상자의 가족에 대한 지원
  7. 심리상담 및 심리치료
  8. 사후관리
  9. 그 밖에 갱생보호 대상자에 대한 자립 지원

암기 [갱생보호의 방법] 숙·주·창·직·취·상·가·심·사·자(숙식 제공, 주거 지원, 창업 지원, 직업훈련, 취업 지원, 출소예정자 사전상담, 가족에 대한 지원, 심리상담 및 심리치료, 사후관리, 자립 지원)

정답 ④

227 「보호관찰 등에 관한 법률」상 갱생보호제도에 대한 설명으로 옳지 않은 것은?

2021. 9급 교정직 공채

① 법무부장관은 갱생보호사업의 허가를 취소하거나 정지하려는 경우에는 청문을 하여야 한다.
② 법무부장관은 갱생보호사업자가 정당한 이유 없이 갱생보호사업의 허가를 받은 후 6개월 이내에 갱생보호사업을 시작하지 아니하거나 1년 이상 갱생보호사업의 실적이 없는 경우, 그 허가를 취소하여야 한다.
③ 갱생보호는 갱생보호 대상자의 신청에 의한 갱생보호와 법원의 직권에 의한 갱생보호로 규정되어 있다.
④ 갱생보호사업을 효율적으로 추진하기 위하여 한국법무보호복지공단을 설립한다.

해설

③ 갱생보호 대상자와 관계 기관은 보호관찰소의 장, 갱생보호사업 허가를 받은 자 또는 한국법무보호복지공단에 갱생보호 신청을 할 수 있다(보호관찰 등에 관한 법률 제66조 제1항). 보호관찰 등에 관한 법률에서는 <u>법원의 직권에 의한 갱생보호제도는 존재하지 않으며, 신청에 의한 갱생보호(임의적 갱생보호)제도만을 두고 있다.</u>
① 동법 제70조의2
② 법무부장관은 ⅰ) 부정한 방법으로 갱생보호사업의 허가를 받은 경우, ⅱ) 정당한 이유 없이 갱생보호사업의 허가를 받은 후 6개월 이내에 갱생보호사업을 시작하지 아니하거나 1년 이상 갱생보호사업의 실적이 없는 경우에는 그 허가를 취소하여야 한다(동법 제70조).
④ 동법 제71조

* **갱생보호사업의 허가 취소 또는 사업의 정지(보호관찰 등에 관한 법률 제70조)** : 법무부장관은 사업자가 다음 각 호의 어느 하나에 해당할 때에는 그 허가를 취소하거나 6개월 이내의 기간을 정하여 그 사업의 전부 또는 일부의 정지를 명할 수 있다. 다만, 제1호 또는 제4호에 해당하는 때에는 그 허가를 취소하여야 한다.
  1. 부정한 방법으로 갱생보호사업의 허가를 받은 경우
  2. 갱생보호사업의 허가 조건을 위반한 경우
  3. 목적사업 외의 사업을 한 경우
  4. 정당한 이유 없이 갱생보호사업의 허가를 받은 후 6개월 이내에 갱생보호사업을 시작하지 아니하거나 1년 이상 갱생보호사업의 실적이 없는 경우
  5. 제69조(갱생보호사업자의 보고의무)에 따른 보고를 거짓으로 한 경우
  6. 이 법 또는 이 법에 따른 명령을 위반한 경우

정답 ③

228 보호관찰 등에 관한 법령상 '갱생보호 대상자에 대한 숙식 제공'에 관한 설명으로 옳지 않은 것은?

2018. 7급 교정직 공채

① 숙식 제공은 갱생보호시설에서 갱생보호 대상자에게 숙소·음식물 및 의복 등을 제공하고 정신교육을 하는 것으로 한다.
② 숙식을 제공한 경우에는 법무부장관이 정하는 바에 의하여 소요된 최소한의 비용을 징수할 수 있다.
③ 숙식 제공 기간의 연장이 필요하다고 인정되는 때에는 매회 6월의 범위 내에서 3회에 한하여 그 기간을 연장할 수 있다.
④ 숙식 제공 기간을 연장하고자 할 때에는 해당 갱생보호시설의 장의 신청이 있어야 한다.

해설

④ 사업자 또는 공단은 갱생보호대상자에 대한 숙식제공의 기간을 연장하고자 할 때에는 <u>본인의 신청</u>에 의하되, 자립의 정도, 계속보호의 필요성 기타 사항을 고려하여 이를 결정하여야 한다(보호관찰 등에 관한 법률 시행규칙 제60조).
① 동법 시행령 제41조 제1항
② 동법 시행령 제41조 제3항
③ 숙식제공은 6월을 초과할 수 없다. 다만, 필요하다고 인정하는 때에는 매회 6월의 범위내에서 3회에 한하여 그 기간을 연장할 수 있다(동법 시행령 제41조 제2항).

정답 ④

PART III 범죄대책, 형사제재 및 범죄피해자 보호

229 「치료감호 등에 관한 법률」상 치료감호에 대한 설명으로 옳지 않은 것은? 2014. 7급 공채

① 심신장애, 마약류·알코올이나 그 밖의 약물중독, 정신성적 장애가 있는 상태 등에서 범죄행위를 한 자로서 재범위험성이 있고 특수한 교육·개선 및 치료가 필요하다고 인정되는 자에 대해 보호와 치료를 하는 것을 말한다.
② 피의자가 심신상실자(형법 제10조 제1항)에 해당하여 벌할 수 없는 경우 검사는 공소를 제기하지 아니하고 치료감호만을 청구할 수 있다.
③ 치료감호와 형이 병과된 경우에는 형을 먼저 집행하고, 이 경우 형의 집행기간은 치료감호 집행기간에 포함한다.
④ 소아성기호증, 성적가학증 등 성적 성벽(性癖)이 있는 정신성적 장애자로서 금고 이상의 형에 해당하는 성폭력범죄를 지은 자에 대한 치료감호는 15년을 초과할 수 없다.

해설

③ 치료감호와 형(刑)이 병과(併科)된 경우에는 <u>치료감호를 먼저 집행한다.</u> 이 경우 치료감호의 집행기간은 형 집행기간에 포함한다(치료감호 등에 관한 법률 제18조).
① 동법 제1조
② 동법 제7조
④ 동법 제16조 제2항

> ※ **치료감호의 독립 청구**(치료감호 등에 관한 법률 제7조) : 검사는 다음 각 호의 어느 하나에 해당하는 경우에는 공소를 제기하지 아니하고 치료감호만을 청구할 수 있다.
> 1. 피의자가 「형법」 제10조 제1항(심신상실자)에 해당하여 벌할 수 없는 경우
> 2. 고소·고발이 있어야 논할 수 있는 죄(친고죄)에서 그 고소·고발이 없거나 취소된 경우 또는 피해자의 명시적인 의사에 반(反)하여 논할 수 없는 죄(반의사불벌죄)에서 피해자가 처벌을 원하지 아니한다는 의사표시를 하거나 처벌을 원한다는 의사표시를 철회한 경우
> 3. 피의자에 대하여 「형사소송법」 제247조(기소유예)에 따라 공소를 제기하지 아니하는 결정을 한 경우
> **암기** [치료감호의 독립 청구] 심·친·반·기(심신상실자, 친고죄, 반의사불벌죄, 기소유예)

> ※ **치료감호시설 수용기간**(치료감호 등에 관한 법률 제16조 제2항) : 피치료감호자를 치료감호시설에 수용하는 기간은 다음 각 호의 구분에 따른 기간을 초과할 수 없다.
> 1. 제2조 제1항 제1호[형법 제10조 제1항에 따라 벌할 수 없거나 같은 조 제2항에 따라 형이 감경(減輕)되는 심신장애자로서 금고 이상의 형에 해당하는 죄를 지은 자] 및 제3호[소아성기호증(小兒性嗜好症), 성적가학증(性的加虐症) 등 성적 성벽(性癖)이 있는 정신성적 장애자로서 금고 이상의 형에 해당하는 성폭력범죄를 지은 자]에 해당하는 자 : 15년
> 2. 제2조 제1항 제2호[마약·향정신성의약품·대마, 그 밖에 남용되거나 해독(害毒)을 끼칠 우려가 있는 물질이나 알코올을 식음(食飮)·섭취·흡입·흡연 또는 주입받는 습벽이 있거나 그에 중독된 자로서 금고 이상의 형에 해당하는 죄를 지은 자]에 해당하는 자 : 2년

정답 ③

230 「치료감호 등에 관한 법률」상 치료감호와 치료명령에 대한 설명으로 옳은 것은?

2020. 7급 공채

① 치료감호와 형이 병과된 경우 형 집행 완료 후 치료감호를 집행한다.
② 피의자가 심신장애로 의사결정능력이 없기 때문에 벌할 수 없는 경우 검사는 공소제기 없이 치료감호만을 청구할 수 있다.
③ 소아성기호증 등 성적 성벽이 있는 장애인으로서 금고 이상의 형에 해당하는 성폭력범죄를 지은 자에 대한 치료감호의 기간은 2년을 초과할 수 없다.
④ 법원은 치료명령대상자에 대하여 형의 선고를 유예하는 경우 치료기간을 정하여 치료를 받을 것을 명할 수 있으며, 이때 보호관찰을 병과할 수 있다.

해설

② 치료감호 등에 관한 법률 제7조 제1호
① 치료감호와 형(刑)이 병과(併科)된 경우에는 치료감호를 먼저 집행한다. 이 경우 치료감호의 집행기간은 형 집행기간에 포함한다(동법 제18조).
③ 소아성기호증 등 성적 성벽이 있는 장애인으로서 금고 이상의 형에 해당하는 성폭력범죄를 지은 자에 대한 치료감호의 기간은 15년을 초과할 수 없다(동법 제16조 제2항 제1호). 치료감호의 기간이 2년을 초과할 수 없는 것은 마약 등 중독자이다(동법 제16조 제2항 제2호).
④ 법원은 치료명령대상자에 대하여 형의 선고 또는 집행을 유예하는 경우에는 치료기간을 정하여 치료를 받을 것을 명할 수 있으며, 치료를 명하는 경우 보호관찰을 병과하여야 한다(제44조의2 제2항).

> ※ **치료감호의 기간(치료감호 등에 관한 법률 제16조 제2항)** : 피치료감호자를 치료감호시설에 수용하는 기간은 다음 각 호의 구분에 따른 기간을 초과할 수 없다.
> 1. 제2조 제1항 제1호(심신상실자, 심신미약자) 및 제3호(정신성적 장애인)에 해당하는 자 : 15년
> 2. 제2조 제1항 제2호(마약 등 중독자)에 해당하는 자 : 2년

정답 ②

231 치료감호에 대한 설명으로 옳은 것을 모두 고른 것은?

2010. 7급 공채

> ㄱ. 법원은 알코올이나 그 밖의 약물중독 상태에서 범죄행위를 한 자라도 재범의 위험성이 없다면 치료감호를 선고할 수 없다.
> ㄴ. 치료감호사건의 제1심 재판관할은 지방법원 합의부 및 지방법원지원 합의부이다.
> ㄷ. 검사는 불기소처분을 하는 경우에도 공소를 제기하지 아니하고 치료감호만을 청구할 수 있다.
> ㄹ. 피치료감호자의 치료감호가 가종료되었을 때에는 보호관찰이 시작된다.
> ㅁ. 치료감호와 형이 병과된 경우에는 형을 먼저 집행하며, 이 경우 치료감호의 집행기간은 형 집행기간에 포함한다.

① ㄱ, ㄴ
② ㄴ, ㄷ, ㄹ
③ ㄷ, ㄹ, ㅁ
④ ㄱ, ㄴ, ㄷ, ㄹ

해설

④ 옳은 것은 'ㄱ, ㄴ, ㄷ, ㄹ'이다.
ㄱ. (○) : 이 법에서 "치료감호대상자"란 알코올이나 그 밖의 약물중독 상태에서 범죄행위를 한 자 등에 해당하는 자로서 <u>치료감호시설에서 치료를 받을 필요가 있고 재범의 위험성이 있는 자</u>를 말한다(치료감호 등에 관한 법률 제2조 제1항).
ㄴ. (○) : 동법 제3조 제2항
ㄷ. (○) : 동법 제7조 제3호
ㄹ. (○) : 동법 제32조 제1항 제1호
ㅁ. (×) : 치료감호와 형(刑)이 병과(併科)된 경우에는 <u>치료감호를 먼저 집행</u>한다. 이 경우 치료감호의 집행기간은 형 집행기간에 포함한다(동법 제18조).

* **치료감호대상자(치료감호 등에 관한 법률 제2조 제2항)** : 이 법에서 "치료감호대상자"란 다음 각 호의 어느 하나에 해당하는 자로서 치료감호시설에서 치료를 받을 필요가 있고 재범의 위험성이 있는 자를 말한다.
  1. 「형법」 제10조 제1항에 따라 벌하지 아니하거나 같은 조 제2항에 따라 형을 감경할 수 있는 심신장애인으로서 금고 이상의 형에 해당하는 죄를 지은 자
  2. 마약·향정신성의약품·대마, 그 밖에 남용되거나 해독(害毒)을 끼칠 우려가 있는 물질이나 알코올을 식음(食飮)·섭취·흡입·흡연 또는 주입받는 습벽이 있거나 그에 중독된 자로서 금고 이상의 형에 해당하는 죄를 지은 자
  3. 소아성기호증(小兒性嗜好症), 성적가학증(性的加虐症) 등 성적 성벽(性癖)이 있는 정신성적 장애인으로서 금고 이상의 형에 해당하는 성폭력범죄를 지은 자

* **보호관찰(치료감호 등에 관한 법률 제32조 제1항)** : 피치료감호자가 다음 각 호의 어느 하나에 해당하게 되면 「보호관찰 등에 관한 법률」에 따른 보호관찰이 시작된다.
  1. 피치료감호자에 대한 치료감호가 가종료되었을 때
  2. 피치료감호자가 치료감호시설 외에서 치료받도록 법정대리인등에게 위탁되었을 때

3. 제16조 제2항 각 호에 따른 기간 또는 같은 조 제3항에 따라 연장된 기간("치료감호기간")이 만료되는 피치료감호자에 대하여 제37조에 따른 치료감호심의위원회가 심사하여 보호관찰이 필요하다고 결정한 경우에는 치료감호기간이 만료되었을 때

정답 ④

232 현행법상 치료감호에 관한 설명으로 옳지 않은 것은?
2008. 7급 공채

① 특별한 사정이 없으면 심신장애자와 중독자를 분리 수용한다.
② 검사는 공소를 제기한 사건의 1심 변론종결시까지 치료감호를 청구할 수 있다.
③ 도망하거나 도망할 염려가 있는 경우에 검사는 관할 지방법원판사에게 청구하여 치료감호영장을 발부받아 치료감호대상자를 보호구속할 수 있다.
④ 치료감호 사건의 판결은 피고사건의 판결과 동시에 선고하여야한다. 다만, 공소를 제기하지 아니하고 치료감호만을 청구한 경우에는 그러하지 아니하다.

해설
② 검사는 공소제기한 사건의 <u>항소심 변론종결 시까지</u> 치료감호를 청구할 수 있다(치료감호 등에 관한 법률 제4조 제5항).
① 피치료감호자는 특별한 사정이 없으면 제2조 제1항 각 호(제1호 : 「형법」 제10조 제1항에 따라 벌하지 아니하거나 같은 조 제2항에 따라 형을 감경할 수 있는 심신장애인으로서 금고 이상의 형에 해당하는 죄를 지은 자, 제2호 : 마약·향정신성의약품·대마, 그 밖에 남용되거나 해독을 끼칠 우려가 있는 물질이나 알코올을 식음·섭취·흡입·흡연 또는 주입받는 습벽이 있거나 그에 중독된 자로서 금고 이상의 형에 해당하는 죄를 지은 자, 제3호 : 소아성기호증, 성적가학증 등 성적 성벽이 있는 정신성적 장애인으로서 금고 이상의 형에 해당하는 성폭력범죄를 지은 자)의 구분에 따라 구분하여 수용하여야 한다(동법 제19조).
③ 치료감호대상자에 대하여 치료감호를 할 필요가 있다고 인정되고 ⅰ) 일정한 주거가 없을 때, ⅱ) 증거를 인멸할 염려가 있을 때, ⅲ) 도망하거나 도망할 염려가 있을 때의 어느 하나에 해당하는 사유가 있을 때에는 검사는 관할 지방법원 판사에게 청구하여 치료감호영장을 발부받아 치료감호대상자를 보호구속할 수 있다(동법 제6조 제1항).
④ 동법 제12조 제2항

정답 ②

233 「치료감호 등에 관한 법률」상 치료감호에 대한 설명으로 옳지 않은 것은? 2021. 7급 공채

① 검사는 심신장애인으로 금고 이상의 형에 해당하는 죄를 지은 자에 대하여 정신건강의학과 등의 전문의의 진단이나 감정을 받은 후, 치료감호를 청구하여야 한다.
② 구속영장에 의하여 구속된 피의자에 대하여 검사가 공소를 제기하지 아니하는 결정을 하고 치료감호 청구만을 하는 때에는 구속영장은 치료감호영장으로 보며 그 효력을 잃지 아니한다.
③ 약식명령이 청구된 후 치료감호가 청구되었을 때에는 약식명령청구는 그 치료감호가 청구되었을 때부터 공판절차에 따라 심판하여야 한다.
④ 피치료감호자 등의 텔레비전 시청, 라디오 청취, 신문·도서의 열람은 일과시간이나 취침시간 등을 제외하고는 자유롭게 보장된다.

해설

① 검사는 심신장애인으로 금고 이상의 형에 해당하는 죄를 지은 자에 대하여 치료감호를 청구할 때에는 정신건강의학과 등의 전문의의 진단이나 감정(鑑定)을 참고하여야 한다(치료감호 등에 관한 법률 제4조 제2항 본문). 정신건강의학과 등의 전문의의 진단이나 감정을 받은 후 치료감호를 청구하여야 하는 경우는 '소아성기호증(小兒性嗜好症), 성적가학증(性的加虐症) 등 성적 성벽(性癖)이 있는 정신성적 장애인으로서 금고 이상의 형에 해당하는 성폭력범죄를 지은 자'의 경우이다(동법 제4조 제2항 단서).
② 동법 제8조
③ 동법 제10조 제3항
④ 동법 제27조

* 검사의 치료감호 청구 시 전문의의 진단 또는 감정(치료감호 등에 관한 법률 제4조 제2항) : 치료감호대상자에 대한 치료감호를 청구할 때에는 정신건강의학과 등의 전문의의 진단이나 감정(鑑定)을 참고하여야 한다. 다만, 제2조 제1항 제3호[소아성기호증(小兒性嗜好症), 성적가학증(性的加虐症) 등 성적 성벽(性癖)이 있는 정신성적 장애인으로서 금고 이상의 형에 해당하는 성폭력범죄를 지은 자]에 따른 치료감호대상자에 대하여는 정신건강의학과 등의 전문의의 진단이나 감정을 받은 후 치료감호를 청구하여야 한다.

정답 ①

234 「치료감호 등에 관한 법률」상 치료감호에 대한 설명으로 옳은 것은? 2019. 9급 교정직 공채

① 법원은 치료감호사건을 심리하여 그 청구가 이유 없다고 인정할 때 또는 피고사건에 대하여 심신상실 외의 사유로 무죄를 선고하거나 사형을 선고할 때에는 판결로써 청구기각을 선고하여야 한다.
② 근로에 종사하는 피치료감호자에게는 근로의욕을 북돋우고 석방 후 사회정착에 도움이 될 수 있도록 법무부장관이 정하는 바에 따라 작업장려금을 지급할 수 있다.
③ 치료감호심의위원회는 치료감호만을 선고받은 피치료감호자에 대한 집행이 시작된 후 6개월이 지났을 때에는 상당한 기간을 정하여 그의 법정대리인, 배우자, 직계친족, 형제자매에게 치료감호시설 외에서의 치료를 위탁할 수 있다.
④ 「형법」상 살인죄(제250조 제1항)의 죄를 범한 자의 치료감호기간을 연장하는 신청에 대한 검사의 청구는 치료감호기간 또는 치료감호가 연장된 기간이 종료하기 3개월 전까지 하여야 한다.

해설

① 치료감호 등에 관한 법률 제12조 제1항
② 근로에 종사하는 피치료감호자에게는 근로의욕을 북돋우고 석방 후 사회정착에 도움이 될 수 있도록 법무부장관이 정하는 바에 따라 <u>근로보상금을 지급하여야 한다</u>(동법 제29조).
③ 치료감호심의위원회는 치료감호만을 선고받은 피치료감호자에 대한 집행이 시작된 후 <u>1년이</u> 지났을 때에는 상당한 기간을 정하여 그의 법정대리인, 배우자, 직계친족, 형제자매에게 치료감호시설 외에서의 치료를 위탁할 수 있다(동법 제23조 제1항).
④ 「전자장치 부착 등에 관한 법률」 제2조 제3호의2에 따른 살인범죄를 저질러 치료감호를 선고받은 피치료감호자가 살인범죄를 다시 범할 위험성이 있고 계속 치료가 필요하다고 인정되는 경우에는 법원은 치료감호시설의 장의 신청에 따른 검사의 청구로 3회까지 매회 2년의 범위에서 제2항 각 호의 기간을 연장하는 결정을 할 수 있다. 이에 따른 검사의 청구는 치료감호기간 또는 치료감호가 연장된 기간이 종료하기 <u>6개월 전까지</u> 하여야 하고, 법원의 결정은 치료감호기간 또는 치료감호가 연장된 기간이 종료하기 3개월 전까지 하여야 한다(동법 제16조 제3항·제5항·제6항).

정답 ①

235 「치료감호 등에 관한 법률」상 치료감호에 대한 설명으로 옳지 않은 것은?

2016. 9급 교정직 공채

① 피치료감호자에 대한 치료감호가 가종료되었을 때 시작되는 보호관찰의 기간은 3년으로 한다.
② 치료감호심의위원회는 피치료감호자에 대하여 치료감호 집행을 시작한 후 매 6개월마다 치료감호의 종료 또는 가종료 여부를 심사·결정한다.
③ 소아성기호증, 성적가학증 등 성적 성벽(性癖)이 있는 정신성적장애인으로서 금고 이상의 형에 해당하는 성폭력범죄를 지은 자는 치료감호대상자가 될 수 있다.
④ 치료감호의 내용과 실태는 대통령령으로 정하는 바에 따라 공개하여야 한다. 이 경우 피치료감호자나 그의 보호자가 동의한 경우라도 피치료감호자의 개인신상에 관한 것은 공개할 수 없다.

> 해설
> ④ 치료감호의 내용과 실태는 대통령령으로 정하는 바에 따라 공개하여야 한다. 이 경우 <u>피치료감호자나 그의 보호자가 동의한 경우 외에는</u> 피치료감호자의 개인신상에 관한 것은 공개하지 아니한다(치료감호 등에 관한 법률 제20조).
> ① 동법 제32조 제2항
> ② 동법 제22조
> ③ 동법 제2조 제3호

정답 ④

236 「치료감호 등에 관한 법률」상 피치료감호자의 보호관찰에 대한 설명으로 옳지 않은 것은?

2022. 7급 교정직 공채

① 피치료감호자에 대한 치료감호가 가종료되면 보호관찰이 시작된다.
② 피치료감호자가 치료감호시설 외에서 치료받도록 법정대리인 등에게 위탁되었을 때 보호관찰이 시작된다.
③ 보호관찰의 기간은 3년으로 한다.
④ 피보호관찰자가 새로운 범죄로 금고 이상의 형의 집행을 받게 되었을지라도 보호관찰은 종료되지 아니하고 해당 형의 집행기간 동안 보호관찰기간은 정지된다.

해설

④ 피보호관찰자가 보호관찰기간 중 새로운 범죄로 금고 이상의 형의 집행을 받게 된 때에는 보호관찰은 종료되지 아니하며, 해당 형의 집행기간 동안 피보호관찰자에 대한 보호관찰기간은 계속 진행된다(치료감호 등에 관한 법률 제32조 제4항). 피보호관찰자에 대하여 제4항에 따른 금고 이상의 형의 집행이 종료·면제되는 때 또는 피보호관찰자가 가석방되는 때에 보호관찰기간이 아직 남아있으면 그 잔여기간 동안 보호관찰을 집행한다(동법 제32조 제5항). '피보호관찰자가 보호관찰기간 중 새로운 범죄로 금고 이상의 형의 집행을 받게 된 때'는 2017.12.12. 개정으로 보호관찰의 종료사유에서 삭제되고 이와 같은 규정을 두고 있다.
① 동법 제32조 제1항 제1호
② 동법 제32조 제1항 제2호
③ 동법 제32조 제2항

> ※ **보호관찰의 개시(치료감호 등에 관한 법률 제32조 제1항)** : 피치료감호자가 다음 각 호의 어느 하나에 해당하게 되면 「보호관찰 등에 관한 법률」에 따른 보호관찰이 시작된다.
> 1. 피치료감호자에 대한 치료감호가 가종료되었을 때
> 2. 피치료감호자가 치료감호시설 외에서 치료받도록 법정대리인등에게 위탁되었을 때
> 3. 제16조 제2항 각 호에 따른 기간 또는 같은 조 제3항에 따라 연장된 기간("치료감호기간")이 만료되는 피치료감호자에 대하여 제37조에 따른 치료감호심의위원회가 심사하여 보호관찰이 필요하다고 결정한 경우에는 치료감호기간이 만료되었을 때

정답 ④

237 「치료감호 등에 관한 법률」에 대한 설명으로 옳지 않은 것은? 2011. 9급 교정직 공채

① 소아성기호증, 성적가학증 등 성적 성벽이 있는 정신성적 장애자로서 금고 이상의 형에 해당하는 성폭력범죄를 지은 피치료감호자를 치료감호시설에 수용하는 기간은 15년을 초과할 수 없다.
② 치료감호사건의 제1심 재판관할은 지방법원 및 지방법원지원의 단독판사로 한다.
③ 치료감호가 청구된 사건은 판결의 확정 없이 치료감호가 청구되었을 때부터 15년이 지나면 청구의 시효가 완성된 것으로 본다.
④ 보호관찰기간이 끝나면 피보호관찰자에 대한 치료감호가 끝난다.

해설

② 치료감호사건의 제1심 재판관할은 지방법원합의부 및 지방법원지원 합의부로 한다(치료감호 등에 관한 법률 제3조 제2항).
① 피치료감호자를 치료감호시설에 수용하는 기간은 형법상 심신장애자(형법 제10조)로서 벌할 수 없거나 형이 감경(減輕)되는 자로서 금고 이상의 형에 해당하는 죄를 지은 자와 소아성기호증(小兒性嗜好症), 성적가학증(性的加虐症) 등 성적 성벽(性癖)이 있는 정신성적 장애자로서 금고 이상의 형에 해당하는 성폭력범죄를 지은 자의 경우는 15년을 초과할 수 없으며, 마약·향정신성의약품·대마 등의 범죄로 금고 이상의 형에 해당하는 죄를 지은 자의 경우는 2년을 초과할 수 없다(동법 제16조 제2항 제1호, 제2조 제1항 제3호).
③ 동법 제45조 제2항
④ 동법 제32조 제3항 제1호

> ※ **보호관찰의 종료(치료감호 등에 관한 법률 제32조 제3항)** : 보호관찰을 받기 시작한 자(이하 "피보호관찰자")가 다음 각 호의 어느 하나에 해당하게 되면 보호관찰이 종료된다.
> 1. 보호관찰기간이 끝났을 때
> 2. 보호관찰기간이 끝나기 전이라도 제37조에 따른 치료감호심의위원회의 치료감호의 종료결정이 있을 때
> 3. 보호관찰기간이 끝나기 전이라도 피보호관찰자가 다시 치료감호 집행을 받게 되어 재수용되었을 때

정답 ②

238 (가)~(라)의 보호관찰 기간을 모두 더하면?

2021. 7급 공채

(가) 「형법」상 선고유예를 받은 자의 보호관찰 기간
(나) 「형법」상 실형 5년을 선고받고 3년을 복역한 후 가석방된 자의 보호관찰 기간(허가행정관청이 필요가 없다고 인정한 경우 제외)
(다) 「소년법」상 단기 보호관찰을 받은 소년의 보호관찰 기간
(라) 「치료감호 등에 관한 법률」상 피치료감호자에 대한 치료감호가 가종료된 자의 보호관찰 기간

① 6년
② 7년
③ 8년
④ 9년

해설

② '(가) 1년, (나) 2년, (다) 1년, (라) 3년'으로 모두 더하면 7년이 된다.
(가) 「형법」상 선고유예를 받은 자의 보호관찰 기간은 1년으로 한다(형법 제59조의2 제2항).
(나) 가석방된 자는 가석방기간 중 보호관찰을 받으며, 가석방의 기간은 무기형에 있어서는 10년으로 하고, 유기형에 있어서는 남은 형기로 하되, 그 기간은 10년을 초과할 수 없다(동법 제73조의2 제1항·제2항). 따라서 「형법」상 실형 5년을 선고받고 3년을 복역한 후 가석방된 자의 보호관찰 기간은 남은 형기인 2년이다.
(다) 「소년법」상 단기 보호관찰을 받은 소년의 보호관찰 기간은 1년으로 한다(소년법 제33조 제2항).
(라) 피치료감호자가 ⅰ) 피치료감호자에 대한 치료감호가 가종료되었을 때, ⅱ) 피치료감호자가 치료감호시설 외에서 치료받도록 법정대리인등에게 위탁되었을 때, ⅲ) 치료감호기간이 만료되는 피치료감호자에 대하여 치료감호심의위원회가 심사하여 보호관찰이 필요하다고 결정한 경우에는 치료감호기간이 만료되었을 때의 어느 하나에 해당하게 되면 「보호관찰 등에 관한 법률」에 따른 보호관찰이 시작되며, 보호관찰의 기간은 3년으로 한다(치료감호 등에 관한 법률 제32조 제1항·제2항). 따라서 「치료감호 등에 관한 법률」상 피치료감호자에 대한 치료감호가 가종료된 자의 보호관찰 기간은 3년이다.

정답 ②

239 「성폭력범죄자의 성충동 약물치료에 관한 법률」상 성충동 약물치료에 대한 설명으로 옳지 않은 것은?

2022. 7급 공채

① 법원은 성충동 약물치료명령 청구가 이유 있다고 인정하는 때에는 15년의 범위에서 치료기간을 정하여 판결로 치료명령을 선고하여야 한다.
② 성충동 약물치료명령의 대상은 사람에 대하여 성폭력범죄를 저지른 성도착증 환자로서, 성폭력범죄를 다시 범할 위험성이 있다고 인정되는 19세 이상의 사람이다.
③ 성충동 약물치료명령 청구는 검사가 하며, 성충동 약물치료명령 청구대상자에 대하여 정신건강의학과 전문의의 진단이나 감정을 받은 후 치료명령을 청구하여야 한다.
④ 징역형과 함께 성충동 약물치료명령을 받은 사람이 치료감호의 집행 중인 경우, 치료명령 대상자 및 그 법정대리인은 치료명령이 집행될 필요가 없을 정도로 개선되어 성폭력범죄를 다시 범할 위험성이 없음을 이유로, 주거지 또는 현재지를 관할하는 지방법원에 치료명령의 집행 면제를 신청할 수 있다.

해설

④ 징역형과 함께 치료명령을 받은 사람 및 그 법정대리인은 주거지 또는 현재지를 관할하는 지방법원(지원을 포함한다. 이하 같다)에 치료명령이 집행될 필요가 없을 정도로 개선되어 성폭력범죄를 다시 범할 위험성이 없음을 이유로 치료명령의 집행 면제를 신청할 수 있다. 다만, 징역형과 함께 치료명령을 받은 사람이 치료감호의 집행 중인 경우에는 치료명령의 집행 면제를 신청할 수 없다(성폭력범죄자의 성충동 약물치료에 관한 법률 제8조의2 제1항).
① 동법 제8조 제1항
② 검사는 사람에 대하여 성폭력범죄를 저지른 성도착증 환자로서 성폭력범죄를 다시 범할 위험성이 있다고 인정되는 19세 이상의 사람에 대하여 약물치료명령을 법원에 청구할 수 있다(동법 제4조 제1항).
③ 동법 제4조 제1항·제2항

정답 ④

240 「성폭력범죄자의 성충동 약물치료에 관한 법률」에 대한 내용으로 옳지 않은 것은?

2021. 9급 교정직 공채

① 치료명령은 검사의 지휘를 받아 보호관찰관이 집행한다.
② 치료명령을 받은 사람은 형의 집행이 종료되거나 면제·가석방 또는 치료감호의 집행이 종료·가종료 또는 치료위탁되는 날부터 7일 이내에 주거지를 관할하는 보호관찰소에 출석하여 서면으로 신고하여야 한다.
③ 치료명령의 집행 중 구속영장의 집행을 받아 구금된 때에는 치료명령의 집행이 정지된다.
④ 치료기간은 연장될 수 있지만, 종전의 치료기간을 합산하여 15년을 초과할 수 없다.

해설

② 치료명령을 받은 사람은 형의 집행이 종료되거나 면제·가석방 또는 치료감호의 집행이 종료·가종료 또는 치료위탁되는 날부터 10일 이내에 주거지를 관할하는 보호관찰소에 출석하여 서면으로 신고하여야 한다(성폭력범죄자의 성충동 약물치료에 관한 법률 제15조 제2항).
① 동법 제13조 제1항
③ 동법 제14조 제4항 제1호
④ 동법 제16조 제1항

* **치료명령의 집행정지(성폭력범죄자의 성충동 약물치료에 관한 법률 제14조 제4항)**: 다음 각 호의 어느 하나에 해당하는 때에는 치료명령의 집행이 정지된다.
  1. 치료명령의 집행 중 구속영장의 집행을 받아 구금된 때
  2. 치료명령의 집행 중 금고 이상의 형의 집행을 받게 된 때
  3. 가석방 또는 가종료·가출소된 자에 대하여 치료기간 동안 가석방 또는 가종료·가출소가 취소되거나 실효된 때

정답 ②

241 「성폭력범죄자의 성충동 약물치료에 관한 법률」상 치료명령의 집행에 대한 설명으로 옳지 않은 것은?

2024. 9급 공채

① 치료명령은 범죄예방정책국장의 지휘를 받아 보호관찰관이 집행한다.
② 치료명령을 받은 사람은 주거 이전 또는 7일 이상 국내여행을 하거나 출국할 때에는 미리 보호관찰관의 허가를 받아야 한다.
③ 치료명령을 받은 사람이 형의 집행이 종료되거나 면제·가석방 또는 치료감호의 집행이 종료·가종료 또는 치료위탁으로 석방되는 경우, 보호관찰관은 석방되기 전 2개월 이내에 치료명령을 받은 사람에게 치료명령을 집행하여야 한다.
④ 치료명령의 집행 중 구속영장의 집행을 받아 구금된 때에는 치료명령의 집행이 정지되며, 이 경우 구금이 해제되거나 금고 이상의 형의 집행을 받지 아니하는 것으로 확정된 때부터 그 잔여기간을 집행한다.

해설

① 치료명령은 <u>검사의 지휘</u>를 받아 보호관찰관이 집행한다(성폭력범죄자의 성충동 약물치료에 관한 법률 제13조 제1항).
② 동법 제15조 제3항
③ 동법 제14조 제3항
④ 동법 제14조 제4항 제1호, 제5항 제1호

* **치료명령의 집행정지**(성폭력범죄자의 성충동 약물치료에 관한 법률 제14조 제4항) : 다음 각 호의 어느 하나에 해당하는 때에는 치료명령의 집행이 정지된다.
  1. 치료명령의 집행 중 구속영장의 집행을 받아 구금된 때
  2. 치료명령의 집행 중 금고 이상의 형의 집행을 받게 된 때
  3. 가석방 또는 가종료·가출소된 자에 대하여 치료기간 동안 가석방 또는 가종료·가출소가 취소되거나 실효된 때

* **집행정지된 치료명령의 잔여기간의 집행**(성폭력범죄자의 성충동 약물치료에 관한 법률 제14조 제5항) : 제4항에 따라 집행이 정지된 치료명령의 잔여기간에 대하여는 다음 각 호의 구분에 따라 집행한다.
  1. 제4항 제1호의 경우에는 구금이 해제되거나 금고 이상의 형의 집행을 받지 아니하는 것으로 확정된 때부터 그 잔여기간을 집행한다.
  2. 제4항 제2호의 경우에는 그 형의 집행이 종료되거나 면제된 후 또는 가석방된 때부터 그 잔여기간을 집행한다.
  3. 제4항 제3호의 경우에는 그 형이나 치료감호 또는 보호감호의 집행이 종료되거나 면제된 후 그 잔여기간을 집행한다.

정답 ①

242

「성폭력범죄자의 성충동 약물치료에 관한 법률」상 치료명령의 집행에 대한 설명으로 옳지 않은 것은?

2014. 9급 교정직 공채 수정

① 치료명령은 검사의 지휘를 받아 보호관찰관이 집행한다.
② 치료명령의 시효는 치료명령을 받은 사람을 체포함으로써 중단된다.
③ 치료명령의 임시해제 신청은 치료명령의 집행이 개시된 날부터 1년이 지난 후에 하여야 한다.
④ 치료명령을 받은 사람은 7일 이상의 국내여행을 할 때에는 미리 보호관찰관의 허가를 받아야 한다.

해설

③ 치료명령의 임시해제 신청은 치료명령의 집행이 개시된 날부터 6개월이 지난 후에 하여야 한다. 신청이 기각된 경우에는 기각된 날부터 6개월이 지난 후에 다시 신청할 수 있다(성폭력범죄자의 성충동 약물치료에 관한 법률 제17조 제2항).
① 동법 제13조 제1항
② 동법 제21조 제2항
④ 동법 제15조 제3항 : 치료명령을 받은 사람은 주거 이전 또는 7일 이상의 국내여행을 하거나 출국할 때에는 미리 보호관찰관의 허가를 받아야 한다.

* **치료명령의 시효(성폭력범죄자의 성충동 약물치료에 관한 법률 제21조)**
  제1항 : 치료명령을 받은 사람은 그 판결이 확정된 후 집행을 받지 아니하고 함께 선고된 피고사건의 형의 시효 또는 치료감호의 시효가 완성되면 그 집행이 면제된다.
  제2항 : 치료명령의 시효는 치료명령을 받은 사람을 체포함으로써 중단된다.
* **치료감호의 시효(성폭력범죄자의 성충동 약물치료에 관한 법률 제22조 제14항)** : 치료명령을 받은 사람은 치료명령 결정이 확정된 후 집행을 받지 아니하고 10년이 경과하면 시효가 완성되어 집행이 면제된다(동법 제22조 제14항).

정답 | ③

243

「성폭력범죄자의 성충동 약물치료에 관한 법률」상 약물치료에 대한 설명으로 옳지 않은 것은?

2014. 7급 교정직 공채

① 법원은 정신건강의학과 전문의의 진단 또는 감정의견만으로 치료명령 피청구자의 성도착증 여부를 판단하기 어려울 때에는 다른 정신건강의학과 전문의에게 다시 진단 또는 감정을 명할 수 있다.
② 치료명령을 선고받은 사람은 치료기간 동안「보호관찰 등에 관한 법률」에 따른 보호관찰을 받는다.
③ 치료명령을 받은 사람은 치료기간 중 상쇄약물의 투약 등의 방법으로 치료의 효과를 해하여서는 아니 된다.
④ 국가는 치료명령의 결정을 받은 모든 사람의 치료기간 동안 치료비용을 부담하여야 한다.

해설

④ 치료명령의 결정을 받은 사람은 치료기간 동안 치료비용을 부담하여야 한다. 다만, 치료비용을 부담할 경제력이 없는 사람의 경우에는 국가가 비용을 부담할 수 있다(성폭력범죄자의 성충동 약물치료에 관한 법률 제24조 제1항). 즉 원칙적으로 치료비용은 치료명령을 받은 사람의 부담으로 하며, 국가는 예외적으로 경제적 능력이 없는 사람에게 비용을 부담해줄 수 있을 뿐이다.
① 동법 제9조
② 동법 제8조 제2항
③ 동법 제15조 제1항

정답 ④

244 「스토킹범죄의 처벌 등에 관한 법률」의 내용에 대한 설명으로 옳지 않은 것은?

2023. 7급 공채

① 스토킹행위가 지속적 또는 반복적으로 이루어진 경우가 아니라면 스토킹범죄에 해당하지 않는다.
② 법원이 스토킹범죄를 저지른 사람에 대하여 형의 선고를 유예하는 경우에는 200시간의 범위에서 재범 예방에 필요한 수강명령을 병과할 수 있다.
③ 상대방의 의사에 반하여 정당한 이유 없이 상대방 또는 그의 동거인, 가족을 따라다님으로써 상대방에게 불안감을 일으켰다면 스토킹행위에 해당한다.
④ 법원이 스토킹범죄를 저지른 사람에 대하여 벌금형의 선고와 함께 120시간의 스토킹 치료 프로그램의 이수를 명한 경우 그 이수명령은 형 확정일부터 6개월 이내에 집행한다.

해설

② 법원은 스토킹범죄를 저지른 사람에 대하여 유죄판결(선고유예는 제외한다)을 선고하거나 약식명령을 고지하는 경우에는 200시간의 범위에서 재범 예방에 필요한 수강명령 또는 스토킹 치료프로그램의 이수명령을 병과할 수 있다(스토킹범죄의 처벌 등에 관한 법률 제19조 제1항).
① "스토킹범죄"란 지속적 또는 반복적으로 스토킹행위를 하는 것을 말한다(동법 제2조 제2호).
③ 동법 제2조 제1호 가목
④ 동법 제19조 제4항 제2호

* **스토킹행위(스토킹범죄의 처벌 등에 관한 법률 제2조 제1호)** : "스토킹행위"란 상대방의 의사에 반(反)하여 정당한 이유 없이 다음 각 목의 어느 하나에 해당하는 행위를 하여 상대방에게 불안감 또는 공포심을 일으키는 것을 말한다.
  가. 상대방 또는 그의 동거인, 가족(이하 "상대방등")에게 접근하거나 따라다니거나 진로를 막아서는 행위
  나. 상대방등의 주거, 직장, 학교, 그 밖에 일상적으로 생활하는 장소(이하 "주거등") 또는 그 부근에서 기다리거나 지켜보는 행위
  다. 상대방등에게 우편·전화·팩스 또는 「정보통신망 이용촉진 및 정보보호 등에 관한 법률」 제2조 제1항 제1호의 정보통신망(이하 "정보통신망")을 이용하여 물건이나 글·말·부호·음향·그림·영상·화상(이하 "물건 등")을 도달하게 하거나 정보통신망을 이용하는 프로그램 또는 전화의 기능에 의하여 글·말·부호·음향·그림·영상·화상이 상대방등에게 나타나게 하는 행위
  라. 상대방등에게 직접 또는 제3자를 통하여 물건등을 도달하게 하거나 주거등 또는 그 부근에 물건등을 두는 행위
  마. 상대방등의 주거등 또는 그 부근에 놓여져 있는 물건등을 훼손하는 행위
  바. 다음의 어느 하나에 해당하는 상대방등의 정보를 정보통신망을 이용하여 제3자에게 제공하거나 배포 또는 게시하는 행위
    1) 「개인정보 보호법」 제2조 제1호의 개인정보
    2) 「위치정보의 보호 및 이용 등에 관한 법률」 제2조 제2호의 개인위치정보
    3) 1) 또는 2)의 정보를 편집·합성 또는 가공한 정보(해당 정보주체를 식별할 수 있는 경우로 한정한다)
* **수강명령 또는 이수명령의 집행(스토킹범죄의 처벌 등에 관한 법률 제19조 제4항)** : 수강명령 또는 이수명령은 다음 각 호의 구분에 따라 각각 집행한다.
  1. 형의 집행을 유예할 경우 : 그 집행유예기간 내

2. 벌금형을 선고하거나 약식명령을 고지할 경우 : 형 확정일부터 6개월 이내
3. 징역형의 실형을 선고할 경우 : 형기 내

정답 ②

245 「스토킹범죄의 처벌 등에 관한 법률」상 조치에 대한 설명으로 옳지 않은 것은?

2024. 9급 공채

① 사법경찰관리는 진행 중인 스토킹행위에 대하여 신고를 받은 경우, 즉시 현장에 나가 '스토킹행위자와 스토킹행위의 상대방의 분리 및 범죄수사' 조치를 하여야 한다.
② 사법경찰관은, 스토킹행위 신고와 관련하여 스토킹행위가 지속적 또는 반복적으로 행하여질 우려가 있고 스토킹범죄의 예방을 위하여 긴급을 요하는 경우, 직권으로 스토킹행위자에게 '스토킹행위의 상대방으로부터 100미터 이내의 접근 금지' 조치를 할 수 있다.
③ 법원은 스토킹범죄의 피해자 보호를 위하여 필요하다고 인정하는 경우, 결정으로 스토킹행위자에게 '피해자의 주거로부터 100미터 이내의 접근 금지' 조치를 할 수 있다.
④ 사법경찰관은 스토킹범죄의 원활한 조사·심리를 위하여 필요하다고 인정하는 경우, 직권으로 스토킹행위자에게 '국가경찰관서의 유치장 또는 구치소에의 유치' 조치를 할 수 있다.

해설

④ 검사는 스토킹범죄가 재발될 우려가 있다고 인정하면 직권 또는 사법경찰관의 신청에 따라 법원에 제9조 제1항 각 호의 조치(잠정조치)를 청구할 수 있다(동법 제8조 제1항). 법원은 스토킹범죄의 원활한 조사·심리 또는 피해자 보호를 위하여 필요하다고 인정하는 경우에는 결정으로 스토킹행위자에게 "잠정조치"를 할 수 있다. 여기서 잠정조치에는 '국가경찰관서의 유치장 또는 구치소에의 유치'가 포함된다(스토킹범죄의 처벌 등에 관한 법률 제9조 제1항).
① 동법 제3조 제2호
② 동법 제4조 제1항 제2호
③ 동법 제9조 제1항 제2호

* **스토킹행위 신고 등에 대한 응급조치(스토킹범죄의 처벌 등에 관한 법률 제3조)** : 사법경찰관리는 진행 중인 스토킹행위에 대하여 신고를 받은 경우 즉시 현장에 나가 다음 각 호의 조치를 하여야 한다.
  1. 스토킹행위의 제지, 향후 스토킹행위의 중단 통보 및 스토킹행위를 지속적 또는 반복적으로 할 경우 처벌 서면경고
  2. 스토킹행위자와 피해자등의 분리 및 범죄수사
  3. 피해자등에 대한 긴급응급조치 및 잠정조치 요청의 절차 등 안내
  4. 스토킹 피해 관련 상담소 또는 보호시설로의 피해자등 인도(피해자등이 동의한 경우만 해당한다)

* **긴급응급조치(스토킹범죄의 처벌 등에 관한 법률 제4조 제1항)** : 사법경찰관은 스토킹행위 신고와 관련하여 스토킹행위가 지속적 또는 반복적으로 행하여질 우려가 있고 스토킹범죄의 예방을 위하여 긴급을 요하는 경우 스토킹행위자에게 직권으로 또는 스토킹행위의 상대방이나 그 법정대리인 또는 스토킹행위를 신고한 사람의 요청에 의하여 다음 각 호에 따른 조치를 할 수 있다.
  1. 스토킹행위의 상대방등이나 그 주거 등으로부터 100미터 이내의 접근 금지
  2. 스토킹행위의 상대방등에 대한 「전기통신기본법」 제2조제1호의 전기통신을 이용한 접근 금지

* **스토킹행위자에 대한 잠정조치(스토킹범죄의 처벌 등에 관한 법률 제9조 제1항)** : 법원은 스토킹범죄의 원활한 조사·심리 또는 피해자 보호를 위하여 필요하다고 인정하는 경우에는 결정으로 스토킹행위자에게 다음 각 호의 어느 하나에 해당하는 조치("잠정조치")를 할 수 있다.
  1. 피해자에 대한 스토킹범죄 중단에 관한 서면 경고
  2. 피해자 또는 그의 동거인, 가족이나 그 주거 등으로부터 100미터 이내의 접근 금지
  3. 피해자 또는 그의 동거인, 가족에 대한 「전기통신기본법」 제2조제1호의 전기통신을 이용한 접근 금지
  3의2. 「전자장치 부착 등에 관한 법률」 제2조 제4호의 위치추적 전자장치의 부착
  4. 국가경찰관서의 유치장 또는 구치소에의 유치

정답 ④

246 「전자장치 부착 등에 관한 법률」상 전자장치 부착명령에 대한 설명으로 옳은 것은?

2013. 9급 교정직 공채

① 전자장치 부착명령 대상자는 성폭력범죄자, 미성년자 대상 유괴범죄자, 살인범죄에만 국한된다.
② 검사는 부착명령을 청구하기 위하여 필요하다고 인정하는 때에는 소속 검찰청 소재지를 관할하는 보호관찰소의 장에게 피의자와의 관계, 심리상태 등 피해자에 관하여 필요한 사항의 조사를 요청할 수 있다.
③ 부착명령 청구사건의 제1심 재판은 지방법원 합의부의 관할로 한다.
④ 법원은 부착명령 청구가 있는 때에는 부착명령 청구서의 부본을 피부착명령 청구자 또는 그의 변호인에게 송부하여야 하며, 공판기일 7일 전까지 송부하여야 한다.

해설

③ 전자장치 부착 등에 관한 법률 제7조 제2항
① 전자장치 부착명령 대상인 "특정범죄"란 성폭력범죄, 미성년자 대상 유괴범죄, 살인범죄, 강도범죄 및 스토킹범죄를 말한다(동법 제2조, 제5조). 따라서 강도범죄자, 스토킹범죄자도 부착대상에 포함된다. 스토킹범죄는 2023년 7월 11일 개정으로 추가되었다. 그리고 2020.2.4. 법 개정으로 법원은 「형사소송법」 제98조 제9호에 따른 보석조건으로 피고인에게 전자장치를 부착할 수 있는 제도가 신설되었다(동법 제31조의2~제32조의5).
② 검사는 부착명령을 청구하기 위하여 필요하다고 인정하는 때에 보호관찰소의 장에게 범죄의 동기, 피해자와의 관계, 심리상태, 재범의 위험성 등 피의자에 관하여 필요한 사항의 조사를 요청할 수 있다.
④ 법원은 부착명령 청구가 있는 때에는 지체 없이 부착명령 청구서의 부본을 피부착명령청구자 또는 그의 변호인에게 송부하여야 한다. 이 경우 특정범죄사건에 대한 공소제기와 동시에 부착명령 청구가 있는 때에는 제1회 공판기일 5일 전까지, 특정범죄사건의 심리 중에 부착명령 청구가 있는 때에는 다음 공판기일 5일 전까지 송부하여야 한다(동법 제8조).

정답 ③

247 「전자장치 부착 등에 관한 법률」상 위치추적 전자장치에 대한 설명으로 옳지 않은 것은?

2014. 7급 공채 수정

① 검사는 법원에 성폭력범죄, 미성년자 대상 유괴범죄, 살인범죄, 강도범죄 또는 스토킹범죄(이하 '특정범죄'라고 한다)를 범하고 다시 범할 위험성이 있다고 인정되는 사람에 대하여 위치추적 전자장치를 부착하는 명령(이하 '부착명령'이라고 한다)을 청구할 수 있다.
② 부착명령의 청구는 특정범죄사건의 공소제기와 동시에 하여야 하고, 법원은 공소가 제기된 특정범죄사건을 심리한 결과 부착명령을 선고할 필요가 있다고 인정하는 때에는 직권으로 부착명령을 할 수 있다.
③ 법원은 특정범죄를 범한 자에 대하여 형의 집행을 유예하면서 보호관찰을 받을 것을 명할 때에는 보호관찰기간의 범위 내에서 기간을 정하여 준수사항의 이행여부 확인 등을 위하여 전자장치를 부착할 것을 명할 수 있다.
④ 보호관찰심사위원회가 필요하지 아니하다고 결정한 경우를 제외하고, 부착명령 판결을 선고받지 아니한 특정범죄자로서 형의 집행 중 가석방되어 보호관찰을 받게 되는 자는 준수사항 이행여부 확인 등을 위하여 가석방기간 동안 전자장치를 부착하여야 한다.

해설

② <u>부착명령의 청구는 공소가 제기된 특정범죄사건의 항소심 변론종결 시까지 하여야 한다</u>(전자장치 부착 등에 관한 법률 제5조 제5항). <u>법원은</u> 공소가 제기된 특정범죄사건을 심리한 결과 부착명령을 선고할 필요가 있다고 인정하는 때에는 <u>검사에게 부착명령의 청구를 요구할 수 있다</u>(동법 제5조 제6항).
① 동법 제5조 제1항·제2항·제3항·제4항
③ 동법 제28조 제1항
④ 동법 제22조 제1항

정답 ②

248

「전자장치 부착 등에 관한 법률」상 검사가 성폭력범죄를 다시 범할 위험성이 있다고 인정되는 사람에 대하여 전자장치 부착명령을 청구할 수 있는 사유로 명시되지 않은 것은?

2022. 7급 교정직 공채

① 성폭력범죄로 징역형의 실형을 선고받은 사람이 그 집행을 종료한 후 또는 집행이 면제된 후 10년 이내에 성폭력범죄를 저지른 때
② 성폭력범죄를 2회 이상 범하여(유죄의 확정판결을 받은 경우를 포함한다) 그 습벽이 인정된 때
③ 신체적 또는 정신적 장애가 있는 사람이 성폭력범죄를 저지른 때
④ 19세 미만의 사람에 대하여 성폭력범죄를 저지른 때

해설

③ '신체적 또는 정신적 장애가 있는 사람에 대하여 성폭력범죄를 저지른 때'이다(전자장치 부착 등에 관한 법률 제5조 제1항 제4호). 즉 성폭력범죄의 피해자가 신체적 또는 정신적 장애가 있는 사람인 경우에 검사는 전자장치 부착명령을 청구할 수 있으며, 가해자가 신체적 또는 정신적 장애가 있는 사람인 경우는 관계가 없다.

* **성폭력범죄에 대한 전자장치 부착명령의 청구(전자장치 부착 등에 관한 법률 제5조 제1항)** : 검사는 다음 각 호의 어느 하나에 해당하고, 성폭력범죄를 다시 범할 위험성이 있다고 인정되는 사람에 대하여 전자장치를 부착하도록 하는 명령("부착명령")을 법원에 청구할 수 있다.
  1. 성폭력범죄로 징역형의 실형을 선고받은 사람이 그 집행을 종료한 후 또는 집행이 면제된 후 10년 이내에 성폭력범죄를 저지른 때
  2. 성폭력범죄로 이 법에 따른 전자장치를 부착받은 전력이 있는 사람이 다시 성폭력범죄를 저지른 때
  3. 성폭력범죄를 2회 이상 범하여(유죄의 확정판결을 받은 경우를 포함한다) 그 습벽이 인정된 때
  4. 19세 미만의 사람에 대하여 성폭력범죄를 저지른 때
  5. 신체적 또는 정신적 장애가 있는 사람에 대하여 성폭력범죄를 저지른 때

정답 ③

249

「전자장치 부착 등에 관한 법률」상 '특정범죄'에 관한 형 집행 종료 후의 전자장치 부착에 대한 설명으로 옳지 않은 것은?　　2024. 9급 공채

① 검사는, 19세 미만의 사람에 대하여 성폭력범죄를 저지른 때에 성폭력범죄를 다시 범할 위험성이 있다고 인정되는 사람에 대하여 전자장치를 부착하도록 하는 명령을 법원에 청구할 수 있다.

② 검사는, 스토킹범죄를 2회 이상 범하여(유죄의 확정판결을 받은 경우를 제외한다) 그 습벽이 인정된 때에 스토킹범죄를 다시 범할 위험성이 있다고 인정되는 사람에 대하여 전자장치를 부착하도록 하는 명령을 법원에 청구할 수 있다.

③ 검사는, 미성년자 대상 유괴범죄를 저지른 사람으로서 미성년자 대상 유괴범죄를 다시 범할 위험성이 있다고 인정되는 사람에 대하여 전자장치를 부착하도록 하는 명령을 법원에 청구할 수 있다. 다만, 유괴범죄로 징역형의 실형 이상의 형을 선고받아 그 집행이 종료 또는 면제된 후 다시 유괴범죄를 저지른 경우에는 전자장치를 부착하도록 하는 명령을 청구하여야 한다.

④ 검사는, 강도범죄로 전자장치 부착 등에 관한 법률에 따른 전자장치를 부착하였던 전력이 있는 사람이 다시 강도범죄를 저지른 때에 강도범죄를 다시 범할 위험성이 있다고 인정되는 경우 전자장치를 부착하도록 하는 명령을 법원에 청구할 수 있다.

해설

② 검사는 ⅰ) 스토킹범죄로 징역형의 실형을 선고받은 사람이 그 집행을 종료한 후 또는 집행이 면제된 후 10년 이내에 다시 스토킹범죄를 저지른 때, ⅱ) 스토킹범죄로 이 법에 따른 전자장치를 부착하였던 전력이 있는 사람이 다시 스토킹범죄를 저지른 때, ⅲ) 스토킹범죄를 2회 이상 범하여(유죄의 확정판결을 받은 경우를 포함한다) 그 습벽이 인정된 때의 어느 하나에 해당하고 스토킹범죄를 다시 범할 위험성이 있다고 인정되는 사람에 대하여 부착명령을 법원에 청구할 수 있다(전자장치 부착 등에 관한 법률 제5조 제5항).

① 동법 제5조 제1항 제4호
③ 동법 제5조 제2항
④ 동법 제5조 제4항 제2호

정답 ②

250

「전자장치 부착 등에 관한 법률」상 검사가 위치추적 전자장치 부착명령을 법원에 반드시 청구하여야 하는 경우는?

2020. 9급 교정직 공채

① 미성년자 대상 유괴범죄로 징역형의 실형 이상의 형을 선고받아 그 집행이 종료 또는 면제된 후 다시 미성년자 대상 유괴범죄를 저지른 경우
② 강도범죄를 2회 이상 범하여 그 습벽이 인정된 경우
③ 성폭력범죄로 징역형의 실형을 선고받은 사람이 그 집행을 종료한 후 또는 집행이 면제된 후 10년 이내에 성폭력범죄를 저지른 경우
④ 신체적 또는 정신적 장애가 있는 사람에 대하여 성폭력범죄를 저지른 경우

해설

① 「전자장치 부착 등에 관한 법률」상 검사가 위치추적 전자장치 부착명령을 법원에 반드시 청구하여야 하는 경우는 ⅰ) 유괴범죄로 징역형의 실형 이상의 형을 선고받아 그 집행이 종료 또는 면제된 후 다시 유괴범죄를 저지른 경우, ⅱ) 살인범죄로 징역형의 실형 이상의 형을 선고받아 그 집행이 종료 또는 면제된 후 다시 살인범죄를 저지른 경우이다(전자장치 부착 등에 관한 법률 제5조 제2항 단서, 제3항 단서). 그 외에 성폭력범죄(동법 제5조 제1항), 강도범죄(동법 제5조 제4항), 스토킹범죄(동법 제5조 제5항), 미성년자 대상 유괴범죄를 저지른 사람으로서 미성년자 대상 유괴범죄를 다시 범할 위험성이 있는 경우(동법 제5조 제2항 본문), 살인범죄를 저지른 사람으로서 살인범죄를 다시 범할 위험성이 있는 경우(동법 제5조 제3항 본문)에는 모두 검사의 재량에 의하여 전자장치 부착명령을 청구할 수 있다.

정답 ①

251 「전자장치 부착 등에 관한 법률」상 옳지 않은 것은?   2016. 7급 공채

① 특정범죄에는 「형법」상 살인죄의 기수범은 포함되나 살인죄의 미수범과 예비, 음모죄는 포함되지 않는다.
② 만 19세 미만의 자에 대하여 부착명령을 선고한 때에는 19세에 이르기까지 이 법에 따른 전자장치를 부착할 수 없다.
③ 피부착자는 특정범죄사건에 대한 형의 집행이 종료되거나 면제·가석방되는 날부터 10일 이내에 주거지를 관할하는 보호관찰소에 출석하여 서면으로 신고하여야 한다.
④ 수사기관은 체포 또는 구속한 사람이 피부착자임을 알게 된 경우에는 피부착자의 주거지를 관할하는 보호관찰소의 장에게 그 사실을 통보하여야 한다.

해설

① 「형법」 제2편 제1장 내란의 죄 중 제88조(내란목적의 살인)·제89조(미수범)의 죄(제88조의 미수범만을 말한다), 제2편 제24장 살인의 죄 중 제250조(살인, 존속살해)·제251조(영아살해)·제252조(촉탁, 승낙에 의한 살인등)·제253조(위계등에 의한 촉탁살인등)·제254조(미수범)·제255조(예비, 음모), 제2편 제32장 강간과 추행의 죄 중 제301조의2(강간등 살인·치사) 전단, 제2편 제37장 권리행사를 방해하는 죄 중 제324조의4(인질살해·치사) 전단·제324조의5(미수범)의 죄(제324조의4 전단의 미수범만을 말한다), 제2편 제38장 절도와 강도의 죄 중 제338조(강도살인·치사) 전단·제340조(해상강도)제3항(사람을 살해한 죄만을 말한다) 및 제342조(미수범)의 죄(제338조 전단 및 제340조제3항 중 사람을 살해한 죄의 미수범만을 말한다)(전자장치 부착 등에 관한 법률 제2조 제3의2호 가목). 즉 특정범죄에는 「형법」상 살인죄의 기수범뿐만 아니라 살인죄의 미수범과 예비, 음모죄도 포함된다.
② 동법 제4조
③ 동법 제14조 제2항
④ 동법 제16조의2 제4항

정답 ①

252 「전자장치 부착 등에 관한 법률」상 전자장치 부착명령에 대한 설명으로 옳지 않은 것은?

2021. 7급 공채

① 만 19세 미만의 자에 대하여 부착명령을 선고한 때에는 19세에 이르기까지 전자장치를 부착할 수 없다.
② 검사는 미성년자 대상 모든 유괴범죄자에 대하여 전자장치 부착명령을 법원에 청구하여야 한다.
③ 전자장치 부착명령은 검사의 지휘를 받아 보호관찰관이 집행한다.
④ 전자장치 부착명령의 임시해제 신청은 부착명령의 집행이 개시된 날로부터 3개월이 경과한 후에 하여야 한다.

해설

② 검사는 미성년자 대상 유괴범죄를 저지른 사람으로서 미성년자 대상 유괴범죄를 다시 범할 위험성이 있다고 인정되는 사람에 대하여 부착명령을 법원에 청구할 수 있다. 다만, 유괴범죄로 징역형의 실형 이상의 형을 선고받아 그 집행이 종료 또는 면제된 후 다시 유괴범죄를 저지른 경우에는 부착명령을 청구하여야 한다(전자장치 부착 등에 관한 법률 제5조 제2항). 즉 원칙적으로 부착명령은 임의적 청구사항이고, 예외적으로 미성년자 대상 유괴범죄로 징역형의 실형 이상의 형을 선고받아 그 집행이 종료 또는 면제된 후 다시 유괴범죄를 저지른 경우에 한하여 필요적 청구사항이다.
① 동법 제4조
③ 동법 제12조 제1항
④ 동법 제17조 제2항

정답 ②

253 「전자장치 부착 등에 관한 법률」상 전자장치 부착명령에 대한 설명으로 옳은 것은?

2020. 7급 공채

① 19세 미만의 자에 대하여 전자장치 부착명령을 선고한 때에는 19세에 이르기 전이라도 전자장치를 부착할 수 있다.
② 전자장치가 부착된 자는 주거를 이전하거나 7일 이상의 국내여행을 하거나 출국할 때에는 미리 보호관찰관의 허가를 받아야 한다.
③ 성폭력범죄, 미성년자 대상 유괴범죄, 살인범죄, 강도·절도범죄 및 방화범죄가 전자장치 부착 대상범죄이다.
④ 전자장치 부착명령의 집행 중 다른 죄를 범하여 벌금 이상의 형이 확정된 때에는 전자장치 부착명령의 집행이 정지된다.

해설

② 전자장치 부착 등에 관한 법률 제14조 제3항
① 만 19세 미만의 자에 대하여 부착명령을 선고한 때에는 19세에 이르기까지 이 법에 따른 전자장치를 부착할 수 없다(동법 제4조).
③ 전자장치부착 대상인 "특정범죄"란 성폭력범죄, 미성년자 대상 유괴범죄, 살인범죄 및 강도범죄, 스토킹범죄를 말한다(동법 제2조 제1호).
④ 부착명령의 집행 중 다른 죄를 범하여 금고 이상의 형의 집행을 받게 된 때에는 전자장치 부착명령의 집행이 정지된다(동법 제13조 제6항 제2호).

> ※ **부착명령의 집행정지(전자장치 부착 등에 관한 법률 제13조 제6항)**: 다음 각 호의 어느 하나에 해당하는 때에는 부착명령의 집행이 정지된다.
> 1. 부착명령의 집행 중 다른 죄를 범하여 구속영장의 집행을 받아 구금된 때
> 2. 부착명령의 집행 중 다른 죄를 범하여 금고 이상의 형의 집행을 받게 된 때
> 3. 가석방 또는 가종료된 자에 대하여 전자장치 부착기간 동안 가석방 또는 가종료가 취소되거나 실효된 때

정답 ②

254

「전자장치 부착 등에 관한 법률」상 법원이 19세 미만의 사람에 대해서 성폭력범죄를 저지른 사람에 대해서 전자장치 부착명령을 선고하는 경우, 반드시 포함하여 부과해야 하는 준수사항으로 옳은 것은?　　　2021. 9급 교정직 공채

① 어린이 보호구역 등 특정지역·장소에의 출입금지
② 주거지역의 제한
③ 피해자 등 특정인에의 접근금지
④ 특정범죄 치료 프로그램의 이수

해설

③ 법원은 19세 미만의 사람에 대해서 성폭력범죄를 저지른 사람에 대해서 부착명령을 선고하는 경우에는 제1항 제1호(야간, 아동·청소년의 통학시간 등 특정 시간대의 외출제한) 및 제3호(피해자 등 특정인에의 접근금지)를 포함하여 준수사항을 부과하여야 한다. 다만, 제1항 제1호의 준수사항을 부과하여서는 아니 될 특별한 사정이 있다고 판단하는 경우에는 해당 준수사항을 포함하지 아니할 수 있다(전자장치 부착 등에 관한 법률 제9조의2 제3항 제1호). 따라서 법원이 19세 미만의 사람에 대해서 성폭력범죄를 저지른 사람에 대해서 전자장치 부착명령을 선고하는 경우에 예외 없이 반드시 포함하여 부과해야 하는 준수사항은 "피해자 등 특정인에의 접근금지"이다. 참고로 2023년 7월 11일 개정으로 스토킹범죄를 저지른 사람에게는 제1항 제3호(피해자 등 특정인에의 접근금지)의 준수사항을 포함하여 부과하도록 하는 규정을 신설하였다.

* **19세 미만의 사람 대상 성폭력범죄자와 스토킹범죄자의 준수사항에 관한 특례(전자장치 부착 등에 관한 법률 제9조의2 제3항)** : 법원은 성폭력범죄를 저지른 사람(19세 미만의 사람을 대상으로 성폭력범죄를 저지른 사람으로 한정한다) 또는 스토킹범죄를 저지른 사람에 대해서 부착명령을 선고하는 경우에는 다음 각 호의 구분에 따라 준수사항을 부과하여야 한다.
  1. 19세 미만의 사람을 대상으로 성폭력범죄를 저지른 사람 : 제1항 제1호(야간, 아동·청소년의 통학시간 등 특정 시간대의 외출제한) 및 제3호(피해자 등 특정인에의 접근금지)의 준수사항을 포함할 것. 다만, 제1항 제1호의 준수사항을 부과하여서는 아니 될 특별한 사정이 있다고 판단하는 경우에는 해당 준수사항을 포함하지 아니할 수 있다.
  2. 스토킹범죄를 저지른 사람 : 제1항 제3호(피해자 등 특정인에의 접근금지)의 준수사항을 포함할 것

정답 ③

255 「전자장치 부착 등에 관한 법률」상 전자장치 부착 등에 대한 설명으로 옳은 것은?

2016. 7급 교정직 공채

① 전자장치 피부착자는 주거를 이전하거나 3일 이상의 국내여행 또는 출국할 때에는 미리 보호관찰관의 허가를 받아야 한다.
② 19세 미만의 사람에 대하여 성폭력범죄를 저지른 경우에는 전자장치 부착기간의 상한과 하한은 법률에서 정한 부착기간의 2배로 한다.
③ 검사는 성폭력범죄로 징역형의 실형을 선고받은 사람이 그 집행을 종료한 후 또는 집행이 면제된 후 15년 이내에 성폭력범죄를 저지르고, 성폭력범죄를 다시 범할 위험성이 있다고 인정되는 때에는 전자장치를 부착하도록 하는 명령을 법원에 청구할 수 있다.
④ 여러 개의 특정범죄에 대하여 동시에 전자장치 부착명령을 선고할 때에는 법정형이 가장 중한 죄의 부착기간 상한의 2분의 1까지 가중하되, 각 죄의 부착기간의 상한을 합산한 기간을 초과할 수 없다. 다만, 하나의 행위가 여러 특정범죄에 해당하는 경우에는 가장 중한 죄의 부착기간을 부착기간으로 한다.

> [해설]
> ④ 전자장치 부착 등에 관한 법률 제9조 제2항
> ① 전자장치 피부착자는 주거를 이전하거나 7일 이상의 국내여행을 하거나 출국할 때에는 미리 보호관찰관의 허가를 받아야 한다(동법 제14조 제3항).
> ② 19세 미만의 사람에 대하여 특정범죄를 저지른 경우에는 부착기간 하한을 법률에서 정한 부착기간 하한의 2배로 한다(동법 제9조 제1항 단서).
> ③ 검사는 성폭력범죄로 징역형의 실형을 선고받은 사람이 그 집행을 종료한 후 또는 집행이 면제된 후 10년 이내에 성폭력범죄를 저지르고, 성폭력범죄를 다시 범할 위험성이 있다고 인정되는 때에는 전자장치를 부착하도록 하는 명령을 법원에 청구할 수 있다(동법 제5조 제1항 제1호).

정답 | ④

256 「전자장치 부착 등에 관한 법률」상 전자장치 부착에 대한 설명으로 옳지 않은 것은?

2019. 9급 교정직 공채

① 검사는 강도범죄로 징역형의 실형을 선고받은 사람이 그 집행을 종료한 후 8년 뒤 다시 강도범죄를 저지른 경우, 강도범죄를 다시 범할 위험성이 있다고 인정되는 때에는 부착명령을 법원에 청구할 수 있다.
② 전자장치 피부착자가 9일 간 국내여행을 하거나 출국할 때에는 미리 보호관찰관의 허가를 받아야 한다.
③ 보호관찰소의 장 또는 피부착자 및 그 법정대리인은 해당 보호관찰소를 관할하는 심사위원회에 부착명령의 임시해제를 신청할 수 있으며, 이 신청은 부착명령의 집행이 개시된 날부터 3개월이 경과한 후에 하여야 한다.
④ 만 19세 미만의 자에 대해서는 부착명령을 선고할 수 없다.

해설

④ 만 19세 미만의 자에 대하여 부착명령을 선고한 때에는 19세에 이르기까지 이 법에 따른 전자장치를 부착할 수 없다(전자장치 부착 등에 관한 법률 제4조). 즉 만 19세 미만의 자에 대하여도 부착명령의 선고는 가능하다. 다만, 19세에 이르기까지 부착할 수 없을 뿐이다.
① 검사는 강도범죄로 징역형의 실형을 선고받은 사람이 그 집행을 종료한 후 또는 집행이 면제된 후 10년 이내에 다시 강도범죄를 저지르고 강도범죄를 다시 범할 위험성이 있다고 인정되는 때에는 부착명령을 법원에 청구할 수 있다(동법 제5조 제4항 제1호).
② 피부착자는 주거를 이전하거나 7일 이상의 국내여행을 하거나 출국할 때에는 미리 보호관찰관의 허가를 받아야 한다(동법 제14조 제3항).
③ 동법 제17조 제1항·제2항

> ※ **강도범죄자에 대한 부착명령의 청구(전자장치 부착 등에 관한 법률 제5조 제4항)** : 검사는 다음 각 호의 어느 하나에 해당하고 강도범죄를 다시 범할 위험성이 있다고 인정되는 사람에 대하여 부착명령을 법원에 청구할 수 있다.
> 1. 강도범죄로 징역형의 실형을 선고받은 사람이 그 집행을 종료한 후 또는 집행이 면제된 후 10년 이내에 다시 강도범죄를 저지른 때
> 2. 강도범죄로 이 법에 따른 전자장치를 부착하였던 전력이 있는 사람이 다시 강도범죄를 저지른 때
> 3. 강도범죄를 2회 이상 범하여(유죄의 확정판결을 받은 경우를 포함한다) 그 습벽이 인정된 때

정답 ④

257 「전자장치 부착 등에 관한 법률」에 대한 설명으로 옳지 않은 것은? 2015. 9급 교정직 공채

① 법원은 특정범죄를 범한 자에 대하여 형의 집행을 유예하면서 보호관찰을 받을 것을 명할 때에는 전자장치를 부착할 것을 명할 수는 없다.
② 전자장치 부착집행 중 보호관찰 준수사항 위반으로 유치허가장의 집행을 받아 유치된 때에는 부착집행이 정지된다.
③ 만 19세 미만의 자에 대하여 부착명령을 선고한 때에는 19세에 이르기까지 이 법에 따른 전자장치를 부착할 수 없다.
④ 법원은 부착명령이 청구된 사건에 대하여 부착명령보다 보호관찰명령을 선고할 필요가 있다고 인정하는 때에는 검사에게 보호관찰명령의 청구를 요청할 수 있다.

> 해설
> ① 법원은 특정범죄를 범한 자에 대하여 형의 집행을 유예하면서 보호관찰을 받을 것을 명할 때에는 보호관찰기간의 범위 내에서 기간을 정하여 준수사항의 이행여부 확인 등을 위하여 <u>전자장치를 부착할 것을 명할 수 있다</u>(전자장치 부착 등에 관한 법률 제28조 제1항).
> ② 동법 제24조 제3항
> ③ 동법 제4조
> ④ 동법 제21조2 제2항

정답 ①

PART Ⅲ 범죄대책, 형사제재 및 범죄피해자 보호

258 「전자장치 부착 등에 관한 법률」상 형기종료 후 보호관찰명령의 대상자가 아닌 것은?

2022. 7급 공채

① 성폭력범죄를 저지른 사람으로서 성폭력범죄를 다시 범할 위험성이 있다고 인정되는 사람
② 미성년자 대상 유괴범죄를 저지른 사람으로서 미성년자 대상 유괴범죄를 다시 범할 위험성이 있다고 인정되는 사람
③ 살인범죄를 저지른 사람으로서 살인범죄를 다시 범할 위험성이 있다고 인정되는 사람
④ 스토킹범죄를 저지른 사람으로서 스토킹범죄를 다시 범할 위험성이 있다고 인정되는 사람

해설
형의 집행이 종료된 후 보호관찰명령이 부과될 수 있는 사람은 ⅰ) 성폭력범죄를 저지른 사람으로서 성폭력범죄를 다시 범할 위험성이 있다고 인정되는 사람, ⅱ) 미성년자 대상 유괴범죄를 저지른 사람으로서 미성년자 대상 유괴범죄를 다시 범할 위험성이 있다고 인정되는 사람, ⅲ) 살인범죄를 저지른 사람으로서 살인범죄를 다시 범할 위험성이 있다고 인정되는 사람, ⅳ) 강도범죄를 저지른 사람으로서 강도범죄를 다시 범할 위험성이 있다고 인정되는 사람, ⅵ) 스토킹범죄를 저지른 사람으로서 스토킹범죄를 다시 범할 위험성이 있다고 인정되는 사람이다(전자장치 부착 등에 관한 법률 제21조의2). '스토킹범죄를 저지른 사람으로서 스토킹범죄를 다시 범할 위험성이 있다고 인정되는 사람'은 2023년 7월 11일 개정으로 신설되었다. 따라서 현행법령에 따르면 정답이 없다.

* 형집행 종료 후의 보호관찰명령(전자장치 부착 등에 관한 법률 제21조의2) : 검사는 다음 각 호의 어느 하나에 해당하는 사람에 대하여 형의 집행이 종료된 때부터 「보호관찰 등에 관한 법률」에 따른 보호관찰을 받도록 하는 명령("보호관찰명령")을 법원에 청구할 수 있다.
  1. 성폭력범죄를 저지른 사람으로서 성폭력범죄를 다시 범할 위험성이 있다고 인정되는 사람
  2. 미성년자 대상 유괴범죄를 저지른 사람으로서 미성년자 대상 유괴범죄를 다시 범할 위험성이 있다고 인정되는 사람
  3. 살인범죄를 저지른 사람으로서 살인범죄를 다시 범할 위험성이 있다고 인정되는 사람
  4. 강도범죄를 저지른 사람으로서 강도범죄를 다시 범할 위험성이 있다고 인정되는 사람
  5. 스토킹범죄를 저지른 사람으로서 스토킹범죄를 다시 범할 위험성이 있다고 인정되는 사람

정답 | 없음

259

내란목적살인죄(형법 제88조)로 5년의 징역형을 선고받고 1년간의 형집행을 받은 자로서 다시 내란목적살인죄를 범할 가능성이 있다고 판단되는 자에게 내릴 수 있는 처분은?

2012. 7급 교정직 공채 수정

① 보호감호처분
② 치료감호처분
③ 보안관찰처분
④ 보안감호처분

해설

③ 보안관찰처분대상자에 해당하는 자중 보안관찰해당범죄를 다시 범할 위험성이 있다고 인정할 충분한 이유가 있어 재범의 방지를 위한 관찰이 필요한 자에 대하여는 보안관찰처분을 한다(보안관찰법 제4조 제1항). 이 법에서 "보안관찰처분대상자"라 함은 보안관찰해당범죄 또는 이와 경합된 범죄로 금고 이상의 형의 선고를 받고 그 형기합계가 3년 이상인 자로서 형의 전부 또는 일부의 집행을 받은 사실이 있는 자를 말한다(동법 제3조).

* **보안관찰해당범죄(보안관찰법 제2조)**: 이 법에서 "보안관찰해당범죄"라 함은 다음 각 호의 1에 해당하는 죄를 말한다.
    1. 형법 제88조·제89조(제87조의 미수범을 제외한다)·제90조(제87조에 해당하는 죄를 제외한다)·제92조 내지 제98조·제100조(제99조의 미수범을 제외한다) 및 제101조(제99조에 해당하는 죄를 제외한다)
    2. 군형법 제5조 내지 제8조, 제9조 제2항 및 제11조 내지 제16조
    3. 국가보안법 제4조, 제5조(제1항 중 제4조 제1항 제6호에 해당하는 행위를 제외한다), 제6조, 제9조 제1항·제3항(제2항의 미수범을 제외한다)·제4항

정답 ③

260. 현행법상 보안처분에 관한 설명으로 옳은 것은?

2008. 7급 공채

① 「헌법」에는 보안처분에 관한 명시적 규정이 없지만 법치국가의 기본원리상 법률에 규정된 경우 적법절차에 따라 보안처분을 부과하여야 한다는 것이 통설·판례의 입장이다.
② 보안관찰처분의 기간을 계산할 때에는 초일불산입의 원칙이 적용된다.
③ 보안관찰처분의 집행은 법원의 지휘를 받아 보호관찰관이 집행한다.
④ 보안관찰의 처분기간은 2년이며 그 기간을 갱신할 수 있어 종신수감의 위험이 있다.

해설

④ 보안관찰처분의 기간은 2년으로 한다. 법무부장관은 검사의 청구가 있는 때에는 보안관찰처분심의위원회의 의결을 거쳐 그 기간을 갱신할 수 있다(보안관찰법 제5조 제1항·제2항). 보안관찰법은 보안관찰처분을 횟수의 제한 없이 갱신할 수 있어 운영하기에 따라서는 종신수감의 위험성이 있다.
① 헌법에는 보안처분에 관한 명시적 규정이 있다. 모든 국민은 신체의 자유를 가진다. 누구든지 법률에 의하지 아니하고는 체포·구속·압수·수색 또는 심문을 받지 아니하며, 법률과 적법한 절차에 의하지 아니하고는 처벌·보안처분 또는 강제노역을 받지 아니한다(헌법 제12조 제1항).
② 보안관찰처분의 기간은 보안관찰처분 결정을 집행하는 날부터 계산한다. 이 경우 초일은 산입한다(보안관찰법 제25조 제1항).
③ 보안관찰처분의 집행은 검사가 지휘한다(동법 제17조 제1항). 보안관찰처분을 받은 자는 이 법이 정하는 바에 따라 소정의 사항을 주거지 관할경찰서장에게 신고하고, 재범방지에 필요한 범위 안에서 그 지시에 따라 보안관찰을 받아야 한다(동법 제4조 제2항). 즉 집행은 주거지 관할경찰서장이 한다.

정답 ④

04 범죄피해자 보호

> **포인트**
> 최근 들어 범죄원인론과 더불어 크게 부각되고 있는 분야이다. 범죄의 피해자가 범죄의 발생과 어떤 상관관계를 가지고 있는가를 규명하고, 범죄피해자에 대한 대책, 구제방법을 연구하는 분야이다. 특히 범죄피해자에 대한 구제수단은 일정한 출제빈도를 보이고 있으므로, 범죄피해자보호법상의 구제수단을 중심으로 잘 정리해둘 필요가 있다.

261 범죄피해자 또는 피해자학에 관한 설명 중 옳지 않은 것은? 2007. 7급 공채

① 멘델존(Benjamin Mendelsohn)은 범죄피해자가 범죄에 대해 책임 있는 정도에 따라 피해자를 분류하였다.
② 헨티히(Hans Von Hentig)는 피해자의 존재가 범죄자를 만들어낸다고 하여 피해자를 범죄의 발생원인으로 파악하였다.
③ 범죄피해자학은 오늘날 범죄예방대책 수립의 기초를 제공하고 형사절차에서 피해자의 참여권을 확대하며, 구성요건의 명확화를 촉진시키는 등 형사법학에 많은 영향을 주었다.
④ 성범죄피해자는 범죄의 피해자인 동시에 형사사법제도의 피해자, 사회의 피해자로서 3중의 피해를 받게 됨으로써 이에 대한 보호대책이 절실히 요구되는 피해자이다.

해설
③ 피해자학은 피해자의 관점에서 접근함으로써 보다 정확한 범죄원인 내지 피해원인을 규명하고, 이를 바탕으로 보다 적절한 범죄예방대책 수립의 기초를 제공하고 형사절차에서 피해자의 참여권을 확대하였다고 할 수 있다. 다만, 형법학에 있어서의 '구성요건의 명확화'는 범죄의 성립여부와 관계되는 죄형법정주의의 내용으로 피해자학과는 직접적인 관련이 있다고 볼 수 없다.

정답 ③

262 피해자 유형의 분류에 대한 설명으로 옳지 않은 것은?　　　2010. 7급 공채

① 엘렌베르거(H. Ellenberger)는 피해자 유형을 일반적 피해자성과 잠재적 피해자성으로 나누며, 피학대자를 잠재적 피해자성으로 분류한다.
② 헨티히(H. von Hentig)는 피해자 유형을 일반적 피해자와 심리학적 피해자로 나누며, 심신장애자를 심리학적 피해자로 분류한다.
③ 멘델존(B. Mendelsohn)은 피해자 유형을 피해자 측의 귀책성 여부에 따라 나누며, 영아살해죄의 영아를 완전히 유책성이 없는 피해자로 분류한다.
④ 레클리스(W. Reckless)는 피해자 유형을 피해자의 도발유무를 기준으로 하여 순수한 피해자와 도발한 피해자로 나눈다.

해설

② 헨티히(Hentig)의 분류에 의하면 심신장애자는 일반적 피해자 중 생래적 피해자에 속한다. 헨티히는 피해자의 유형을 일반적 유형과 심리학적 유형으로 구분하고, 일반적 유형은 다시 생래적 피해자와 사회적 피해자로 나눈다. 생래적 피해자에는 육체적·정신적으로 약한 피해자들이 포함되며, 여기에는 청소년, 노인, 여성, 정신박약자, 정신장애자 등이 속한다. 사회적 피해자에는 사회적으로 약한 피해자들이 포함되며, 이민자, 소수민족 등이 여기에 속한다. 그리고 심리학적 유형에는 의기소침한 자, 무관심한 자, 탐욕스러운 자, 방종·호색가, 고독과 비탄에 젖은 자, 학대한 자, 파멸된 자가 있다.

정답 ②

263 범죄피해자에 대한 설명으로 옳지 않은 것은?

2018. 7급 공채

① 멘델존(Mendelsohn)은 범죄발생에 있어 귀책성의 정도에 따라 피해자를 구분하였고, 엘렌베르거(Ellenberger)는 심리학적 기준에 따라 피해자를 분류하였다.
② 「범죄피해자 보호법」상 범죄피해자의 개념에는 타인의 범죄행위로 피해를 당한 사람의 배우자는 포함되지 않는다.
③ 피해자는 공판절차에서 증인으로 신문을 받는 경우 자신과 신뢰관계에 있는 자의 동석을 신청할 수 있다.
④ 회복적 사법은 범죄피해자의 피해회복을 통하여 사회적 화합을 성취하고 이를 통하여 가해자에게도 사회복귀의 기회와 가능성을 높여주기 위한 프로그램이다.

해설

② "범죄피해자"란 타인의 범죄행위로 피해를 당한 사람과 그 배우자(사실상의 혼인관계를 포함한다), 직계친족 및 형제자매를 말한다(범죄피해자 보호법 제3조 제1항 제1호).
① 멘델존은 피해자의 유책성의 정도를 기준으로 하여, ⅰ) 책임이 없는 피해자, ⅱ) 책임의 정도가 적은 피해자, ⅲ) 가해자와 동등한 정도의 책임이 있는 피해자, ⅳ) 가해자보다 더 책임이 큰 피해자, ⅴ) 가장 책임의 정도가 큰 피해자로 분류하였고, 엘렌베르거는 심리학적 기준으로, 잠재적 피해자와 일반적 피해자로 분류하였다.
③ 법원은 범죄로 인한 피해자를 증인으로 신문하는 경우 증인의 연령, 심신의 상태, 그 밖의 사정을 고려하여 증인이 현저하게 불안 또는 긴장을 느낄 우려가 있다고 인정하는 때에는 직권 또는 피해자·법정대리인·검사의 신청에 따라 피해자와 신뢰관계에 있는 자를 동석하게 할 수 있다(형사소송법 제163조의2 제1항).
④ 회복적 사법이란 범죄로 발생한 상황을 원상회복하기 위하여 지역사회는 피해자를 지원하고 범죄자에게는 배상할 의무를 부과하여, 범죄로 인한 피해자와 가해자, 그 밖의 관련자 및 지역공동체가 함께 범죄로 인한 문제를 치유하고 기존의 관계를 회복하도록 유도하는 절차를 말한다.

정답 ②

264. 피해자학 또는 범죄피해자에 대한 설명으로 옳지 않은 것은? 2014. 7급 교정직 공채

① 멘델존(Mendelsohn)은 피해자학의 아버지로 불리며 범죄피해자의 유책성 정도에 따라 피해자를 유형화하였다.
② 범죄피해자보호법에서는 대인범죄 피해자와 재산범죄 피해자를 모두 범죄피해 구조대상으로 본다.
③ 마약 복용, 매춘 등의 행위는 '피해자 없는 범죄'에 해당한다.
④ 정당방위(형법 제21조 제1항)에 해당하여 처벌되지 않는 행위 및 과실에 의한 행위로 인한 피해는 범죄피해 구조대상에서 제외된다.

해설

② 범죄피해자보호법은 제1조(목적)에서 "타인의 범죄행위로 인하여 생명·신체에 피해를 받은 사람을 구조(救助)함으로써 범죄피해자의 복지 증진에 기여함을 목적으로 한다."고 하고 있으며, 동법 제3조 제1항 제4호에서 "구조대상 범죄피해"를 대한민국의 영역 안에서 또는 대한민국의 영역 밖에 있는 대한민국의 선박이나 항공기 안에서 행하여진 사람의 생명 또는 신체를 해치는 죄에 해당하는 행위로 규정하여, 대인범죄 피해자에 한하여 구조대상으로 보고 있으며, 재산범죄의 피해자는 포함되지 않는다.
① 멘델존(Mendelsohn)은 범죄발생에 있어서 피해자의 유책성의 정도에 따라, 책임이 없는 피해자, 책임이 조금 있는 피해자, 가해자와 동등한 책임이 있는 피해자, 가해자보다 더 유책한 피해자, 가해자보다 책임이 많은 피해자로 분류하였다.
③ 마약 복용, 매춘 등의 행위는 우리나라에서는 실정법상 범죄로 규정하고 있지만, 이들 범죄는 개인적인 피해는 없는 특징을 가지고 있다. 즉 마약 복용, 매춘 등의 행위는 형법상 사회적 법익에 관한 죄에 해당하며, 이들 범죄는 사회의 안전과 질서의 보호를 위하여 범죄로 규정하고 있으나, 그 범죄행위로 인하여 어느 개인에게 직접적인 피해를 야기하는 것은 아닌 점에서 일반적으로 이들 범죄를 '피해자 없는 범죄'로 분류한다. 피해자 없는 범죄는 비범죄화의 논의대상이며, 암수범죄의 발생가능성이 높은 특징을 가지고 있다.
④ "구조대상 범죄피해"란 대한민국의 영역 안에서 또는 대한민국의 영역 밖에 있는 대한민국의 선박이나 항공기 안에서 행하여진 사람의 생명 또는 신체를 해치는 죄에 해당하는 행위[「형법」 제9조, 제10조 제1항, 제12조, 제22조 제1항(형사미성년자, 심신상실자, 강요된 행위, 긴급피난)에 따라 처벌되지 아니하는 행위를 포함하며, 같은 법 제20조 또는 제21조 제1항(정당행위, 정당방위)에 따라 처벌되지 아니하는 행위 및 과실에 의한 행위는 제외한다]로 인하여 사망하거나 장해 또는 중상해를 입은 것을 말한다(범죄피해자보호법 제3조 제1항 제4호).

정답 ②

265 범죄의 피해자에 대한 설명으로 옳지 않은 것은?   2022. 7급 공채 보호직, 교정직

① 「형법」에 의하면 피해의 정도뿐만 아니라 가해자와 피해자의 관계도 양형에 고려된다.
② 피해자는 제2심 공판절차에서는 사건이 계속된 법원에 「소송촉진 등에 관한 특례법」에 따른 피해배상을 신청할 수 없다.
③ 레크리스(Reckless)는 피해자의 도발을 기준으로 '가해자 – 피해자 모델'과 '피해자 – 가해자 – 피해자 모델'로 구분하고 있다.
④ 「범죄피해자보호기금법」에 의하면 「형사소송법」에 따라 집행된 벌금의 일부도 범죄피해자보호기금에 납입된다.

해설
② 피해자는 <u>제1심 또는 제2심 공판의 변론이 종결될 때까지</u> 사건이 계속(係屬)된 법원에 제25조(배상명령)에 따른 피해배상을 신청할 수 있다(소송촉진 등에 관한 특례법 제26조 제1항).
① 형을 정함에 있어서는 ⅰ) 범인의 연령, 성행, 지능과 환경, ⅱ) 피해자에 대한 관계, ⅲ) 범행의 동기, 수단과 결과, ⅳ) 범행 후의 정황을 참작하여야 한다(형법 제51조).
③ 레크리스(Reckless)의 피해자의 도발을 기준으로 한 분류이다.
④ 정부는 「형사소송법」 제477조 제1항에 따라 집행된 벌금에 100분의 6 이상의 범위에서 대통령령으로 정한 비율을 곱한 금액을 기금에 납입하여야 한다(범죄피해자보호기금법 제4조 제2항).

정답 ②

266 일상활동이론(routine activities theory)의 범죄발생 요소에 해당하지 않는 것은?
2021. 7급 공채

① 동기화된 범죄자(motivated offenders)
② 비범죄적 대안의 부재(absence of non-criminal alternatives)
③ 적절한 대상(suitable targets)
④ 보호의 부재(absence of capable guardians)

해설
② 코헨과 펠슨(Cohen & Felson)은 일상활동이론(Routine activities theory)에서 <u>동기를 가진 범죄자, 적당한 범행대상의 존재 및 범죄에 대한 보호장치 또는 감시인의 부재</u> 등과 같은 요소가 결집되면 범죄의 피해자가 될 수 있다고 보았다.

정답 ②

267 범죄예방에 대한 설명으로 옳지 않은 것은? 2023. 7급 공채

① 생활양식이론에 의하면, 범죄예방을 위하여 체포가능성의 확대와 처벌의 확실성 확보를 강조한다.
② 브랜팅햄(Brantingham)과 파우스트(Faust)는 질병예방에 관한 보건의료모형을 응용하여 단계화한 범죄예방모델을 제시하였다.
③ 일상활동이론에 의하면, 동기 부여된 범죄자와 매력적인 목표물, 보호능력의 부재나 약화라는 범죄의 발생조건의 충족을 제지함으로써 범죄를 예방할 수 있다.
④ 이웃감시는 일반시민을 대상으로 한 1차적 범죄예방모델의 예에 해당한다.

해설

① 하인드랑과 갓프레드슨(Hindelang & Gottfredson)의 생활양식이론(Lifestyle exposure theory)에 의하면, 개인의 직업적 활동·여가활동 등 모든 일상적 활동의 생활양식에 따라 범죄피해의 위험성이 달라진다고 보았다. 즉 범죄와 접촉할 가능성이 높은 생활양식을 가지고 있는 사람이 범죄의 피해자가 되기 쉽다는 것이다. 따라서 범죄예방을 위해서는 외부에서 활동하는 시간을 줄이고, 가족과 함께 있는 시간을 늘리는 등 범죄와 접촉할 가능성이 낮은 생활양식으로의 변화가 필요함을 강조한다.
② 브랜팅햄(Brantingham)과 파우스트(Faust)는 범죄예방모델을 1차적 범죄예방, 2차적 범죄예방, 3차적 범죄예방으로 나누어 단계화한 범죄예방모델을 제시하였다. 1차적 범죄예방은 범죄를 야기할 가능성이 있는 문제점을 미연에 방지할 목적으로 범죄의 기회를 제공하거나 범죄를 촉진하는 물리적·사회적 환경조건을 변화시키는 것을 말하고, 2차적 범죄예방은 범죄의 가능성이 있는 잠재적 범죄자를 조기에 발견하고 그를 감시·교육함으로써 반사회적 행위에 이르기 전에 미리 예방하는 것을 말하며, 3차적 범죄예방은 범죄자를 대상으로 하는 범죄예방조치를 통하여 재범을 방지할 수 있도록 하는 것을 말한다.

정답 ①

268
범죄피해자와 관련한 현행 제도에 대한 설명으로 옳지 않은 것은? (다툼이 있는 경우 판례에 의함)

2020. 7급 공채

① 「소송촉진 등에 관한 특례법」 제25조 제1항에 따른 배상명령은 피고사건의 범죄행위로 발생한 직접적인 물적 피해, 치료비 손해와 위자료에 대하여 피고인에게 배상을 명함으로써 간편하고 신속하게 피해자의 피해회복을 도모하고자 하는 제도이다.
② 「범죄피해자보호법」은 피해자와 피의자 사이의 합의가 이루어졌더라도 기소유예처분의 사유에 해당함이 명백한 경우 형사조정에 회부하지 못하도록 하고 있다.
③ 「범죄피해자보호법」상 범죄피해자란 타인의 범죄행위로 피해를 당한 사람과 그 법률상·사실상 배우자, 직계친족 및 형제자매를 말한다.
④ 「성폭력범죄의 처벌 등에 관한 특례법」에 따르면 검사는 성폭력범죄 피해자에게 변호사가 없는 경우 국선변호사를 선정하여 형사절차에서 피해자의 권익을 보호할 수 있다.

해설

② 형사조정에 회부하여서는 아니 되는 경우는 ⅰ) 피의자가 도주하거나 증거를 인멸할 염려가 있는 경우, ⅱ) 공소시효의 완성이 임박한 경우, ⅲ) 불기소처분의 사유에 해당함이 명백한 경우(다만, 기소유예처분의 사유에 해당하는 경우는 제외한다)이다(범죄피해자보호법 제41조 제2항). 즉 기소유예처분의 사유에 해당하는 경우에는 형사조정에 회부할 수 있다.
① 대법원 2013.10.11., 2013도9616
③ 범죄피해자보호법 제3조 제1항 제1호
④ 성폭력범죄의 처벌 등에 관한 특례법 제27조 제6항

정답 ②

269 「형사소송법」상 피해자 등 진술권에 대한 설명으로 옳지 않은 것은? 2021. 7급 공채

① 범죄로 인한 피해자 등의 신청으로 그 피해자등을 증인으로 신문하는 경우, 신청인이 출석통지를 받고도 정당한 이유 없이 출석하지 아니한 때에는 그 신청을 철회한 것으로 본다.
② 법원은 범죄로 인한 피해자를 증인으로 신문하는 경우 당해 피해자·법정대리인 또는 검사의 신청에 따라 피해자의 사생활의 비밀이나 신변보호를 위하여 필요하다고 인정하는 때에는 결정으로 심리를 공개하지 아니할 수 있다.
③ 법원은 동일한 범죄사실에서 피해자등의 증인신문을 신청한 그 피해자 등이 여러 명이라도 진술할 자의 수를 제한할 수 없다.
④ 법원이 범죄로 인한 피해자의 신청에 의하여 신문할 증인의 신문방식은 재판장이 정하는 바에 의한다.

해설

③ 법원은 동일한 범죄사실에서 피해자 등의 증인신문의 신청인이 여러 명인 경우에는 진술할 자의 수를 제한할 수 있다(형사소송법 제294조의2 제3항).
① 동법 제294조의2 제4항
② 동법 제294조의3 제1항
④ 동법 제161조의2 제4항

정답 ③

PART III 범죄대책, 형사제재 및 범죄피해자 보호

270 형사절차상 피해자에 대한 설명으로 옳지 않은 것은? 2014. 7급 공채

① 범죄로 인해 인적 또는 물적 피해를 받은 자가 가해자의 불명 또는 무자력의 사유로 인하여 피해의 전부 또는 일부를 배상 받지 못하는 경우 국가는 피해자 또는 유족에게 범죄피해구조금을 지급한다.
② 제1심 또는 제2심 형사공판절차에서 일정한 범죄에 관하여 유죄판결을 선고할 경우, 법원은 범죄행위로 인하여 발생한 직접적인 물적 피해, 치료비 손해 및 위자료의 배상을 명할 수 있다.
③ 범죄로 인한 피해자는 고소할 수 있고, 고소는 제1심판결 선고 전까지 취소할 수 있다.
④ 법원은 범죄 피해자의 신청이 있는 때에는, 당해 사건에 관하여 공판절차에서 충분히 진술하여 다시 진술할 필요가 없거나 공판절차가 현저하게 지연될 우려가 있는 경우를 제외하고는 피해자를 증인으로 신문하여야 한다.

해설

① "구조대상 범죄피해"란 대한민국의 영역 안에서 또는 대한민국의 영역 밖에 있는 대한민국의 선박이나 항공기 안에서 행하여진 사람의 생명 또는 신체를 해치는 죄에 해당하는 행위(「형법」 제9조, 제10조 제1항, 제12조, 제22조 제1항에 따라 처벌되지 아니하는 행위를 포함하며, 같은 법 제20조 또는 제21조 제1항에 따라 처벌되지 아니하는 행위 및 과실에 의한 행위는 제외한다)로 인하여 사망하거나 장해 또는 중상해를 입은 것을 말한다(범죄피해자 보호법 제3조 제4호). 즉 인적 피해에 한하며, 물적 피해는 포함되지 않는다. 그리고 '가해자의 불명, 무자력'은 구조금의 지급요건에 해당하지 않는다.
② 소송촉진 등에 관한 특례법 제25조 제1항
③ 형사소송법 제223조, 제232조 제1항
④ 동법 제294조의2 제1항

정답 ①

271 「범죄피해자보호법」상의 구조금에 대한 설명으로 옳지 않은 것은? 2011. 7급 교정직 공채

① 자기 또는 타인의 형사사건 수사 또는 재판에서 고소·고발 등 수사단서를 제공하거나 진술, 증언 또는 자료제출을 하다가 구조피해자가 된 경우 범죄피해 구조금을 지급한다.
② 구조금 지급신청은 법무부령으로 정하는 바에 따라 그 주소지, 거주지 또는 범죄발생지를 관할하는 지구심의회에 할 수 있다.
③ 구조금 지급신청은 당해 범죄피해의 발생을 안 날로부터 3년이 지나거나, 해당 구조대상 범죄피해가 발생한 날로부터 10년이 지나면 할 수 없다.
④ 구조피해자나 유족이 해당 구조대상 범죄피해를 원인으로 하여 손해배상을 받았더라도 국가는 구조금 전액을 지급해야 한다.

해설

④ 국가는 구조피해자나 유족이 해당 구조대상 범죄피해를 원인으로 하여 손해배상을 받았으면 그 범위에서 구조금을 지급하지 아니한다(범죄피해자 보호법 제21조 제1항).
① 동법 제16조 제2호
② 동법 제25조 제1항
③ 동법 제25조 제2항

> ※ **구조금의 지급요건(범죄피해자 보호법 제16조)** : 국가는 구조대상 범죄피해를 받은 사람(이하 "구조피해자")이 다음 각 호의 어느 하나에 해당하면 구조피해자 또는 그 유족에게 범죄피해 구조금을 지급한다.
> 1. 구조피해자가 피해의 전부 또는 일부를 배상받지 못하는 경우
> 2. 자기 또는 타인의 형사사건의 수사 또는 재판에서 고소·고발 등 수사단서를 제공하거나 진술, 증언 또는 자료제출을 하다가 구조피해자가 된 경우

정답 ④

272 「범죄피해자 보호법」상 범죄피해자 구조제도에 대한 설명 중 옳은 것만을 모두 고르면?

2019. 5급 교정직 승진

> ㄱ. 구조금은 유족구조금, 장해구조금 및 중상해구조금으로 구분하며, 일시금으로 지급한다.
> ㄴ. 정당행위나 정당방위, 긴급피난에 의해 처벌되지 아니하는 행위로 인한 피해는 구조대상 범죄피해에서 제외한다.
> ㄷ. 외국인이 구조피해자이거나 유족인 경우에도 해당 국가의 상호보증 유무와 관계없이 구조금을 지급하여야 한다.
> ㄹ. 구조금을 받을 권리는 양도하거나 담보로 제공하거나 압류할 수 없다.
> ㅁ. 구조금을 받을 권리는 구조대상 범죄피해가 발생한 날부터 2년간 행사하지 아니하면 시효로 인하여 소멸된다.

① ㄱ, ㄹ
② ㄴ, ㄷ
③ ㄱ, ㄴ, ㄹ
④ ㄱ, ㄹ, ㅁ
⑤ ㄱ, ㄴ, ㄷ, ㅁ

해설

① 옳은 것은 ㄱ, ㄹ이다.
ㄱ. (O) 범죄피해자 보호법 제17조 제1항
ㄴ. (X) 정당행위나 정당방위에 의해 처벌되지 아니하는 행위 및 과실에 의한 행위로 인한 피해는 구조대상 범죄피해에서 제외되나, 긴급피난에 의해 처벌되지 아니하는 행위로 인한 피해는 구조대상 범죄피해 포함된다(동법 제3조 제1항 제4호).
ㄷ. 이 법은 외국인이 구조피해자이거나 유족인 경우에는 해당 국가의 상호보증이 있는 경우에만 적용한다(동법 제23조).
ㄹ. (O) 동법 제32조
ㅁ. (X) 구조금을 받을 권리는 그 구조결정이 해당 신청인에게 송달된 날부터 2년간 행사하지 아니하면 시효로 인하여 소멸된다(동법 제31조).

정답 ①

273 「범죄피해자 보호법」상 범죄피해 구조제도에 대한 설명으로 옳은 것은? (다툼이 있는 경우 판례에 의함)

2021. 7급 공채

① 사실혼 관계에 있는 배우자는 구조금을 받을 수 있는 유족에 포함되지 않는다.
② 유족구조금은 범죄행위로 인한 손실 또는 손해를 전보하기 위하여 지급된다는 점에서 불법행위로 인한 소극적 손해의 배상과 같은 종류의 금원에 해당하지 않는다.
③ 국가 간 상호보증과 무관하게 구조피해자나 유족이 외국인이라도 구조금 지급대상이 된다.
④ 범죄피해자 구조청구권의 대상이 되는 범죄피해에 해외에서 발생한 범죄피해의 경우를 포함하고 있지 아니한 것은 평등원칙에 위배되지 아니한다.

해설

④ 범죄피해자 구조청구권을 인정하는 이유는 크게 국가의 범죄방지책임 또는 범죄로부터 국민을 보호할 국가의 보호의무를 다하지 못하였다는 것과 그 범죄피해자들에 대한 최소한의 구제가 필요하다는데 있다. 그런데 국가의 주권이 미치지 못하고 국가의 경찰력 등을 행사할 수 없거나 행사하기 어려운 해외에서 발생한 범죄에 대하여는 국가에 그 방지책임이 있다고 보기 어렵고, 상호보증이 있는 외국에서 발생한 범죄피해에 대하여는 국민이 그 외국에서 피해구조를 받을 수 있으며, 국가의 재정에 기반을 두고 있는 구조금에 대한 청구권 행사대상을 우선적으로 대한민국의 영역 안의 범죄피해에 한정하고, 향후 해외에서 발생한 범죄피해의 경우에도 구조를 하는 방향으로 운영하는 것은 입법형성의 재량의 범위 내라고 할 것이다. 따라서 범죄피해자구조청구권의 대상이 되는 범죄피해에 해외에서 발생한 범죄피해의 경우를 포함하고 있지 아니한 것이 현저하게 불합리한 자의적인 차별이라고 볼 수 없어 평등원칙에 위배되지 아니한다(헌법재판소 2011.12.29., 2009헌마 354).
① '배우자(사실상 혼인관계를 포함한다) 및 구조피해자의 사망 당시 구조피해자의 수입으로 생계를 유지하고 있는 구조피해자의 자녀'는 유족구조금을 지급받을 수 있는 유족 중 1순위에 해당한다(범죄피해자 보호법 제18조 제1항 제1호).
② 범죄피해자 보호법에 의한 범죄피해 구조금 중 위 법 제17조 제2항의 유족구조금은 사람의 생명 또는 신체를 해치는 죄에 해당하는 행위로 인하여 사망한 피해자 또는 그 유족들에 대한 손실보상을 목적으로 하는 것으로서, 위 범죄행위로 인한 손실 또는 손해를 전보하기 위하여 지급된다는 점에서 불법행위로 인한 소극적 손해의 배상과 같은 종류의 금원이라고 봄이 타당하다(대법원 2017.11.9., 2017다228083).
③ 이 법은 외국인이 구조피해자이거나 유족인 경우에는 해당 국가의 상호보증이 있는 경우에만 적용한다(동법 제23조).

정답 ④

274 「범죄피해자 보호법」상 구조금 지급에 대한 설명으로 옳지 않은 것은?

2017. 9급 교정직 공채

① 범죄행위 당시 구조피해자와 가해자의 사이가 4촌 이내의 친족관계가 있는 경우 구조금을 지급하지 아니한다. 다만 구조금을 지급하지 아니하는 것이 사회통념에 위배된다고 인정할 만한 특별한 사정이 있는 경우에는 구조금의 전부 또는 일부를 지급할 수 있다.
② 구조금은 유족구조금, 장해구조금 및 중상해구조금으로 구분하며, 일시금으로 지급한다. 다만, 특별한 사정이 있는 경우에는 분할하여 지급할 수 있다.
③ 구조피해자의 사망 당시 구조피해자의 수입으로 생계를 유지하고 있지 않은 구조피해자의 자녀, 부모, 손자·손녀, 조부모 및 형제자매도 유족구조금의 지급대상인 유족에 해당한다.
④ 국가는 구조피해자나 유족이 해당 구조대상 범죄피해를 원인으로 하여 손해배상을 받았으면 그 범위에서 구조금을 지급하지 아니한다.

해설

② 구조금은 유족구조금·장해구조금 및 중상해구조금으로 구분하며, <u>일시금으로 지급한다</u>(범죄피해자 보호법 제17조 제1항). 분할하여 지급할 수 있는 예외규정은 없다.
① 동법 제19조 제1항 제3호, 제19조 제7항
③ 구조피해자의 사망 당시 구조피해자의 수입으로 생계를 유지하고 있지 않은 구조피해자의 자녀, 부모, 손자·손녀, 조부모 및 형제자매는 3순위의 유족구조금의 지급대상인 유족에 해당한다(동법 제18조 제1항 제3호).
④ 동법 제21조 제1항

> ※ **유족의 범위 및 순위**(범죄피해자 보호법 제18조 제1항) : 유족구조금을 지급받을 수 있는 유족은 다음 각 호의 어느 하나에 해당하는 사람으로 한다.
> 1. 배우자(사실상 혼인관계를 포함한다) 및 구조피해자의 사망 당시 구조피해자의 수입으로 생계를 유지하고 있는 구조피해자의 자녀
> 2. 구조피해자의 사망 당시 구조피해자의 수입으로 생계를 유지하고 있는 구조피해자의 부모, 손자·손녀, 조부모 및 형제자매
> 3. 제1호 및 제2호에 해당하지 아니하는 구조피해자의 자녀, 부모, 손자·손녀, 조부모 및 형제자매

정답 ②

275 「범죄피해자 보호법」상 범죄피해의 구조에 대한 설명으로 옳지 않은 것은?

2023. 7급 공채

① 범죄피해 구조금을 받을 권리는 그 구조결정이 해당 신청인에게 송달된 날부터 2년간 행사하지 아니하면 시효로 인하여 소멸된다.
② 구조대상 범죄피해를 받은 사람이 해당 범죄피해의 발생 또는 증대에 가공한 부적절한 행위를 한 때에는 범죄피해 구조금의 일부를 지급하지 아니한다.
③ 범죄피해구조심의회에서 범죄피해 구조금 지급신청을 일부기각하면 신청인은 결정의 정본이 송달된 날부터 2주일 이내에 그 범죄피해구조심의회를 거쳐 범죄피해구조본부심의회에 재심을 신청할 수 있다.
④ 범죄피해 구조금을 받은 사람이 거짓이나 그 밖의 부정한 방법으로 범죄피해 구조금을 받은 경우, 국가는 범죄피해구조심의회 또는 범죄피해구조본부심의회의 결정을 거쳐 그가 받은 범죄피해 구조금의 전부를 환수해야 한다.

해설

④ 국가는 이 법에 따라 구조금을 받은 사람이 ⅰ) 거짓이나 그 밖의 부정한 방법으로 구조금을 받은 경우, ⅱ) 구조금을 받은 후 제19조(구조금을 지급하지 아니할 수 있는 경우)에 규정된 사유가 발견된 경우, ⅲ) 구조금이 잘못 지급된 경우의 어느 하나에 해당하면 지구심의회 또는 본부심의회의 결정을 거쳐 그가 받은 구조금의 전부 또는 일부를 환수할 수 있다(범죄피해자 보호법 제30조 제1항).
① 동법 제31조
② 동법 제19조 제4항 제2호
③ 지구심의회에서 구조금 지급신청을 기각(일부기각된 경우를 포함한다) 또는 각하하면 신청인은 결정의 정본이 송달된 날부터 2주일 이내에 그 지구심의회를 거쳐 본부심의회에 재심을 신청할 수 있다(동법 제27조 제1항).

* **구조금의 전부를 지급하지 아니하는 경우**(범죄피해자 보호법 제19조 제3항) : 구조피해자가 다음 각 호의 어느 하나에 해당하는 행위를 한 때에는 구조금을 지급하지 아니한다.
  1. 해당 범죄행위를 교사 또는 방조하는 행위
  2. 과도한 폭행·협박 또는 중대한 모욕 등 해당 범죄행위를 유발하는 행위
  3. 해당 범죄행위와 관련하여 현저하게 부정한 행위
  4. 해당 범죄행위를 용인하는 행위
  5. 집단적 또는 상습적으로 불법행위를 행할 우려가 있는 조직에 속하는 행위(다만, 그 조직에 속하고 있는 것이 해당 범죄피해를 당한 것과 관련이 없다고 인정되는 경우는 제외한다)
  6. 범죄행위에 대한 보복으로 가해자 또는 그 친족이나 그 밖에 가해자와 밀접한 관계가 있는 사람의 생명을 해치거나 신체를 중대하게 침해하는 행위

* **구조금의 일부를 지급하지 아니하는 경우**(범죄피해자 보호법 제19조 제4항) : 구조피해자가 다음 각 호의 어느 하나에 해당하는 행위를 한 때에는 구조금의 일부를 지급하지 아니한다.
  1. 폭행·협박 또는 모욕 등 해당 범죄행위를 유발하는 행위
  2. 해당 범죄피해의 발생 또는 증대에 가공(加功)한 부주의한 행위 또는 부적절한 행위

정답 ④

276 「범죄피해자보호법」상 범죄피해자를 위한 지원에 대한 설명으로 옳지 않은 것은?

2016. 7급 공채

① 국가 또는 지방자치단체는 법무부장관에게 등록한 범죄피해자 지원법인의 건전한 육성과 발전을 위하여 등록법인에 보조금을 교부할 수 있다.
② 범죄피해구조금 지급에 관한 사항을 심의·결정하기 위하여 각 지방검찰청에 범죄피해구조심의회를 둔다.
③ 검사는 피의자와 범죄피해자 사이에 범죄피해자가 입은 피해를 실질적으로 회복하는데 필요하다고 인정되더라도 당사자의 신청이 없으면 수사 중인 형사사건을 형사조정에 회부할 수 없다.
④ 국가는 구조피해자나 유족이 해당 구조대상 범죄피해를 원인으로 하여 손해배상을 받았으면 그 범위에서 구조금을 지급하지 아니한다.

해설

③ 검사는 피의자와 범죄피해자 사이에 형사분쟁을 공정하고 원만하게 해결하여 범죄피해자가 입은 피해를 실질적으로 회복하는 데 필요하다고 인정하면 <u>당사자의 신청 또는 직권으로</u> 수사 중인 형사사건을 형사조정에 회부할 수 있다(범죄피해자보호법 제41조 제1항).
① 동법 제34조 제1항
② 동법 제24조 제1항
④ 동법 제21조 제1항

정답 ③

277 「범죄피해자 보호법 시행령」상 범죄피해자보호위원회에 대한 설명으로 옳은 것은?

2014. 9급 교정직 공채

① 위원장은 법무부차관이 된다.
② 위원의 임기는 2년으로 하되 연임할 수 없다.
③ 회의는 재적위원 2/3 이상의 출석으로 개의하고 출석위원 과반수의 찬성으로 의결한다.
④ 위원장이 부득이한 사유로 직무를 수행할 수 없을 때에는 위원장이 미리 지정한 위원이 그 직무를 대행한다.

해설

④ 범죄피해자 보호법 시행령 제14조 제2항
① 법 제15조에 따른 범죄피해자보호위원회의 위원장은 법무부장관이 된다(동법 시행령 제13조 제1항).
② 제2항 제2호에 따라 위촉된 위원(범죄피해자 보호·지원에 관한 전문지식과 경험이 풍부한 사람 중에서 법무부장관이 위촉하는 10명 이내의 민간위원)의 임기는 2년으로 하되 연임할 수 있으며, 보궐위원의 임기는 전임자의 임기의 남은 기간으로 한다(동법 시행령 제13조 제3항).
③ 보호위원회의 회의는 재적위원 과반수의 출석으로 개의(開議)하고, 출석위원 과반수의 찬성으로 의결한다(동법 시행령 제14조 제3항).

정답 ④

278 「범죄피해자 보호법」상 형사조정위원회에 대한 설명으로 옳지 않은 것은?

2020. 5급 교정직 승진

① 형사조정을 담당하기 위하여 각급 지방검찰청 및 지청에 형사조정위원회를 둔다.
② 형사조정위원회는 2명 이상의 형사조정위원으로 구성한다.
③ 형사조정위원은 형사조정에 필요한 법적 지식 등 전문성과 덕망을 갖춘 사람 중에서 관할 지방검찰청 또는 지청의 장이 미리 위촉한다.
④ 형사조정위원회의 위원장은 관할 지방검찰청 또는 지청의 장이 형사조정위원 중에서 위촉한다.
⑤ 형사조정위원의 임기는 3년으로 하며, 연임할 수 있다.

해설

⑤ 형사조정위원의 임기는 2년으로 하며, 연임할 수 있다(범죄피해자 보호법 제42조 제5항).
① 동법 제42조 제1항
② 동법 제42조 제2항
③ 동법 제42조 제3항
④ 동법 제42조 제6항

정답 ⑤

279 「범죄피해자 보호법」상 형사조정에 대한 설명으로 옳은 것은? 2018. 7급 공채

① 공소시효의 완성이 임박한 형사사건이라도 형사조정에 회부할 수 있다.
② 형사조정위원회는 2명 이상의 형사조정위원으로 구성한다.
③ 형사조정위원회는 형사조정의 결과에 이해관계가 있는 사람의 신청이 없는 한 직권으로 이해관계인을 형사조정에 참여하게 할 수 없다.
④ 기소유예처분의 사유에 해당하는 형사사건은 형사조정에 회부할 수 없다.

해설

② 범죄피해자 보호법 제42조 제2항
① 공소시효의 완성이 임박한 형사사건인 경우에는 형사조정에 회부하여서는 아니 된다(동법 제41조 제2항).
③ 형사조정위원회는 필요하다고 인정하면 형사조정의 결과에 이해관계가 있는 사람의 신청 또는 직권으로 이해관계인을 형사조정에 참여하게 할 수 있다(동법 제43조 제3항).
④ 불기소처분의 사유에 해당함이 명백한 경우에는 형사조정에 회부하여서는 아니 된다. 다만, 기소유예처분의 사유에 해당하는 경우는 제외한다. 즉 기소유예처분의 사유에 해당하는 경우는 형사조정에 회부할 수 있다(동법 제41조 제2항 제3호).

> ※ **형사조정에의 회부(범죄피해자 보호법 제41조 제2항)** : 형사조정에 회부할 수 있는 형사사건의 구체적인 범위는 대통령령으로 정한다. 다만, 다음 각 호의 어느 하나에 해당하는 경우에는 형사조정에 회부하여서는 아니 된다.
> 1. 피의자가 도주하거나 증거를 인멸할 염려가 있는 경우
> 2. 공소시효의 완성이 임박한 경우
> 3. 불기소처분의 사유에 해당함이 명백한 경우(다만, 기소유예처분의 사유에 해당하는 경우는 제외한다)

정답 ②

280 「범죄피해자 보호법」상 형사조정에 대한 설명으로 옳지 않은 것은?

2023. 7급 공채 보호직, 교정직

① 검사는 피의자와 범죄피해자 사이에 형사분쟁을 공정하고 원만하게 해결하여 범죄피해자가 입은 피해를 실질적으로 회복하는 데 필요하다고 인정하면 직권으로 수사 중인 형사사건을 형사조정에 회부할 수 있다.
② 형사조정위원회는 필요하다고 인정하면 직권으로 형사조정의 결과에 이해관계가 있는 사람을 형사조정에 참여하게 할 수 있다.
③ 검사는 형사사건을 수사하고 처리할 때 형사조정이 성립되지 아니하였다는 사정을 피의자에게 불리하게 고려하여서는 아니 된다.
④ 검사는 기소유예처분 사유에 해당함이 명백한 형사사건을 형사조정에 회부하여서는 아니 된다.

해설

④ 불기소처분의 사유에 해당함이 명백한 경우에는 형사조정에 회부하여서는 아니 된다. 다만, 기소유예처분의 사유에 해당하는 경우는 제외한다(범죄피해자 보호법 제41조 제2항 제3호).
① 검사는 피의자와 범죄피해자(이하 "당사자") 사이에 형사분쟁을 공정하고 원만하게 해결하여 범죄피해자가 입은 피해를 실질적으로 회복하는 데 필요하다고 인정하면 당사자의 신청 또는 직권으로 수사 중인 형사사건을 형사조정에 회부할 수 있다(동법 제41조 제1항).
② 형사조정위원회는 필요하다고 인정하면 형사조정의 결과에 이해관계가 있는 사람의 신청 또는 직권으로 이해관계인을 형사조정에 참여하게 할 수 있다(동법 제43조 제3항).
③ 검사는 형사사건을 수사하고 처리할 때 형사조정 결과를 고려할 수 있다. 다만, 형사조정이 성립되지 아니하였다는 사정을 피의자에게 불리하게 고려하여서는 아니 된다(동법 제45조 제4항).

정답 ④

281. 범죄피해자 보호법령상 형사조정에 대한 설명으로 옳지 않은 것은?
2021. 7급 공채

① 피의자가 도주하거나 증거를 인멸할 염려가 있는 경우에는 형사조정에 회부하여서는 아니 된다.
② 각 형사조정사건에 대한 형사조정위원회(개별 조정위원회)는 3명 이내의 조정위원으로 구성한다.
③ 검사는 형사조정이 성립되지 아니하였다는 사정을 피의자에게 불리하게 고려하여서는 아니 된다.
④ 형사조정에 회부하는 것이 분쟁해결에 적합하다고 판단되는 경우에는 당사자의 동의가 없어도 조정절차를 개시할 수 있다.

해설

④ 형사조정절차를 개시하기 위해서는 당사자의 동의가 있어야 한다(범죄피해자 보호법 시행령 제52조 제1항).
① 동법 제41조 제2항 제1호
② 형사조정위원회의 위원장은 대외적으로 형사조정위원회를 대표하고 형사조정위원회의 업무를 총괄하며, 형사조정위원 중에서 3명 이내의 형사조정위원을 지정하여 각 형사조정사건에 대한 형사조정위원회("개별 조정위원회")를 구성한다(동법 시행령 제48조 제1항).
③ 검사는 형사사건을 수사하고 처리할 때 형사조정 결과를 고려할 수 있다. 다만, 형사조정이 성립되지 아니하였다는 사정을 피의자에게 불리하게 고려하여서는 아니 된다(동법 제45조 제4항).

정답 ④

282 배상명령에 대한 설명으로 옳지 않은 것은?
2013. 7급 공채

① 배상신청은 항소심 공판의 변론이 종결되기 전까지 피해자나 그 상속인이 신청할 수 있다. 다만, 다른 절차에 따른 손해배상 청구가 법원에 계속 중일 때에는 배상신청을 할 수 없다.
② 신청인 및 그 대리인은 재판장의 허가를 받아 소송기록을 열람 할 수 있고, 공판기일에 피고인을 신문할 수 있다. 재판장이 이를 불허하는 때에는 이의신청을 할 수 있다.
③ 배상명령은 유죄판결의 선고와 동시에 하고, 배상의 대상과 금액을 유죄판결의 주문에 표시하여 하되, 배상명령의 이유는 기재하지 않을 수 있다.
④ 유죄판결에 대한 상소가 제기된 경우에는 배상명령은 피고사건과 함께 상소심으로 이심되고, 상소심은 원심판결을 유지하는 경우에도 원심의 배상명령을 취소하거나 변경할 수 있다.

해설

② 신청인 및 그 대리인은 공판절차를 현저히 지연시키지 아니하는 범위에서 재판장의 허가를 받아 소송기록을 열람 할 수 있고, 공판기일에 피고인이나 증인을 신문(訊問)할 수 있으며, 그 밖에 필요한 증거를 제출할 수 있다. 이에 대하여 허가를 하지 아니한 재판에 대하여는 불복(不服)을 신청하지 못한다(소송촉진 등에 관한 특례법 제30조 제1항·제2항).
① 피해자는 제1심 또는 제2심 공판의 변론이 종결될 때까지 사건이 계속(係屬)된 법원에 제25조에 따른 피해배상을 신청할 수 있다(동법 제26조 제1항). 피해자는 피고사건의 범죄행위로 인하여 발생한 피해에 관하여 다른 절차에 따른 손해배상청구가 법원에 계속 중일 때에는 배상신청을 할 수 없다(동법 제26조 제7항).
③ 배상명령은 유죄판결의 선고와 동시에 하여야 한다(동법 제31조 제1항). 배상명령은 일정액의 금전 지급을 명함으로써 하고 배상의 대상과 금액을 유죄판결의 주문(主文)에 표시하여야 한다. 배상명령의 이유는 특히 필요하다고 인정되는 경우가 아니면 적지 아니한다(동법 제31조 제2항).
④ 유죄판결에 대한 상소가 제기된 경우에는 배상명령은 피고사건과 함께 상소심(上訴審)으로 이심(移審)된다(동법 제33조 제1항). 상소심에서 원심판결을 유지하는 경우에도 원심의 배상명령을 취소하거나 변경할 수 있다(동법 제33조 제4항).

정답 ②

13개 테마로 끝장내는
보호직 형사정책 기출사용설명서

소년범죄론

Theme 01 소년보호
Theme 02 소년법
Theme 03 보호소년 등의 처우에 관한 법률 및 기타 법률

01 소년보호

포인트

소년 비행의 특징 및 소년의 보호에 관한 기본적인 원칙 등을 다루는 부분이다. 출제의 비중은 높지 않으나, 소년관련 법제를 학습하기에 앞서 그 배경 및 원칙에 대한 충실한 이해가 필요한 부분이다.

283 청소년 범죄의 발생에 대한 설명으로 옳지 않은 것은? 2012. 7급 공채

① 친구의 범죄성향에 상관없이 친구와의 애착이 강하면 청소년범죄의 발생가능성이 낮아진다.
② 부모의 일관되지 못한 양육방법이 청소년 범죄의 발생가능성을 높여 준다.
③ 학교 성적 부진이 학교에 대한 부적응으로 연결되어 청소년범죄의 발생 가능성을 높여 준다.
④ 우울증, 집중력 부족 등 초기성격장애로 인한 심리적 요인이 청소년 범죄의 발생 가능성을 높여 준다.

해설

① 다양한 범죄원인론이 주장되고 있으나 학습이론, 차별적 접촉이론에 따르면, 친구와의 애착이 강한 경우라도 그 친구가 범죄성향이 강한 사람이라면 범죄의 학습 내지 접촉을 통하여 청소년범죄의 발생가능성이 높아진다.
② 갓프레드슨과 허쉬(Gottfredson & Hirschi)의 부모의 부적절한 양육에 의한 낮은 자기 통제력 연구, 글룩(Glueck)부부의 부모의 일관성 없는 과도한 징벌, 부적절한 감독 등에 의한 소년의 비행 연구, 루이스(Lewis)의 부모의 부적절한 양육으로 인한 신체적·정신적 장애와 반사회적 경향의 연구 등에서 부모의 일관되지 못한 양육방법이 청소년 범죄의 발생가능성을 높여 준다는 것을 제시한다.

정답 ①

284 다음에서 설명하는 범죄학 이론을 주창한 이론가는?

2020. 5급 교정직 승진

> 반사회적 범죄자를 두 가지 발달경로로 분류하여 설명한 이론으로 청소년 범죄를 청소년기 한정형(adolescence-limited)과 생애과정 지속형(life course-persistent)으로 구분하여 설명하였다. 청소년기 한정형은 늦게 비행을 시작해서 청소년기에 비행이 한정되는 유형을 의미하며, 생애과정 지속형은 오랜 기간에 걸쳐 비행행위가 지속된다는 것을 의미하고 있어 지속 또는 변화를 설명하는 대표적인 이론이라고 할 수 있다.

① 쏜베리(T. Thornberry)
② 라이스(A. Reiss)
③ 샘슨과 라웁(R. Sampson & J. Laub)
④ 브레이쓰웨이트 (J. Braithwaite)
⑤ 모피트(T. Moffitt)

해설

⑤ 소년비행을 생애지속형 범죄자(life-course persistent offenders)와 청소년기 한정형 범죄자(adolescent-limited offenders)의 두 가지 경로로 설명한 사람은 모피트(T. Moffitt)이다.
① 쏜베리(T. Thornberry)는 시간의 경과에 따른 청소년비행의 지속성 여부에 관한 상호작용 이론을 주장하였다.
② 라이스(A. Reiss)는 개인의 통제력이 약화되었을 때 비행을 저지르게 된다는 개인통제 이론을 주장하였다.
③ 샘슨과 라웁(R. Sampson & J. Laub)은 한 개인이 다른 사람 및 사회적 제도와 가지는 적극적 관계의 정도인 '사회적 자본(Social Capital)'을 주장하였다.
④ 브레이쓰웨이트 (J. Braithwaite)는 회복적 사법의 배경을 이루고 있는 재통합적 수치이론(reintegrative shaming theory)을 주장하였다.

정답 ⑤

285 모피트(Moffitt)의 청소년기 한정형(adolescence-limited) 일탈의 원인으로 옳은 것만을 모두 고르면?

2022. 7급 공채 보호직, 교정직

ㄱ. 성숙의 차이(maturity gap)
ㄴ. 신경심리적 결함(neuropsychological deficit)
ㄷ. 사회모방(social mimicry)
ㄹ. 낮은 인지 능력(low cognitive ability)

① ㄱ, ㄴ
② ㄱ, ㄷ
③ ㄴ, ㄹ
④ ㄷ, ㄹ

해설

② 청소년기 한정형(adolescence-limited) 일탈과 관계가 있는 것은 ㄱ, ㄷ이다.
모피트(Moffitt)는 범죄경력의 발전과정을 생애지속형(life-course-persistent) 범죄자와 청소년기한정형(adolescence-limited) 범죄자의 두 가지 유형으로 구분하고 있다. 이 중 생애지속형범죄자는 친사회적 대안적 행동을 배울 기회가 거의 제공되지 않기 때문에 일생을 통해 지속적으로 범죄를 하게 되는 반면, 청소년기한정형범죄자는 비행이 늦게 시작되고 대부분 청소년기에 그친다. 모피트는 청소년기한정형범죄자가 범죄를 시작하는 이유로서 <u>성숙의 격차(maturity gab), 사회적 모방(social mimicry) 및 강화(reinforcement)</u>를 들고 있다. 성숙정도, 즉 생물학적 연령의 역할과 사회적으로 요구되는 연령의 역할 간의 격차로 인하여 청소년들은 매우 불안정하게 되어 이것이 비행의 원인이 되고, 또한 청소년기한정형범죄자는 생애지속형범죄자를 모방하여 비행을 저지르게 되며, 청소년기의 행위에 대한 사회적 강화작용으로 범죄를 저지르게 된다고 한다.
ㄴ, ㄹ. 신경심리적 결함(neuropsychological deficit)과 낮은 인지 능력(low cognitive ability)은 생애지속형(life-course-persistent) 범죄자와 관련이 있다.

정답 ②

286 소년보호의 원칙에 대한 설명으로 옳지 않은 것은?   2024. 9급 공채

① 개별주의 : 소년보호조치를 취할 때 소년사건을 형사사건과 병합하여 1개의 사건으로 취급한다.
② 인격주의 : 소년보호사건에서는 소년의 행위에서 나타난 개성과 환경을 중시한다.
③ 과학주의 : 소년범죄인의 처우를 법률가의 규범적 판단에만 맡기지 않고 여러 전문가의 조언·협조를 받아 그 과학적 진단과 의견을 바탕으로 행한다.
④ 협력주의 : 소년사법에서는 국가가 전담하는 사법뿐만 아니라 보호자와 관계기관은 물론 사회 전반의 상호부조와 연대의식이 뒷받침되어야 한다.

해설

① 소년보호의 원칙 중 개별주의란 범죄인 처우의 개별화 이념에 따라 각각의 소년을 독립적으로 취급하고, 그 소년의 개별적인 특성에 알맞은 처우를 하여야 한다는 원칙을 말한다.

정답 | ①

287 소년보호의 원칙에 대한 설명으로 옳지 않은 것으로만 묶인 것은?   2013. 7급 공채

ㄱ. 집단적으로 몰려다니며 주위 사람들에게 불안감을 조성하는 성벽이 있는 소년을 소년법의 규율대상으로 하는 것은 소년보호의 예방주의 원칙에서 나온 것이다.
ㄴ. 인격주의는 보호소년을 개선하여 사회생활에 적응시키고 건전하게 육성하기 위해 소년사법절차를 가급적 비공개로 해야 한다는 원칙이다.
ㄷ. 교육주의는 반사회성이 있는 소년의 건전한 육성을 위한 환경조성과 성행의 교정에 필요한 보호처분을 행하고, 형사처분을 할 때 특별한 조치를 취해야 한다는 것을 말한다.
ㄹ. 소년사건조사에서 전문지식을 활용하여 소년과 보호자 또는 참고인의 품행·경력·가정상황 그 밖의 환경 등을 밝히도록 노력해야 한다고 규정한 것은 소년보호의 개별주의를 선언한 것이다.
ㅁ. 협력주의는 효율적 소년보호를 위해 국가는 물론이고 소년의 보호자를 비롯한 민간단체 등이 서로 협력해야 한다는 것을 말한다.

① ㄱ, ㄴ
② ㄱ, ㄷ, ㅁ
③ ㄴ
④ ㄹ, ㅁ

해설

③ 옳지 않은 것은 'ㄴ'이다.
ㄱ. (O) : 죄를 범한 소년뿐만 아니라 우범소년도 규율대상으로 하여 사전에 범죄를 예방할 수 있도록 하는 예방주의 원칙에서 나온 규정이다.
ㄴ. (×) : 보호소년을 개선하여 사회생활에 적응시키고 건전하게 육성하기 위해 소년사법절차를 가급적 비공개로 해야 한다는 원칙은 "밀행주의"이다. 인격주의는 소년보호절차에서 객관적 비행사실만 중요시해서는 아니 되며, 소년의 인격과 관련된 개인적 특성도 함께 고려하여야 함을 말한다.
ㄷ. (O) : 교육주의는 교육적 차원의 환경조성, 성행의 교정에 필요한 보호처분 및 형사처분 시 특별한 조치 등을 의미한다.
ㄹ. (O) : 개별주의는 소년과 보호자 또는 참고인의 품행·가정환경 등을 분석하여 구체적인 인격적 특성에 따른 개별적 처우를 실시하는 것을 말한다.
ㅁ. (O) : 협력주의는 효율적인 소년보호를 위한 국가기관과 민간단체의 협력 체제를 의미한다.

정답 ③

288 소년보호의 원칙에 대한 설명으로 옳은 것만을 모두 고르면? 2018. 7급 공채

> ㄱ. 효율적 소년보호를 위해 국가는 물론이고 소년의 보호자를 비롯한 민간단체 등이 서로 협력해야 한다는 협력주의에 바탕을 둔 조치들이 필요하다.
> ㄴ. 보호소년을 개선하여 사회생활에 적응시키고 건전하게 육성하기 위해서는 소년사법절차를 가급적이면 비공개로 해야 한다는 밀행주의가 중요하다.
> ㄷ. 소년의 보호를 위하여 사후적 처벌보다는 장래에 다시 죄를 범하는 것을 예방하는 활동을 중시하는 예방주의에 비중을 두어야 한다.

① ㄱ, ㄴ
② ㄱ, ㄷ
③ ㄴ, ㄷ
④ ㄱ, ㄴ, ㄷ

해설

④ ㄱ, ㄴ, ㄷ 모두 옳다.
ㄱ. (O) 협력주의란 소년의 보호를 위하여 국가뿐만 아니라, 보호자, 시민단체 등 사회 전체가 협력하여야 한다는 원칙을 말한다.
ㄴ. (O) 밀행주의란 소년범에 대한 사회적 비난 또는 낙인의 결과를 초래하는 것을 방지하기 위하여 소년범의 처리과정을 외부에 노출시켜서는 안 된다는 원칙을 말한다.
ㄷ. (O) 예방주의란 소년의 특성과 소년의 장래를 고려하여 소년범에 대하여 과거의 비행에 대한 처벌보다는 장래의 범죄를 예방하는 데 중점을 두어야 한다는 원칙을 말한다.

정답 ④

PART IV 소년범죄론

289 소년사법에 있어서 4D(비범죄화, 비시설수용, 적법절차, 전환)에 대한 설명으로 옳지 않은 것은?
2022. 9급 교정직 공채

① 비범죄화(decriminalization)는 경미한 일탈에 대해서는 비범죄화하여 공식적으로 개입하지 않음으로써 낙인을 최소화하자는 것이다.
② 비시설수용(deinstitutionalization)은 구금으로 인한 폐해를 막고자 성인교도소가 아닌 소년 전담시설에 별도로 수용하는 것을 의미한다.
③ 적법절차(due process)는 소년사법절차에서 절차적 권리를 철저하고 공정하게 보장하여야 한다는 것을 의미한다.
④ 전환(diversion)은 비행소년을 공식적인 소년사법절차 대신에 비사법적인 절차에 의해 처우하자는 것이다.

해설
② 비시설수용(deinstitutionalization)은 소년 범죄자에 대하여 시설에 수용하지 않고, 직·간접적으로 영향을 주며 소년을 보호할 책임이 있는 가족이나 학교, 사회복지시설 등이 직접 소년을 보호함으로써 온건하고 자비로운 방법으로 소년이 지역사회에 정착할 수 있도록 하는 것을 말한다.

정답 | ②

290 바톨라스(C. Bartollas)의 소년교정모형에 대한 설명이다. 〈보기 1〉에 제시된 설명과 〈보기 2〉에서 제시된 교정모형을 옳게 짝 지은 것은?

2022. 9급 교정직 공채

보기1

ㄱ. 비행소년은 통제할 수 없는 요인에 의해서 범죄자로 결정되어졌으며, 이들은 사회적 병질자이기 때문에 처벌의 대상이 아니라 치료의 대상이다.
ㄴ. 범죄소년은 치료의 대상이지만 합리적이고 책임 있는 결정을 할 수 있다고 하면서, 현실요법·집단지도상호작용·교류분석 등의 처우를 통한 범죄소년의 사회재통합을 강조한다.
ㄷ. 비행소년에 대해서 소년사법이 개입하게 되면 낙인의 부정적 영향 등으로 인해 지속적으로 법을 어길 가능성이 증대되므로, 청소년을 범죄소년으로 만들지 않는 길은 시설에 수용하지 않는 것이다.
ㄹ. 지금까지 소년범죄자에 대하여 시도해 온 다양한 처우모형들이 거의 실패했기 때문에 유일한 대안은 강력한 조치로서 소년범죄자에 대한 훈육과 처벌뿐이다.

보기2

A. 의료모형
B. 적응(조정)모형
C. 범죄통제모형
D. 최소제한(제약)모형

	ㄱ	ㄴ	ㄷ	ㄹ
①	A	B	C	D
②	A	B	D	C
③	A	C	D	B
④	B	A	D	C

해설

② ㄱ-A, ㄴ-B, ㄷ-D, ㄹ-C이다.
ㄱ. 결정론적 입장에서 비행소년 스스로 통제할 수 없는 요인을 강조하고, 환자(사회적 병질자)이므로 처벌이 아닌 치료의 대상이라고 보는 것은 의료모형이다.
ㄴ. 범죄소년을 치료의 대상임과 동시에 책임 있는 결정을 할 수 있는 존재로 보고, 현실요법·집단지도상호작용·교류분석 등의 처우를 강조하는 것은 적응(조정)모형이다.
ㄷ. 비행소년에 대한 소년사법의 개입에 따른 부정적인 측면을 고려하여 가급적 통제를 최소화하여야 한다고 보는 것은 최소제한(제약)모형이다.
ㄹ. 소년범죄자에 대하여도 성인범죄자와 마찬가지로 강력한 조치를 하여야 한다고 보는 것은 범죄통제모형이다.

정답 ②

291

미국의 데이비드 스트리트(David Street) 등의 학자들은 「처우조직(Organization For Treatment)」이라는 자신들의 저서에서 소년범죄자들에 대한 처우조직을 여러 유형으로 분류하였다. 다음 설명에 해당하는 유형은?
2016. 7급 교정직 공채

- 소년범죄자의 태도와 행동의 변화 그리고 개인적 자원의 개발에 중점을 둔다.
- 소년범죄자를 지역사회의 학교로 외부통학을 시키기도 한다.
- 처우시설의 직원들은 대부분 교사로서 기술 습득과 친화적 분위기 창출에 많은 관심을 둔다.
- 처우시설 내 규율의 엄격한 집행이 쉽지 않다.

① 복종 및 동조(obedience/conformity) 유형
② 처우(treatment) 유형
③ 재교육 및 발전(reeducation/development) 유형
④ 변화 및 혁신(changement/innovation) 유형

해설

③ 지문은 재교육 및 발전(reeducation/development) 유형의 내용이다.
미국의 데이비드 스트리트(David Street) 등은 1966년 저서 「처우조직(Organization For Treatment)」에서 소년범죄자들에 대한 처우조직을 ⅰ) 복종 및 동조(Obedience/conformity) 유형, ⅱ) 재교육 및 발전(Reeducation/development) 유형, ⅲ) 처우(Treatment) 유형의 세 가지로 분류하고, 각 처우조직의 특징과 목표를 제시하였다.

※ 소년범죄자들에 대한 처우조직의 유형

유형	내용
복종 및 동조 유형	처우보다는 보안에 중점을 두는 유형으로, ㉠ 구금을 강조하는 대부분의 소년교정시설의 유형이며, ㉡ 대규모 보안 직원과 적은 수의 처우 요원을 두고 소년 범죄자를 강제된 동조성을 강요받는 준군대식 형태로 조직하여 규율을 엄격히 집행하고, ㉢ 습관, 동조성훈련, 권위에 대한 복종을 강조하고, ㉣ 소년 범죄자는 외부통제에 즉각적으로 동조하도록 요구받도록 하며, ㉤ 강력한 직원통제와 다양한 부정적 제재를 하고, ㉥ 그 주된 기술로서 조절(conditioning)을 활용하는 것 등을 특징으로 한다.
재교육 및 발전 유형	㉠ 엄격한 규율과 제재가 쉽지 않은 점을 고려하여 복종보다는 교육 및 훈련을 통한 청소년의 변화를 강조하고, ㉡ 처우시설의 직원들은 대부분 교사로서 기술 습득과 친화적 분위기 창출에 많은 관심을 두며, ㉢ 복종 및 동조 모형에 비해 청소년과 직원의 밀접한 관계 강조하고, ㉣ 소년범죄자의 태도와 행동의 변화 그리고 개인적 자원의 개발에 중점을 두고, ㉤ 소년범죄자를 지역사회의 학교로 외부통학을 시키기는 방법도 활용한다.
처우 유형	보안보다는 처우에 중점을 두는 유형으로, ㉠ 가능한 한 많은 수의 처우요원을 두고 청소년의 처우계획을 진전시키기 위하여 처우요원과 보안요원의 협조와 소년 범죄자 각자의 이해를 강조하고, ㉡ 자기 존중심의 개발과 자기 성찰을 통하여 소년 범죄자의 인성변화를 강조하며, 다양한 활동을 통하여 성취감을 유도하여 청소년의 심리 재편에 초점을 맞추어 조직을 운영하고, ㉢ 처벌은 자주 이용되지 않으며 엄하지 않게 집행하는 것으로, ㉣ 개인적 통제와 사회적 통제를 동시에 강조하기 때문에 소년 범죄자의 개인적 문제해결에 도움을 주고 지역사회생활에의 준비도 강조되는 유형이다.

정답 ③

02 소년법

> **포인트**
> 소년법은 매년 다수의 문제가 출제가 되고 있다. 소년법은 크게 소년에 대한 보호처분과 형사사건에서의 특칙으로 구성되어 있다. 두 가지 모두 출제비중이 매우 높다. 보호처분의 종류, 내용 및 소년보호사건의 처리절차를 철저히 정리하여야 하고, 소년에 대한 형사사건에서의 특칙은 성인과 비교하여 어떤 제도를 두고 있는지 숙지할 필요가 있다.

292 〈보기 1〉의 항목이 가리키는 것을 〈보기 2〉의 항목에서 골라 바르게 연결한 것은?

2007. 7급 공채 수정

보기1

A. 형사처벌을 받은 소년범죄자를 성인범죄자와 구분수용하고 청소년에 맞는 교정처우를 실시하기 위한 시설
B. 성격 또는 환경에 비추어 장래 형벌법령에 저촉되는 행위를 할 우려가 있는 10세 이상 19세 미만의 소년
C. 경찰, 검찰, 법원으로부터 송치 받은 소년사건에 대해 비행원인을 조사·심리하여 최적의 보호처분을 행하는 기관으로서 조사관 및 관련 전문가 등의 조언을 참고하여 처분을 행한다.

보기2

ㄱ. 소년원   ㄴ. 촉법소년   ㄷ. 소년교도소   ㄹ. 범죄소년
ㅁ. 소년분류심사원   ㅂ. 우범소년   ㅅ. 법원 소년부

	A	B	C
①	ㄱ	ㄴ	ㅁ
②	ㄷ	ㅂ	ㅅ
③	ㅁ	ㄴ	ㄱ
④	ㅅ	ㄹ	ㄷ

해설

② 'A - ㄷ, B - ㅂ, C - ㅅ'이다.
A : 소년교도소에 대한 설명이다(형의 집행 및 수용자의 처우에 관한 법률 제11조 제1항 제2호).
B : 우범소년에 대한 설명이다(소년법 제4조 제1항 제3호).
C : 법원 소년부에 대한 설명이다(소년법 제11조·제12조).

정답 ②

293 소년사건의 처리절차에 관한 설명으로 옳지 않은 것은?

2007. 7급 공채

① 소년형사사건은 「소년법」에 특별한 규정이 없으면 일반형사사건과 동일하게 처리된다.
② 촉법소년과 우범소년의 경우 경찰서장은 직접 이들을 검찰에 송치하여야 한다.
③ 소년부는 조사 또는 심리한 결과 금고 이상의 형에 해당한 범죄사실이 발견된 경우에 그 동기와 죄질이 형사처분의 필요가 있다고 인정된 때에는 결정으로써 사건을 관할 지방법원에 대응한 검찰청 검사에게 송치하여야 한다.
④ 소년보호사건의 심리와 처분에 관한 결정은 가정법원 또는 지방법원의 소년부 단독판사가 한다.

해설

② 제1항 제2호(촉법소년) 및 제3호(우범소년)에 해당하는 소년이 있을 때에는 경찰서장은 직접 관할 소년부에 송치(送致)하여야 한다(소년법 제4조 제2항).
① 소년에 대한 형사사건에 관하여는 이 법에 특별한 규정이 없으면 일반 형사사건의 예에 따른다(동법 제48조).
③ 동법 제7조 제1항
④ 동법 제3조 제3항

정답 ②

294 「소년법」상 소년보호사건의 대상이 될 수 없는 경우는? 2013. 7급 공채

① 동생을 상해한 만 12세의 소년
② 정당한 이유 없이 상습으로 가출하는 등 형벌법령에 저촉되는 행위를 할 우려가 있는 만 9세의 소년
③ 친구들과 몰려다니며 여학생들을 괴롭히는 등 장래에 범죄를 범할 우려가 있는 만 11세의 소년
④ 장난을 치다가 실수로 친구의 눈을 실명케 한 만 15세의 소년

해설

② 소년법은 만 10세 이상의 소년을 보호의 대상으로 하고 있다(소년법 제4조 제1항).

* **보호의 대상(소년법 제4조 제1항)** : 다음 각 호의 어느 하나에 해당하는 소년은 소년부의 보호사건으로 심리한다.
  1. 죄를 범한 소년
  2. 형벌 법령에 저촉되는 행위를 한 10세 이상 14세 미만인 소년
  3. 다음 각 목에 해당하는 사유가 있고 그의 성격이나 환경에 비추어 앞으로 형벌 법령에 저촉되는 행위를 할 우려가 있는 10세 이상인 소년
     가. 집단적으로 몰려다니며 주위 사람들에게 불안감을 조성하는 성벽(性癖)이 있는 것
     나. 정당한 이유 없이 가출하는 것
     다. 술을 마시고 소란을 피우거나 유해환경에 접하는 성벽이 있는 것

정답 ②

295. 「소년법」에 대한 설명 중 옳은 것만을 모두 고르면?

2020. 7급 공채

ㄱ. 소년보호사건에 있어서 보호자는 소년부 판사의 허가 없이 변호사를 보조인으로 선임할 수 있다.
ㄴ. 보호자는 형벌 법령에 저촉되는 행위를 한 10세 이상 14세 미만인 소년을 발견한 경우 이를 관할 소년부에 통고할 수 있다.
ㄷ. 소년이 법정형으로 장기 2년 이상의 유기형에 해당하는 죄를 범한 경우에는 그 형의 범위에서 장기와 단기를 정하여 선고한다. 다만, 장기는 5년, 단기는 3년을 초과하지 못한다.
ㄹ. 소년부 판사는 사안이 가볍다는 이유로 심리를 개시하지 아니한다는 결정을 할 때에는 소년에게 훈계하거나 보호자에게 소년을 엄격히 관리하거나 교육하도록 고지할 수 있다.

① ㄱ, ㄴ
② ㄱ, ㄷ
③ ㄱ, ㄴ, ㄹ
④ ㄴ, ㄷ, ㄹ

해설

ㄱ. (O) 보조인의 선임은 사건 본인이나 보호자가 할 수 있으며, 보호자나 변호사를 보조인으로 선임하는 경우에는 소년부 판사의 허가를 받지 아니하여도 된다(소년부 제17조 제1항·제2항).
ㄴ. (O) ③ 제1항 각 호의 어느 하나에 해당하는 소년(범죄소년, 촉법소년, 우범소년)을 발견한 보호자 또는 학교·사회복리시설·보호관찰소(보호관찰지소를 포함한다)의 장은 이를 관할 소년부에 통고할 수 있다(동법 제4조 제3항).
ㄷ. (×) 소년이 법정형으로 장기 2년 이상의 유기형(有期刑)에 해당하는 죄를 범한 경우에는 그 형의 범위에서 장기와 단기를 정하여 선고한다. 다만, <u>장기는 10년, 단기는 5년을 초과하지 못한다</u>(동법 제60조 제1항).
ㄹ. (O) 동법 제19조 제2항

정답 ③

296 소년 보호사건의 절차에 대한 설명으로 옳지 않은 것은?

2008. 7급 공채

① 소년 보호사건의 관할은 소년의 행위지, 거주지 또는 현재지로 한다.
②「소년법」적용의 대상소년을 발견한 보호자 또는 학교와 사회복리시설의 장은 이를 관할 소년부에 통고하여야 한다.
③ 소년부 판사는 사건의 조사심리에 필요하다고 인정한 때에는 소년의 감호에 관하여 결정으로써 병원 기타 요양소에 위탁할 수 있다.
④ 우범소년의 경우 보호처분의 계속 중 본인이 처분당시 10세 미만으로 밝혀진 경우에는 소년부 판사는 결정으로써 그 보호처분을 취소하여야 한다.

해설

② 제1항 각 호(보호의 대상)의 어느 하나에 해당하는 소년을 발견한 보호자 또는 학교·사회복리시설·보호관찰소(보호관찰지소를 포함한다)의 장은 이를 관할 소년부에 통고할 수 있다(소년법 제4조 제3항).
① 동법 제3조 제1항
③ 동법 제18조 제1항 제2호
④ 제4조 제1항 제1호(범죄소년)·제2호(촉법소년)의 소년에 대한 보호처분이 계속 중일 때에 사건 본인이 행위 당시 10세 미만으로 밝혀진 경우 또는 제4조 제1항 제3호의 소년(우범소년)에 대한 보호처분이 계속 중일 때에 사건 본인이 처분 당시 10세 미만으로 밝혀진 경우에는 소년부 판사는 결정으로써 그 보호처분을 취소하여야 한다(동법 제38조 제2항).

* **임시조치(소년법 제18조 제1항)** : 소년부 판사는 사건을 조사 또는 심리하는 데에 필요하다고 인정하면 소년의 감호에 관하여 결정으로써 다음 각 호의 어느 하나에 해당하는 조치를 할 수 있다.
  1. 보호자, 소년을 보호할 수 있는 적당한 자 또는 시설에 위탁
  2. 병원이나 그 밖의 요양소에 위탁
  3. 소년분류심사원에 위탁

정답 ②

297 「소년법」상 보호사건의 처리절차에 대한 설명으로 옳은 것만을 모두 고른 것은?

2014. 7급 공채

ㄱ. 경찰서장이 촉법소년과 우범소년을 발견한 때에는 검사를 거쳐 소년부에 송치하여야 한다.
ㄴ. 검사는 소년에 대한 피의사건을 수사한 결과 보호처분에 해당하는 사유가 있다고 인정한 경우에는 사건을 관할 소년부에 송치하여야 한다.
ㄷ. 소년부 판사는 소년의 품행을 교정하고 피해자를 보호하기 위하여 필요하다고 인정하면 소년에게 피해 변상 등 피해자와의 화해를 권고할 수 있다.
ㄹ. 소년부 판사는 심리결과 보호처분을 할 수 없거나 할 필요가 없다고 인정하면 불처분 결정을 하고, 이를 사건 본인과 보호자에게 알려야 한다.
ㅁ. 보호처분의 결정에 대해서 본인·보호자·보조인 또는 그 법정대리인은 관할 가정법원 또는 지방법원 본원 합의부에 항고할 수 있고, 항고가 있는 경우 보호처분의 집행은 정지된다.

① ㄱ, ㄴ, ㄹ　　② ㄴ, ㄷ, ㄹ
③ ㄴ, ㄷ, ㅁ　　④ ㄷ, ㄹ, ㅁ

해설

② 옳은 것은 'ㄴ, ㄷ, ㄹ'이다.
ㄱ. (×) : 촉법소년 및 우범소년에 해당하는 소년이 있을 때에는 경찰서장은 직접 관할 소년부에 송치(送致)하여야 한다(동법 제4조 제2항). 즉 검사를 거치지 않고 직접 송치한다.
ㄴ. (○) : 소년법 제49조 제1항
ㄷ. (○) : 동법 제25조의3 제1항
ㄹ. (○) : 동법 제29조 제1항
ㅁ. (×) : 항고는 결정의 집행을 정지시키는 효력이 없다(동법 제46조).

정답 ②

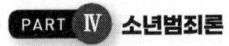

298
슈퍼마켓에서 물건을 훔친 11세의 초등학생에 대하여 「소년법」상 경찰서장이 취해야 할 조치는?
2008. 7급 공채

① 형사미성년자이므로 보호자에게 돌려보낸다.
② 직접 관할 소년부에 송치한다.
③ 관할 지방법원에 대응하는 검찰청 검사에게 송치한다.
④ 초등학교장에게 통고한다.

해설
② 제1항 제2호(촉법소년) 및 제3호(우범소년)에 해당하는 소년이 있을 때에는 경찰서장은 직접 관할 소년부에 송치(送致)하여야 한다(소년법 제4조 제2항). 슈퍼마켓에서 물건을 훔친 11세의 초등학생은 소년법 제1항 제2호의 형벌 법령에 저촉되는 행위를 한 10세 이상 14세 미만인 소년(촉법소년)이므로 경찰서장은 직접 관할 소년부에 송치하여야 한다.

정답 ②

299

중학교 3학년인 만 15세의 甲은 정당한 이유 없이 가출하였다. 가출 이후 생활비를 마련하기 위해 유흥주점에서 심부름을 하는 일을 하다가, 술에 취한 손님 乙과 실랑이를 벌이다가 乙을 떠밀어 바닥에 넘어지게 하였다. 甲에 대하여 검사가 취한 조치 중 옳지 않은 것은?

2013. 7급 공채

① 공소제기여부를 결정하기 위하여 소년의 주거지 보호관찰소장에게 소년의 품행·경력·생활환경 등에 대한 조사를 요구하였다.
② 보호처분이 필요하다고 판단하고 지방법원 소년부로 송치하였다.
③ 행위가 경미하다고 판단하여 즉결심판을 청구하였다.
④ 형사소추의 필요성이 인정된다고 판단하고 공소를 제기하였다.

해설

③ 검사는 「형법」 제51조의 사항을 참작하여 공소를 제기하지 아니할 수 있다(형사소송법 제247조, 기소편의주의). "즉결심판"은 20만원 이하의 벌금, 구류 또는 과료에 처할 경미한 사건에 대하여 관할 경찰서장의 청구로 관할 지방법원, 지원 또는 시·군법원의 판사가 심판하여 처리하는 「즉결심판에 관한 절차법」에 의하여 행해지는 재판절차를 말한다. 즉 검사 기소독점주의의 예외로서 경찰서장에게 청구권이 있다.
① 검사는 소년 피의사건에 대하여 소년부 송치, 공소제기, 기소유예 등의 처분을 결정하기 위하여 필요하다고 인정하면 피의자의 주거지 또는 검찰청 소재지를 관할하는 보호관찰소의 장, 소년분류심사원장 또는 소년원장에게 피의자의 품행, 경력, 생활환경이나 그 밖에 필요한 사항에 관한 조사를 요구할 수 있다(소년법 제49조의2 제2항).
② 검사는 소년에 대한 피의사건을 수사한 결과 보호처분에 해당하는 사유가 있다고 인정한 경우에는 사건을 관할 소년부에 송치하여야 한다(동법 제49조 제1항).
④ 검사는 형사소추의 필요성이 인정된다고 판단하는 경우에는 공소제기를 하여야 한다(형사소송법 제246조).

정답 ③

300 다음 사례에서 甲에 대한 「소년법」상 처리절차로 옳지 않은 것은?   2022. 7급 공채

> 13세 甲은 정당한 이유 없이 가출한 후 집단적으로 몰려다니며 술을 마시고 소란을 피움으로써 주위 사람들에게 불안감을 조성하였고, 그의 성격이나 환경에 비추어 앞으로 형벌 법령에 저촉되는 행위를 할 우려가 있다.

① 경찰서장은 직접 관할 소년부에 송치하여야 하며, 송치서에 甲의 주거·성명·생년월일 및 행위의 개요와 가정 상황을 적고, 그 밖의 참고자료를 첨부하여야 한다.
② 보호자 또는 학교·사회복리시설·보호관찰소의 장은 甲을 관할 소년부에 통고할 수 있다.
③ 소년부 판사는 사건의 조사 또는 심리에 필요하다고 인정하면 기일을 지정하여 甲이나 그 보호자를 소환할 수 있으며, 정당한 이유 없이 소환에 응하지 아니하면 소년부 판사는 동행영장을 발부할 수 있다.
④ 소년부 판사는 심리 결과 보호처분의 필요성이 인정되더라도 甲에게 수강명령과 사회봉사명령은 부과할 수 없다.

해설

④ 13세 甲은 정당한 이유 없이 가출한 후 집단적으로 몰려다니며 술을 마시고 소란을 피움으로써 주위 사람들에게 불안감을 조성하였고, 그의 성격이나 환경에 비추어 앞으로 형벌 법령에 저촉되는 행위를 할 우려가 있는 소년이므로 보호처분의 대상인 우범소년에 해당한다(소년법 제4조 제3호). 소년부 판사는 심리 결과 보호처분을 할 필요가 있다고 인정하면 결정으로써 10가지의 보호처분 중 어느 하나에 해당하는 처분을 하여야 하며, 10가지의 보호처분에는 수강명령과 사회봉사명령이 포함된다(소년법 제32조 제1항 제2호·제3호). 여기서 수강명령은 12세 이상의 소년에게만 할 수 있으므로 13세인 甲에게 부과할 수 있다(동법 제32조 제4항). 그러나 사회봉사명령은 14세 이상의 소년에게만 할 수 있으므로 13세인 甲에게는 부과할 수 없다(동법 제32조 제3항).
① 제1항 제2호(촉법소년) 및 제3호(우범소년)에 해당하는 소년이 있을 때에는 경찰서장은 직접 관할 소년부에 송치(送致)하여야 한다(동법 제4조 제2항). 소년 보호사건을 송치하는 경우에는 송치서에 사건 본인의 주거·성명·생년월일 및 행위의 개요와 가정 상황을 적고, 그 밖의 참고자료를 첨부하여야 한다(동법 제5조).
② 제1항 각 호(범죄소년, 촉법소년, 우범소년)의 어느 하나에 해당하는 소년을 발견한 보호자 또는 학교·사회복리시설·보호관찰소(보호관찰지소를 포함한다)의 장은 이를 관할 소년부에 통고할 수 있다(동법 제4조 제3항).
③ 동법 제13조

> ※ **보호처분의 종류(소년법 제32조 제1항)** : 소년부 판사는 심리 결과 보호처분을 할 필요가 있다고 인정하면 결정으로써 다음 각 호의 어느 하나에 해당하는 처분을 하여야 한다.
> 1. 보호자 또는 보호자를 대신하여 소년을 보호할 수 있는 자에게 감호 위탁
> 2. 수강명령
> 3. 사회봉사명령
> 4. 보호관찰관의 단기(短期) 보호관찰
> 5. 보호관찰관의 장기(長期) 보호관찰
> 6. 「아동복지법」에 따른 아동복지시설이나 그 밖의 소년보호시설에 감호 위탁
> 7. 병원, 요양소 또는 「보호소년 등의 처우에 관한 법률」에 따른 의료재활소년원에 위탁
> 8. 1개월 이내의 소년원 송치

9. 단기 소년원 송치
10. 장기 소년원 송치

정답 ④

301 「소년법」상 사건의 송치 및 통고 등에 대한 설명으로 옳지 않은 것은? 2023. 7급 공채

① 형벌 법령에 저촉되는 행위를 한 10세 이상 14세 미만인 소년이 있을 때에는 경찰서장은 직접 관할 소년부에 송치하여야 한다.
② 법원이 소년에 대한 피고사건을 심리한 결과 보호처분에 해당할 사유가 있다고 인정하여 결정으로써 사건을 관할 소년부에 송치한 경우, 해당 소년부는 조사 또는 심리한 결과 사건의 본인이 19세 이상인 것으로 밝혀지면 결정으로써 송치한 법원에 사건을 다시 이송하여야 한다.
③ 소년부는 송치받은 보호사건이 그 관할에 속하지 아니한다고 인정하더라도 보호의 적정을 기하기 위하여 필요하다고 인정하면 그 사건을 관할 소년부에 이송하지 않을 수 있다.
④ 정당한 이유 없이 가출하고 그의 성격이나 환경에 비추어 앞으로 형벌 법령에 저촉되는 행위를 할 우려가 있는 10세의 소년을 발견한 보호자는 이를 관할 소년부에 통고할 수 있다.

해설

③ 소년부는 사건이 그 관할에 속하지 아니한다고 인정하면 결정으로써 그 사건을 관할 소년부에 이송하여야 한다(소년법 제6조 제2항). 소년법 제6조 제1항의 "보호사건을 송치받은 소년부는 보호의 적정을 기하기 위하여 필요하다고 인정하면 결정(決定)으로써 사건을 다른 관할 소년부에 이송할 수 있다."는 규정은 관할에 속하는 것을 전제로 한 규정이다.
① 제1항 제2호(촉법소년) 및 제3호(우범소년)에 해당하는 소년이 있을 때에는 경찰서장은 직접 관할 소년부에 송치(送致)하여야 한다(동법 제4조 제2항).
② 동법 제51조
④ 제1항 각 호(범죄소년, 촉법소년, 우범소년)의 어느 하나에 해당하는 소년을 발견한 보호자 또는 학교·사회복리시설·보호관찰소(보호관찰지소를 포함한다)의 장은 이를 관할 소년부에 통고할 수 있다(동법 제4조 제3항).

정답 ③

302 「소년법」상의 소년사건 처리절차에 대한 설명으로 옳지 않은 것은? 2010. 7급 공채

① 소년 보호사건의 심리와 처분 결정은 소년부 단독판사가 한다.
② 소년부는 사건이 그 관할에 속하지 아니한다고 인정하면 판결로써 그 사건을 관할 소년부에 이송하여야 한다.
③ 소년부 또는 조사관이 범죄 사실에 관하여 소년을 조사할 때에는 미리 소년에게 불리한 진술을 거부할 수 있음을 알려야 한다.
④ 소년부는 송치된 사건을 조사 또는 심리한 결과 그 동기와 죄질이 금고 이상의 형사처분을 할 필요가 있다고 인정할 때에는 결정으로써 해당 검찰청 검사에게 송치할 수 있다.

해설

② 소년부는 사건이 그 관할에 속하지 아니한다고 인정하면 <u>결정으로써</u> 그 사건을 관할 소년부에 이송하여야 한다(소년법 제6조 제2항).
① 동법 제3조 제3항
③ 동법 제10조
④ 동법 제49조 제2항

정답 ②

303 「소년법」상 보호사건에 대한 설명으로 옳지 않은 것은? 2016. 7급 공채

① 소년보호사건은 소년의 행위지, 거주지 또는 현재지의 가정법원소년부 또는 지방법원소년부의 관할에 속한다.
② 소년부는 조사 또는 심리한 결과 금고 이상의 형에 해당하는 범죄사실이 발견된 경우 그 동기와 죄질이 형사처분을 할 필요가 있다고 인정하면 결정으로써 사건을 관할 지방법원에 송치하여야 한다.
③ 소년부 판사는 송치서와 조사관의 조사보고에 따라 사건의 심리를 개시할 수 없거나 개시할 필요가 없다고 인정하면 심리를 개시하지 아니한다는 결정을 하여야 한다.
④ 단기로 소년원에 송치된 소년의 보호기간은 6개월을 초과하지 못하며, 장기로 소년원에 송치된 소년의 보호기간은 2년을 초과하지 못한다.

해설

② 소년부는 조사 또는 심리한 결과 금고 이상의 형에 해당하는 범죄 사실이 발견된 경우 그 동기와 죄질이 형사처분을 할 필요가 있다고 인정하면 결정으로써 사건을 관할 지방법원에 대응한 검찰청 검사에게 송치하여야 한다(소년법 제7조 제1항). 즉, 보호사건으로 진행하여 소년부가 조사 또는 심리한 결과 형벌을 부과할 필요가 있는 경우에는 검사의 공소제기에 의하여 형사소송절차가 진행될 수 있으므로 이 때는 검사에게 송치한다.
① 동법 제3조 제1항
③ 동법 제19조 제1항
④ 동법 제33조 제5항·제6항

정답 ②

304 「소년법」상 소년보호사건의 조사와 심리에 대한 설명으로 옳지 않은 것은? 2018. 7급 공채

① 소년부 판사는 사건 본인이나 보호자가 정당한 이유 없이 소환에 응하지 아니하면 동행영장을 발부할 수 있다.
② 소년부 판사는 사건 본인을 보호하기 위하여 긴급조치가 필요하다고 인정하더라도 소환 없이는 동행영장을 발부할 수 없다.
③ 사건 본인이나 보호자는 소년부 판사의 허가를 받아 보조인을 선임할 수 있다. 다만, 보호자나 변호사를 보조인으로 선임하는 경우에는 소년부 판사의 허가를 받지 아니하여도 된다.
④ 소년부 판사는 조사관에게 사건 본인, 보호자 또는 참고인의 심문이나 그 밖에 필요한 사항을 조사하도록 명할 수 있다.

해설

② 소년부 판사는 사건 본인을 보호하기 위하여 긴급조치가 필요하다고 인정하면 제13조 제1항에 따른 소환 없이 동행영장을 발부할 수 있다(소년법 제14조).
① 동법 제13조 제2항
③ 동법 제17조 제1항·제2항
④ 동법 제11조 제1항

정답 ②

305 「소년법」상 보조인 제도에 대한 설명으로 옳지 않은 것은? 2022. 7급 공채

① 소년이 소년분류심사원에 위탁된 경우 보조인이 없을 때에는 법원은 변호사 등 적정한 자를 보조인으로 선정하여야 한다.
② 소년이 소년분류심사원에 위탁되지 아니하였을 때에도 소년에게 신체적·정신적 장애가 의심되는 경우에는 법원은 직권으로 보조인을 선정하여야 한다.
③ 소년이 보호자나 변호사를 보조인으로 선임하는 경우에 소년부 판사의 허가 없이 보조인을 선임할 수 있다.
④ 보조인의 선임은 심급마다 하여야 한다.

해설

② 소년이 소년분류심사원에 위탁되지 아니하였을 때에도 ⅰ) 소년에게 신체적·정신적 장애가 의심되는 경우, ⅱ) 빈곤이나 그 밖의 사유로 보조인을 선임할 수 없는 경우, ⅲ) 그 밖에 소년부 판사가 보조인이 필요하다고 인정하는 경우 법원은 직권에 의하거나 소년 또는 보호자의 신청에 따라 보조인을 선정할 수 있다(소년법 제17조의2 제2항).
① 동법 제17조의2 제1항
③ 사건 본인이나 보호자는 소년부 판사의 허가를 받아 보조인을 선임할 수 있다. 보호자나 변호사를 보조인으로 선임하는 경우에는 허가를 받지 아니하여도 된다(동법 제17조 제1항·제2항).
④ 동법 제17조 제5항

정답 ②

PART IV 소년범죄론

306 소년보호사건의 처리절차 중 「소년법」상의 임시조치에 대한 내용이다. ㉠~㉤에 들어갈 말을 바르게 짝지은 것은?
2010. 7급 공채

> (가) 소년부판사는 보호자, 소년을 보호할 수 있는 적당한 자 또는 시설에 위탁, 병원이나 그 밖의 요양소에 위탁, (㉠)에 위탁하는 임시조치를 할 수 있다.
> (나) 소년부판사는 동행된 소년 또는 소년부 송치결정에 의하여 인도된 소년에 대하여 도착한 때로부터 (㉡)시간 이내에 임시조치를 하여야 한다.
> (다) 위의 임시조치의 경우에 보호자, 소년을 보호할 수 있는 적당한 자 또는 시설에 위탁 및 병원이나 그 밖의 요양소에의 위탁기간은 (㉢)개월을, (㉣)에의 위탁기간은 (㉤)개월을 초과하지 못한다. 다만 특별히 계속 조치할 필요가 있을 때에는 한 번에 한하여 결정으로써 연장할 수 있다.

	㉠	㉡	㉢	㉣	㉤
①	소년분류심사원	24	3	소년분류심사원	1
②	소년원	48	3	소년원	2
③	소년분류심사원	48	3	소년분류심사원	2
④	소년원	24	3	소년원	1

해설

① '㉠ 소년분류심사원, ㉡ 24, ㉢ 3, ㉣ 소년분류심사원, ㉤ 1'이다.
(가) 소년부 판사는 사건을 조사 또는 심리하는 데에 필요하다고 인정하면 소년의 감호에 관하여 결정으로써 보호자, 소년을 보호할 수 있는 적당한 자 또는 시설에 위탁, 병원이나 그 밖의 요양소에 위탁, 소년분류심사원에 위탁하는 조치를 할 수 있다(소년법 제18조 제1항).
(나) 동행된 소년 또는 제52조 제1항(소년부 송치결정)에 따라 인도된 소년에 대하여는 도착한 때로부터 24시간 이내에 임시조치를 하여야 한다(동법 제18조 제2항).
(다) 제1항 제1호(보호자, 소년을 보호할 수 있는 적당한 자 또는 시설에 위탁) 및 제2호(병원이나 그 밖의 요양소에 위탁)의 위탁기간은 3개월을, 제1항 제3호(소년분류심사원에 위탁)의 위탁기간은 1개월을 초과하지 못한다. 다만, 특별히 계속 조치할 필요가 있을 때에는 한 번에 한하여 결정으로써 연장할 수 있다(동법 제18조 제3항).

정답 ①

307 「소년법」상 보호사건의 조사와 심리에 대한 설명으로 옳지 않은 것은?

2023. 7급 공채 보호직, 교정직

① 소년부 또는 조사관이 범죄 사실에 관하여 소년을 조사할 때에는 미리 소년에게 불리한 진술을 거부할 수 있음을 알려야 한다.
② 소년부는 조사 또는 심리를 할 때에 정신건강의학과의사 등 전문가의 진단, 소년분류심사원의 분류심사 결과와 의견, 보호관찰소의 조사결과와 의견 등을 고려하여야 한다.
③ 소년부 판사는 조사 또는 심리에 필요하다고 인정하여 기일을 지정해서 소환한 사건 본인의 보호자가 정당한 이유 없이 소환에 응하지 아니하면 동행영장을 발부할 수 있다.
④ 소년부 판사가 사건을 조사 또는 심리하는 데에 필요하다고 인정하여 소년의 감호에 관한 결정으로써 병원이나 그 밖의 요양소에 위탁하는 조치를 하는 경우 그 위탁의 최장기간은 2개월이다.

해설

④ 제1항 제1호(보호자, 소년을 보호할 수 있는 적당한 자 또는 시설에 위탁) 및 제2호(병원이나 그 밖의 요양소에 위탁)의 위탁기간은 3개월을, 제1항 제3호(소년분류심사원에 위탁)의 위탁기간은 1개월을 초과하지 못한다. 다만, 특별히 계속 조치할 필요가 있을 때에는 한 번에 한하여 결정으로써 연장할 수 있다(소년법 제18조 제3항). 따라서 병원이나 그 밖의 요양소에 위탁하는 조치를 하는 경우 그 위탁의 최장기간은 3개월 + 3개월 = 6개월이다.
① 동법 제10조
② 소년부는 조사 또는 심리를 할 때에 정신건강의학과의사·심리학자·사회사업가·교육자나 그 밖의 전문가의 진단, 소년 분류심사원의 분류심사 결과와 의견, 보호관찰소의 조사결과와 의견 등을 고려하여야 한다(동법 제12조).
③ 동법 제13조 제2항

정답 ④

308. 「소년법」상 소년부 판사가 처분할 수 있는 보호처분의 종류가 아닌 것은? 2008. 7급 공채

① 12세 이상의 소년에 대한 사회봉사명령
② 12세 이상의 소년에 대한 수강명령
③ 1개월 이내의 소년원 송치
④ 단기 소년원 송치

해설

① 제1항 제3호(사회봉사명령)의 처분은 <u>14세 이상</u>의 소년에게만 할 수 있다(소년법 제32조 제3항).
② 제1항 제2호(수강명령) 및 제10호(장기 소년원 송치)의 처분은 12세 이상의 소년에게만 할 수 있다(동법 제32조 제4항).
③ 동법 제32조 제1항 제8호
④ 동법 제32조 제1항 제9호

* **보호처분의 종류(소년법 제32조 제1항)** : 소년부 판사는 심리 결과 보호처분을 할 필요가 있다고 인정하면 결정으로써 다음 각 호의 어느 하나에 해당하는 처분을 하여야 한다.
  1. 보호자 또는 보호자를 대신하여 소년을 보호할 수 있는 자에게 감호 위탁(6개월 + 6개월 범위 내 연장 가능)
  2. 수강명령(12세 이상, 100시간 이내)
  3. 사회봉사명령(14세 이상, 200시간 이내)
  4. 보호관찰관의 단기(短期) 보호관찰(1년)
  5. 보호관찰관의 장기(長期) 보호관찰(2년 + 1년 범위 내 연장 가능)
  6. 「아동복지법」에 따른 아동복지시설이나 그 밖의 소년보호시설에 감호 위탁((6개월 + 6개월 범위 내 연장 가능)
  7. 병원, 요양소 또는 「보호소년 등의 처우에 관한 법률」에 따른 의료재활소년원에 위탁(6개월 + 6개월 범위 내 연장 가능)
  8. 1개월 이내의 소년원 송치
  9. 단기 소년원 송치(6개월 이내)
  10. 장기 소년원 송치(12세 이상, 2년 이내)

정답 ①

309 소년부 판사가 직권으로 보호처분을 변경할 수 있는 경우가 아닌 것은? 2010. 7급 공채

① 보호자 또는 보호자를 대신하여 소년을 보호할 수 있는 자에게 감호 위탁
② 「아동복지법」에 따른 아동복지시설이나 그 밖의 소년보호시설에 감호 위탁
③ 보호관찰관의 단기 보호관찰
④ 병원, 요양소 또는 「보호소년 등의 처우에 관한 법률」에 따른 의료재활소년원에 위탁

해설

③ 소년부 판사는 위탁받은 자나 보호처분을 집행하는 자의 신청에 따라 결정으로써 제32조의 보호처분과 제32조의2의 부가처분을 변경할 수 있다. 다만, 제32조 제1항 제1호(보호자 또는 보호자를 대신하여 소년을 보호할 수 있는 자에게 감호 위탁)·제6호(「아동복지법」에 따른 아동복지시설이나 그 밖의 소년보호시설에 감호 위탁)·제7호(병원, 요양소 또는 「보호소년 등의 처우에 관한 법률」에 따른 의료재활소년원에 위탁)의 보호처분과 제32조의2 제1항(단기보호관찰 또는 장기보호관찰의 처분을 할 때 함께 부가할 수 있는 3개월 이내의 대안교육 또는 상담·교육)의 부가처분은 직권으로 변경할 수 있다(소년법 제37조 제1항). 보호관찰관의 단기 보호관찰의 변경은 위탁받은 자나 보호처분을 집행하는 자의 신청이 있어야 한다.

정답 ③

310. 소년사건에 대한 조사제도를 설명한 것으로 옳지 않은 것은? 2016. 7급 공채

① 검사는 소년피의사건에 대해 소년부송치, 공소제기 등의 처분을 결정하기 위하여 필요하다고 인정하면 피의자의 주거지 또는 검찰청 소재지를 관할하는 보호관찰소의 장 등에게 피의자의 품행, 생활환경 등에 관한 조사를 요구할 수 있다.
② 소년분류심사관은 사건의 조사에 필요하다고 인정한 때에는 기일을 정하여 보호자 또는 참고인을 소환할 수 있고, 정당한 이유 없이 이에 응하지 않을 경우 동행영장을 발부할 수 있다.
③ 법원은 소년형사범에 대해 집행유예에 따른 보호관찰, 사회봉사 또는 수강을 명하기 위해 필요하다고 인정하면 그 법원의 소재지 등의 보호관찰소의 장에게 범행동기, 생활환경 등의 조사를 요구할 수 있다.
④ 수용기관의 장은 단기 소년원송치 처분 등을 받은 소년을 수용한 경우에는 지체 없이 거주예정지를 관할하는 보호관찰소의 장에게 신상조사서를 보내 환경조사를 의뢰하여야 한다.

해설

② 소년부 판사는 사건의 조사 또는 심리에 필요하다고 인정하면 기일을 지정하여 사건 본인이나 보호자 또는 참고인을 소환할 수 있고, 사건 본인이나 보호자가 정당한 이유 없이 소환에 응하지 아니하면 소년부 판사는 동행영장을 발부할 수 있다(소년법 제13조 제1항·제2항).
① 동법 제49조의2 제1항
③ 보호관찰 등에 관한 법률 제19조 제1항
④ 동법 제26조 제1항

정답 | ②

311 소년법령상 화해권고제도에 대한 설명으로 옳지 않은 것은? 2021. 7급 공채

① 소년부 판사는 소년의 품행을 교정하고 피해자를 보호하기 위하여 필요하다고 인정하면 소년에게 피해 변상 등 피해자와의 화해를 권고할 수 있다.
② 소년부 판사는 피해자와의 화해를 위하여 필요하다고 인정하면 기일을 지정하여 소년, 보호자 또는 참고인을 소환할 수 있다.
③ 소년부 판사는 소년이 화해권고에 따라 피해자와 화해하였을 경우에는 보호처분을 결정할 때 이를 고려할 수 있다.
④ 소년부 판사는 심리를 시작하기 전까지 화해를 권고할 수 있고, 화해권고기일까지 소년, 보호자 및 피해자의 서면동의를 받아야 한다.

> **해설**
> ④ 소년부 판사는 <u>보호처분을 하기 전까지</u> 화해를 권고할 수 있다. 이 경우 화해를 권고하기 위한 기일("화해권고기일")까지 소년, 보호자 및 피해자(피해자가 미성년자인 경우 그 보호자도 포함한다)의 서면에 의한 동의를 받아야 한다[소년심판규칙(대법원규칙 제2696호) 제26조의2 제1항].
> ① 소년법 제25조의3 제1항
> ② 동법 제25조의3 제2항
> ③ 동법 제25조의3 제3항
>
> 정답 ④

312 「소년법」 제32조에 따른 소년보호처분에 대한 설명으로 옳지 않은 것은? 2022. 7급 공채

① 제1호 처분은 보호자 또는 보호자를 대신하여 소년을 보호할 수 있는 자에게 감호 위탁하는 것이다.
② 제6호 처분은 「아동복지법」에 따른 아동복지시설이나 그 밖의 소년보호시설에 감호 위탁하는 것이다.
③ 제4호 처분을 할 때 6개월의 기간을 정하여 야간 등 특정 시간대의 외출을 제한하는 명령을 보호관찰대상자의 준수 사항으로 부과할 수 있다.
④ 제5호 처분을 할 때 6개월의 기간을 정하여 「보호소년 등의 처우에 관한 법률」에 따른 대안교육 또는 소년의 상담·선도·교화와 관련된 단체나 시설에서의 상담·교육을 받을 것을 동시에 명할 수 있다.

해설

④ 제32조 제1항 제4호(단기 보호관찰) 또는 제5호(장기 보호관찰)의 처분을 할 때에 3개월 이내의 기간을 정하여 「보호소년 등의 처우에 관한 법률」에 따른 대안교육 또는 소년의 상담·선도·교화와 관련된 단체나 시설에서의 상담·교육을 받을 것을 동시에 명할 수 있다(소년법 제32조의2 제1항).
① 동법 제32조 제1항 제1호
② 동법 제32조 제1항 제6호
③ 제32조 제1항 제4호(단기 보호관찰) 또는 제5호(장기 보호관찰)의 처분을 할 때에 1년 이내의 기간을 정하여 야간 등 특정 시간대의 외출을 제한하는 명령을 보호관찰대상자의 준수 사항으로 부과할 수 있다(동법 제32조의2 제2항).

* **보호처분의 종류(소년법 제32조 제1항)**: 소년부 판사는 심리 결과 보호처분을 할 필요가 있다고 인정하면 결정으로써 다음 각 호의 어느 하나에 해당하는 처분을 하여야 한다.
1. 보호자 또는 보호자를 대신하여 소년을 보호할 수 있는 자에게 감호 위탁
2. 수강명령
3. 사회봉사명령
4. 보호관찰관의 단기(短期) 보호관찰
5. 보호관찰관의 장기(長期) 보호관찰
6. 「아동복지법」에 따른 아동복지시설이나 그 밖의 소년보호시설에 감호 위탁
7. 병원, 요양소 또는 「보호소년 등의 처우에 관한 법률」에 따른 의료재활소년원에 위탁
8. 1개월 이내의 소년원 송치
9. 단기 소년원 송치
10. 장기 소년원 송치

정답 ④

313 「소년법」상 소년부판사가 심리한 결과 보호처분의 필요가 있다고 인정한 때에 결정으로 할 수 있는 처분이 아닌 것은?

2007. 7급 공채

① 보호자에게 감호를 위탁하는 것
② 병원, 요양소에 위탁하는 것
③ 경찰서장의 보호관찰을 받게 하는 것
④ 단기로 소년원에 송치하는 것

해설

③ 보호처분의 종류에 보호관찰관의 단기(短期) 보호관찰 또는 보호관찰관의 장기(長期) 보호관찰을 받게 하는 것은 있으나(소년법 제32조 제1항 제4호·제5호), 경찰서장의 보호관찰을 받게 하는 것은 없다.
① 동법 제32조 제1항 제1호
② 동법 제32조 제1항 제7호
④ 동법 제32조 제1항 제9호

정답 ③

314 「소년법」상 보호처분들 간의 병합이 가능하지 않은 경우는?   2016. 7급 공채

① 소년보호시설에 감호위탁과 보호관찰관의 단기보호관찰
② 소년보호시설에 감호위탁과 보호관찰관의 장기보호관찰
③ 1개월 이내의 소년원 송치와 보호관찰관의 단기보호관찰
④ 보호자에게 감호위탁과 수강명령과 사회봉사명령과 보호관찰관의 장기보호관찰

해설

③ 1개월 이내의 소년원 송치와 보호관찰관의 단기보호관찰은 병합할 수 없다(소년법 제32조 제2항).
① 동법 제32조 제2항 제3호
② 동법 제32조 제2항 제4호
④ 동법 제32조 제2항 제2호

※ **보호처분의 병합(소년법 제32조 제2항)** : 다음 각 호 안의 처분 상호 간에는 그 전부 또는 일부를 병합할 수 있다.
 1. 제32조 제1항 제1호(보호자 또는 보호자를 대신하여 소년을 보호할 수 있는 자에게 감호 위탁)·제2호(수강명령)·제3호(사회봉사명령)·제4호(보호관찰관의 단기 보호관찰) 처분
 2. 제32조 제1항 제1호(보호자 또는 보호자를 대신하여 소년을 보호할 수 있는 자에게 감호 위탁)·제2호(수강명령)·제3호(사회봉사명령)·제5호(보호관찰관의 장기 보호관찰) 처분
 3. 제32조 제1항 제4호(보호관찰관의 단기 보호관찰)·제6호(「아동복지법」에 따른 아동복지시설이나 그 밖의 소년보호시설에 감호 위탁) 처분
 4. 제32조 제1항 제5호(보호관찰관의 장기 보호관찰)·제6호(「아동복지법」에 따른 아동복지시설이나 그 밖의 소년보호시설에 감호 위탁) 처분
 5. 제32조 제1항 제5호(보호관찰관의 장기 보호관찰)·제8호(1개월 이내의 소년원 송치) 처분

암기 [보호처분의 병합]
1. 보·수·사·단(보호자 등에 감호위탁, 수강명령, 사회봉사명령, 단기보호관찰)
2. 보·수·사·장(보호자 등에 감호위탁, 수강명령, 사회봉사명령, 장기보호관찰)
3. 단·시(단기보호관찰, 아동복지시설 그 밖의 시설에 감호위탁)
4. 장·시(장기보호관찰, 아동복지시설 그 밖의 시설에 감호위탁)
5. 장·1(장기보호관찰, 1개월 이내의 소년원 송치)

정답 ③

315 「소년법」상 보호관찰 처분에 대한 설명으로 옳은 것은? 2024. 9급 공채

① 1개월 이내의 소년원 송치 처분을 하는 경우 이 처분과 장기보호관찰을 병합할 수 없다.
② 단기보호관찰을 받은 보호관찰 대상자가 준수사항을 위반하는 경우, 1년의 범위에서 보호관찰 기간을 연장할 수 있다.
③ 장기보호관찰의 기간은 2년 이내로 한다.
④ 보호관찰 처분을 할 때는 1년 이내의 기간을 정하여 야간 등 특정 시간대의 외출을 제한하는 명령을 보호관찰 대상자의 준수사항으로 부과할 수 있다.

해설

④ 제32조 제1항 제4호(단기보호관찰) 또는 제5호(장기보호관찰)의 처분을 할 때에 1년 이내의 기간을 정하여 야간 등 특정 시간대의 외출을 제한하는 명령을 보호관찰대상자의 준수 사항으로 부과할 수 있다(소년법 제32조의2 제2항).
① 장기보호관찰과 1개월 이내의 소년원 송치 처분은 병합할 수 있다(동법 제32조 제2항 제5호).
② 단기보호관찰기간은 1년으로 한다(동법 제33조 제2항). 단기보호관찰은 기간의 연장규정이 없다.
③ 장기보호관찰기간은 2년으로 한다. 다만, 소년부 판사는 보호관찰관의 신청에 따라 결정으로써 1년의 범위에서 한 번에 한하여 그 기간을 연장할 수 있다(동법 제33조 제3항).

정답 | ④

316 「소년법」상 보호처분에 대한 설명으로 옳지 않은 것은? 2014. 7급 공채

① 사회봉사명령은 14세 이상의 소년에게만 할 수 있다.
② 수강명령과 장기 소년원 송치처분은 12세 이상의 소년에게만 할 수 있다.
③ 보호관찰관의 장기 보호관찰과 단기 소년원 송치처분 상호간에는 병합할 수 있다.
④ 보호관찰관의 단기 보호관찰 또는 장기 보호관찰처분을 부과하는 때에는 3개월 이내의 기간을 정하여 대안교육 또는 소년의 상담·선도·교화와 관련된 단체나 시설에서의 상담·교육을 받을 것을 동시에 명할 수 있다.

해설
③ 소년법상 보호관찰관의 장기 보호관찰과 단기 소년원 송치처분은 병합할 수 없다(소년법 제32조 제2항).
① 동법 제32조 제3항
② 동법 제32조 제4항
④ 동법 제32조의2 제1항

정답 ③

317 「소년법」상 보호처분에 대한 설명으로 옳지 않은 것은? 2018. 7급 공채

① 수강명령은 10세 이상 12세 미만의 소년에 대하여 부과할 수 없다.
② 수강명령은 100시간을, 사회봉사명령은 200시간을 초과할 수 없다.
③ 단기 보호관찰기간은 6개월로 하고, 장기 보호관찰기간은 2년으로 한다.
④ 단기로 소년원에 송치된 소년의 보호기간은 6개월을, 장기로 소년원에 송치된 소년의 보호기간은 2년을 초과하지 못한다.

해설
③ 단기 보호관찰기간은 1년으로 한다(소년법 제33조 제2항). 장기 보호관찰기간은 2년으로 한다. 다만, 소년부 판사는 보호관찰관의 신청에 따라 결정으로써 1년의 범위에서 한 번에 한하여 그 기간을 연장할 수 있다(소년법 제33조 제3항).
① 제32조 제1항 제2호(수강명령) 및 제10호(장기 소년원 송치)의 처분은 12세 이상의 소년에게만 할 수 있다(동법 제32조 제4항).
② 동법 제33조 제4항
④ 동법 제33조 제5항·제6항

정답 ③

318 「소년법」상 보호처분 및 그 부가처분에 대한 설명으로 옳은 것은?   2020. 7급 공채

① 수강명령과 사회봉사명령은 14세 이상의 소년에게만 할 수 있다.
② 최대 200시간을 초과하지 않는 범위 내에서 수강명령처분을 결정할 수 있다.
③ 「아동복지법」에 따른 아동복지시설이나 그 밖의 소년보호시설에 감호 위탁 기간은 6개월로 하되, 그 기간을 연장할 수 없다.
④ 소년부 판사는 가정상황 등을 고려하여 필요하다고 판단되면 보호자에게 보호관찰소 등에서 실시하는 소년의 보호를 위한 특별교육을 받을 것을 명할 수 있다.

해설

④ 소년법 제32조의2 제3항
① 사회봉사명령은 14세 이상의 소년에게만 할 수 있으나(동법 제32조 제3항), 수강명령은 <u>12세 이상의 소년에게만 할 수 있다</u>(동법 제32조 제4항).
② 수강명령은 <u>100시간을 초과할 수 없으며</u>, 사회봉사명령은 200시간을 초과할 수 없다(동법 제33조 제4항).
③ 「아동복지법」에 따른 아동복지시설이나 그 밖의 소년보호시설에 감호 위탁 기간은 6개월로 하되, <u>소년부 판사는 결정으로써 6개월의 범위에서 한 번에 한하여 그 기간을 연장할 수 있다</u>(동법 제33조 제1항).

정답 ④

319

「소년법」상 보호처분과 그 변경 등에 대한 설명으로 옳지 않은 것은?   2023. 7급 공채

① 수강명령 및 장기 소년원 송치의 처분은 12세 이상의 소년에게만 할 수 있다.
② 소년부 판사는 보호관찰관의 장기 보호관찰의 처분을 할 때에 1년 이내의 기간을 정하여 야간 등 특정 시간대의 외출을 제한하는 명령을 보호관찰대상자의 준수사항으로 부과할 수 있다.
③ 소년부 판사는 보호관찰관의 단기 보호관찰의 처분을 할 때에 3개월 이내의 기간을 정하여 「보호소년 등의 처우에 관한 법률」에 따른 대안교육을 받을 것을 동시에 명할 수 있다.
④ 보호처분을 집행하는 자의 신청이 없더라도 소년부 판사는 직권으로 1개월 이내의 소년원 송치의 처분을 변경할 수 있다.

해설

④ 소년부 판사는 위탁받은 자나 보호처분을 집행하는 자의 신청에 따라 결정으로써 제32조의 보호처분과 제32조의2의 부가처분을 변경할 수 있다. 다만, 제32조 제1항 제1호(보호자 또는 보호자를 대신하여 소년을 보호할 수 있는 자에게 감호 위탁)·제6호(「아동복지법」에 따른 아동복지시설이나 그 밖의 소년보호시설에 감호 위탁)·제7호(병원, 요양소 또는 「보호소년 등의 처우에 관한 법률」에 따른 의료재활소년원에 위탁)의 보호처분과 제32조의2 제1항(보호관찰관의 단기 보호관찰 또는 보호관찰관의 장기 보호관찰의 처분을 할 때에 3개월 이내의 기간을 정하여 「보호소년 등의 처우에 관한 법률」에 따른 대안교육 또는 소년의 상담·선도·교화와 관련된 단체나 시설에서의 상담·교육을 받을 것을 명하는 것)의 부가처분은 직권으로 변경할 수 있다(소년법 제37조 제1항). '1개월 이내의 소년원 송치'의 처분을 변경하는 것은 보호처분을 집행하는 자의 신청이 있어야 하며, 소년부 판사가 직권으로 변경할 수 없다.
① 동법 제32조 제4항
② 제32조 제1항 제4호(보호관찰관의 단기 보호관찰) 또는 제5호(보호관찰관의 장기 보호관찰)의 처분을 할 때에 1년 이내의 기간을 정하여 야간 등 특정 시간대의 외출을 제한하는 명령을 보호관찰대상자의 준수 사항으로 부과할 수 있다(동법 제32조의2 제2항).
③ 제32조 제1항 제4호(보호관찰관의 단기 보호관찰) 또는 제5호(보호관찰관의 장기 보호관찰)의 처분을 할 때에 3개월 이내의 기간을 정하여 「보호소년 등의 처우에 관한 법률」에 따른 대안교육 또는 소년의 상담·선도·교화와 관련된 단체나 시설에서의 상담·교육을 받을 것을 동시에 명할 수 있다(동법 제32조의2 제1항).

정답 | ④

320 소년부 판사가 결정으로 그 기간을 연장할 수 있는 보호처분만을 모두 고르면?

2021. 7급 공채 보호직, 교정직

ㄱ. 보호관찰관의 단기 보호관찰
ㄴ. 병원, 요양소 또는 「보호소년 등의 처우에 관한 법률」에 따른 의료재활소년원에 위탁
ㄷ. 장기 소년원 송치
ㄹ. 보호자 또는 보호자를 대신하여 소년을 보호할 수 있는 자에게 감호 위탁

① ㄱ, ㄷ
② ㄴ, ㄷ
③ ㄴ, ㄹ
④ ㄷ, ㄹ

해설

③ 'ㄱ'과 'ㄷ'은 연장할 수 없고, 'ㄴ'과 'ㄹ'이 연장가능하다.
소년법상 보호처분 중 그 기간을 연장할 수 있는 것은 ⅰ) 보호자 또는 보호자를 대신하여 소년을 보호할 수 있는 자에게 감호 위탁, ⅱ) 「아동복지법」에 따른 아동복지시설이나 그 밖의 소년보호시설에 감호 위탁, ⅲ) 병원, 요양소 또는 「보호소년 등의 처우에 관한 법률」에 따른 의료재활소년원에 위탁, ⅳ) 보호관찰관의 장기(長期) 보호관찰이다. 보호자 또는 보호자를 대신하여 소년을 보호할 수 있는 자에게 감호 위탁, 「아동복지법」에 따른 아동복지시설이나 그 밖의 소년보호시설에 감호 위탁, 병원, 요양소 또는 「보호소년 등의 처우에 관한 법률」에 따른 의료재활소년원에 위탁하는 처분의 위탁기간은 6개월로 하되, 소년부 판사는 결정으로써 6개월의 범위에서 한 번에 한하여 그 기간을 연장할 수 있다(소년법 제33조 제1항). 그리고 보호관찰관의 장기(長期) 보호관찰의 기간은 2년으로 한다. 다만, 소년부 판사는 보호관찰관의 신청에 따라 결정으로써 1년의 범위에서 한 번에 한하여 그 기간을 연장할 수 있다(동법 제33조 제3항).

정답 ③

321 「소년법」에 따른 소년보호사건의 처리에 관한 설명 중 옳지 않은 것은? 2007. 7급 공채

① 우범소년에 대한 보호처분의 계속 중 본인이 처분당시 12세 미만인 것이 판명된 경우에는 소년부판사는 결정으로 그 보호처분을 취소하여야 한다.
② 보호관찰관의 보호관찰을 받게 하는 보호처분과 「아동복지법」상의 아동복지시설 기타 소년보호시설에 감호를 위탁하는 보호처분은 병합할 수 있다.
③ 조사 또는 심리를 할 때에 정신건강의학과의사·심리학자·사회사업가·교육자나 그 밖의 전문가의 진단, 소년 분류심사원의 분류심사 결과와 의견, 보호관찰소의 조사결과와 의견 등을 고려하여야 한다.
④ 소년부 또는 조사관이 범죄사실에 관하여 소년을 조사할 때에는 미리 소년에게 불리한 진술을 거부할 수 있음을 알려야 한다.

해설

① 제4조 제1항 제1호(범죄소년)·제2호(촉법소년)의 소년에 대한 보호처분이 계속 중일 때에 사건 본인이 행위 당시 10세 미만으로 밝혀진 경우 또는 제4조 제1항 제3호의 소년(우범소년)에 대한 보호처분이 계속 중일 때에 사건 본인이 처분 당시 10세 미만으로 밝혀진 경우에는 소년부 판사는 결정으로써 그 보호처분을 취소하여야 한다(소년법 제38조 제2항).
② 동법 제32조 제2항 제3호·제4호
③ 동법 제12조
④ 동법 제10조

> ∗ **보호처분의 병합(소년법 제32조 제2항)** : 다음 각 호 안의 처분 상호 간에는 그 전부 또는 일부를 병합할 수 있다.
> 1. 제1항 제1호·제2호·제3호·제4호 처분(보호자 또는 보호자를 대신하여 소년을 보호할 수 있는 자에게 감호 위탁, 수강명령, 사회봉사명령, 보호관찰관의 단기 보호관찰)
> 2. 제1항 제1호·제2호·제3호·제5호 처분(보호자 또는 보호자를 대신하여 소년을 보호할 수 있는 자에게 감호 위탁, 수강명령, 사회봉사명령, 보호관찰관의 장기 보호관찰)
> 3. 제1항 제4호·제6호 처분(보호관찰관의 단기 보호관찰, 「아동복지법」에 따른 아동복지시설이나 그 밖의 소년보호시설에 감호 위탁)
> 4. 제1항 제5호·제6호 처분(보호관찰관의 장기 보호관찰, 「아동복지법」에 따른 아동복지시설이나 그 밖의 소년보호시설에 감호 위탁)
> 5. 제1항 제5호·제8호 처분(보호관찰관의 장기 보호관찰, 1개월 이내의 소년원 송치)

정답 | ①

322 「소년법」상 보호처분의 취소에 대한 설명으로 옳지 않은 것은?

2024. 9급 공채

① 보호처분이 계속 중일 때에 당해 보호사건 본인에 대하여 새로운 보호처분이 있었을 때에는 그 처분을 한 소년부 판사는 이전의 보호처분을 한 소년부에 조회하여 이전의 보호처분을 취소하여야 한다.
② 보호처분이 계속 중일 때에 당해 보호사건 본인이 처분 당시 19세 이상인 것으로 밝혀진 경우, 법원이 소년에 대한 피고사건을 심리한 결과 보호처분에 해당할 사유가 있다고 인정하여 결정으로써 관할 소년부에 송치한 사건에 대해서는 소년부 판사는 결정으로써 그 보호처분을 취소하고 송치한 법원에 이송한다.
③ 보호처분이 계속 중일 때에 당해 보호사건 본인에 대하여 유죄판결이 확정된 경우에 보호처분을 한 소년부 판사는 그 처분을 존속할 필요가 없다고 인정하면 결정으로써 보호처분을 취소할 수 있다.
④ 보호처분이 계속 중일 때에 당해 보호사건 본인이 처분 당시 19세 이상인 것으로 밝혀진 경우, 검사·경찰서장의 송치에 의한 사건에 대해서는 소년부 판사는 결정으로써 그 보호처분을 취소하고 관할 지방법원에 대응하는 검찰청 검사에게 송치한다.

해설

① 보호처분이 계속 중일 때에 사건 본인에 대하여 새로운 보호처분이 있었을 때에는 그 처분을 한 소년부 판사는 이전의 보호처분을 한 소년부에 조회하여 어느 하나의 보호처분을 취소하여야 한다(소년법 제40조).
② 동법 제38조 제1항 제2호
③ 동법 제39조
④ 동법 제38조 제1항 제1호

> **보호처분의 취소(소년법 제38조 제1항)**: 보호처분이 계속 중일 때에 사건 본인이 처분 당시 19세 이상인 것으로 밝혀진 경우에는 소년부 판사는 결정으로써 그 보호처분을 취소하고 다음의 구분에 따라 처리하여야 한다.
> 1. 검사·경찰서장의 송치 또는 제4조 제3항의 통고에 의한 사건인 경우에는 관할 지방법원에 대응하는 검찰청 검사에게 송치한다.
> 2. 제50조(법원의 소년 피고사건 심리 결과 보호처분 사유가 있는 경우의 관할 소년부 송치)에 따라 법원이 송치한 사건인 경우에는 송치한 법원에 이송한다.

정답 ①

PART Ⅳ 소년범죄론

323 소년에 대한 보호처분과 관련된 구제에 관한 설명으로 옳지 않은 것은?   2008. 7급 공채

① 「소년법」상의 보호처분은 그 결정에 영향을 미칠 법령위반이 있거나 처분이 현저히 부당한 때에는 본인·보호자·보조인이나 법정대리인은 관할 가정법원 또는 지방법원 본원 합의부에 항고할 수 있다.
② 항고는 보호처분의 결정을 통고받은 날로부터 7일 이내에 제기하여야 한다.
③ 항고법원은 항고절차가 법률의 규정에 위반되거나 항고가 이유 없다고 인정한 때에는 항고를 기각하여야 한다.
④ 항고가 제기되면 이미 내려진 보호처분결정의 집행은 중지된다.

해설

④ 항고는 결정의 집행을 정지시키는 효력이 없다(소년법 제46조).
① 동법 제43조 제1항
② 동법 제43조 제2항
③ 동법 제45조 제1항

> ※ **항고(소년법 제43조 제1항)** : 제32조에 따른 보호처분의 결정 및 제32조의2에 따른 부가처분 등의 결정 또는 제37조의 보호처분·부가처분 변경 결정이 다음 각 호의 어느 하나에 해당하면 사건 본인·보호자·보조인 또는 그 법정대리인은 관할 가정법원 또는 지방법원 본원 합의부에 항고할 수 있다.
> 1. 해당 결정에 영향을 미칠 법령 위반이 있거나 중대한 사실 오인(誤認)이 있는 경우
> 2. 처분이 현저히 부당한 경우

정답 ④

324

소년에 대한 보호처분 결정에 대하여 항고할 수 있는 경우가 아닌 것은? 2010. 7급 공채

① 해당 결정에 영향을 미칠 법령 위반이 있는 경우
② 처분이 현저히 부당한 경우
③ 보호처분의 계속 중 소년이 10세 미만인 것이 판명된 경우
④ 중대한 사실오인이 있는 경우

해설

③ 소년에 대한 보호처분이 계속 중일 때에 사건 본인이 행위 당시 10세 미만으로 밝혀진 경우 또는 소년에 대한 보호처분이 계속 중일 때에 사건 본인이 처분 당시 10세 미만으로 밝혀진 경우에는 소년부 판사는 결정으로써 그 보호처분을 취소하여야 한다(소년법 제38조 제2항).
①, ②, ④ 보호처분의 결정 및 부가처분 등의 결정 또는 보호처분·부가처분 변경 결정이 ⅰ) 해당 결정에 영향을 미칠 법령 위반이 있거나 중대한 사실 오인(誤認)이 있는 경우, ⅱ) 처분이 현저히 부당한 경우의 어느 하나에 해당하면 사건 본인·보호자·보조인 또는 그 법정대리인은 관할 가정법원 또는 지방법원 본원 합의부에 항고할 수 있다(소년법 제43조 제1항).

정답 ③

325

「소년법」상 보호처분의 결정에 대한 항고와 관련한 설명으로 옳지 않은 것은?

2021. 7급 공채

① 항고를 제기할 수 있는 기간은 7일이며, 항고장은 원심 소년부에 제출하여야 한다.
② 항고는 보호처분의 결정의 집행을 정지시키는 효력이 있다.
③ 보호처분의 결정에 영향을 미칠 법령위반이 있거나 중대한 사실오인이 있는 경우뿐 아니라 처분이 현저히 부당한 경우에도 항고할 수 있다.
④ 사건 본인, 보호자 및 보조인 또는 그 법정대리인은 항고할 수 있다.

해설

② 항고는 결정의 집행을 정지시키는 효력이 없다(소년법 제46조).
① 동법 제43조 제2항, 제44조 제1항
③, ④ 동법 제43조 제1항

정답 ②

326 「소년법」상 보호처분 불복에 대한 설명으로 옳은 것은? 2020. 7급 공채

① 항고를 제기할 수 있는 기간은 10일로 한다.
② 보호처분이 현저히 부당한 경우에는 사건 본인이나 보호자는 고등법원에 항고할 수 있다.
③ 항고를 기각하는 결정에 대하여는 그 결정이 법령에 위반되는 경우에만 대법원에 재항고를 할 수 있다.
④ 항고법원은 항고가 이유가 있다고 인정한 경우에는 원결정을 파기하고 직접 불처분 또는 보호처분의 결정을 하는 것이 원칙이다.

해설

③ 소년법 제47조 제1항
① ② 항고를 제기할 수 있는 기간은 7일로 한다(동법 제43조 제2항).
② 보호처분의 결정 및 부가처분 등의 결정 또는 보호처분·부가처분 변경 결정이 ⅰ) 해당 결정에 영향을 미칠 법령 위반이 있거나 중대한 사실 오인(誤認)이 있는 경우, ⅱ) 처분이 현저히 부당한 경우의 어느 하나에 해당하면 사건 본인·보호자·보조인 또는 그 법정대리인은 관할 가정법원 또는 지방법원 본원 합의부에 항고할 수 있다(동법 제43조 제1항).
④ 항고법원은 항고가 이유가 있다고 인정한 경우에는 원결정(原決定)을 취소하고 사건을 원소년부에 환송(還送)하거나 다른 소년부에 이송하는 것이 원칙이다. 다만, 환송 또는 이송할 여유가 없이 급하거나 그 밖에 필요하다고 인정한 경우에는 원결정을 파기하고 불처분 또는 보호처분의 결정을 할 수 있다(소년법 제45조 제2항).

정답 ③

327 소년사범의 처우에 대한 설명으로 옳지 않은 것은?
2012. 7급 공채

① 선도조건부 기소유예제도는 유죄를 전제로 한다.
② 「형사소송법」이 직접적인 근거법이라 할 수 있다.
③ 보호처분은 해당소년의 장래 신상에 대해 어떤 불이익도 주어서는 안 된다.
④ 소년분류심사원의 감호위탁기간은 구금일수에 산입된다.

해설
② 소년에 대한 보호처분, 소년범죄자의 특례 등 소년사범의 처우의 직접적인 근거법률은 「소년법」이다.
① 선도조건부 기소유예제도는 범죄의 혐의가 있는 사람에 대하여 검사가 범죄예방자원봉사위원의 선도, 소년의 선도·교육과 관련된 단체·시설에서의 상담·교육·활동 등을 받게 하고, 피의사건에 대한 공소를 제기하지 아니할 수 있는 제도를 말한다(소년법 제49조의3). 즉 선도조건부 기소유예제도는 유죄를 전제로 검사가 기소를 유예하는 처분이다.
③ 소년의 보호처분은 그 소년의 장래 신상에 어떠한 영향도 미치지 아니한다(동법 제32조 제6항).
④ 제18조 제1항 제3호의 조치(소년분류심사원에 위탁하는 임시조치)가 있었을 때에는 그 위탁기간은 「형법」 제57조 제1항의 판결선고 전 구금일수(拘禁日數)로 본다(동법 제61조).

정답 ②

328 「소년법」에서 소년부 판사가 조사 또는 심리상의 필요에 따라 결정으로 취한 임시조치 중 「형법」 제57조 제1항의 판결선고 전 구금일수에 산입하여야 하는 것은?
2012. 7급 교정직 공채 수정

① 보호자 또는 시설에 위탁
② 소년분류심사원에 위탁
③ 병원이나 그 밖의 요양소에 위탁
④ 소년원에 단기위탁

해설
② 제18조 제1항 제3호(임시조치 중 소년분류심사원에 위탁)의 조치가 있었을 때에는 그 위탁기간은 「형법」 제57조 제1항의 판결선고 전 구금일수(拘禁日數)로 본다(소년법 제61조). 소년분류심사원은 소년법에 의하여 법원으로부터 결정 송치된 임시위탁소년의 수용 및 심판, 보호처분의 대상이 될 소년의 성격·자질 등을 의학·심리학·교육학·사회학, 기타 전문지식에 의하여 분류심사하기 위한 기관으로, 그 수용의 형태가 형의 집행 및 수용자의 처우에 관한 법률상의 미결수용자의 구금과 유사하므로 소년분류심사원에 위탁한 기간은 미결구금기간으로 산정하여 판결선고 전 구금일수에 포함하도록 규정하고 있다.

정답 ②

329 「소년법」에 규정된 소년범죄자에 대한 형사처분의 특례규정으로 볼 수 없는 것으로만 묶인 것은?

2013. 7급 공채

> ㄱ. 구속영장의 발부제한
> ㄴ. 구속시 성인피의자, 피고인과의 분리수용
> ㄷ. 소년형사사건의 필요사항에 대한 조사관의 필요적 위촉
> ㄹ. 가석방조건의 완화
> ㅁ. 소년분류심사원 위탁기간의 미결구금일수 산입
> ㅂ. 보도금지의 완화
> ㅅ. 보호처분 계속 중 징역형이 선고된 경우 보호처분 우선 집행

① ㄱ, ㄷ, ㄹ
② ㄴ, ㅁ, ㅅ
③ ㄷ, ㅂ, ㅅ
④ ㅁ, ㅂ, ㅅ

해설

③ 형사처분의 특례규정으로 볼 수 없는 것은 'ㄷ, ㅂ, ㅅ'이다.
ㄱ. (O) : 소년에 대한 구속영장은 부득이한 경우가 아니면 발부하지 못한다(소년법 제55조 제1항).
ㄴ. (O) : 소년을 구속하는 경우에는 특별한 사정이 없으면 다른 피의자나 피고인과 분리하여 수용하여야 한다(동법 제55조 제2항).
ㄷ. (×) : 소년부 판사는 조사관에게 사건 본인, 보호자 또는 참고인의 심문이나 그 밖에 필요한 사항을 조사하도록 <u>명할 수 있다</u>(동법 제11조 제1항). 즉 임의적 사항이다.
ㄹ. (O) : 징역 또는 금고를 선고받은 소년에 대하여는 무기형의 경우에는 5년, 15년 유기형의 경우에는 3년, 부정기형의 경우에는 단기의 3분의 1이 지나면 가석방(假釋放)을 허가할 수 있다(동법 제65조).
ㅁ. (O) : 제18조 제1항 제3호(소년분류심사원에 위탁)의 조치가 있었을 때에는 그 위탁기간은 「형법」제57조 제1항의 판결선고 전 구금일수(拘禁日數)로 본다(동법 제61조).
ㅂ. (×) : 이 법에 따라 조사 또는 심리 중에 있는 보호사건이나 형사사건에 대하여는 성명·연령·직업·용모 등으로 비추어 볼 때 그 자가 당해 사건의 당사자라고 미루어 짐작할 수 있는 정도의 사실이나 사진을 신문이나 그 밖의 출판물에 싣거나 방송할 수 없다(동법 제68조 제1항). 즉 <u>보도금지의 완화가 아니라 강화</u>이다.
ㅅ. (×) : 보호처분이 계속 중일 때에 징역, 금고 또는 구류를 선고받은 소년에 대하여는 <u>먼저 그 형을 집행한다</u>(동법 제64조).

정답 ③

330 소년의 형사사건에 대한 설명으로 옳은 것은?

2021. 7급 공채

① 협의의 불기소처분 사건은 조건부 기소유예의 대상에서 제외된다.
② 법원은 판결만을 선고하는 경우라도 피고인인 소년에 대하여 변호인이 없거나 출석하지 아니한 때에는 국선변호인을 선정하여야 한다.
③ 소년에 대해 형의 선고유예 시에는 부정기형을 선고하지 못하나, 집행유예 시에는 부정기형을 선고할 수 있다.
④ 소년에 대한 부정기형을 집행하는 기관의 장은 교정 목적이 달성되었다고 인정되는 경우에는 법원의 결정에 따라 그 형의 집행을 종료할 수 있다.

해설

① 선도조건부 기소유예제도는 범죄를 저지른 소년을 검사가 공소제기나 소년부 송치로 처리하는 대신 선도보호를 받을 것을 조건으로 기소유예를 하는 제도를 말한다(소년법 제49조의3). 그리고 협의의 불기소 처분은 피의자가 범죄사실이 없거나 유죄를 입증할 증거가 충분하지 않은 경우 또는 친고죄에 있어 고소가 없거나 처벌을 희망하지 않는 의사 표시가 있을 때 사건을 종결하는 처분이다. 선도조건부 기소유예는 범죄혐의가 인정되어 기소가 가능한 소년에 대한 조치이므로 협의의 불기소처분을 해야 할 소년사건은 그 대상에서 제외된다.
② 형사소송법 제33조 제1항 각 호의 어느 하나에 해당하는 사건(국선변호인 선임대상사건) 및 같은 조 제2항·제3항의 규정에 따라 변호인이 선정된 사건에 관하여는 변호인 없이 개정하지 못한다. 단, 판결만을 선고할 경우에는 예외로 한다(형사소송법 제282조).
③ 형의 집행유예나 선고유예를 선고할 때에는 부정기형을 선고하지 못한다(소년법 제60조 제3항).
④ 소년에 대한 부정기형을 집행하는 기관의 장은 형의 단기가 지난 소년범의 행형(行刑) 성적이 양호하고 교정의 목적을 달성하였다고 인정되는 경우에는 관할 검찰청 검사의 지휘에 따라 그 형의 집행을 종료시킬 수 있다(동법 제60조 제4항).

정답 ①

331. 「소년법」상 소년형사사건에 대한 설명으로 옳지 않은 것은? 2018. 7급 공채

① 징역 또는 금고를 선고받은 소년에 대하여는 특별히 설치된 교도소 또는 일반 교도소 안에 특별히 분리된 장소에서 그 형을 집행한다. 다만, 소년이 형의 집행 중에 19세가 되면 일반 교도소에서 집행할 수 있다.
② 죄를 범할 당시 18세 미만인 소년에 대하여 사형 또는 무기형으로 처할 경우에는 15년의 유기징역으로 한다.
③ 소년이 법정형으로 장기 2년 이상의 유기형에 해당하는 죄를 범한 경우에는 그 형의 범위에서 장기와 단기를 정하여 선고한다. 다만, 장기는 10년, 단기는 5년을 초과하지 못한다.
④ 검사는 피의자에 대하여 범죄예방자원봉사위원의 선도를 받게 하고 피의사건에 대한 공소를 제기하지 아니할 수 있다. 이 경우 소년과 소년의 친권자·후견인 등 법정대리인의 동의를 받아야 한다.

해설
① 징역 또는 금고를 선고받은 소년에 대하여는 특별히 설치된 교도소 또는 일반 교도소 안에 특별히 분리된 장소에서 그 형을 집행한다. 다만, 소년이 형의 집행 중에 <u>23세가 되면</u> 일반 교도소에서 집행할 수 있다(소년법 제63조).
② 동법 제59조
③ 동법 제60조 제1항
④ 동법 제49조의3

정답 ①

332 「소년법」상 소년에 대한 형사사건의 처리절차로서 옳지 않은 것은? 2016. 7급 공채

① 검사는 소년에 대한 피의사건을 수사한 결과 보호처분에 해당하는 사유가 있다고 인정한 경우에는 사건을 관할 소년부에 송치해야 한다.
② 검사는 피의소년에 대하여 피의소년과 법정대리인의 동의하에 범죄예방자원봉사위원의 선도를 받게 하고 피의사건에 대한 공소를 제기하지 않을 수 있다.
③ 죄를 범할 당시 18세 미만인 소년에 대해 사형 또는 무기형으로 처할 경우에는 15년의 유기징역으로 한다.
④ 보호처분이 계속 중일 때에 징역, 금고 또는 구류를 선고받은 소년에 대해서는 보호처분이 종료된 후에 그 형을 집행해야 한다.

해설

④ 보호처분이 계속 중일 때에 징역, 금고 또는 구류를 선고받은 소년에 대하여는 먼저 그 형을 집행한다(소년법 제64조).
① 동법 제49조 제1항
② 동법 제49조의3 제1호
③ 동법 제59조

정답 ④

PART IV 소년범죄론

333 소년에 대한 형사처분의 특칙에 관한 설명으로 옳지 않은 것은?   2008. 7급 공채

① 성인범의 경우 신입한 날부터 3일 동안 신입자거실에 수용하지만, 소년범의 경우 신입자거실의 수용기간을 30일까지 연장할 수 있다.
② 범행당시 18세 미만인 소년에 대하여 사형 또는 무기형으로 처할 경우에는 15년의 유기징역으로 한다.
③ 소년을 구속하는 경우에는 특별한 사정이 없으면 다른 피의자나 피고인과 분리하여 수용하여야 한다.
④ 소년으로 범한 죄에 의하여 자유형의 선고를 받은 자가 자격정지를 병과 받은 경우 자유형의 집행을 종료하거나 집행의 면제를 받은 때에는 집행이 종료되거나 면제된 날로부터 자격정지기간이 기산된다.

해설

④ 소년이었을 때 범한 죄에 의하여 형의 선고 등을 받은 자에 대하여 ⅰ) 형을 선고받은 자가 그 집행을 종료하거나 면제받은 경우, ⅱ) 형의 선고유예나 집행유예를 선고받은 경우 자격에 관한 법령을 적용할 때 <u>장래에 향하여 형의 선고를 받지 아니한 것으로 본다</u>(소년법 제67조 제1항). 따라서 소년으로 범한 죄에 의하여 자유형의 선고를 받은 자가 자격정지를 병과 받은 경우 자유형의 집행을 종료하거나 집행의 면제를 받은 때에는 자격정지는 집행할 수 없게 된다.
① 소장은 신입자가 환자이거나 부득이한 사정이 있는 경우가 아니면 수용된 날부터 3일 동안 신입자거실에 수용하여야 한다(형의 집행 및 수용자의 처우에 관한 법률 시행령 제18조 제1항). 소장은 19세 미만의 신입자 그 밖에 특히 필요하다고 인정하는 수용자에 대하여는 신입자거실 수용기간을 30일까지 연장할 수 있다(동법 제18조 제3항).
② 소년법 제59조
③ 동법 제55조 제2항

정답 ④

334 소년 형사사건에 대한 설명으로 옳은 것은? (다툼이 있는 경우 판례에 의함)

2022. 7급 공채

① 「소년법」 제60조 제1항에 정한 '소년'은 「소년법」 제2조에 정한 19세 미만인 자를 의미하는 것으로, 이에 해당하는지는 행위 시를 기준으로 판단하여야 한다.
② 소년에 대한 부정기형을 집행하는 기관의 장은 형의 단기가 지난 소년범의 행형(行刑) 성적이 양호하고 교정의 목적을 달성하였다고 인정되는 경우에는 관할 법원의 결정에 따라 그 형의 집행을 종료시킬 수 있다.
③ 15년 유기징역형을 선고받은 소년이 6년이 지나 가석방된 경우, 가석방된 후 그 처분이 취소되지 아니하고 9년이 경과한 때에 형의 집행을 종료한 것으로 한다.
④ 보호처분 당시 19세 이상인 것으로 밝혀진 경우를 제외하고는 「소년법」 제32조의 보호처분을 받은 소년에 대하여는 그 심리가 결정된 사건은 다시 공소를 제기하거나 소년부에 송치할 수 없다.

해설

④ 보호처분을 받은 소년에 대하여는 그 심리가 결정된 사건은 다시 공소를 제기하거나 소년부에 송치할 수 없다. 다만, 제38조 제1항 제1호의 경우(보호처분이 계속 중일 때에 사건 본인이 처분 당시 19세 이상인 것으로 밝혀져 소년부 판사가 결정으로써 그 보호처분을 취소하고 관할 지방법원에 대응하는 검찰청 검사에게 송치한 경우)에는 공소를 제기할 수 있다(소년법 제53조).
① 소년법이 적용되는 '소년'이란 심판시에 19세 미만인 사람을 말하므로, 소년법의 적용을 받으려면 심판시에 19세 미만이어야 한다. 따라서 소년법 제60조 제2항의 적용대상인 '소년'인지의 여부도 심판시, 즉 사실심판결 선고시를 기준으로 판단되어야 한다. 이러한 법리는 '소년'의 범위를 20세 미만에서 19세 미만으로 축소한 소년법 개정법률(2007. 12. 21. 법률 제8722호로 공포되어, 2008. 6. 22.에 시행되었다)이 시행되기 전에 범행을 저지르고, 20세가 되기 전에 원심판결이 선고되었다고 해서 달라지지 아니한다(대법원 2009.5.28., 2009도2682).
② 소년에 대한 부정기형을 집행하는 기관의 장은 형의 단기가 지난 소년범의 행형(行刑) 성적이 양호하고 교정의 목적을 달성하였다고 인정되는 경우에는 관할 검찰청 검사의 지휘에 따라 그 형의 집행을 종료시킬 수 있다(소년법 제60조 제4항).
③ 징역 또는 금고를 선고받은 소년이 가석방된 후 그 처분이 취소되지 아니하고 가석방 전에 집행을 받은 기간과 같은 기간이 지난 경우에는 형의 집행을 종료한 것으로 한다. 다만, 제59조의 형기(刑期)(15년의 유기징역) 또는 제60조 제1항(부정기형)에 따른 장기의 기간이 먼저 지난 경우에는 그 때에 형의 집행을 종료한 것으로 한다(동법 제66조). 15년 유기징역형을 선고받은 소년이 6년이 지나 가석방된 경우에는 가석방된 후 그 처분이 취소되지 아니하고 가석방 전에 집행을 받은 기간과 같은 기간(6년)이 지난 경우에 형의 집행을 종료한 것으로 한다.

정답 ④

335 소년형사사건에 관한 설명으로 옳지 않은 것은? 2007. 7급 공채

① 소년형사사건은 14세 이상 19세 미만의 소년을 대상으로 한다.
② 소년이 법정형으로 장기 2년 이상의 유기형(有期刑)에 해당하는 죄를 범한 경우에는 그 형의 범위에서 장기와 단기를 정하여 선고한다.
③ 19세 미만의 소년에 대해서는 벌금 또는 과료를 납입하지 않을 경우에 대비한 환형처분을 선고할 수 없다.
④ 형의 선고유예나 집행유예를 선고할 때에는 부정기형을 선고하지 못한다.

해설

③ 18세 미만인 소년에게는 「형법」 제70조(노역장유치명령)에 따른 유치선고(환형처분)를 하지 못한다(소년법 제62조).
① 14세 되지 아니한 자의 행위는 벌하지 아니한다(형법 제9조). 이 법에서 "소년"이란 19세 미만인 자를 말한다(소년법 제2조). 따라서 소년형사사건은 14세 이상 19세 미만의 소년을 대상으로 한다.
② 소년법 제60조 제1항
④ 소년법 제60조 제3항

정답 ③

336 소년범죄 및 소년사법제도에 대한 설명으로 옳지 않은 것으로만 묶인 것은?

2012. 7급 공채

ㄱ. 소년범죄에 대해서는 처우의 개별화 이념에 따라 소년의 개별적인 특성을 고려하여야 한다.
ㄴ. 소년형사사건에서는 일반예방보다는 교육적인 교화·육성 및 특별예방이 강조된다.
ㄷ. 벌금 또는 과료를 선고받은 소년형사범이 이를 납부하지 않으면 노역장에 유치된다.
ㄹ. 검사는 소년에 대한 피의사건을 수사한 결과 보호처분에 해당하는 사유가 있다고 인정한 경우에는 사건을 관할소년부에 송치하여야 한다.
ㅁ. 소년분류심사원 위탁처분도 소년에 대한 전환제도(diversion)의 일종으로 볼 수 있다.

① ㄱ, ㅁ
② ㄴ, ㄷ
③ ㄷ, ㄹ
④ ㄷ, ㅁ

해설

④ 옳지 않은 것은 'ㄷ, ㅁ'이다.
ㄱ. (O) : 소년보호주의의 원리 중 개별주의에 대한 설명이다.
ㄴ. (O) : 소년형사사건에서는 소년범죄자의 처벌에 의한 일반인의 범죄예방효과를 의미하는 일반예방보다는 소년에 대한 교육적인 교화·육성과 소년의 특성에 맞는 처우에 의한 재범방지를 의미하는 특별예방이 강조된다.
ㄷ. (X) : 18세 미만인 소년에게는 「형법」 제70조에 따른 유치선고(노역장유치명령의 선고)를 하지 못한다(소년법 제62조). 벌금 또는 과료를 선고받은 소년형사범이 이를 납부하지 않더라도 18세 미만인 경우에는 노역장에 유치될 수 없으므로 옳지 않은 지문이다.
ㄹ. (O) : 소년법 제49조 제1항
ㅁ. (X) : 소년분류심사원에 위탁하는 처분은 소년부 판사가 사건을 조사 또는 심리하는 데에 필요하다고 인정할 때 실시하는 임시조치이다(소년법 제18조). 다이버전(diversion)은 시설 내 처우를 실시하지 않고 사회 내 처우로 전환하여 실시하는 제도를 말하며, 소년에 대한 전환제도라고 하려면 최종적으로 그 소년에 대하여 사회 내 처우를 실시하는 내용이어야 한다. 그런데 <u>소년분류심사원 위탁처분은 사건의 중간 단계의 처분에 불과하므로 전환제도(diversion)라고 할 수 없다.</u>

정답 ④

PART Ⅳ 소년범죄론

337 소년 형사사건에 있어서 「소년법」상 특칙에 대한 설명으로 옳지 않은 것은?

2010. 7급 공채

① 죄를 범할 당시 18세 미만인 소년에 대하여 사형 또는 무기형으로 처할 경우에는 25년의 유기징역으로 한다.
② 징역 또는 금고를 선고받은 소년에 대하여는 특별히 설치된 교도소 또는 일반 교도소 안에 특별히 분리된 장소에서 그 형을 집행하되, 소년이 형의 집행 중에 23세가 되면 일반교도소에서 집행할 수 있다.
③ 장기 6년 단기 3년의 부정기형을 선고받은 소년에 대하여는 1년이 경과한 때부터 가석방할 수 있다.
④ 보호처분이 계속 중일 때에 징역, 금고 또는 구류를 선고받은 소년에 대하여는 먼저 그 형을 집행한다.

> **해설**
> ① 죄를 범할 당시 18세 미만인 소년에 대하여 사형 또는 무기형(無期刑)으로 처할 경우에는 <u>15년의 유기징역</u>으로 한다(소년법 제59조).
> ② 동법 제63조
> ③ 징역 또는 금고를 선고받은 소년에 대하여는 부정기형의 경우에는 단기의 3분의 1이 지나면 가석방(假釋放)을 허가할 수 있다(동법 제65조 제3호). 사례에서 부정기형의 단기가 3년이므로 단기의 3분의 1인 1년이 경과한 때부터 가석방이 가능하다.
> ④ 동법 제64조
>
> ※ **소년범의 가석방(소년법 제65조)** : 징역 또는 금고를 선고받은 소년에 대하여는 다음 각 호의 기간이 지나면 가석방(假釋放)을 허가할 수 있다.
>   1. 무기형의 경우에는 5년
>   2. 15년 유기형의 경우에는 3년
>   3. 부정기형의 경우에는 단기의 3분의 1

정답 ①

338 「소년법」상의 부정기형에 대한 설명으로 옳지 않은 것은? 2014. 7급 공채

① 소년이 법정형으로 장기 2년 이상의 유기형에 해당하는 죄를 범한 경우 그 형의 범위에서 선고하되 장기는 10년, 단기는 5년을 초과하지 못한다.
② 형의 집행유예나 선고유예를 선고할 때에는 부정기형을 선고할 수 없다.
③ 검사는 형의 단기가 지난 소년범의 행형 성적이 양호하고 교정의 목적을 달성하였다고 인정되는 경우 법원의 허가를 얻어 형집행을 종료시킬 수 있다.
④ 부정기형을 선고받은 소년에 대해서는 단기의 3분의 1을 경과하면 가석방을 허가할 수 있다.

해설
③ 소년에 대한 부정기형을 집행하는 기관의 장은 형의 단기가 지난 소년범의 행형(行刑) 성적이 양호하고 교정의 목적을 달성하였다고 인정되는 경우에는 관찰 검찰청 검사의 지휘에 따라 그 형의 집행을 종료시킬 수 있다(소년법 제60조 제4항).
① 동법 제60조 제1항
② 동법 제60조 제3항
④ 동법 제65조 제3호

정답 ③

339 부정기형 제도에 대한 설명으로 옳지 않은 것은? 2024. 9급 공채

① 소년이 법정형으로 장기 2년 이상의 유기형에 해당하는 죄를 범한 경우에는 그 형의 범위에서 장기와 단기를 정하여 선고한다.
②「특정강력범죄의 처벌에 관한 특례법」 소정의 특정강력범죄를 범한 소년에 대하여 부정기형을 선고할 때에는 장기는 15년, 단기는 7년을 초과하지 못한다.
③ 소년교도소의 장은 부정기형을 선고받은 소년이 단기의 3분의 1을 경과한 때에는 소년교도소의 소재지를 관할하는 보호관찰소의 장에게 그 사실을 통보하여야 한다.
④ 판례에 따르면, 상고심에서의 심판대상은 항소심 판결 당시를 기준으로 하여 그 당부를 심사하는 데에 있는 것이므로 항소심 판결 선고 당시 미성년이었던 피고인이 상고 이후에 성년이 되었다고 하여 항소심의 부정기형의 선고가 위법이 되는 것은 아니다.

해설

③ 교도소·구치소·소년교도소의 장은 징역 또는 금고의 형을 선고받은 소년이 「소년법」 제65조 각 호의 기간(1. 무기형의 경우에는 5년, 2. 15년 유기형의 경우에는 3년, 3. 부정기형의 경우에는 단기의 3분의 1)을 지나면 그 교도소·구치소·소년교도소의 소재지를 관할하는 보호관찰심사위원회에 그 사실을 통보하여야 한다(보호관찰 등에 관한 법률 제21조 제1항).
① 소년이 법정형으로 장기 2년 이상의 유기형(有期刑)에 해당하는 죄를 범한 경우에는 그 형의 범위에서 장기와 단기를 정하여 선고한다. 다만, 장기는 10년, 단기는 5년을 초과하지 못한다(소년법 제60조 제1항).
② 특정강력범죄를 범한 소년에 대하여 부정기형(不定期刑)을 선고할 때에는 「소년법」 제60조 제1항 단서에도 불구하고 장기는 15년, 단기는 7년을 초과하지 못한다(특정강력범죄의 처벌에 관한 특례법 제4조 제2항).
④ 대법원 1998.2.27., 97도3421

정답 ③

340 「소년법」상 형사사건의 심판 등에 대한 설명으로 옳지 않은 것은? 2023. 7급 공채

① 소년에 대한 부정기형을 집행하는 기관의 장은 형의 단기의 3분의 1이 지난 소년범의 행형 성적이 양호하고 교정의 목적을 달성하였다고 인정되는 경우에는 관할 검찰청 검사의 지휘에 따라 그 형의 집행을 종료시킬 수 있다.
② 무기징역을 선고받은 소년에 대하여는 5년의 기간이 지나면 가석방을 허가할 수 있다.
③ 징역 또는 금고를 선고받은 소년에 대하여는 특별히 설치된 교도소 또는 일반 교도소 안에 특별히 분리된 장소에서 그 형을 집행한다. 다만, 소년이 형의 집행 중에 23세가 되면 일반 교도소에서 집행할 수 있다.
④ 죄를 범할 당시 18세 미만인 소년에 대하여 사형 또는 무기형으로 처할 경우에는 15년의 유기징역으로 한다.

해설

① 소년에 대한 부정기형을 집행하는 기관의 장은 형의 단기가 지난 소년범의 행형(行刑) 성적이 양호하고 교정의 목적을 달성하였다고 인정되는 경우에는 관할 검찰청 검사의 지휘에 따라 그 형의 집행을 종료시킬 수 있다(소년법 제60조 제4항).
② 동법 제65조 제1호
③ 동법 제63조
④ 동법 제59조

정답 ①

PART IV 소년범죄론

341 소년범의 형사처분에 대한 설명 중 옳은 것만을 모두 고르면? 2020. 7급 공채

ㄱ. 존속살해죄를 범한 당시 16세인 소년 甲에 대하여 무기형에 처하여야 할 때에는 15년의 유기징역으로 한다.
ㄴ. 17세인 소년 乙에게 벌금형이 선고된 경우 노역장유치 선고로 환형처분할 수 없다.
ㄷ. 소년교도소에서 형 집행 중이던 소년 丙이 23세가 되면 일반 교도소에서 형을 집행할 수 있다.
ㄹ. 15년의 유기징역을 선고받은 소년 丁의 경우 성인범죄자의 경우와 같이 5년이 지나야 가석방을 허가할 수 있다.

① ㄱ, ㄴ ② ㄱ, ㄷ
③ ㄴ, ㄷ ④ ㄴ, ㄹ

해설

ㄱ. (×) 「소년법」은 죄를 범할 당시 18세 미만인 소년에 대하여 사형 또는 무기형(無期刑)으로 처할 경우에는 15년의 유기징역으로 한다고 규정하고 있으나(소년법 제59조), 「특정강력범죄의 처벌에 관한 특례법」에서는 살인죄 등 일정한 범죄를 특정강력범죄로 규정하고, 특정강력범죄를 범한 당시 18세 미만인 소년을 사형 또는 무기형에 처하여야 할 때에는 「소년법」 제59조에도 불구하고 그 형을 20년의 유기징역으로 한다고 하고 있으며(특정강력범죄의 처벌에 관한 특례법 제4조), 「형법」에서 살인의 죄 중 제250조[살인·존속살해(尊屬殺害)], 제253조[위계(僞計)] 등에 의한 촉탁살인(囑託殺人) 등] 및 제254조(그 미수범)의 죄 등을 특정강력범죄로 규정하고 있다. 따라서 16세 소년이 '존속살해죄'를 범하였고 무기형에 처하여야 할 경우라면 20년의 유기징역이 된다.
ㄴ. (○) 18세 미만인 소년에게는 「형법」 제70조(노역장유치명령)에 따른 유치선고를 하지 못한다(소년법 제62조).
ㄷ. (○) 징역 또는 금고를 선고받은 소년에 대하여는 특별히 설치된 교도소 또는 일반 교도소 안에 특별히 분리된 장소에서 그 형을 집행한다. 다만, 소년이 형의 집행 중에 23세가 되면 일반 교도소에서 집행할 수 있다(동법 제63조).
ㄹ. (×) 15년 유기형을 선고받은 소년에 대하여는 3년이 지나면 가석방(假釋放)을 허가할 수 있다(동법 제65조 제2호). 따라서 15년의 유기징역을 선고받은 소년 丁의 경우 성인범죄자와 달리 3년이 지나야 가석방을 허가할 수 있다.

정답 ③

342 소년에 대한 행형상의 특칙규정에 관한 설명으로 옳지 않은 것은? 2007. 7급 공채

① 소년범죄자의 경우 가석방 중 과실이 아닌 죄로 금고 이상의 형의 선고를 받아 그 형이 확정된 때에도 그 처분이 취소되지 아니하면 가석방처분은 효력을 잃지 않는다.
② 소년에게 선고된 징역 또는 금고는 소년교도소처럼 특별히 설치된 교도소 또는 일반교도소 내의 분계된 장소에서 집행한다.
③ 소년범죄자의 경우 무기형은 5년, 15년의 유기형은 3년, 부정기형은 단기의 3분의 1의 경과가 가석방조건이다.
④ 소년범죄자는 가석방처분이 취소 또는 실효되지 않고 가석방기간이 경과하여야 형의 집행이 종료된 것으로 간주된다.

해설

④ 징역 또는 금고를 선고받은 소년이 가석방된 후 그 처분이 취소되지 아니하고 가석방 전에 집행을 받은 기간과 같은 기간이 지난 경우에는 형의 집행을 종료한 것으로 한다. 다만, 제59조(15년의 유기징역)의 형기(刑期) 또는 제60조 제1항(부정기형)에 따른 장기의 기간이 먼저 지난 경우에는 그 때에 형의 집행을 종료한 것으로 한다(소년법 제66조). 즉 소년법의 소년에 대한 형사사건의 특칙규정 중 가석방의 효과에 관한 규정에는 형법이 "가석방의 처분을 받은 후 그 처분이 실효 또는 취소되지 아니하고 가석방기간을 경과한 때에는 형의 집행을 종료한 것으로 본다(형법 제76조 제1항)."고 규정한 것과 달리 '실효'에 관한 규정이 없다.
① 소년법의 소년에 대한 형사사건의 특칙규정에 의하여 형법의 가석방처분의 실효규정은 적용되지 않는 것으로 해석된다(소년법 제66조).
② 19세 미만 수형자는 소년교도소에 구분하여 수용한다(형의 집행 및 수용자의 처우에 관한 법률 제11조 제1항). 19세 이상의 수형자와 19세 미만의 수형자를 같은 교정시설에 수용하는 경우에는 서로 분리하여 수용한다(동법 제13조 제2항).
③ 소년법 제65조

정답 ④

03 보호소년 등의 처우에 관한 법률 및 기타 법률

> **포인트**
> 보호소년 등의 처우에 관한 법률은 보호소년의 적정한 처우를 위한 규정으로 출제의 비중은 소년법보다는 낮으나, 어느 정도의 출제 경향이 있으므로 주요내용에 대한 대비가 필요하다. 특히 소년원 등에서 보호소년의 규율위반에 대한 징계는 철저히 정리가 필요하다. 그 외에 각종 법률에서 규정하고 있는 연령규정도 유의할 필요가 있다.

343 소년분류심사에 대한 설명으로 옳지 않은 것은?   2013. 7급 공채

① 소년분류심사원은 소년을 수용하여 자질을 심사할 수 있다.
② 소년분류심사는 조사방법에 따라 일반분류심사와 특별분류심사로 구분되는데, 후자는 비행의 내용이 중대하고 복잡한 소년을 대상으로 한다.
③ 소년부 판사의 소년분류심사원에 대한 위탁조치는 언제든지 결정으로써 취소할 수 있다.
④ 소년분류심사는 소년보호사건뿐만 아니라 소년형사사건을 조사 또는 심리하기 위해서도 행해진다.

> **해설**
> ④ 소년분류심사는 소년보호사건의 조사·심리, 법원소년부의 위탁소년, 소년원장이나 보호관찰소장이 의뢰한 소년의 분류심사 등을 위하여 행하여진다(보호소년 등의 처우에 관한 법률 제2조 제2항). 소년형사사건의 경우는 소년분류심사제도와 관계가 없으며, 관할 검찰청 검사의 공소제기에 의하여 형사재판이 진행되고, 징역형이나 금고형 등으로 형사재판이 확정되면 형의 집행 및 수용자의 처우에 관한 법률에 의하여 분류심사절차가 진행된다.
> ① 동법 제7조·제24조
> ② 동법 시행규칙 제48조 제2항
> ③ 소년법 제18조 제6항
>
> ※ **소년분류심사원의 임무(보호소년 등의 처우에 관한 법률 제2조 제2항)** : 소년분류심사원은 다음 각 호의 임무를 수행한다.
>   1. 「소년법」제18조 제1항 제3호에 따라 법원소년부로부터 위탁된 소년("위탁소년")의 수용과 분류심사
>   2. 「소년법」제12조에 따른 전문가 진단의 일환으로 법원소년부가 상담조사를 의뢰한 소년의 상담과 조사
>   3. 「소년법」제49조의2에 따라 소년 피의사건에 대하여 검사가 조사를 의뢰한 소년의 품행 및 환경 등의 조사
>   4. 제1호부터 제3호까지의 규정에 해당되지 아니하는 소년으로서 소년원장이나 보호관찰소장이 의뢰한 소년의 분류심사

* **분류심사의 구분(보호소년 등의 처우에 관한 법률 시행규칙 제48조 제2항)** : 분류심사는 다음 각 호와 같이 구분한다.
  1. 일반분류심사 : 문제 또는 비행원인이 비교적 단순한 소년에 대하여 면접조사와 신체의학적 진찰, 집단검사, 자기기록 검토, 자료조회, 행동관찰 등을 주로 하여 실시하는 분류심사
  2. 특수분류심사 : 일반분류심사결과 문제 또는 비행원인이 중대하고 복잡한 소년에 대하여 개별검사와 정신의학적 진단, 현지조사 등을 추가하여 실시하는 분류심사

* **임시조치(소년법 제18조 제1항)** : 소년부 판사는 사건을 조사 또는 심리하는 데에 필요하다고 인정하면 소년의 감호에 관하여 결정으로써 다음 각 호의 어느 하나에 해당하는 조치를 할 수 있다.
  1. 보호자, 소년을 보호할 수 있는 적당한 자 또는 시설에 위탁
  2. 병원이나 그 밖의 요양소에 위탁
  3. 소년분류심사원에 위탁

정답 ④

PART IV 소년범죄론

344 「보호소년 등의 처우에 관한 법률」에 대한 설명으로 옳지 않은 것은?

2014. 9급 교정직 공채 수정

① 보호소년 등을 소년원이나 소년분류심사원에 수용할 때에는 법원소년부의 결정서, 법무부장관의 이송허가서 또는 지방법원 판사의 유치허가장에 의하여야 한다.
② 보호소년 등이 소년원이나 소년분류심사원을 이탈하였을 때에는 그 소속 공무원이 재수용할 수 있다.
③ 보호소년 등은 그 처우에 대하여 불복할 때에는 법무부장관에게 문서로 청원할 수 있다.
④ 원장은 보호소년 등이 규율을 위반하였을 경우 훈계, 원내 봉사활동, 14세 이상인 자에게 지정된 실(室) 안에서 30일 이내의 기간 동안 근신하게 할 수 있다.

해설

④ 보호소년 등의 규율위반에 대한 원장의 징계조치 중 지정된 실(室) 안에서 근신하게 할 수 있는 기간은 20일 이내이다(보호소년 등의 처우에 관한 법률 제15조 제1항 제3호).
① 동법 제7조 제1항
② 동법 제14조 제2항
③ 동법 제11조

* 보호소년 등에 대한 징계(보호소년 등의 처우에 관한 법률 제15조 제1항) : 원장은 보호소년 등이 제14조의4 각 호(규율위반행위)의 어느 하나에 해당하는 행위를 하면 보호소년 등 처우·징계위원회의 의결에 따라 다음 각 호의 어느 하나에 해당하는 징계를 할 수 있다.
  1. 훈계
  2. 원내 봉사활동
  3. 서면 사과
  4. 20일 이내의 텔레비전 시청 제한
  5. 20일 이내의 단체 체육활동 정지
  6. 20일 이내의 공동행사 참가 정지
  7. 20일 이내의 기간 동안 지정된 실(室) 안에서 근신하게 하는 것

  암기 [징계의 종류] 훈·봉·사, 20일 내의 텔·단·공·근(훈계, 원내봉사, 서면사과, 20일 내의 텔레비전·단체체육활동·공동행사정지·근신)

정답 ④

345 「보호소년 등의 처우에 관한 법률」에 대한 설명으로 옳은 것은? 2022. 9급 교정직 공채

① 보호소년등은 남성과 여성, 보호소년과 위탁소년 및 유치소년, 16세 미만인 자와 16세 이상인 자 등의 기준에 따라 분리수용한다.
② 보호소년등이 규율 위반행위를 하여 20일 이내의 기간 동안 지정된 실(室) 안에서 근신하는 징계를 받은 경우에는 그 기간 중 원내 봉사활동, 텔레비전 시청 제한, 단체 체육활동 정지, 공동행사 참가 정지가 함께 부과된다.
③ 보호장비는 징벌의 수단으로 사용되어서는 아니 된다.
④ 소년원 또는 소년분류심사원에서 보호소년등이 사용하는 목욕탕, 세면실 및 화장실에는 전자영상장비를 설치하여서는 아니 된다.

해설

③ 보호소년 등의 처우에 관한 법률 제14조의2 제7항
① 보호소년 등은 다음 각 호(제1호 : 남성과 여성, 제2호 : 보호소년, 위탁소년 및 유치소년)의 기준에 따라 분리 수용한다(동법 제8조 제2항). 16세 미만인 자와 16세 이상인 자는 분리수용한다는 규정은 2016.3.29. 개정으로 삭제되었다.
② 제1항 제7호[20일 이내의 기간 동안 지정된 실(室) 안에서 근신하는 징계]의 처분을 받은 보호소년 등에게는 그 기간 중 같은 항 제4호부터 제6호(20일 이내의 텔레비전 시청 제한, 20일 이내의 단체 체육활동 정지, 20일 이내의 공동행사 참가 정지)까지의 처우 제한이 함께 부과된다(동법 제15조 제5항 본문). '원내 봉사활동'은 포함되지 않는다.
④ 보호소년 등이 사용하는 목욕탕, 세면실 및 화장실에 전자영상장비를 설치하여 운영하는 것은 자해 등의 우려가 큰 때에만 할 수 있다. 이 경우 전자영상장비로 보호소년 등을 감호할 때에는 여성인 보호소년 등에 대해서는 여성인 소속 공무원만, 남성인 보호소년 등에 대해서는 남성인 소속 공무원만이 참여하여야 한다(동법 제14조의3 제2항).

정답 ③

PART IV 소년범죄론

346 「보호소년 등의 처우에 관한 법률」상 보호소년 등의 처우와 교정교육에 대한 설명으로 옳지 않은 것은?
2021. 7급 공채

① 보호소년 등은 그 처우에 대하여 불복할 때에는 법무부장관에게 문서로 청원할 수 있다.
② 보호장비는 보호소년 등에 대하여 징벌의 수단으로 사용되어서는 아니 된다.
③ 보호소년 등이 사용하는 목욕탕, 세면실 및 화장실에 전자영상장비를 설치하여 운영하는 것은 자해 등의 우려가 큰 때에만 할 수 있다.
④ 소년분류심사원이 설치되지 아니한 지역에서는 소년분류심사원이 설치될 때까지 소년분류심사원의 임무는 소년을 분리 유치한 구치소에서 수행한다.

해설
④ 소년분류심사원이 설치되지 아니한 지역에서는 소년분류심사원이 설치될 때까지 소년분류심사원의 임무는 <u>소년원이 수행하고, 위탁소년 및 유치소년은 소년원의 구획된 장소에 수용한다</u>(보호소년 등의 처우에 관한 법률 제52조).
① 동법 제11조
② 동법 제14조의2 제7항
③ 동법 제14조의3 제2항

정답 ④

347 「보호소년 등의 처우에 관한 법률」상 보호장비가 아닌 것은?
2021. 7급 공채

① 가스총
② 보호복
③ 머리보호장비
④ 전자충격기

해설
② 보호소년 등의 처우에 관한 법률상 보호장비에는 <u>수갑, 포승(捕繩), 가스총, 전자충격기, 머리보호장비, 보호대(保護帶)</u>가 있다(보호소년 등의 처우에 관한 법률 제14조의2 제1항).

정답 ②

348

「보호소년 등의 처우에 관한 법률」이 보호소년에 대하여 수갑, 포승 또는 보호대 외에 가스총이나 전자충격기를 사용할 수 있는 경우로 명시하지 않은 것은? 2022. 7급 공채

① 이탈·난동·폭행을 선동·선전하거나 하려고 하는 때
② 다른 사람에게 위해를 가하거나 가하려고 하는 때
③ 위력으로 소속 공무원의 정당한 직무집행을 방해하는 때
④ 소년원·소년분류심사원의 설비·기구 등을 손괴하거나 손괴하려고 하는 때

해설

① 원장은 ⅰ) 이탈, 자살, 자해하거나 이탈, 자살, 자해하려고 하는 때, ⅱ) 다른 사람에게 위해를 가하거나 가하려고 하는 때, ⅲ) 위력으로 소속 공무원의 정당한 직무집행을 방해하는 때, ⅳ) 소년원·소년분류심사원의 설비·기구 등을 손괴하거나 손괴하려고 하는 때, ⅴ) 그 밖에 시설의 안전 또는 질서를 크게 해치는 행위를 하거나 하려고 하는 때의 어느 하나에 해당하는 경우에는 소속 공무원으로 하여금 보호소년 등에 대하여 수갑, 포승 또는 보호대 외에 가스총이나 전자충격기를 사용하게 할 수 있다. '이탈·난동·폭행을 선동·선전하거나 하려고 하는 때'는 원장이 소속 공무원으로 하여금 보호소년 등에 대하여 수갑, 포승 또는 보호대 외에 가스총이나 전자충격기를 사용하게 할 수 있는 사유에 포함되지 않는다.

* **수갑, 포승 또는 보호대의 사용사유**(보호소년 등의 처우에 관한 법률 제14조의2 제2항) : 원장은 다음 각 호의 어느 하나에 해당하는 경우에는 소속 공무원으로 하여금 보호소년 등에 대하여 수갑, 포승 또는 보호대를 사용하게 할 수 있다.
  1. 이탈·난동·폭행·자해·자살을 방지하기 위하여 필요한 경우
  2. 법원 또는 검찰의 조사·심리, 이송, 그 밖의 사유로 호송하는 경우
  3. 그 밖에 소년원·소년분류심사원의 안전이나 질서를 해칠 우려가 현저한 경우

* **수갑, 포승, 보호대, 가스총, 전자충격기의 사용사유**(보호소년 등의 처우에 관한 법률 제14조의2 제2항) : 원장은 다음 각 호의 어느 하나에 해당하는 경우에는 소속 공무원으로 하여금 보호소년 등에 대하여 수갑, 포승 또는 보호대 외에 가스총이나 전자충격기를 사용하게 할 수 있다.
  1. 이탈, 자살, 자해하거나 이탈, 자살, 자해하려고 하는 때
  2. 다른 사람에게 위해를 가하거나 가하려고 하는 때
  3. 위력으로 소속 공무원의 정당한 직무집행을 방해하는 때
  4. 소년원·소년분류심사원의 설비·기구 등을 손괴하거나 손괴하려고 하는 때
  5. 그 밖에 시설의 안전 또는 질서를 크게 해치는 행위를 하거나 하려고 하는 때

정답 ①

349 「보호소년 등의 처우에 관한 법률」상 옳은 것만을 모두 고르면? 2021. 7급 교정직 공채

ㄱ. 신설하는 소년원 및 소년분류심사원은 수용정원이 150명 이상의 규모가 되도록 하여야 한다. 다만, 소년원 및 소년분류심사원의 기능·위치나 그 밖의 사정을 고려하여 그 규모를 축소할 수 있다.
ㄴ. 소년분류심사원장은 유치소년이 시설의 안전과 수용질서를 현저히 문란하게 하는 보호소년에 대한 교정교육을 위하여 유치기간을 연장할 필요가 있는 경우에는 유치 허가를 한 지방법원 판사 또는 소년분류심사원 소재지를 관할하는 법원소년부에 유치 허가의 취소에 관한 의견을 제시할 수 있다.
ㄷ. 20일 이내의 기간 동안 지정된 실(室) 안에서 근신하게 하는 징계는 14세 미만의 보호소년 등에게는 부과하지 못한다.
ㄹ. 출원하는 보호소년 등에 대한 사회정착지원의 기간은 6개월 이내로 하되, 6개월 이내의 범위에서 한 번에 한하여 그 기간을 연장할 수 있다.
ㅁ. 원장은 법원 또는 검찰의 조사·심리, 이송, 그 밖의 사유로 보호소년 등을 호송하는 경우, 소속공무원으로 하여금 수갑, 포승이나 전자충격기를 사용하게 할 수 있다.

① ㄱ, ㄴ
② ㄷ, ㄹ
③ ㄱ, ㄷ, ㄹ
④ ㄴ, ㄹ, ㅁ

해설

② 옳은 것은 'ㄷ, ㄹ'이다.
ㄱ. (×) 신설하는 소년원 및 소년분류심사원은 수용정원이 150명 이내의 규모가 되도록 하여야 한다. 다만, 소년원 및 소년분류심사원의 기능·위치나 그 밖의 사정을 고려하여 그 규모를 증대할 수 있다(보호소년 등의 처우에 관한 법률 제6조 제1항).
ㄴ. (×) 소년분류심사원장은 유치소년이 제1항 제1호(중환자로 판명되어 수용하기 위험하거나 장기간 치료가 필요하여 교정교육의 실효를 거두기 어렵다고 판단되는 경우) 또는 제2호[심신의 장애가 현저하거나 임신 또는 출산(유산·사산한 경우를 포함한다), 그 밖의 사유로 특별한 보호가 필요한 경우]에 해당하는 경우에는 유치 허가를 한 지방법원 판사 또는 소년분류심사원 소재지를 관할하는 법원소년부에 유치 허가의 취소에 관한 의견을 제시할 수 있다(동법 제9조 제3항). 보호처분의 변경신청사유 세 가지 중 '시설의 안전과 수용질서를 현저히 문란하게 하는 보호소년에 대한 교정교육을 위하여 보호기간을 연장할 필요가 있는 경우'(제3호)는 포함되지 않는다.
ㄷ. (○) 동법 제15조 제3항
ㄹ. (○) 동법 제45조의2 제2항
ㅁ. (×) 원장은 법원 또는 검찰의 조사·심리, 이송, 그 밖의 사유로 보호소년 등을 호송하는 경우에는 소속공무원으로 하여금 수갑, 포승 또는 보호대를 사용하게 할 수 있다. 이때에는 가스총이나 전자충격기는 사용하게 할 수 없다(동법 제14조의2 제2항 제2호).

정답 ②

350 「보호소년 등의 처우에 관한 법률」상 보호장비의 사용에 대한 설명으로 옳은 것만을 모두 고르면?

2023. 9급 교정직 공채

ㄱ. 보호장비는 필요한 최소한의 범위에서 사용하여야 하며, 보호장비를 사용할 필요가 없게 되었을 때에는 지체 없이 사용을 중지하여야 한다.
ㄴ. 원장은 보호소년 등이 위력으로 소속 공무원의 정당한 직무집행을 방해하는 경우에는 소속 공무원으로 하여금 가스총을 사용하게 할 수 있다. 이 경우 사전에 상대방에게 이를 경고하여야 하나, 상황이 급박하여 경고할 시간적인 여유가 없는 때에는 그러하지 아니하다.
ㄷ. 원장은 보호소년 등이 자해할 우려가 큰 경우에는 소속 공무원으로 하여금 보호소년 등에게 머리보호장비를 사용하게 할 수 있다.
ㄹ. 원장은 법원 또는 검찰의 조사·심리, 이송, 그 밖의 사유로 호송하는 경우에는 소속 공무원으로 하여금 보호소년 등에 대하여 수갑, 포승 또는 보호대 외에 가스총이나 전자충격기를 사용하게 할 수 있다.

① ㄱ, ㄴ
② ㄴ, ㄹ
③ ㄱ, ㄴ, ㄷ
④ ㄱ, ㄷ, ㄹ

해설

③ 옳은 것은 'ㄱ, ㄴ, ㄷ'이다.
ㄱ. (O) : 보호소년 등의 처우에 관한 법률 제14조의2 제6항
ㄴ. (O) : 동법 제14조의2 제3항 제4호, 제4항
ㄷ. (O) : 동법 제14조의2 제5항
ㄹ. (×) : 원장은 법원 또는 검찰의 조사·심리, 이송, 그 밖의 사유로 호송하는 경우에는 소속 공무원으로 하여금 보호소년 등에 대하여 수갑, 포승 또는 보호대를 사용하게 할 수 있으나, 가스총이나 전자충격기는 사용하게 할 수 없다(동법 제14조의2 제2항 제2호).

정답 ③

351 「보호소년 등의 처우에 관한 법률」에 대한 설명으로 옳은 것은? 2020. 7급 공채

① 소년원장은 보호소년이 19세가 되면 퇴원시켜야 한다.
② 소년원장이 필요하다고 판단하는 경우 수갑, 포승 등 보호장비를 징벌의 수단으로 사용할 수 있다.
③ 보호소년 등을 소년원이나 소년분류심사원에 수용할 때에는 검사의 수용지휘서에 의하여야 한다.
④ 20일 이내의 기간 동안 지정된 실(室) 안에서 근신하게 하는 징계처분은 14세 미만의 보호소년 등에게는 부과하지 못한다.

해설
④ 보호소년 등의 처우에 관한 법률 제15조 제3항
① 소년원장은 보호소년이 22세가 되면 퇴원시켜야 한다(동법 제43조 제1항).
② 보호장비는 징벌의 수단으로 사용되어서는 아니 된다(동법 제14조의2 제7항).
③ 보호소년 등을 소년원이나 소년분류심사원에 수용할 때에는 법원소년부의 결정서, 법무부장관의 이송허가서 또는 지방법원 판사의 유치허가장에 의하여야 한다(동법 제7조 제1항).

정답 ④

352 「보호소년 등의 처우에 관한 법률」에서 보호소년에 대한 징계의 종류로 규정하고 있지 않은 것은?

2008. 7급 공채

① 면회제한
② 원내 봉사활동
③ 훈계
④ 14세 이상 소년에 대한 지정 실(室) 안에서 20일 이내의 근신

해설

① '면회제한'은 보호소년에 대한 징계의 종류에 포함되지 않는다(보호소년 등의 처우에 관한 법률 제15조 제1항).
② 동법 제15조 제1항 제2호
③ 동법 제15조 제1항 제1호
④ 동법 제15조 제1항 제7호

* **보호소년에 대한 징계의 종류(보호소년 등의 처우에 관한 법률 제15조 제1항)** : 원장은 보호소년 등이 제14조의4 각 호(규율 위반 행위)의 어느 하나에 해당하는 행위를 하면 제15조의2제1항에 따른 보호소년 등 처우·징계위원회의 의결에 따라 다음 각 호의 어느 하나에 해당하는 징계를 할 수 있다.
  1. 훈계
  2. 원내 봉사활동
  3. 서면 사과
  4. 20일 이내의 텔레비전 시청 제한
  5. 20일 이내의 단체 체육활동 정지
  6. 20일 이내의 공동행사 참가 정지
  7. 20일 이내의 기간 동안 지정된 실(室) 안에서 근신하게 하는 것

정답 ①

PART IV 소년범죄론

353 「보호소년 등의 처우에 관한 법률」상 수용과 보호 등에 대한 설명으로 옳지 않은 것은?

2023. 7급 공채

① 소년원장은 분류수용, 교정교육상의 필요, 그 밖의 이유로 보호소년을 다른 소년원으로 이송하는 것이 적당하다고 인정하면 법무부장관의 허가를 받아 이송할 수 있다.
② 소년원장은 14세 미만의 보호소년에게는 20일 이내의 기간 동안 지정된 실(室) 안에서 근신하게 하는 징계를 할 수 없다.
③ 소년원장은 미성년자인 보호소년이 친권자나 후견인이 없거나 있어도 그 권리를 행사할 수 없을 때에는 법무부장관의 허가를 받아 그 보호소년을 위하여 친권자나 후견인의 직무를 행사할 수 있다.
④ 소년원장은 품행이 타인의 모범이 되는 보호소년에게 포상을 할 수 있고, 이에 따른 포상을 받은 보호소년에게는 특별한 처우를 할 수 있다.

해설

③ 소년원장은 미성년자인 보호소년 등이 친권자나 후견인이 없거나 있어도 그 권리를 행사할 수 없을 때에는 법원의 허가를 받아 그 보호소년 등을 위하여 친권자나 후견인의 직무를 행사할 수 있다(보호소년 등의 처우에 관한 법률 제23조).
① 동법 제12조 제1항
② 제1항 제7호의 처분[20일 이내의 기간 동안 지정된 실(室) 안에서 근신하게 하는 것]은 14세 미만의 보호소년 등에게는 부과하지 못한다(동법 제15조 제3항).
④ 원장은 교정성적이 우수하거나 품행이 타인의 모범이 되는 보호소년 등에게 포상을 할 수 있다(동법 제16조 제1항). 원장은 포상을 받은 보호소년 등에게는 특별한 처우를 할 수 있다(동법 제16조 제2항).

정답 ③

354 「보호소년 등의 처우에 관한 법률」상 퇴원 등에 대한 설명으로 옳지 않은 것은?

2022. 7급 공채

① 위탁소년 또는 유치소년의 소년분류심사원 퇴원은 법원소년부의 결정서에 의하여야 한다.
② 「소년법」 제32조 제1항 제8호의 보호처분을 받은 보호소년의 경우에 소년원장은 해당 보호소년이 교정성적이 양호하고 교정 목적을 이루었다고 인정되면 보호관찰심사위원회에 퇴원을 신청하여야 한다.
③ 퇴원 또는 임시퇴원이 허가된 보호소년이 질병에 걸리거나 본인의 편익을 위하여 필요하면 본인의 신청에 의하여 계속 수용할 수 있다.
④ 출원하는 보호소년에 대한 사회정착지원의 기간은 6개월 이내로 하되, 6개월 이내의 범위에서 한 번에 한하여 그 기간을 연장할 수 있다.

해설

② 소년원장은 교정성적이 양호하며 교정의 목적을 이루었다고 인정되는 보호소년(「소년법」 제32조 제1항 제8호에 따라 송치된 보호소년은 제외한다)에 대하여는 「보호관찰 등에 관한 법률」에 따른 보호관찰심사위원회에 퇴원을 신청하여야 한다(보호소년 등의 처우에 관한 법률 제43조 제3항). 즉 「소년법」 제32조 제1항 제8호(1개월 이내의 소년원 송치)에 따라 송치된 보호소년은 초단기처분이어서 퇴원신청대상에서 제외된다.
① 동법 제43조 제4항
③ 동법 제46조 제1항
④ 동법 제45조의2 제2항

정답 ②

355 「보호소년 등의 처우에 관한 법률」상 보호소년의 처우에 대한 설명으로 옳지 않은 것은?

2016. 9급 교정직 공채

① 퇴원이 허가된 보호소년이 질병에 걸리거나 본인의 편익을 위하여 필요하면 본인의 신청에 의하여 계속 수용할 수 있다.
② 보호소년이 친권자와 면회를 할 때에는 소속 공무원이 참석하지 아니한다. 다만, 보이는 거리에서 보호소년을 지켜볼 수 있다.
③ 여성인 보호소년이 사용하는 목욕탕에 영상정보처리기기를 설치하여 운영하는 것은 자해 등의 우려가 큰 때에만 할 수 있다. 이 경우 여성인 소속 공무원만이 참여하여야 한다.
④ 소년원장은 보호소년의 보호 및 교정교육에 지장을 주지 아니하는 범위에서 가족과 전화통화를 허가할 수 있으며, 교정교육상 특히 필요하다고 인정할 때 직권으로 외출을 허가할 수 있다.

해설

② 보호소년 등이 <u>변호인 또는 보조인과 면회를</u> 할 때에는 소속 공무원이 참석하지 아니한다. 다만, 보이는 거리에서 보호소년 등을 지켜볼 수 있다(보호소년 등의 처우에 관한 법률 제18조 제3항). 보호소년 등이 면회를 할 때에는 원칙적으로 소속 공무원이 참석하여 보호소년 등의 보호 및 교정교육에 지장이 없도록 지도할 수 있도록 하고 있으나, 변호인 또는 보조인과 면회를 할 때에 한하여 소속 공무원이 참석할 수 없도록 하고 있다. 친권자와의 면회라고 하여 이러한 제한이 있는 것은 아니다. 보조인은 소년보호사건에서 소년부 판사의 허가를 받아(보호자나 변호사를 보조인으로 선임하는 경우에는 소년부 판사의 허가 불요) 선임된 자로서(소년법 제17조 제1항·제2항), 형사사건에서의 변호인과 같이 소년보호사건에서 법률적 도움을 주는 자를 말한다. 친권자는 보조인으로 선임되지 않는 한 단순히 친권자라고 하여 이러한 제한이 가해지는 것은 아니다.
① 동법 제46조 제1항
③ 동법 제14조의3 제2항
④ 동법 제18조 제6항, 제19조 제5호

> ※ **외출(보호소년 등의 처우에 관한 법률 제19조)** : 소년원장은 보호소년에게 다음 각 호의 어느 하나에 해당하는 사유가 있을 때에는 본인이나 보호자등의 신청에 따라 또는 직권으로 외출을 허가할 수 있다.
> 1. 직계존속이 위독하거나 사망하였을 때
> 2. 직계존속의 회갑 또는 형제자매의 혼례가 있을 때
> 3. 천재지변이나 그 밖의 사유로 가정에 인명 또는 재산상의 중대한 피해가 발생하였을 때
> 4. 병역, 학업, 질병 등의 사유로 외출이 필요할 때
> 5. 그 밖에 교정교육상 특히 필요하다고 인정할 때

정답 ②

356 각종 법률에서 규정하고 있는 연령에 대한 설명으로 옳지 않은 것은? 2014. 7급 공채

① 「아동복지법」상 '아동'이란 18세 미만인 사람을 말한다.
② 「아동·청소년의 성보호에 관한 법률」상 '아동·청소년'이란 19세 미만의 자를 말한다. 다만, 19세에 도달하는 연도의 1월 1일을 맞이한 자는 제외한다.
③ 「청소년 보호법」상 '청소년'이란 만 19세 미만인 사람을 말한다. 다만, 만 19세가 되는 해의 1월 1일을 맞이한 사람은 제외한다.
④ 「청소년기본법」상 '청소년'이란 9세 이상 19세 미만인 사람을 말한다.

해설

② "아동·청소년"이란 19세 미만의 사람을 말한다(아동·청소년의 성보호에 관한 법률 제2조 제1호). 2024.3.26. 개정(시행일 : 2024.6.27.)으로 "19세에 도달하는 연도의 1월 1일을 맞이한 자는 제외한다."는 단서가 삭제되었다.
④ 「청소년기본법」상 '청소년'이란 <u>9세 이상 24세 이하</u>인 사람을 말한다(청소년기본법 제3조 제1호).
① 아동복지법 제3조 제1호
③ 청소년보호법 제2조 제1호

정답 | ②, ④

357 법률상 소년 등의 연령 기준으로 옳지 않은 것은?   2023. 7급 공채

① 「형법」상 형사미성년자는 14세가 되지 아니한 자이다.
② 「소년법」상 소년은 19세 미만인 자를 말한다.
③ 「청소년 기본법」상 청소년은 8세 이상 24세 이하인 사람을 말한다. 다만, 다른 법률에서 청소년에 대한 적용을 다르게 할 필요가 있는 경우에는 따로 정할 수 있다.
④ 「아동·청소년의 성보호에 관한 법률」상 아동·청소년은 19세 미만의 자를 말한다. 다만, 19세에 도달하는 연도의 1월 1일을 맞이한 자는 제외한다.

해설

③ "청소년"이란 9세 이상 24세 이하인 사람을 말한다. 다만, 다른 법률에서 청소년에 대한 적용을 다르게 할 필요가 있는 경우에는 따로 정할 수 있다(청소년 기본법 제3조 제1호).
④ 「아동·청소년의 성보호에 관한 법률」상 아동·청소년은 19세 미만의 자를 말한다(아동·청소년의 성보호에 관한 법률 제2조 제1호). "19세에 도달하는 연도의 1월 1일을 맞이한 자는 제외한다."는 단서 규정은 2024.3.26. 개정으로 삭제되었다.
① 14세 되지 아니한 자(형사미성년자)의 행위는 벌하지 아니한다(형법 제9조).
② 소년법 제2조

정답 | ③, ④

358 아동이나 청소년의 연령에 대한 현행법상의 기준으로 옳지 않은 것은? 2010. 7급 공채 수정

① 「청소년보호법」상의 청소년 - 18세 미만인 자
② 「가정폭력방지 및 피해자보호 등에 관한 법률」상의 아동 - 18세 미만인 자
③ 「아동·청소년의 성보호에 관한 법률」상의 아동·청소년 - 19세 미만의 사람
④ 「청소년기본법」상의 청소년 - 9세 이상 24세 이하의 자(단, 다른 법률에 특별한 규정이 있는 경우에는 제외한다)

해설

① 「청소년보호법」상의 "청소년"이란 만 19세 미만인 사람을 말한다. 다만, 만 19세가 되는 해의 1월 1일을 맞이한 사람은 제외한다(청소년보호법 제2조 제1호).
② 가정폭력방지 및 피해자보호 등에 관한 법률 제2조 제4호
③ 아동·청소년의 성보호에 관한 법률 제2조 제1호
④ 「청소년기본법」상의 "청소년"이란 9세 이상 24세 이하인 사람을 말한다. 다만, 다른 법률에서 청소년에 대한 적용을 다르게 할 필요가 있는 경우에는 따로 정할 수 있다(청소년기본법 제3조 제1호).

정답 ①

359 현행법상 청소년보호에 대한 설명으로 옳은 것은? (다툼이 있는 경우 판례에 의함)

2013. 7급 공채

① 청소년보호법상 '청소년'은 아동·청소년의 성보호에 관한 법률상의 '아동·청소년'과 범위가 같다.
② 인터넷게임의 제공자는 만 18세 미만의 청소년에게 오전 0시 부터 오전 7시까지 인터넷게임을 제공하여서는 안 된다.
③ 종래 청소년보호법에는 청소년유해매체물임을 표시하지 아니하고 청소년에게 유해매체물을 제공한 업체의 이름·대표자명·위반행위의 내용 등을 공표할 수 있도록 규정하였으나, 이는 헌법이 보장하고 있는 프라이버시권을 침해한다는 이유로 헌법재판소에 의해 위헌결정을 받았다.
④ 아동·청소년의 성보호에 관한 법률에 규정된 청소년 성매수자에 대한 신상공개는 이를 공개하는 과정에서 수치심 등이 발생하므로 기존의 형벌 외에 또 다른 형벌로서 수치형이나 명예형에 해당하여 이중처벌 금지원칙에 위배된다.

해설

① "아동·청소년"이란 19세 미만의 사람을 말한다(아동·청소년의 성보호에 관한 법률 제2조 제1호). 2024.3.26. 개정으로 "19세에 도달하는 연도의 1월 1일을 맞이한 자는 제외한다."는 단서는 삭제되었다. "청소년"이란 만 19세 미만인 사람을 말한다. 다만, 만 19세가 되는 해의 1월 1일을 맞이한 사람은 제외한다(청소년 보호법 제2조 제1호).
② 인터넷게임의 제공자는 16세 미만의 청소년에게 오전 0시부터 오전 6시까지 인터넷게임을 제공하여서는 아니 된다(청소년보호법 제26조 제1항).
③ 청소년보호법상 청소년유해매체물임을 표시하지 아니하고 청소년에게 유해매체물을 제공한 업체의 이름·대표자명·위반행위의 내용 등을 공표할 수 있도록 한 규정(청소년보호법 제23조)는 헌법재판소에 의해 위헌결정을 받은 바 없다.
④ 헌법 제13조 제1항에서 말하는 '처벌'은 원칙적으로 범죄에 대한 국가의 형벌권 실행으로서의 과벌을 의미하는 것이고, 국가가 행하는 일체의 제재나 불이익처분을 모두 그 '처벌'에 포함시킬 수는 없다. 공개되는 신상과 범죄사실은 이미 공개재판에서 확정된 유죄판결의 일부로서, 개인의 신상 내지 사생활에 관한 새로운 내용이 아니고, 공익목적을 위하여 이를 공개하는 과정에서 부수적으로 수치심 등이 발생된다고 하여 이것을 기존의 형벌 외에 또 다른 형벌로서 수치형이나 명예형에 해당한다고 볼 수는 없다. 그렇다면, 신상공개제도는 헌법 제13조의 이중처벌금지 원칙에 위배되지 않는다(헌법재판소 2003.6.26., 2002헌가14).

정답 | 없음

360 성범죄자의 신상정보 등록·공개·고지에 대한 설명으로 옳지 않은 것은? 2024. 9급 공채

① 신상정보 등록의 원인이 된 성범죄로 형의 선고를 유예받은 사람이 선고유예를 받은 날부터 2년이 경과하여 면소된 것으로 간주되면 신상정보 등록을 면제한다.
② 성범죄자의 신상정보 등록·공개·고지에 관한 제도는 성범죄자의 교화·개선에 중점을 두기보다는 성범죄자의 정보를 제공하여 지역사회의 안전을 강화하고자 하는 것이다.
③ 신상정보의 등록은 여성가족부장관이 집행하고, 신상정보의 공개·고지는 법무부장관이 집행한다.
④ 판례에 따르면, 공개명령 및 고지명령 제도는 범죄행위를 한 자에 대한 응보 등을 목적으로 그 책임을 추궁하는 사후적 처분인 형벌과 구별되어 그 본질을 달리한다.

해설

③ 법무부장관은 송달받은 정보와 등록대상자 정보를 등록하여야 한다(성폭력범죄의 처벌 등에 관한 특례법 제44조 제1항). 등록정보의 공개는 여성가족부장관이 집행한다(동법 제47조 제2항). 등록정보의 고지는 여성가족부장관이 집행한다(동법 제49조 제2항).
① 동법 제45조의2
② 성폭력범죄자의 신상정보를 공개하는 것은 이를 통하여 성폭력범죄행위에 대하여 일반 국민에게 경각심을 주어 유사한 범죄를 예방하고, 성폭력범죄자로부터 잠재적인 피해자와 지역사회를 보호하기 위해 정보를 제공하며, 궁극적으로 피해자의 성을 보호하고 사회방위를 도모하기 위한 것이다(헌법재판소 2016.5.26., 2015헌바212).
④ 공개명령 및 고지명령 제도는 아동·청소년대상 성폭력범죄 등을 효과적으로 예방하고 그 범죄로부터 아동·청소년을 보호함을 목적으로 하는 일종의 보안처분으로서, 그 목적과 성격, 운영에 관한 법률의 규정 내용 및 취지 등을 종합해 보면, 공개명령 및 고지명령 제도는 범죄행위를 한 자에 대한 응보 등을 목적으로 그 책임을 추궁하는 사후적 처분인 형벌과 구별되어 그 본질을 달리한다(대법원 2012.5.24., 2012도2763).

정답 ③

MEMO

임 현

약력
- 한국 외국어대학교 법과대학 졸업
- 前 서울신학대학교 교정학 특강 교수
- 前 KG패스원 교정학 교수
- 現 에듀에프엠 교정학 교수

저서
- 바른 교정학(에프엠)
- 바른 형사정책(에프엠)
- 41개 테마로 끝장내는 교정학·형사정책 기출사용설명서(에프엠)
- 13개 테마로 끝장내는 보호직 형사정책 기출사용설명서(에프엠)
- 임현의 주제별 교정학 핵심요약집(에프엠)
- 임현의 교정학 실전 동형 모의고사(에프엠)
- 교정학·형사정책 통합예상문제집(에프엠)

13개 테마로 끝장내는
보호직 형사정책 기출사용설명서

초 판 인 쇄 2024년 6월 28일
초 판 발 행 2024년 7월 04일
편 저 자 임 현
발 행 인 김용한
등   록 제319-2012-22호
발 행 처 에듀에프엠
주   소 서울 동작구 노량진 1동 217-43(202호)
교재문의 TEL) 02-6004-5476 / FAX) 02-822-2320
학습문의 www.edufm.net
I S B N 979-11-6170-185-1

본서의 무단 전재·복제 행위는 저작권법에 의거, 5년 이하의 징역 또는 5,000만원 이하의 벌금에 처하거나 이를 병과할 수 있습니다.

저자와의 협의 하에 인지를 생략합니다.

정가 25,000원